JN273890

英国の貴族院改革
―ウェストミンスター・モデルと第二院―

田中嘉彦著

成文堂

はしがき

　英国の統治機構とりわけ議会制度は、世界各国の参照モデルとなり、我が国の議会制度にも大きな影響を与えてきた。そして、英国を祖国とする二院制という議会の基幹的制度もまた、世界主要各国で受容され、日本も帝国議会創設以来、現行憲法下の国会でも二院制を維持している。本書は、現在の日本のような議院内閣制を採用する単一国家における二院制の意義を探るため、英国の議会上院である貴族院の改革を素材に検討を試みるものである。

　筆者が二院制に関心を持つようになったのは、我が国の議会図書館である国立国会図書館で立法調査業務に従事し、また、参議院法制局に出向して議員立法や法案修正に関する法制執務に携わる中で、両院間の意思調整の実際を目の当たりにし、二院制のダイナミズムを実感したことが端緒となっている。そして、衆議院と参議院に憲法調査会が設置されたのと時を同じくして、国立国会図書館調査及び立法考査局政治議会課で世界各国の二院制に関する立法調査を始めたことが、筆者の二院制研究の契機となっている。その後、一橋大学国際・公共政策大学院での派遣研究に際して、只野雅人先生のもとで、研究論文『英国ブレア政権下の貴族院改革―第二院の構成と機能―』を執筆し、一橋大学大学院法学研究科博士後期課程では、学位取得論文として『英国の貴族院改革―ウェストミンスター・モデルと第二院―』を執筆する機会を得た。本書は、この博士論文に加筆修正を行ったものであり、もとより只野先生による数多くのご示唆と温かなご指導なくしては、本書が世に出ることもなかったであろう。

　本書の刊行に至るまでには、実に多くの方々にご指導ご尽力を賜った。そもそも、早稲田大学政治経済学部、早稲田大学大学院政治学研究科において、片岡寛光先生、寄本勝美先生のご指導を受けたことは、政治行政分野での調査研究を遂行していく上で、今でも確固たる基盤となっており、本書の随所にそれは反映されている。また、国立国会図書館調査及び立法考査局において、行政法務課、次いで政治議会課で調査員として立法調査業務に従事した

際には、諸先輩方、同僚諸氏から、立法調査の手法を伝授していただいたのみならず、数多くのご鞭撻やご助言を頂戴した。特に、国立国会図書館専門調査員を務められていた高見勝利先生のご指導の下、国政課題に対応すべく立法調査を行ったことは、その後の二院制研究の中核となっている。一橋大学大学院法学研究科では、阪口正二郎先生からも懇切なご指導をいただき、渡邉康行先生、辻琢也先生には博士論文の審査をしていただいた。さらに、下條美智彦先生、岡田信弘先生、大山礼子先生には、様々な場面で研究の発表等の機会を与えていただいた。

そして、本書の刊行に当たっては、株式会社成文堂の阿部成一社長、同編集部の篠崎雄彦氏に一方ならぬご尽力と励ましを頂戴し、懐かしき早稲田の地での出版を実現していただいた。あまりに多くの方々にお世話になり、すべてのお名前を挙げさせていただくことも叶わないが、ここに記して、これまで筆者を導いてくださった皆様に心よりの御礼を申し上げたい。

本書は、立法調査の実務家が執筆した研究書であるが、筆者の個人的見解を綴ったものであり、内心忸怩たる思いもないではない。しかし、英国における未完の貴族院改革について、一つの段階が経過した現時点でとりまとめることにも多少の意義はあろうと考え、敢えて世に問うこととしたものである。なお充実を図るべき点については、ご叱正ご批判を賜り、今後の研究上の目標とさせていただければ幸いである。

研究書をまとめるに当たっては、様々な条件が揃うことが必要と思われるが、本書を執筆してみて、とりわけ時間的資源の大切さを痛感した。平日は公務があり、まとまった研究時間は休日にしか確保し得なかった。そのような事情から、最後に私事にわたることではあるが、研究途上から本書の刊行に至るまで筆者を支え続けてくれた身内の者にも、この場を借りて感謝の意を伝えさせていただくことにつき、読者各位のご海容を願う次第である。

2015 年 3 月

田　中　嘉　彦

目　次

はしがき

序　章 …………………………………………………………… 1
　1　問題の所在　(3)
　2　「国民内閣制」論と「合意型デモクラシー」論　(7)
　3　二院制の諸類型と英国　(10)
　4　検討対象と分析視角　(15)

第Ⅰ章　英国における二院制の展開 ……………………… 25
　Ⅰ　英国における二院制の成立 ………………………………27
　　1　イングランドにおける二院制の成立　(27)
　　2　英国からの二院制の伝播　(31)
　Ⅱ　貴族院改革の史的展開 ……………………………………36
　　1　貴族院の権限に係る改革　(36)
　　2　貴族院の構成に係る改革　(42)
　Ⅲ　二院制のメタモルフォシス ………………………………45
　　1　構成と権限の相関関係　(45)
　　2　英国型二院制の変容　(46)
　　3　貴族院改革の必要性　(49)

第Ⅱ章　ブレア政権下の貴族院改革 ……………………… 57
　Ⅰ　ブレア政権下の貴族院改革の経緯と実績 ………………59
　　1　第一次ブレア政権における改革　(59)
　　2　第二次ブレア政権における改革　(65)
　　3　第三次ブレア政権における改革　(70)
　Ⅱ　英国における第二院の構成原理と機能の在り方 ………75

1　第二院の果たすべき役割　(75)
　　2　第二院の構成　(78)
　　3　第二院の機能　(81)
　Ⅲ　ブレア改革による貴族院の構成と機能の変化……………97
　　1　貴族院の構成　(97)
　　2　貴族院の機能　(106)
　Ⅳ　ブレア改革の到達点……………………………………119
　　1　ブレア政権下の貴族院改革の意義　(119)
　　2　「第二院の構成と権限」に係る改革の到達点と課題　(120)
　　3　改革手法の問題　(123)

第Ⅲ章　ポスト・ブレア政権下の貴族院改革………………135
　Ⅰ　ブラウン政権下の貴族院改革……………………………137
　　1　ブラウン首相の憲法改革構想　(137)
　　2　ブラウン政権下の貴族院改革　(139)
　　3　ブラウン政権下の貴族院改革の意味　(144)
　Ⅱ　キャメロン連立政権下の貴族院改革……………………146
　　1　連立政権の貴族院改革構想　(146)
　　2　貴族院改革法案草案　(150)
　　3　貴族院改革法案草案をめぐる論点　(155)
　　4　貴族院改革法案の提出と撤回　(162)
　　5　貴族院改革（第二号）法案等の成立　(164)
　Ⅲ　英国憲法における第二院…………………………………168
　　1　英国議会の上下両院の構成・権限　(168)
　　2　ブライス・リポート、ウェイカム・リポート再論　(176)
　　3　貴族院改革法案をめぐる憲法上の論点と政治的障壁　(179)

第Ⅳ章　英国の統治構造の変容と第二院……………………193
　Ⅰ　英国の統治構造の変容……………………………………195
　　1　ウェストミンスター・モデル　(195)

2　「執政府・政党次元」の変化　(200)
　　3　「連邦制・単一制次元」の変化　(203)
　　4　ウェストミンスター・モデルの「変容」と「動揺」　(207)
　Ⅱ　議院内閣制の変容……………………………………………211
　　1　内閣機能の動揺　(211)
　　2　議会期の固定と議会解散権の変容　(216)
　　3　庶民院の選挙制度の動揺　(219)
　Ⅲ　単一制の変容…………………………………………………221
　　1　連合王国の成立過程　(221)
　　2　ブレア政権下の分権改革　(224)
　　3　権限委譲の進展と単一制の変容　(230)
　Ⅳ　議院内閣制・単一制の変容と二院制の関係………………240
　　1　議院内閣制の変容による二院制への影響　(240)
　　2　単一制の変容による二院制への影響　(243)

第Ⅴ章　ウェストミンスター・モデルと第二院……………259
　Ⅰ　レイプハルトの議院構造分析………………………………261
　　1　レイプハルトの議院構造分析（1945-1996年）　(261)
　　2　レイプハルト理論の継承・展開による議院構造分析　(263)
　　3　レイプハルトの議院構造分析（1945-2010年）　(265)
　Ⅱ　ニュージーランドの一院制移行……………………………269
　　1　ニュージーランドにおける二院制議会の成立　(269)
　　2　ニュージーランドの一院制議会への移行　(274)
　　3　ニュージーランドにおける比例代表制の導入と上院再設置論　(278)
　　4　ニュージーランドの統治構造の変容と第二院の関係　(283)
　Ⅲ　ウェストミンスター・モデルと二院制の関係……………290
　　1　英連邦主要国における議院内閣制と二院制の衝突　(290)
　　2　英国及びニュージーランドの議院構造の通史的検討　(294)
　　3　有権者委任の連鎖　(300)

終　章·· 313
　　1　英国における二院制の存在意義　　（315）
　　2　英国の貴族院改革からの示唆　　（320）
　　3　統治構造の変容と第二院をめぐる課題　　（324）
　　4　第二院の正統性をめぐる課題　　（326）

参考文献·· 333
事項索引·· 363
人名索引·· 367

序　章

1　問題の所在

「二院制」は、統治機構の中でも、議会の基幹的制度として大きな研究課題の一つである。また、我が国における二院制をいかに考えるかということは、日本国憲法施行後、両院公選制の国会が発足して以来、また、近年の衆参両院関係においてしばしば与野党逆転による「ねじれ国会」という状態を生じ得る中にあって、現実の政治においても喫緊の課題となっている。

日本国憲法においては、内閣総理大臣の指名、予算の議決、条約の承認において衆議院が優越する二院制が採用されており、法案審議についても衆議院の出席議員の3分の2以上という特別多数による再議決制度が用意されている。しかし、衆議院においてかかる法案再議決要件を満たせない場合には、参議院の権限は衆議院とほぼ対等となり、参議院が、衆議院に基礎を置く「議院」内閣を変形させ、衆参両院から成る「国会」内閣というべき形態が現出されている[1]ことが、事態を一層複雑なものとしている。

(1) 日本国憲法下の議会制度

現在の日本の統治構造は、単一国家で議院内閣制を採用しており、議会組織は、衆議院及び参議院から成る二院制を採用している。

日本国憲法の下での議会制度は、マッカーサー草案に見られた英国型以上に議会優位の体制が、1946年3月初めの連合国最高司令官総司令部（GHQ/SCAP（GHQ））と日本政府との折衝の中で、三権分立の趣旨からして疑問であるという日本側の指摘が入れられた結果、議会中心の発想に立つ英国型からアメリカ的な三権分立の要素を強めたものに変更されたものである[2]。日本の国会は、憲法においてはアメリカ側が英国型の制度を模し、日本側がこれをアメリカ型に変容していったが、国会の制度を具体化する国会法の制定過程においては、逆にアメリカ側からアメリカ型の制度の導入を迫られ、アメリカ連邦議会の諸制度が導入された[3]。GHQ側は、議会主権の英国型に適宜アメリカ型の要素を「接ぎ木」しながら、議会強化を図ろうとし、「複数の議会制像の交錯」から憲法規定が帰結されることとなったのである[4]。そして、

議会組織についても、マッカーサー草案では一院制が提示されたところ、日本政府側が二院制を主張し、GHQとの交渉の結果、元々GHQ側で了承されていたものではあるが、両院議員公選ならば二院制とすることが容認され、英国型議院内閣制ともアメリカ型議会制度ともつかない、両院が国民代表の公選制の議院内閣制が導入され、この点にも「複数の議会制像の交錯」が見られることとなった。

議院内閣制の本質的要素は、議会と政府が一応分立していること、政府が議会（二院制の場合は主として下院）に対して連帯責任を負うことの2点であると考えられるが、古典的な英国型の権力の均衡の要素を重視して、内閣が議会の解散権を有することという要件を加える説もなお有力であるとされる[5]。そして、議院内閣制は、その特徴として、不信任制度、内閣総辞職制度、解散制度を備えているのが通常である[6]。日本の議院内閣制の場合、内閣と衆議院との間では、これらの特徴を備えている。しかし、憲法上、両議院ともに全国民を代表する選挙された議員で組織されるものとされ、選挙制度上、両院ともに直接公選制となっていることから、参議院は、強い「民主的正統性」を有し、衆議院及び内閣との関係においても実際上対等な権限を有する。内閣総理大臣の指名は、衆議院の意思の優越を前提に参議院にもその権限が付与されているが、参議院は内閣不信任決議権を有さず、また、内閣は参議院を解散することはできない。このことから、内閣と参議院の関係は、議院内閣制というより、むしろアメリカ合衆国の大統領制における大統領と議会との関係に近いという指摘もある[7]。しかし、アメリカ合衆国は連邦制であり、そこでの二院制も連邦制型の上院が設置されており、大統領制という厳格な権力分立を前提とする政治制度であるため、日本は、その制度的基盤を異にする。

かかる経緯から、日本の国会は、英国型議院内閣制とアメリカ型議会制度という「複数の議会制像の交錯」の中で、英国やアメリカの議会ともその他の欧米先進諸国の議会とも異なる独自の姿[8]を築き上げることとなったわけであるが、更に日本では、1990年代の政治改革以降、英国型の議院内閣制を模範として日本の政治を活性化しようという主張が主流をなし、英国型の統治構造の要素が付け加えられてきた。

(2) 英国型政治制度への接近構想

1994年の政治改革関連四法[9]による改革では、衆議院の選挙制度に小選挙区制が採り入れられ、1996年の第41回衆議院議員総選挙から、小選挙区比例代表並立制が実施された。そして、日本の統治構造は、憲法の規定を変えることなく、国会法、公職選挙法、政治資金規正法といった憲法附属法の改正により、また、政党助成法の制定等により、ウェストミンスター・モデル（Westminster Model）（ウェストミンスター・システム（Westminster System）ともいう。）への接近が図られてきた。さらに、1999年、いわゆる国会審議活性化法[10]が制定され、国会法、国家行政組織法等の一部改正により、政府委員制度の廃止、衆議院及び参議院への国家基本政策委員会の設置が行われたほか、副大臣・大臣政務官等が設置された。国家基本政策委員会は、与野党の合意により衆参両院の合同審査会を開いて行うものとされたが、これは、英国議会のクエスチョン・タイムを範とした上で、与野党の党首討論を行うために設けられたものである。このように、日本では、国民代表の「強い参議院」はそのままに、更なる「接ぎ木」として、1990年代以降、小選挙区制、二大政党制を始めとするウェストミンスター・モデルの統治構造、すなわち英国型の議会政治の要素が随所に採り入れられてきているのである。

ウェストミンスター型議院内閣制の場合には、内閣は下院の信任に依拠し、内閣は下院のみを解散することができ、これを徹底していくと限りなく一院制に近い形態となる。確かに、日本国憲法の両院関係は、規定上は、予算の議決、条約の承認、内閣総理大臣の指名など多くの点で衆議院に優越を認めている非対等型の二院制である。法律案の議決についても、両議院で議決が異なった場合、又は参議院が国会休会中の期間を除き60日以内に議決しない場合は（衆議院は参議院がその法律案を否決したものとみなして）、衆議院の出席議員の3分の2以上の特別多数で再議決することができる。ただし、衆議院で単独政党が同一会派の勢力を3分の2以上確保するのは必ずしも容易ではなく[11]、仮に連立政権の形成や閣外協力により衆議院の議席の3分の2以上を確保したとしても、衆議院の再議決権の行使は、重大な政治的緊張を招く。参議院は、直接公選で選出される点で強い民主的正統性を有し、解散に服することがないことも加わって、その実際上の権限はかなり強力である[12]。

国会発足後の初期の参議院では、緑風会が非党派的な立場から活動し、参議院は一定の存在感を示したが、いわゆる五十五年体制の下では、参議院の政党化が進み、与党が衆参両院の多数を占めるようになると、参議院は衆議院の審議を繰り返すだけのカーボンコピーであるとの批判がなされ、参議院無用論まで提起された。しかし、1989年以降、参議院で単独政党が過半数を占めることがなくなり、衆参のねじれがしばしば生ずるようになると、参議院の権限の強さは、一層顕在化してきた[13]。すなわち、首相・内閣の命運をかけた改革をも阻止し得る「強い参議院」は、議会多数派の選択を通じ国民が事実上直接政権を選択し、国民の選択を背景に首相・内閣がリーダーシップを発揮し国政運営を進める議院内閣制の直接民主政的な運用形態というモデルの「障碍」[14]となり得ることが、広く認知されるようになったのである。

(3) 議院内閣制と二院制の衝突

　このように、日本の国会と内閣は、議院内閣制と二院制の衝突という問題に直面し、直接公選の両院から成る二院制の在り方、参議院の在り方が焦眉の問題となっている。そもそも、日本において、二院制とすべきか否か、二院制とする場合に第二院の構成及び権限をどのようなものとするのか、両院関係の在り方をどのように位置付けるのかということは、参議院発足以来、問われ続けていることでもある。

　そこで本書では、日本のような大規模国家における議院内閣制・単一制という条件の中で二院制はいかにあるべきか、ウェストミンスター型議院内閣制における二院制はいかにあるべきか、ということに焦点を当てて検討を行う。なお、近年、ウェストミンスター・モデルの母国である英国においても、単純小選挙区制の見直し、第三党以下の政党の党勢拡大、連立政権の発足、上院の公選化構想、準連邦制化の動きなど、ウェストミンスター・モデルと逆の方向性が示されており、明らかに従来のモデルからの変容ないし動揺が見られるところである。本書は、ウェストミンスター・モデルの妥当性、日本への導入の是非を直截的に検討するものではないが、ウェストミンスター型議院内閣制への接近を図ってきた我が国の国会における二院制の在り方を考えることが現実的な課題となっていることに鑑み、日本における第二院の

必要性及び有用性を認める立場から、かかる課題の解決のための礎石として検討を試みようとするものである[15]。

2 「国民内閣制」論と「合意型デモクラシー」論

(1) 「国民内閣制」論

現在の日本の統治機構は、憲法構造はそのままに、ウェストミンスター・モデルの性格を強めてきたが、このような制度運用を憲法理論上体系化したのが、議院内閣制の直接民主政的な運用形態として高橋和之が提唱した「国民内閣制」論である[16]。

「国民内閣制」の提案は、議院内閣制の直接民主政的運用を目指すもので、従来の議論が媒介民主政的運用を当然の前提としてきたことに対するアンチテーゼとして、議院内閣制にはそれと全く論理を異にする民主的運用の構想もあり得ることを示すために、敢えて対比を強調して提示したものである[17]。「国民内閣制論」は、1990年代の政治改革を理論的に指導するものであったが、その基礎は、モーリス・デュベルジェ（Maurice Duverger）が、「媒介民主政」（démocratie médiatisée）との対比で用いた「直接民主政（非媒介民主政）」（démocratie directe）のモデルにある。

高橋が直接民主政にコミットするのは、「日本が直面する問題を解決するには、発想を転換した方がよいと考えるから」であり「従来と同じ論理を維持しながら、それに付着した弊害だけを是正するというのは、非常に困難ではなかろうか。惰性の力を撃ち破るには、それなりのインパクトが必要なのである」との認識による[18]。これに関しては、「「国民内閣制」の理念はわが国で少なくとも一度はその実現が追求されるべき意義を有して」おり、「この理念は憲法理論的に見て許容しうるものであるし、何よりもわが国の政治のあり方を特徴づけてきている「官僚政治」もしくは政策決定における「無責任の体系」の二点を考慮するからである」との評価もあった[19]。

そして、「国民内閣制」論は、小選挙区制を基盤に、政党状況を二極化し、プラグマティックな性格の二大政党制化を図ることで、選挙を通じて国民多数派が事実上直接に内閣（その首長としての首相）を選出する「国民」—内閣制と

して、憲法の定める議会政を機能させ、それによって内閣が直接、国民に責任を負う政治を実現し、国会における政権交代可能な強い野党の監視の下での強力な内閣の政策遂行の実現が可能となるとするものと理解されている[20]。

(2) 「合意型デモクラシー」論

一方、高見勝利は、穏健な多党制、合意型デモクラシーの日本における有効性の立場から、「国民内閣制」論に対して疑問を呈する。

「国民内閣」は、1930年代の国家危機に際しての国民内閣制（National Government）とは根本的に異なるものの、内閣中心の発想である点は同様であり、議会を基軸とする従来の議会政ないし議院内閣制の考え方とは少なからず緊張関係に立つとする[21]。

高見は、多党制であっても、多極共存的ないし求心的な力が働き、穏健化・安定化する型もあり得ることから、議院内閣制より国民内閣制が国民に対してより多く責任を負い得るシステムであるとは必ずしも言えず、小選挙区制が選挙区において少数派を切り捨てるとともに、いわゆる三乗比の法則により民意の微妙な変化を議席に誇張して反映させることから、公正であるとも言えないとして、「国民内閣制」論に疑問を呈する[22]。また、官僚統制の有効性という観点でも、政党政治家たる首相ないし大臣が行政官僚機構をいかに統制し、指導し得るかにかかっているとして、国民内閣制と議院内閣制に違いはないとする[23]。

また、「国民内閣制」論がモデルとする英国でも、ウェストミンスター・モデルについて、少数者の声を無視する選挙独裁制であるとの指摘がしばしばなされているほか、アンソニー・バーチ（Anthony Harold Birch）による「政府は選挙民から、その政策を実施に移すマンデイトを受け、それらを成功裡に成し遂げることについて、選挙民に対して終局の責任を負う」との言説は、常に、官僚や現職の大臣若しくは政権を目前にした野党指導者のものだという指摘もあり、この二つの指摘は、我が国の「国民内閣制論」にも当てはまるという[24]。そして、選挙制度と政党制の在り方いかんによっては、議院内閣制の運用のレベルで「多数派型」を実現することも可能であるが、日本国憲法そのものの規範構造は、むしろ「合意型」の理念型に属すると説く[25]。

(3) 日本のデモクラシーの在り方の再考の必要性

　この「高橋＝高見論争」については、次のような整理がある[26]。すなわち、高橋は「媒介民主政」に対して「直接民主政」を対置し、高見は「国民内閣制」を「多数派支配型デモクラシー」と捉えて、これに「コンセンサス型デモクラシー」を対置する。その際、高橋の着眼点は、「国会か内閣か」というところにあり、高見のそれは、国民意思の「貫徹か妥協か」にある。したがって、両者の二項対置には重なりとズレがあり、「国民による統治＝貫徹」の土俵上で「国会か内閣か」が対置され（高橋）、そうした土俵自体に対して「国民のための統治」＝「コンセンサス型〔合意型〕デモクラシー」が対置されている（高見）と整理されている。

　「国民内閣制」論は「決して首相公選論のような制度改正（憲法改正）をめざしているのではない」として、「既存の議院内閣制の枠内で、国民が首相を直接選定・罷免する」という理念であり[27]、五十五年体制を打破するためには現実的で突破力のある構想であった。ただし、1990年代に、選挙制度改革、国会改革、内閣機能の強化は行われたものの、法案審議における実質的な両院対等性が存置されたため、結果として、多数派型を前提とする統治機構改革は未完となっており、日本のデモクラシーの在り方については引き続き検討が必要である。

　また、ウェストミンスター・モデルの要素を日本に導入することについては、英国を模倣すべきかどうか、ヨーロッパ大陸モデルを参照すべきではないか、日本型の統治モデルを構築すべきではないかなどの議論もなされてきており[28]、現下の政治の混迷[29]という状況の中で、政治改革の制度設計自体に見直しの議論も出始めている。さらに、英国では、第二院の公選化構想を始めとして、ウェストミンスター・モデル自体が近年変容ないし動揺を示しており[30]、ウェストミンスター・モデルと議会第二院との関係は、日英共通の極めて重要な憲法上の課題となっている。

　そこで、「国民内閣制」論を背景とするウェストミンスター・モデルの日本への導入が、参議院の憲法上の地位はそのままに行われたことがどのような意味を持つのか、その場合の二院制の運用はいかにあるべきかを解明するために、ウェストミンスター・モデルのプロトタイプである英国における第二

院の構成と機能に着目して検討を行う。

　なお、デモクラシーの在り方は、憲法を始めとして、議会制度、選挙制度、政党制、行政制度などの統治機構はもとより、その国の政治文化、社会構造、歴史などの諸要因によって規定され、とりわけこれらが「決定」の仕方というものに否応なく影響を及ぼすものである以上、他国の政治制度を部分的に摂取することは、少なからず不適合の発生という危険性を伴う。これは本書の射程をいささか超える問題ではあるが、日本の統治機構の在り方を考える上で、ウェストミンスター・モデルを参照することは必要であるが、その際には、あくまで自国の実情に適合した統治構造を構築するための参照モデルとして受容するという基本姿勢を忘れてはならないと思われる。

3　二院制の諸類型と英国

(1)　二院制と一院制

　現代の世界各国の議会を概観すると、基本的には、「二院制」と「一院制」のいずれかに分類することができる。ここで「基本的に」という限定を付するのは、三院制や変則的二院制ないし変則的一院制というものも、議会史上存在したからである。

　例えば、かつて、南アフリカ共和国では、人種別の三院制が採用されたことがある。1983年南アフリカ共和国憲法は、アフリカ人を除き、白人、カラード（白人、黒人又はインド人のいずれでもない者）、インド人にも参政権を認めた三院制議会を導入した[31]。もっとも、そこで採られた三院制というのは、従来の二院制に新たに第三院が単純に付加されたようなものではなかった。この三院制は、白人のHouse of Assembly、カラードのHouse of Representatives、インド人のHouse of Delegatesという人種別の議院構成を採り、三つの議院で立法事項を分割したものであった。すなわち、各人種に共通する「一般的事項」については、すべての議院で審議するが、特定の人種に固有の事項については、当該議院だけで完結し、他の議院で審理されることを要しないものとされた[32]。しかし、南アフリカ共和国でも、アパルトヘイト撤廃後、三院制は過去のものとなり、現在は二院制となっている。

また、ジョージ・ツェベリス（George Tsebelis）のように、アメリカ合衆国は、立法過程において大統領の拒否権が憲法上認められており拒否権プレイヤーが三者いることから、事実上「三院制」（tri-cameral system）であると評価する論者もいる[33]。ただし、権力分立を前提として、立法府（Legislative Branch）の組織構造に着目する限りにおいては[34]、アメリカ連邦議会は二院制ということとなろう。

　さらに、かつてのアイスランドやノルウェーのように、選挙で選ばれた議員の一部が上院部を構成するという変則的二院制も制度としては存在した。これは、総選挙後最初の議会において互選により、前者にあっては3分の1、後者にあっては4分の1の議員が法案審議における上院部を構成するというものであった。ただし、選挙の時点に着目するならば、他の一院制諸国と同様に、「選挙行為に於いては完全に一院制」[35]であり、立法過程において、上院部と下院部に分かれて審議をするという変則的一院制であった。そして、アイスランドは1991年に、ノルウェーは2009年にこの方式を廃止し、現在では完全な一院制を採用している。

　これらのことからしても、現代の議会組織の基本的構造を類型化するならば、やはり、世界各国の議会は、「二院制」と「一院制」に大別されることとなる。なお、二院制というシステムは、只野雅人が指摘するように、体制の過渡期にある種の妥協の所産として採用されることが多い[36]ことにも留意しておく必要があろう。

(2) 二院制の一般的類型

　世界各国の二院制について、国民を代表する議院（第一院ないし下院）のほかに、第二の議院（第二院ないし上院）を設ける目的に従って分類する場合には、一般に貴族院型、連邦制型、民主的第二次院型に分けることができる[37]。

　この類型のうち「貴族院型」は、歴史的に最も古くから存在する第二院の形態である。貴族や聖職者で構成される英国議会の上院である貴族院（House of Lords）が典型的な例であり、我が国の帝国議会の貴族院もこれに当たる。通常、立憲君主制下の貴族団体を基礎に第二院を構成し、貴族的要素を代表するとともに、民選の第一院に対して抑制を加えるものである。この類型は、

歴史的に二院制を理解する上でなお大きな位置を占めるが、その典型である英国の貴族院についても、1997年から始まる労働党（Labour Party）の政権下における改革によって、世襲貴族の大半が出席権及び表決権を喪失し、実質的に任命制に変容しているとともに、更には貴族院に公選の要素を導入しようという動きもある。現在でもベルギーなど一部の国において憲法上、王族等を上院議員に加える国は存在するものの、厳密な意味での「貴族院型」は、消滅傾向にあると言える。

「連邦制型」は、国家の主権を各州に分割している連邦国家において、連邦国民全体を代表する第一院のほかに、連邦構成国である各州や各邦の利益を代表する第二院が設置される形態であり、第二院の設置目的が明確である。アメリカ連邦議会の上院やドイツの連邦参議院がその代表例である。そのほか、カナダ、オーストラリア、オーストリアのほか、ブラジル、インドなど、連邦制を採用するほぼすべての国がこの型の二院制を採用している。

しかし、貴族制度も存在せず、連邦制の国家でもない非連邦制の国家の場合の二院制の存在意義は、どこに求められるのか。純然たる連邦国家に該当するとは理解されていない国家の場合、例えばイタリア、スペインなどの上院は、民意を多角的に反映する「民主的第二次院型」に該当すると理解される。すなわち、「一方の院が他方の院の軽率な行動をチェックし、そのミスを修正する」[38]ために、第二院が二次的なものとして付置される。そして、単一国家における第二院は、連邦国家の第二院の場合ほどには強固な憲法上の正統性を持たず、一般には、民主的正統性に劣る第二院の決定よりも第一院の決定を優先させること、すなわち第一院が優位する非対等型の二院制が考えられることになる[39]。

この第二院の設置目的に着目した分類は、二院制の歴史的発展過程にも対応したオーソドックスなものであり、かつ、現代国家の二院制を見る上でも汎用性の高い分類である。ただし、現代国家の中で、典型的な貴族院型は、英国にのみ残存しているものであり、英国においても上院改革により貴族院型が完全に歴史の遺物になった暁には、「連邦制型」と「民主的第二次院型」の二類型となり、連邦制か単一国家かということが重要な指標となるだろう。すなわち、貴族院型の二院制は、実質的意義を今日では発揮しないことがそ

の存在理由だとすれば、実質的意義を託された二院制の今日的類型としては、連邦制型のものと民意多角反映型のものとがある[40]こととなる。

　連邦制型ということに関しては、連邦国家であれば州や邦といった連邦構成国を、分権的な統治構造の国家であれば地域ないし地方公共団体を代表する第二院を設置しようというモーメントが働くということが言える。ただし、その代表のさせ方は、連邦構成国ないし地域・地方公共団体を均一に代表するものから、人口比に応じて不均一に代表するものが考えられる。

　また、現代的な文脈における二院制についてまず指摘しておかなければならないのは、アレンド・レイプハルト（Arend Lijphart）が指摘するところでもあるが、連邦国家の場合、また、大規模国家の場合には、二院制を指向するということである[41]。大規模国家の指標としては、人口が重要な要素となるが、おおむね1,000万人以上の人口を有する国は二院制を採用し、おおむね1,000万人を下回るような国は一院制を指向するということが経験上知られている。また、大規模な人口を有する国家であれば二院制を指向するというのは、大規模人口国の場合には、多元的な社会となる可能性が高く、したがって多様な民意を多角的に反映させる民主的第二次院型の第二院を設置する必要があることに由来するものと考えられる。

　これらのことは、二院制の今日的類型としては、連邦制型のものと民意多角反映型があるということに対応するものとも言える。もっとも、連邦制型であっても、第二院に直接公選の要素があれば、民主的第二次院型の性格を帯びることもあり得るし、単一国家においても、リージョナリズム（regionalism）（地域主義）の進展の中で、準連邦制的あるいは地域分権的な統治構造が確立すると、第二院に地域代表の機能を持たせようとする動きが出てくるのは、英国、イタリア、スペインなどでも見られる現象である。そうだとするならば、現代的な第二院は、典型的な「連邦制型」と典型的な「民主的第二次院型」の両極の間で、様々な濃淡のバリエーションを見せるのではないかと考えられる[42]。

(3) 英国の単一制・議院内閣制・二院制

　英国も伝統的には単一国家とみなされるなど、非連邦制の国家に位置付け

られるが、19世紀末から21世紀初頭にかけての貴族院改革は、第二院の具体的役割の模索の歴史であるとも言える。英国貴族院の主要構成員であった世襲貴族 (Hereditary Peers) が自動的に第二院の議員になること等については、トニー・ブレア (Anthony Charles Lynton "Tony" Blair) を首相とする労働党政権下で改革が進められてきた。王制の存在を揺るがす可能性のある貴族制度の廃止が、近々に行われる模様はうかがえないが、貴族院においては、世襲貴族の大部分が議席を喪失し、現在では一代貴族 (Life Peers) が貴族院議員の大多数を占めることから、世襲貴族制度を前提としているというより、むしろ任命制の第二院に接近している。また、貴族院の修正機能や行政監視機能は広く認知され、一院制移行という議論は必ずしも現在主流をなしてはいない。

もっとも英国の貴族院は、現代においても貴族制度を前提とした非公選制であり、近年に至るまで最高裁判所機能を保有してきたことなど、他の諸国と比べて極めて特異な性格を有してきた。しかし、2000年代半ば以降、英国において貴族院の大部分を公選制とする改革案が議論されてきたということは、およそ革命を伴わない議会改革において、二院制の正常進化の方向性を確認するには格好の素材であると考えられる。

しかも、英国は、議院内閣制＝議会政 (Parliamentary Government) の母国である。英国では、議会の執行機関である内閣が庶民院 (House of Commons) に責任を負い、英国型の議院内閣制の場合、行政権と立法権が緊密に結合し、時の内閣は、行政権が専属するとともに、下院多数派を掌握していることで立法権も実質的に掌握している。この点からしても、英国の貴族院改革を検討することは、議院内閣制と二院制の本質的関係を捉えることにも資することが期待される。

このように、単一制・議院内閣制と二院制の関係という問題一般を考える際には、英国の貴族院改革は、なお種々の示唆に富んでいると考えられる。

4 検討対象と分析視角

(1) 検討対象としての英国の貴族院改革

本書は、第二院の今日的存在意義とは何かという問題を考えるため、日本が近代的議会創設以来、常に一つの参照モデルとしてきた英国に焦点を当て、英国の貴族院改革を主たる素材として、第二院の構成と機能の在り方について検討する。その際には、英国貴族院が従前有していた司法機能についても必要な範囲で言及するが、議会第二院としての英国貴族院についての分析が中心となる。

我が国が日本国憲法の制定により、華族その他の貴族制度を禁止し、参議院が公選の議院として発足し、既に半世紀以上が経過していることからすると、英国の貴族院改革は、一見したところ日本にとって直截的に参考とならないようにも映る。なぜ、日本の二院制の問題状況を考える上で英国の貴族院改革を取り上げるのかということについては、日本が英国と同様に議院内閣制を採用する単一国家であり、かつ、二院制採用国であるという点が大きな理由となっている。また、イングランドにおいて展開した近代的議会制度は、英連邦諸国への伝播はもとより、統治機構の発達が多分に他国からの技術移転の歴史を有するところ、近代国家建設期以降の日本においても、英国の政治制度は幾度となく参照され、少なからず影響も受けてきたことによる。とりわけ、英国型政治制度は、次の三つの時代において日本にも大きな影響を及ぼしてきた[43]。第一が、1868年の明治維新から大日本帝国憲法制定前であり、日本を近代国家に変えていくための統治モデルの一つとして英国型政治制度を、多くの知識人・政治家が憧れをもって迎えた時代である。第二は、1945年の終戦から1946年の日本国憲法制定までであり、終戦前の体制を変革すべく、連合国側から英国型政治制度を提示された時期である。そして第三が、1990年代に行われた政治改革以降現在に至るまでであり、ウェストミンスター・モデルの諸要素が採り入れられた時期である。

我が国の帝国議会時代の貴族院制度は、英国とプロイセンの上院制度を折衷するのが良いとするヘルマン・ロエスレル（Hermann Roesler）の意見が反映

されたものであり[44]、戦前戦後の日本の二院制には連続性と断絶性の双方が存在すること[45]を考慮するならば、この点にも英国の貴族院改革を素材として検討する意味があると考えられる。

また、日本国憲法を制定するに当たっては、GHQ による憲法草案においては一院制の国会が日本側に示されたが、日本側が二院制の維持を主張し、国会の構成については GHQ が敢えて譲歩し、その後の日本側の 1946 年 3 月 2 日案では、英国の 1911 年議会法[46]を踏襲した規定が置かれ、参議院をその権限において停止的拒否権（suspensory veto）を有する第二院とする案も起案されたという経緯もあること[47]を想起するならば、改めて英国の貴族院改革を検討する意味は大きい。

(2) 英国の貴族院改革研究へのアプローチ

英国貴族院の改革に関する日本の先行研究としては、前田英昭の『イギリスの上院改革』[48]をまず挙げる必要がある。同書は、「史上最古の世襲制を基礎にした上院がなぜその基本的性格を変えずに今日まで生き残ることができたか、時代の変遷にどのような対応を示してきたか、その謎を解く」という課題に対して、「直接こたえる treatise ではなくて、主として 1958 年から 1972 年までの上院改革の経過と結果を中心にして描いた一つの picture」であり、「上院の生きた姿をできる限り客観的かつ具体的に紹介した部分」、すなわち上院の構成（第一部）、上院の権限（第二部）、上院の運営（第三部）と、1972 年 2 月当時における上院議事手続を概観した部分（第四部）とで構成されている。

上院改革を研究する上で、上院の構成、権限、運営に着目するのはオーソドックスな研究方法である。これに加えて、同書は、上院の議事手続を理解するために必要な事項を、アースキン・メイ（Erskine May）の『議会先例集』、上院の『議院規則』、『議院規則必携』等を参考として、1972 年 2 月末時点でとりまとめ、理論的な手法だけでは捉え切ることができないプラグマティックな英国の上院改革について、包括的に描写した研究書である。ただし、その後の英国貴族院の改革動向を含めた 21 世紀初頭に至るまでの時期については、多くの論者によって優れた論稿の蓄積はなされているものの、『イギリ

スの上院改革』のように包括的にとりまとめた類書は意外と少ない。

　英国本国においても、ブレア労働党政権発足による貴族院改革の大きな動きと機を一にして、多くの貴族院改革に関する論文が現れたが、憲法改革の中の一つとしての貴族院改革の描写が多かった。貴族院改革を専門に扱った著書も現れているが[49]、英国の議会研究に当たっては、英国憲法の経験主義、帰納的性格を反映して、歴史的な経緯を追うアプローチをベースとするのが基本となっている。換言すれば、演繹的に仮説を定立した上で、論証を行うことがおよそ難しい研究対象が英国憲法であり[50]、英国の議会制度と言うこともできる。

　一方、理論的なモデルを定立した上で、諸外国の統治機構を見る類型化論が、アレンド・レイプハルトの1999年の著作『デモクラシーの諸類型—36か国における統治の形態と運用—』[51]にある、ウェストミンスター・モデル（多数派型デモクラシー）とコンセンサス・モデル（合意型デモクラシー）である。これは、前述の「国民内閣制」論と「合意型デモクラシー」論にも対応するとの整理がなされることがあるものである。そして、上院改革一般を見る上でも、レイプハルトが同書において提示した「強い二院制」「中間的強度の二院制」「弱い二院制」といった類型化論には大きな有用性が認められ、上院の構成、正統性、権限に着目したアプローチがスタンダードな道具概念となるに至っている。なお、レイプハルトは、その後、2012年に同書の第2版[52]を上梓し、36か国のデモクラシー分析について、対象期間を1945-1996年から1945-2010年に拡張している。その際、民主主義の観点から若干国の入替えを行っているが、基本的に前著と同じ枠組みで分析を行っている[53]。

(3) 本書の分析視角

　このように、議会研究、特に英国議会の研究を行う上では、大きく歴史研究と類型化分析という二つのアプローチが考えられる。本書では、英国議会の上院の構成、権限、運営に関する歴史研究的アプローチを基礎としつつ、類型化分析的アプローチを加味し、多分に帰納的な英国貴族院の歩みを、可能な限り演繹的な視点を意識して分析する。

　ところで、英国政治学は、アメリカ政治学のような行動科学主義に距離を

置き、むしろ歴史と思想に大きな比重を置いてきた[54]。このことは、英国における憲法学と政治学の未分化性ないし近接性をも招来している。憲法学と政治学は、統治機構を研究対象とするという点で共通するが、前者が規範科学であるのに対して、後者は実態科学と位置付けられるところ[55]、経験主義を採る英国の統治機構の研究に当たっては、その両者を組み合わせた手法を援用する必要がある。すなわち、英国の統治機構研究に当たっては、憲法学と政治学の未分化性ないし近接性という状況を背景として、理論だけでは捉えきれない部分があることを踏まえ、制度と実態の両面に着目することが不可欠であり、このことでより立体的にその実像を捉えることが可能となる。

そのため本書においては、憲法的意義を有する議会制定法、慣習法など英国における憲法レベルの規範という制度分析に、二院制の運用という実態分析を加味した形で検討を行いたい。

(4) 本書各章の概要

『イギリスの上院改革』刊行後のマーガレット・サッチャー (Margaret Hilda Thatcher)、ジョン・メイジャー (Sir John Roy Major) による保守党 (Conservative and Unionist Party (Conservative Party)) の政権下では貴族院改革は比較的低調であったが、本書では、それ以降の大きな改革、すなわち1997年発足のブレア労働党政権以降の貴族院改革を含めた形で通史的に、「歴史の縦軸」という視点から検討を行う。

また、レイプハルトの『デモクラシーの諸類型』による類型化分析は1996年までを対象とするものであり、その後の期間の英国のデモクラシーの変容については、マシュー・フリンダーズ (Matthew Flinders) の分析[56]などがあり、更にレイプハルト自身が『デモクラシーの諸類型』第2版において検討を加えているが、これらの分析が妥当なのか、より実態に即して観察する必要があるのではないかという点を含めて、「比較の横軸」という視点を交えて検討を行う。その際、英国の上院改革を見る切り口として、ウェストミンスター・モデルの変容ないし動揺ということにも着目する。特に本書の問題関心として、議院内閣制の単一国家における二院制の意味ということがあり、議院内閣制と単一制の両制度を特に意識して検討を進めたい。

各章の概要は、次のとおりである。

第Ⅰ章「英国における二院制の展開」では、英国における二院制の成立、英国における貴族院改革の史的展開、二院制のメタモルフォシスについて検討する。イングランドで成立した二院制が政治制度の技術移転の歴史の中で伝播し、英国においても貴族院改革が行われ、英国の二院制自体がメタモルフォシスともいうべき変容を遂げてきていることを明らかにする。

第Ⅱ章「ブレア政権下の貴族院改革」では、ブレア政権下の貴族院改革の経緯と実績、英国における第二院の構成原理と機能の在り方、ブレア改革による貴族院の構成と機能の変化、ブレア改革の到達点について考察する。

第Ⅲ章「ポスト・ブレア政権下の貴族院改革」では、ブラウン政権下の貴族院改革、キャメロン連立政権下の貴族院改革の動向、英国憲法における第二院について検討する。特にここでは、英国において、貴族院改革法案によって、上院の大部分を直接公選制とする構想が具体的に提示されたものの、結局廃案となったことについて、日本のような両院公選制の二院制の本質を考えることにも資する憲法上の議論を抽出する。

第Ⅳ章「英国の統治構造の変容と第二院」では、英国の統治構造の変容、ウェストミンスター・モデルの「変容」と「動揺」の状況について、レイプハルトによる、多数派型（ウェストミンスター・モデル）と合意型というデモクラシーの分類を前提とする類型化分析を踏まえ、特に議院内閣制と単一制の改革状況を中心に検討し、このことが英国の二院制にいかなる影響を及ぼしているかを考察する。

第Ⅴ章「ウェストミンスター・モデルと第二院」では、ウェストミンスター・モデルのプロトタイプである英国の統治制度の中で、第二院がどのような意味を有するのかを明らかにするため、ウェストミンスター・モデルのもう一つのプロトタイプとされるニュージーランドの一院制移行、英連邦主要国における第二院との比較を交えて、ウェストミンスター・モデルにおける第二院の意義について考察する。そのための道具概念として、レイプハルトによる世界各国の二院制の議院構造分析を用いる。レイプハルトの議院構造分析については、第Ⅴ章―Ⅰにおいて詳述するが、ポイントは、二院制について、両院の権限の面では対等（対称）と非対等（非対称）を、構成の面では類似（一

致）と相異（不一致）をそれぞれ区別した上で、両者の組合せから、強い二院制、中間的強度の二院制、弱い二院制という類型を抽出するというものである。そこでは、権限対等・構成相異の場合が「強い二院制」に、権限対等・構成類似の場合あるいは権限非対等・構成相異の場合が「中間的強度の二院制」に、権限非対等・構成類似の場合が「弱い二院制」に、それぞれ分類されている。そして、レイプハルトの分析枠組みを英国及びニュージーランドについて通史的に用いた場合に、どのような評価がなし得るかを示す。また、ウェストミンスター型議院内閣制において強力な第二院が相容れないことを、有権者委任の連鎖によって説明する。

最後に「終章」においては、英国における二院制の存在意義、ウェストミンスター型議院内閣制において修正機能、抑制と均衡の機能を適切に果たす第二院の有用性を確認するとともに、貴族院改革法案の制度設計が有する示唆について指摘する。さらに、英国の統治構造の変容と第二院をめぐる課題、第二院の正統性をめぐる課題について展望する。

本書では、「歴史の縦軸」からの検討、「比較の横軸」の視点を交えた検討のいずれの局面においても、英国の貴族院改革というものを主軸に据えつつ、ウェストミンスター・モデルを鍵概念として、検討・考察を進めるのが基本的姿勢となる。そして、かかる分析視角をもって、英国の貴族院改革が持つ意味を浮き彫りにし、法案審議における第一院からの送付案に対する修正機能や、議院内閣制において第一院と緊密に結合する政府に対する抑制と均衡を適切に果たし得る第二院の意義と在り方を明らかにすることで、二院制に関する研究領域の更なる開拓を試みるのが本書の意図するところである。

注
[1] 高見勝利『現代日本の議会政と憲法』（岩波書店、2008年）123頁。
[2] 杉原泰雄＝只野雅人『憲法と議会制度』現代憲法大系9（法律文化社、2007年）132頁。
[3] 成田憲彦「序説 日本国憲法と国会」内田健三＝金原左門＝古谷哲夫編『日本議会史録 4』（第一法規出版、1990年）63・68頁。
[4] 杉原＝只野・前掲注（2）136頁。
[5] 芦部信喜（高橋和之補訂）『憲法』第6版（岩波書店、2015年）331頁。
[6] 野中俊彦＝中村睦男＝高橋和之＝高見勝利『憲法 Ⅱ』第5版（有斐閣、2012年）

171 頁。
7　竹中治堅「参議院多党化と定数是正が「ねじれ」を克服する」『中央公論』1514 号（2010 年 6 月）110 頁。
8　成田・前掲注（3）68 頁。
9　公職選挙法の一部を改正する法律（平成 6 年法律第 2 号）、衆議院議員選挙区画定審議会設置法（平成 6 年法律第 3 号）、政治資金規正法の一部を改正する法律（平成 6 年法律第 4 号）、政党助成法（平成 6 年法律第 5 号）。なお、政治改革関連四法は、平成 6 年法律第 10 号から第 13 号までにより一部改正された。この政治改革の結果、衆議院の選挙制度は、小選挙区 300 議席・比例区 200 議席（11 ブロック）の並立制となった。
10　国会審議の活性化及び政治主導の政策決定システムの確立に関する法律（平成 11 年法律第 116 号）。
11　なお、これまでにも、参議院の将来像を考える有識者懇談会『参議院の将来像に関する意見書』（2000 年 4 月 26 日）4 頁を始めとして、憲法第 59 条第 2 項の規定により衆議院が法律案を再議決する要件を、出席議員の 3 分の 2 以上という特別多数から過半数に緩和するということが、各種提言において示されている。
12　大山礼子『国会学入門』第 2 版（三省堂、2003 年）154 頁、只野雅人「単一国家の二院制—参議院の存在意義をめぐって—」『ジュリスト』1311 号（2006 年 5 月 1-15 日）32-34 頁、只野雅人「議院内閣制と行政—院内閣制の基本構造—」土井真一編『岩波講座　憲法 4　変容する統治システム』（岩波書店、2007 年）92-93 頁。
13　竹中治堅『参議院とは何か—1947〜2010—』（中央公論社、2010 年）は、参議院に影響力を認めない「カーボンコピー論」と参議院に大きな政治過程に及ぼす影響力があるとする「強い参議院論」という対立する参議院に対する見方の存在を前提に、参議院の発足から現在に至るまで通史的に、衆参の異なる議決が政治過程や政策内容に及ぼす影響、参議院の法案審議以前の政治過程、内閣の参議院における多数派形成、内閣の与党参議院議員からの支持調達を分析し、内閣に対して独立性の高い参議院が、内閣の活動を抑制し、慎重なものにしてきたことを指摘する。
14　杉原＝只野・前掲注（2）373 頁。
15　本書に先行する英国の貴族院改革に関する論稿として、田中嘉彦「英国ブレア政権下の貴族院改革—第二院の構成と機能—」『一橋法学』8 巻 1 号（2009 年 3 月）221-302 頁、田中嘉彦「北大立法過程研究会報告　二院制の比較制度論的検討」『北大法学論集』61 巻 1 号（2010 年 5 月）250-226 頁、田中嘉彦「二院制に関する比較制度論的考察(1)・(2・完)—ウェストミンスターモデルと第二院—」『一橋法学』9 巻 3 号（2010 年 11 月）889-928 頁・10 巻 1 号（2011 年 3 月）107-153 頁、田中嘉彦「英国の貴族院改革—二院制の史的展開と上院改革の新動向—」『レファレンス』61 巻 12 号（通巻 731 号）（2011 年 12 月）49-77 頁がある。
16　高橋和之『国民内閣制の理念と運用』（有斐閣、1994 年）17-43 頁、高橋和之「現代デモクラシーの課題」『岩波講座　現代の法 3　政治過程と法』（岩波書店、1997 年）3-

22 　序　章

　　32 頁、高橋和之「「国民内閣制」再論(上)・(下)」『ジュリスト』1136 号（1998 年 6 月 15 日）65-75 頁・1137 号（1998 年 7 月 1 日）92-96 頁、高橋和之『現代立憲主義の制度構想』（有斐閣、2006 年）63-92 頁を参照。
17　高橋・前掲注（16）（「「国民内閣制」再論(下)」）94 頁。
18　同上 95 頁。
19　岡田信弘「ジュリスト書評　高橋和之著『国民内閣制の理念と運用』」『ジュリスト』1077 号（1995 年 10 月 15 日）162 頁。
20　高見勝利「岐路に立つデモクラシー――五五年体制後の政党システムと議会政の方途―」『ジュリスト』1089 号（1996 年 5 月 1-15 日）43 頁。
21　高見勝利「国民内閣制についての覚え書き」『ジュリスト』1145 号（1998 年 11 月 15 日）41 頁。
22　高見・前掲注（20）43-44 頁。
23　なお、官僚統制の論点に関しては、行政学の観点から、憲法学界での議論は、専ら議会と内閣の関係に関心を集中させていて、任命職の行政官（官僚・行政職員）から構成されている官僚制に対する統制の問題をほとんど完全に無視している点が遺憾に思われるとの批判があり（西尾勝「議院内閣制と官僚制」『公法研究』57 号（1995 年）29 頁）、これに対しては、無視してきたのでなく、議会による官僚統制の問題が議会と内閣の関係の問題として理解され議論されてきたのであり、内閣は官僚制を中核とする「行政権」「行政機関」あるいは「政府」を表現していたとの反論がなされている（高橋・前掲注（16）（「「国民内閣制」再論(下)」）93 頁）。
24　高見勝利「「この国のかたち」の変革と「議院内閣制」のゆくえ」『公法研究』62 号（2000 年）9-11 頁。
25　高見勝利「デモクラシーの諸形態」『岩波講座　現代の法 3　政治過程と法』（岩波書店、1997 年）3 頁。
26　本秀紀「「首相公選論」・「国民内閣制」・「内閣機能の強化」―「行政権までの民主主義」論の再検討―」『法律時報』73 巻 10 号（2001 年 9 月）89 頁。
27　高橋・前掲注（16）（『国民内閣制の理念と運用』）43 頁。
28　ウェストミンスター・モデルについて、その動揺を指摘した研究又は批判的に検討した研究として、右崎正博「選挙制度/「統合」型か「共存」型か―ウエストミンスター型「神話」への疑問―」『法律時報』68 巻 6 号（1996 年 5 月）153-157 頁、小松浩「ウェストミンスター・モデルの動揺―イギリス小選挙区制改革の動向―」憲法理論研究会編『憲法基礎理論の再検討』憲法理論叢書 8(敬文堂、2000 年）175-186 頁、大山礼子「政治改革モデルとしての「イギリス型議院内閣制」への疑問」『北大法学論集』52 巻 6 号(2002 年 2 月)93-117 頁を参照。
29　高見勝利『政治の混迷と憲法―政権交代を読む―』（岩波書店、2012 年）を参照。
30　これについて分析した論文として、高安健将「動揺するウェストミンスター・モデル？―戦後英国における政党政治と議院内閣制―」『レファレンス』61 巻 12 号（通巻

731号）（2011年12月）33-47頁、木下和朗「イギリスにおける憲法改革―ウェストミンスター・モデルと政治的憲法をめぐって―」『比較憲法学研究』25号（2013年10月）57-83頁を参照。また、英国のウエストミンスター・モデルの変容を包括的に研究するとともに、日本政治のウェストミンスター化について分析した研究書として、小堀眞裕『ウェストミンスター・モデルの変容―日本政治の「英国化」を問い直す―』立命館大学法学叢書14号（法律文化社、2012年）を参照。

[31] 齋藤憲司「1983年南アフリカ共和国憲法（和訳）」『レファレンス』34巻11号（通巻406号）（1984年11月）67-120頁を参照。

[32] 齋藤憲司「南アフリカ―イギリス型議会から人種別三院制議会へ―」『レファレンス』37巻9号（通巻440号）（1987年9月）139頁を参照。

[33] George Tsebelis, *Veto Players: How Political Institutions Work*, Princeton: Princeton University Press, 2002, p. 144.

[34] See Office of the Federal Register National Archives and Records Administration, *The United States Government Manual 2014*, Washington, D.C.: U.S. Government Printing Office, 2014, p. 22.

[35] 美濃部達吉『議会制度論』現代政治学全集第7巻（日本評論社、1930年）154頁。

[36] 只野・前掲注（12）（「単一国家の二院制」）28頁。

[37] 野中＝中村＝高橋＝高見・前掲注（6）83-85頁。宮沢俊義（芦部信喜補訂）『全訂日本国憲法』（日本評論社、1978年）348-349頁は、貴族院型、参議院型、連邦制型に、芦部（高橋補訂）・前掲注（5）300頁は、貴族院型、連邦型、民主的第二次院型に分類する。また、伊藤正己『憲法』第3版（弘文堂、1995年）425-427頁は、貴族院型、連邦国家型、単一国家民主制型に分類する。

[38] James Bryce, *The American Commonwealth*, vol. 1, new edn., New York: The Macmillan Company, 1914, p. 185.

[39] 杉原＝只野・前掲注(2) 361-362頁、只野・前掲注(12)（「単一国家の二院制」）29-30頁。

[40] 樋口陽一『憲法 I』（青林書院、1998年）222頁。

[41] Arend Lijphart, *Democracies: Patterns of Majoritarian and Consensus Government in Twenty-One Countries*, New Haven: Yale University Press, 1984, pp. 93-94.

[42] 貴族院型や連邦制型が国民の直接選挙方式を採り入れることで参議院型へと変わりつつあるのが現在の第二院の方向性との見解もある（向大野新治『衆議院―そのシステムとメカニズム―』（東信堂、2002年）136頁）。

[43] 齋藤憲司「英国型政治制度はなぜ普及したか」『レファレンス』61巻12号（通巻731号）（2011年12月）24頁。

[44] 稲田正次『明治憲法成立史 下巻』（有斐閣、1962年）1133頁。

[45] 田中嘉彦「帝国議会の貴族院―大日本帝国憲法下の二院制の構造と機能―」『レファレンス』60巻11号（通巻718号）（2010年11月）73頁。

[46] Parliament Act 1911（c. 13）.

[47] 田中嘉彦「日本国憲法制定過程における二院制諸案」『レファレンス』54巻12号（通巻647号）（2004年12月）36-37頁。

[48] 前田英昭『イギリスの上院改革』（木鐸社、1976年）。なお、1980年代における英国議会の上院の実態については、前田英昭『イギリス議会政治の研究』（渓林出版社、1990年）515-551頁を参照。

[49] Donald Shell, *The House of Lords*, Manchester: Manchester University Press, 2007 ; Peter Dorey and Alexandra Kelso, *House of Lords reform since 1911: Must the Lords go?*, Basingstoke: Palgrave Macmillan, 2011 ; Chris Ballinger, *The House of Lords 1911-2011: A Century of Non-Reform*, Oxford: Hart Publishing, 2012. など。また、主として1999年以降の貴族院改革について詳細な分析を施した包括的研究書として、Meg Russell, *The Contemporary House of Lords: Westminster Bicameralism Revived*, Oxford: Oxford University Press, 2013. がある。

[50] 英国は、成文の憲法典は有さず、憲法的重要性を有する議会制定法、コモンロー又は制定法の解釈に係る判例、憲法習律等によって、憲法レベルの規範が構成されている（See A. W. Bradley, K. D. Ewing and C. J. S. Knight, *Constitutional and Administrative Law*, 16th edn., Harlow: Pearson, 2015, pp. 3-29.）。

[51] Arend Lijphart, *Patterns of Democracy: Government Forms and Performance in Thirty-Six Countries*, New Haven: Yale University Press, 1999. なお、レイプハルト理論の紹介として、高見勝利『現代日本の議会政と憲法』（岩波書店、2008年）3-35・85-89頁、杉原＝只野・前掲注（2）359-363頁を参照。

[52] Arend Lijphart, *Patterns of Democracy: Government Forms and Performance in Thirty-Six Countries*, 2nd edn., New Haven: Yale University Press, 2012.

[53] なお、かかる類型化論を踏まえた我が国における研究としては、近年英国型議院内閣制、すなわちウェストミンスター・モデルに範をとった政治改革が行われていることに対して疑問を呈する立場から、大山礼子『比較議会政治論―ウェストミンスターモデルと欧州大陸型モデル―』（岩波書店、2003年）がある。同書は、議院内閣制には、政府と与党が自律性を持ち、野党とも協力して議会の場で合意を図り、法案を修正することが多い欧州大陸型モデルもあることを忘れてはならないとする。

[54] 内田満『日本政治学の一源流』内田満政治学論集1（早稲田大学出版部、2000年）231-238頁。

[55] 手島孝は、行政概念の新構成のための主題の提示として、憲法学、政治学、行政法学、行政学の関係について、憲法学と政治学は、憲政科学であることは共通するが、前者が社会規範科学であるのに対して後者は社会現実科学であるとする。また、行政法学と行政学は、行政科学であることは共通するが、前者は社会規範科学であり後者は社会現実科学であるとする（手島孝『行政概念の省察』（学陽書房、1982年）2-3頁）。

[56] Matthew Flinders, *Democratic Drift: Majoritarian Modification and Democratic Anomie in the United Kingdom*, Oxford: Oxford University Press, 2010.

第Ⅰ章　英国における二院制の展開

I　英国における二院制の成立

　英国は、二院制の祖国である。この英国における二院制の成り立ちと、英国から各国への二院制の伝播の過程をまず振り返る。

1　イングランドにおける二院制の成立

　複数の院から成る会議体の存在は、古代のギリシャやローマにまで遡ることができる[1]。今日各国に設置されている第二院の大多数は Senate と称され、古代ローマの元老院の名称を継承したものとなっている[2]。もっとも、古代の元老院は二院制を構成するような会議体ではなかったので、広く国民各層を代表する会議体としての二院制議会は、その起源をイングランドに発する。

　周知のとおり、中世の欧州諸地域の等族会議においては、スコットランドのようにすべての身分の代表が一堂に集会したものもあれば、スウェーデンのように聖職者・貴族・市民・農民の四部に分かれてそれぞれ本人又は代表者が集会したものもあったが、おおむね聖職者・貴族・市民の三部に分かれて会合し表決することが多かった。しかし、イングランドにおいては、このような三部会の構成が採られることなく、高位の聖職者・貴族の集会と、市民の代表者の集会とから構成される二院制が14世紀中葉までに成立した。オリバー・クロムウェル（Oliver Cromwell）が敷いた共和制と護国卿政権の時代に一時的に貴族院が廃止されたのを除き、二院制は確立された制度として、英国において今日まで続いている。近代各国議会の多くが英国の影響により二院制を採用したため、英国が「専ら二院制の祖国」[3]であると言われる。

　英国の統治機関の多くは、国王の統治全般に関与した王会（Curia Regis）から分かれ出たものである。初期の王会は、有力な貴族によって構成されるものであった。フランス出兵による戦費調達の必要性から、1254年に、各カウンティから2名の騎士（knight）をウェストミンスターに召集し、緊急の場合

にどれだけの御用金を出すかを相談させようとしたというのが、baron よりも下の身分の者を何らかの意味で国政に参加させようとした最初の例である。

　1258 年から国王と貴族達の間に抗争が起こると、双方ともに騎士層の協力を得るため、彼らの代表を召集した。1264 年に貴族側の指導者シモン・ド・モンフォール (Simon de Montfort) が一時国王を捕虜にし、1265 年 8 月に、後にイングランド王エドワード I 世 (Edward I) となる皇太子エドワードに敗れるまでの間、実際上貴族の代表者が統治に当たる体制が出来た。その際、シモン・ド・モンフォールは、貴族と高位の聖職者のほか、各カウンティから 4 名の代表（騎士）を議会 (Parliament) に召集して国政に参与させ、1265 年には更に、彼に協力的であった都市からそれぞれ 2 名の代表（市民）を召集した。このため、シモン・ド・モンフォールは、庶民院の創設者であると言われるが、当時はまだ議会召集の度に必ず騎士と市民が召集されたわけではなかった。また、彼らは Commons と呼ばれたが、それは communes—communities の代表という意味であり、それぞれの communities を代表する州騎士と市民が次第に融合して庶民院を組織するようになった[4]。そして、議会も立法・行政・司法の別なく、司法的な仕事が中心をなしていた。

　1295 年に、エドワード I 世により模範議会が召集された段階では、議会は、聖職者として大主教 (archbishop)、主教 (bishop)、僧院長 (abbot) という高位の聖職者のほか、下級聖職者の代表、世俗貴族、カウンティを代表する騎士、都市を代表する市民という五つの要素から成り立っていた。この 1295 年の模範議会は、聖職者・世俗貴族と騎士・市民の地域代表者が分離して集会せしめられ、その相違を基盤として国王の召集令状にも集会の目的が異ならされていたという点で両者には機能にも本質的相違があり、これが二院制の一つの萌芽とされる[5]。ところが、下級聖職者の代表は、俗人とともに会議を構成することを好まず、別に聖職者会議で課税同意権を行使するようになった[6]。1330 年前後には、下級聖職者が全く議会に出席しなくなり、高位の聖職者と世俗貴族は、baron 領保有者としての立場を共通とする貴族身分を代表する院を、騎士と市民の代表は、庶民身分を代表する院を構成していった。

　貴族院と庶民院が異なる議場で開かれるようになった正確な期日を特定す

ることは困難である[7]。トマス・ピット・タズウェル＝ラングミード（Thomas Pitt Taswell-Langmead）によれば、議会が両院に分割された正確な時期は不明であるが、その転換は14世紀中期以前に完全に終了したとされ、この見解が一般的とされる[8]。なお、別個の会合に関する「議事録」上の最初の記述は1332年に起こり、両院への分離は1339年から永久的なものになっていったようである[9]。そして、1339年の議会以降、騎士と市民は独立した議院において集会したことから、これがイングランドにおける二院制議会の基礎を形作ったとされている[10]。騎士は元々貴族の一部で市民よりははるかに高い身分に属したが、州が一つの自治体を形成し、騎士がこれを代表して議会に出席したこと、都市が次第に州から独立して別個の自治体となりその代表が議会に召集されるようになったこと、すなわち州も都市もそれぞれ一個のcommunityとして代表を送ったこともイングランドにおける二院制成立の重要な要因であった[11]。なお、英国議会のウェブサイトによれば、1341年から、貴族院と庶民院は、別個に会議を開き始めたと説明されている[12]。

　イングランドにおいて、三部会の構成が採られることなく、議会が等族会議と離別するようになったのは、聖職者の大部分を占める下級聖職者が14世紀中葉に議会から離脱し、各身分のものが内部で交錯する二院制が確立されたためであると一般に考えられている[13]。もっとも、この時期の議会は、依然として王会の拡大とも言うべき国王統治の協賛機関であり、中心的な役割を営んだのは貴族であった。国王への金銭の提供の承認が求められる際に、騎士や市民の代表が、それぞれの地域で不満とされている点を提示し、その解決を訴えることも「請願」的な性格のものであり、庶民院が独立して二院制が成立してからも、庶民院の機能は副次的なものに過ぎなかった[14]。

　その後、宗教改革による聖職貴族（Lords Spiritual）の発言力の低下並びに薔薇戦争の消耗及び国王の新貴族任命による世俗貴族の国王への服従の結果、貴族院の力は低下した[15]。中世における議会では、貴族院が圧倒的な地位を占めていたが、絶対主義王制の時代に、徐々に両院対等の方向に動いて行った。

　オリバー・クロムウェルによる共和制の下では、1649年に貴族院が廃止されたが、護国卿政権下の1657年の新憲法により任命制の上院が設けられ、リ

チャード・クロムウェル（Richard Cromwell）による護国卿政権等を経て、1660年の王制復古の結果、貴族院と庶民院から成る二院制に復する。

そして、1688年から1689年にかけて行われた名誉革命では、国王、貴族院、庶民院の三者が互いに対等の立場に立ち、相互に抑制しつつ、議会において国政の最高権力者となるという考え方による混合政体が樹立された。ここでは、貴族院と庶民院は対等であり、国王は「議会における国王」(King in Parliament) として議会の一構成要素とされ、両院を通過した法案に対して国王裁可を拒否することができるものとされた。ただし、英国内の立法に対する国王裁可の拒否は、1708年にアン女王（Queen Anne）がスコットランド民兵法[16]を拒否したのが最後の例であり、18世紀に、国王は議会主権の実質的な担い手ではなくなった。1832年国民代表法[17]による選挙権拡大以後は、貴族院は予算や重要な政策については最終的に庶民院に譲歩すべきという考え方が生まれ、1911年議会法によって庶民院優位が制度的に確立されることとなっていく（これ以後の経緯については、本章―Ⅱにおいて論述する）。

このように、英国においては、共和制の一時期を除き、二院制は議会の確立された制度として、今日まで続いている。

なお、貴族院の司法機能については、19世紀中葉までに、貴族院における裁判には法律家としての資格を有する貴族のみが関与するという慣例が成立した。1873年最高法院法[18]は、イングランド及びウェールズを通じ、一審裁判所として高等法院（High Court）を置き、上訴裁判所として控訴院（Court of Appeal）を設置し、この両者を最高法院と総称することとした。しかし、スコットランド、アイルランドからの上訴を管轄するのは貴族院であるべきだという反対もあり、同法の施行前に、1876年上訴管轄法[19]によって、貴族院の裁判権が復活し、控訴院の上訴を扱うこととなり、また、上級の司法職にあった者又は一定期間弁護士であった者を、常任上訴貴族（Lords of Appeal in Ordinary）に任命し、その者一代限りの法曹貴族（Law Lords）となし得ることとした。

2　英国からの二院制の伝播

(1)　アメリカへの二院制の伝播

　英国を母国とする二院制は、英国の植民地から起こったアメリカの各邦にも伝播し[20]、それぞれが一個の邦（state ないし commonwealth）として新たに独立国として憲法を制定するに当たって、おおむね母国の伝統に従い、二院制を採用した。当初一院制を採用した邦（ペンシルベニア、ジョージア及びヴァーモント）もあったが、それらもまた、後に二院制に移行した[21]。他方、20世紀に入ってネブラスカ州が二院制から一院制に移行し、これが現在全米50州のうち唯一の一院制採用州となっている[22]。そして、アメリカ連邦議会も、1788年成立の合衆国憲法において、州の大多数が植民地以来の伝統に従って二院制を採っていたこと、大州と小州の利害を調整するために、州が平等の代表権を有する議院を設ける必要があったことから、上院である元老院（Senate）と下院である代議院（House of Representatives）から成る二院制が採用された[23]。この時の妥協は、「大いなる妥協」（Great Compromise）と呼ばれる。妥協に至るまでには、①連邦上院でも人口比例原則を貫くというジェームズ・マディソン（James Madison）起草のヴァージニア案、②一院制の連邦議会において各州1票の表決権を認めるウィリアム・パターソン（William Paterson）提案のニュー・ジャージー案などが見られた。ヴァージニア案は人口・財政規模の大きな邦から支持を受け、ニュー・ジャージー案は人口・財政規模の小さな邦から支持を受けた。諸案の対立を受けて、コネティカット出身のロジャー・シャーマン（Roger Sherman）が、③連邦下院では人口比例、連邦上院では各州2名代表（州議会選任）という案を提案し、この案を中心に妥協に至っている。このため、「大いなる妥協」は、「コネティカット妥協」（Connecticut Compromise）とも呼ばれる[24]。これに関して、『ザ・フェデラリスト』において、立法権の暴走（専制）を防ぐために、これを上下両院に分割し、両者の摩擦により、その強大な権力を抑制することが期待されていたことも注目に値する[25]。

　なお、アメリカ連邦議会の上院議員は、当初、各州議会による間接選挙で選出されていたが[26]、進歩主義的修正条項の一つとして、1913年に合衆国憲

法第17修正が成立し、直接選挙に選出方法が変更されている。当初の間接選挙という方法は、1850年代半ばまでは有効に機能していたが、インディアナ州などで、空席となっている連邦上院議席をめぐる民主党と共和党との対立が深まり、連邦上院議院の選出が行われない州が出現し、南北戦争も勃発した[27]。1866年に連邦議会は、各州で選出方法を定めることとしたが、根本的な解決にはならなかった。連邦上院の直接公選化の提案は1826年に始まり、1893年から1902年にかけてその機運は高まり、合衆国憲法修正の提案もなされたが、上院はこの変化を断固として拒否した。その後、州のレファレンダムに基づき連邦上院議員を選出する州が増え、1912年までに29州が政党の予備選挙による指名ないし州総選挙に際して連邦上院議員を選出するようになったが、直接選挙のための改革を達成するためには憲法修正が必要であった。1911年にカンザス州選出のジョセフ・ブリストウ（Joseph Bristow）が合衆国憲法修正の提案を行い、上下両院で可決後、各州で批准され、1913年に第17修正が成立した。

(2) 英連邦諸国への二院制の伝播

アメリカ型の二院制は、英国の植民地から出発したカナダ、オーストラリア等にも影響を及ぼし[28]、これらの国でもやはり二院制が採用された。

(i) カナダ

カナダ植民地に議会が導入されたのは、1791年憲法法[29]によってである[30]。ただし、カナダの場合、フランス植民地としての伝統があり、英国がフレンチ・インディアン戦争に勝利したのは1763年であったが、隣接するアメリカの13植民地が英国からの課税に反英感情を募らせる中で、フランス系文化の否定は英国の利益にならないという現地総督の判断を尊重し、すぐには英国型の植民地統治を実行しなかった[31]。1776年にアメリカが独立戦争によって英国からの独立を達成すると、ロイヤリスト（王党派）が、英領北アメリカ植民地に多く流入した。英国は、アメリカ独立戦争が終結し、カナダにおける本格的植民地統治に行うに当たり、英国本国議会において1791年憲法法を制定し、ケベック植民地を、ロイヤリストが移住した英国系社会のアッパーカナダ（現在のオンタリオ州）とフランス系社会のロワーカナダ（現在のケベック

州)に分割し、それぞれに議会を設置した。各議会は、総督、総督が任命する議員から構成される上院である立法評議会(Legislative Council)と、植民地において公選される下院である立法議会(Legislative Assembly)から成る二院制が採用された。

　しかし、実際の政治は総督を中心に行政評議会及び立法評議会で行使されたことから、1837年、アッパーカナダ、ロワーカナダの双方において反乱が勃発したが、反乱の鎮圧後、1840年連合法[32]により、両植民地は、連合カナダ植民地(United Province of Canada)に再統合され、従来の二つのカナダは、西カナダ(旧アッパーカナダ)と東カナダ(旧ロワーカナダ)の行政区分とされた。

　1850年代の経済的発展を経て、1860年代に入ると、政治経済面で再び深刻な危機に陥り、連邦結成のため1864年9月のシャーロットタウン会議、同年10月のケベック会議において、憲法草案が検討された。新たに創設される連邦議会は、植民地議会における経験からも、二院制とすることは前提であった[33]。ケベック会議で採択された決議では、上院の名称は植民地議会の上院と同じ立法評議会、下院の名称は庶民院(House of Commons)とされた。連合カナダ植民地は西カナダがオンタリオ州、東カナダがケベック州として再分割され、下院議員は人口比例で選出されるため、人口多数の連合カナダ植民地、特に西カナダが下院で多数を占めることが保障され、上院は、オンタリオ、ケベック、沿海植民地が各24議席を持つ地域同数代表制を採り、上院議員は連邦政府の任命による終身議員とされた[34]。同決議は、各植民地による承認後、1866年12月、植民地代表と英国政府によるロンドン会議において、形式的修正を加え、英国議会によって、1867年英領北アメリカ法[35]が制定され、カナダ自治領が成立した。なお、上院の名称は元老院(Senate)とされた。

　カナダ上院は、アメリカを意識して州や地域の代表機関としたものであり、カナダの人民は、下院で国家の市民として、上院で州の市民として二つの資格で代表されている[36]。

　なお、カナダの州議会は、かつて二院制を採用していたが、最後に1969年にケベック州が一院制に移行し、現在ではすべて一院制を採用している[37]。

(ii) オーストラリア

　オーストラリアにおいても、複数の植民地が合同して国家が成立したため、

アメリカの連邦制度と共通した点も少なくないが、英国本国との合意の下で連邦が結成されたため[38]、立憲君主制、議院内閣制など英国の統治構造と同様の制度が採用されている。また、オーストラリアでは、連邦結成以来、6州という連邦の構成は不変であり、この点でもアメリカとは異なる。

英国政府は、オーストラリアの各植民地が独自に憲法を有し、英国型の二院制議会を設置することを促し、各植民地の立法評議会は、自ら憲法草案を起草し、本国議会による審査を経て憲法法が制定された[39]。その後、オーストラリアでは、シドニーとメルボルンとの間の鉄道敷設による地理的一体感の醸成、ドイツによる北西ニューギニアの併合への対処、通信の発達、移民問題への対応などを背景として、各植民地間の自由貿易、海外貿易のための関税統一、統一的行政の重要性から、連邦結成が必要とされるに至った。

1891年の第一次憲法制定会議においては、オーストラリアの全植民地とニュージーランドから代表が集まり、憲法草案が起草され、アメリカ型の二院制や英国型の責任内閣制などが盛り込まれた。1897年から1898年にかけて行われて第二次憲法制定会議においては、1891年の憲法草案を原案として修正を加えた1897年のアデレード草案について、両院不一致の場合の解決方法、金銭法案に関する上院の権限などが議論され、最終案が採択された。次いで、1899年の植民地首相による会議において、修正が施された後、各植民地でのレファレンダム、英国議会での可決を経て、1900年7月にヴィクトリア女王（Queen Victoria）の裁可を得てオーストラリア連邦憲法法[40]が制定された。これにより、上院である元老院（Senate）と下院である代議院（House of Representatives）から成る両院直接公選の二院制が成立した。

オーストラリアでは、元老院議員は各州同数とされ、これはアメリカの影響であるが[41]、アメリカでは、当初は州議会による間接選挙で上院議員を選出しており、1913年成立の合衆国憲法第17修正によって直接選挙となったため、完全に模したわけではない。オーストラリアの連邦議会における直接公選の上院設置は、アメリカの連邦議会に先行して行われたものという点で大きな意義を有する。

なお、オーストラリアの州議会は、1922年にクイーンズランド州で上院が廃止され一院制となっているのを除き、二院制を採用している[42]。

(ⅲ) ニュージーランド

ニュージーランドについては、第Ⅴ章—Ⅱで詳述するが、現在では一院制を採用するニュージーランド議会も 1951 年に上院が廃止されるまでは、公選の下院と任命制の上院から成る二院制であった。また、上院改革の途上、アメリカ合衆国やオーストラリア型の上院が模索されたこともあった。

以上のように、英国本国を起源とする二院制は、その植民地・自治領から出発した英連邦諸国にも伝播していったのである。

II 貴族院改革の史的展開

　二院制の草創期、庶民院は下級的地位にあったが、徐々に対等となり、最終的に第一院となる[43]。政府は、1780年代まで庶民院ではなく国王と貴族院の信任により存続するものであり、貴族院は20世紀初頭まで首相を始めとする大臣を供給する議院であった[44]。

　近代政党が組織され、庶民院の信任に依拠する議院内閣制が確立されると[45]、議会の上院である貴族院と下院である庶民院の対立が顕在化してくる。1832年国民代表法による選挙権拡大以後は、貴族院は予算や重要な政策については最終的に庶民院に譲歩すべきという考え方が生まれたが、貴族院は、身分制議会の歴史を継受したまさに「貴族院」として、従前は保守党優位の院として機能してきたため、自由党（Liberal Party）のような保守党以外の政党が庶民院で多数を占めた場合には、上下両院間に「ねじれ」現象が生じる可能性を内在していた。しかも、貴族院の立法権限は、歳入歳出法案については、提出、修正できず、ほとんど行使されることのない否決権を保持するだけであったことを除き、下院とほぼ対等で、完全な二院制であった[46]。

　英国の貴族院改革は、フィリップ・ノートン〔ノートン卿〕（Philip Norton [Lord Norton of Louth]）が整理するとおり、20世紀前半に、自由党政権と労働党政権によって、公法案の停止的拒否権など権限に係る改革が行われ、20世紀後半に、保守党政権と労働党政権によって、一代貴族の導入など構成に係る改革が行われてきた[47]。

1　貴族院の権限に係る改革

(1) 1911年議会法

　前述のように1832年国民代表法による選挙制度改革後、貴族院は予算や重要な政策については最終的に庶民院に譲歩すべきという考え方が生まれ

た。しかし、19世紀後半から社会立法が多数提案されるようになると、貴族院が庶民院可決法案を否決し、あるいは大幅に修正することが多くなり、1906年から1908年の自由党政府の立法計画の大部分を頓挫させた[48]。

1908年、全政党で構成されるローズベリー委員会（Rosebery Commission）が、貴族院の構成員から世襲貴族を排除し、有識者を一代貴族に任命して構成員とする改革案で合意した。しかし、貴族院の権限については合意には至らなかった。ローズベリー委員会の合意内容は、貴族が自動的に貴族院議員となる制度を廃止し、貴族の中に貴族（Peers）と議会貴族（Lords of Parliament）を区別するというもので、新たな貴族院の構成は、王族議員3名、世襲貴族の互選による代表貴族議員200名、特定の資格を有する世襲貴族議員（国務大臣、インド、カナダ、オーストラリア及びアイルランドの総督、南アフリカ高等弁務官、議長、高級文武官、上級裁判官、法務総裁並びに法務次長であった者）130名、聖職貴族10名、法曹貴族5名、一代貴族40名とするものであった[49]。しかし、この案は、公表後間もなく、1909年に、貴族院がハーバート・ヘンリー・アスキス（Herbert Henry Asquith）自由党内閣が提出した予算を否決する中で実現されずに終わる。

このとき、デービッド・ロイド・ジョージ（David Lloyd George）蔵相による「人民予算」（People's Budget）は、福祉予算財源を捻出するため超過所得税と土地税によって富裕層に新たな課税を求めるものであったが、庶民院を379対149で通過したものの、貴族院では350対70で否決された。これにより、両院間の対立は、最高潮に達した。これを受けて、庶民院は解散されたが、1910年1月の総選挙では、与党が勝利し、貴族院が譲歩したため、予算は通過した。しかし、与党は貴族院改革を国民に問うべく、同年12月に再び総選挙を実施した。その結果、与党が勝利し、自由党政府は1911年2月に公法案の審議における庶民院の優越を定める議会法案を提出したが、貴族院では大幅な修正を受けたため、政府は、貴族院が議会法案を通過させなければ、新たな貴族院議員を任命すると迫った。これに貴族院は屈服し、同法案は131対114で貴族院を通過し、1911年議会法が制定された。

同法は、その前文にもあるように、「世襲ではなく人民を基礎にして構成された第二院を現存の貴族院に代替することが企図されているが、このような代替を直ちに実施することはできないため」、貴族院の立法権限を縮減し、法

案審議の引き延ばしの期限を定めたものであり、その意味で暫定的な性格を有するものであった。しかし、同法の前文で示されたとおり、世襲から人民を基礎とする第二院への代替は容易に実現することはできず、後述するブレア政権下の改革まで課題は残されることとなった。この前文については、エドワード・グレイ（Edward Grey）外相らの貴族院組織改革論に対して、アスキス首相が、より合理的な組織を有する貴族院は庶民院（政府）に匹敵し得ることとなろうと主張した結果として、内閣は、絶対的拒否権を停止的拒否権に変更する措置を講じた後、構成に係る改革を追及するという折衷的解決に至ったことを反映するものであるとの指摘がある[50]。

　1911年議会法により、金銭法案（Money Bill）については、庶民院可決後少なくとも会期終了1か月前に貴族院に送付され、その後1か月以内に無修正可決されない場合は、貴族院の同意がなくとも、庶民院が反対しない限り、国王裁可を得て議会制定法となることとされた（1911年議会法第1条第1項）。金銭法案以外の公法案（Public Bill）については、連続3会期庶民院が可決し、会期終了の少なくとも1か月以前に貴族院に送付されており、その3会期のたびごとに貴族院が否決する場合には、庶民院が反対しない限り、貴族院による三度目の否決に基づき、貴族院の同意がなくとも、国王裁可を得て議会制定法となる。ただし、第1回目の会期における庶民院第二読会の日と、第3回目の会期における庶民院通過日との間に2年の経過を要することとされた（1911年議会法第2条第1項）。

　1911年議会法による貴族院改革は、名誉革命以来の憲法慣行であった歳入法案（財政法案、金銭法案）に関する庶民院の優越権を成文化＝制定法化するとともに、他の法案に対する貴族院の無制限な拒否権を制約することによって、貴族院を決定的に「第二院」の地位に落とした[51]。すなわち、この法律によって、公法案の審議における庶民院の優位が確立され、貴族院は明確に第二院として位置付けられたのである。

　1911年議会法が制定された後、首相は庶民院議員でなければならないという憲法慣習が確立されるなど[52]、庶民院の優位は一層強化されていく一方で、貴族院は、政治的に重要な決定における副次的な役割とともに、学識経験者の集まりという性格を強めていく。

(2) ブライス・リポート

1911年議会法は、政府予算の成立を確保し、貴族院の政府の立法計画に対する公式の立法上の絶対的拒否権を根絶するものであったが、貴族院の構成に何ら変更を加えるものではないとともに、むしろ次の総選挙に政治的課題を提示する権限を付与するものであり、進歩派の政権にとっての万能薬（panacea）足り得なかった[53]。

その後の改革案の中で特に重要なものとして、1918年のブライス・リポート[54]がある。これは、貴族院の構成及び権限を検討するために1917年に設置されたジェームズ・ブライス〔ブライス卿〕（James Bryce [Lord Bryce]）を座長とする「第二院の改革に関する会議」（Conference on the Reform of the Second Chamber）の報告書である。同報告書は、特定政党が恒久的に貴族院の支配的地位を占めることは不適当であるとし、貴族院が、13の地域にグループ分けされた庶民院議員が比例代表制の一種である単記移譲式投票制（Single Transferable Vote（STV））[55]により選出した議員と、上下両院の合同委員会が指名した議員から構成されることを勧告した。また、貴族院の役割は、①下院からの法案の吟味と修正、②比較的争いの少ない法案の発議、③国民が法案について十分な意見表明を行うために必要な期間その成立を遅らせること、④一般的な政策問題の討論、の4点に限定されるとして、英国における上院の基本的な役割を示した。

(3) 内閣委員会における検討

その後の貴族院改革に関する動きとしては、内閣委員会（Cabinet Commitee）において検討が続けられ、1922年と1927年にブライス・リポートの提案を基礎とする政府提案もなされたものの、ブライス・リポートの勧告は実現されることはなかった。

1921-1922年には、ロイド・ジョージを首班とする連立内閣の下で設けられ、ジョージ・カーゾン〔カーゾン卿〕（George Curzon [Lord Curzon]）外相が主宰したカーゾン委員会（Curzon Committee）が検討を行った。同委員会は、貴族院を、世襲貴族、国王、広範な有権者からの選出という3要素から成る議院とすることを提案した[56]。同委員会は、貴族院の構成について決定した後、1911

年議会法の改正のための決議案を検討したが、連立政権が 1922 年 10 月に退陣したことにより、その実現はなされなかった[57]。

　1925-1927 年には、スタンリー・ボールドウィン（Stanley Baldwin）が率いる保守党内閣の下で設けられ、大法官（Lord Chancellor）のジョージ・ケイブ〔ケイブ卿〕（George Cave [Lord Cave]）主宰したケイブ委員会（Cave Committee）が検討を行った。同委員会は、議会法の改正を提言し、庶民院議長のみが行っている金銭法案の該当性の認定を両院合同委員会が行うこと、論争となっている法案の成立について次期総選挙ないしレファレンダムに問うことを貴族院が主張し得るようにすること等を提言した[58]。また、150 名の貴族院議員を世襲貴族から互選し、100 名の貴族院議員をカウンティ・カウンシル議員が選出し、50 名は国王が選出することも提案したが、貴族院院内総務の第四代ソールズベリー侯爵（The 4th Marquess of Salisbury）は、世襲貴族の要素の維持を主張し、これに満足せず、同委員会の提案は実現されなかった[59]。

　1933 年にはソールズベリーが、おおむね上述のような考え方を基本とするとともに、1911 年以前の貴族院の権限を回復させるための議員立法を行ったが、これらの提案は、世襲貴族を貴族院に維持するだけでなく、保守党の多数をも維持するものであったため、保守党以外の支持を得ることはなかった[60]。

　なお、1933-1935 年は、ラムゼイ・マクドナルド（Ramsay MacDonald）の挙国一致内閣の下で、挙国一致委員会（National Government Committee）が 1933 年 11 月 22 日に設置され、15 か月間で 6 回の会合を持ったが、大きな改革はなし得なかった[61]。なお、1935 年の庶民院総選挙の労働党のマニフェスト（manifesto）には、貴族院の廃止が掲げられた。その後、第二次世界大戦の勃発によって、重要な憲法改革はなされることはなかった。

(4)　ソールズベリー・ドクトリン

　第二次世界大戦が欧州で終結した後、1945 年 7 月の庶民院総選挙で労働党が政権に就くと、貴族院改革の機運が再び高まるとともに、1911 年議会法に基づく貴族院の立法上の停止的拒否権の行使可能性が懸念された。これに対し、貴族院保守党院内総務のクランボーン子爵（Viscount Cranborne）〔1947 年以

降第五代ソールズベリー侯爵（The 5th Marquess of Salisbury)）］は、1945年8月の国王演説に関する討論において、貴族院野党としての保守党の方針について、「国が直近に表明された国民の見解を有している場合には、貴族院は、有権者に明確に提示された提案に対して反対することは、憲法上誤りであると確信する」[62]と述べ、いわゆるソールズベリー・ドクトリン（Salisbury Doctrine）〔ソールズベリー慣行（Salisbury Convention）とも称される両院間の憲法慣行〕を示し、与党労働党の懸念を緩和した。

クランボーン子爵は、この見解を発展させ、1945年10月31日の法案審議において、「……政府は議会の承認に依拠し、議会は英国民の信任に依拠している。これが英国憲法の構造である。仮に政府がその仕事を妨げられるならば、議会がその信任を得ているこの国の主権者に問いかけるべきである。この憲法の精神に反するものは、議会の自由な決定を圧殺する。」とした[63]。

これは、政府与党が庶民院総選挙の公約において明確に予告したいかなる法案も、貴族院がこれを第二読会及び第三読会において否決することは誤りであるとするものである。したがって、修正権は否定されていないが、法案を換骨奪胎するような抜本的修正（wrecking amendment）は認められないと解されている。

なお、労働党政権下の1967年、貴族院野党院内総務であった保守党のキャリントン卿（Lord Carrington）は、非公選の議院である貴族院は、国民によって選ばれた庶民院の意思を覆すべきではないとして、ソールズベリー・ドクトリンを再確認する発言を行っている[64]。

(5) 1949年議会法

1947年、労働党政府は、庶民院の次期総選挙までの期間となる残りの議会期中に政府提出法案の成立を確実なものとするため、貴族院が立法を引き伸ばし得る期間を短縮する法案を提出した。この法案には、貴族院が強く反対したが、1911年議会法第2条第1項の規定に基づき、貴族院の可決なしに1949年議会法[65]として成立した。1911年議会法の規定中、金銭法案以外の公法案について、庶民院が可決する要件を、連続3会期から連続2会期とし、最初の第二読会から最後の庶民院通過までの経過期間を2年から1年に短縮

した。この結果、金銭法案以外の公法案について、貴族院が立法の引き延ばしをできる期間が約2年から約1年に短縮され、公法案の立法に係る庶民院の優位は一層強化された[66]。

1911年議会法の前文には、「世襲ではなく人民を基礎にして構成された第二院を現存の貴族院に代替することが企図されているが、このような代替を直ちに実施することはできないため……この法律において貴族院の現行の権限を制限するための規定を制定することが便宜である」と宣言された。20世紀前半を現時点で振り返るならば、この前文が示すとおり、結果的にも貴族院の権限を弱める改革が先に行われることとなった。

2 貴族院の構成に係る改革

(1) 1958年一代貴族法・1963年貴族法

1945年に貴族院改革の機運が再燃した時期、政党間会議が設けられ、貴族院が世襲貴族のみで構成され、特定の政党が恒久的に貴族院の支配的地位を占めることは不適当であるとし、無産者であっても貴族院議員になれるよう一定の報酬制度を設けること、貴族院の構成員に個人の専門性により指名される一代貴族を追加すること等を勧告した[67]。これらの勧告は、1957年の貴族院議員への費用弁償制度、1958年一代貴族法[68]に結実する。

前述のように、20世紀後半には貴族院の構成に係る改革が行われていくが、この時期、貴族院議員の出席率は極めて低く、日常的に出席しない諸議員（backwoodsmen）が、特定の表決の時だけ現れることへの批判が強まった。backwoodsmanとは、元々地方に在住し、めったに都会に出てこない辺境の住人を意味するが、保守党幹部は都合の悪い改革を阻止するために彼らを駆り出して所期の目的を達するものと考えられていた[69]。このような議員の存在は貴族院の権威を低下させており、これに対応するため、1958年の貴族院規則の改正により、議員は正当な理由に基づいて議院から随時請暇の許可を得ることができることとされ、請暇の手続が設けられた。

さらに、貴族院の構成に大きな変化を与えたのが、ハロルド・マクミラン（Maurice Harold Macmillan）保守党政府による1958年一代貴族法である。同法

により、国王は、男女を問わず、貴族院に出席し表決を行うその者一代限りの貴族を任命することが可能となり、貴族院の政党別構成の変化と幅広い人材の貴族院議員への登用が可能となった[70]。

貴族院の政治的重要性の減少は、世襲によって貴族の地位に就くことになった庶民院議員に、貴族の地位を辞して庶民院議員の被選挙権を確保することを認めるべきとの主張につながった。労働党のトニー・ベン（Anthony Neil Wedgwood "Tony" Benn）による爵位の辞退は、1963年貴族法[71]を制定する契機となった[72]。同法により、世襲貴族が、世襲事由が生じた時から一年以内は、一代に限り爵位を放棄することを認めるとともに、それまで貴族院への出席が認められていなかった世襲女性貴族と、代表のみが貴族院への出席を認められていたスコットランド貴族のすべてに貴族院議席が認められた。

(2) 議会（第二号）法案の不成立

1968年に労働党政府によって提出された議会（第二号）法案[73]は、貴族院の構成については最終的に世襲議員を消滅させることを意図し、貴族院の権限については財政関係法案以外の法案の停止的拒否権を6か月とするものであったが、同法案は、貴族院での抵抗から不成立に終わった。

ただし、この間も貴族院改革案については、公選論、廃止論も含めて、各方面から種々の提案がなされてはきた[74]。同法案が不成立に終わった後、労働党は貴族院廃止論に転換し、保守党は貴族院改革への関心を失うに至った。労働党は、1977年の党大会で貴族院廃止の方針を承認、1979年庶民院総選挙のマニフェストでは立法に関する残存権限の廃止、1983年庶民院総選挙のマニフェストでは貴族院の廃止と一院制への移行を打ち出した。1989年に至って、一院制移行論を捨て、貴族院を比例代表制で直接公選される第二院とすることとし、1992年庶民院総選挙のマニフェストでは、完全な公選による第二院を主張するに至った。

一方、保守党では、アレック・ダグラス＝ヒューム〔ヒューム卿〕（Alexander Frederick Douglas-Home〔Lord Home of the Hirsel〕）を委員長とする審査委員会が1977年1月に設置され、貴族院改革問題について、世襲貴族の排除、任期9年、任命議員3分の1・比例代表による公選議員3分の2、1911年議会法の法

案成立引き延ばし期間2年の復活、貴族院の権限変更に関する貴族院の同意、両院間の意見の相違を解決するための調停委員会（Mediation Committee）の設置などを1978年に答申した。しかし、1979年に首相となったマーガレット・サッチャーは、貴族院改革に積極的ではなく、サッチャー保守党政権下では、改革の実現には至らなかった。

なお、自由民主党（Liberal Democrats）は、1996年に、貴族院を比例代表制で選出される約100名の議員から成る元老院に代え、その権限を強化することを主張している[75]。

その後、政府提案の立法措置による貴族院改革は、トニー・ブレアを首相とする労働党政権に至るまで待たなければならなかった。

III 二院制のメタモルフォシス

このような変遷を見た英国の二院制については、二院制という制度そのものの進化という現象の存在を看取することができる。次に、この問題について検討するとともに、ブレア政権下での更なる改革の必要性について指摘する。

1 構成と権限の相関関係

英国議会の上下両院の構成と権限の在り方を理解する上では、次のような議論をまず押さえておく必要がある。
　そもそも、二院制議会の機能は基本的に、両院の構成と権限の相関によって規定される[76]。二院制議会を比較分析するに当たって、構成と権限に着目することは、比較議会制度の先駆的かつ代表的な研究書である美濃部達吉の『議会制度論』においても行われており[77]、現代の二院制議会を比較対象とする場合にも、一般的な分析方法となる。比較法的に見た二院制議会の構成及び権限、すなわち両議院の組織原理と権限関係に係るメルクマールについては次のとおりである。
　両議院の構成に着目するならば、二院制の国では一般に下院は直接公選の国民代表であることの帰結として、上院の組織原理の在り方が一つの指標となる。そこでは、上院が、非公選型か公選型か、連邦制型か非連邦制型か、国民代表型か職能代表型かというような指標が考えられる。なお、非公選型のうちにも貴族院型・任命型があり、公選型のうちにも直接選挙型と間接選挙型がある。連邦制型は、連邦国家において上院に連邦構成国たる各州ないし各邦を代表させている場合が典型的に該当するものであり、非連邦制型は、連邦制を採らない単一国家などの場合に該当するものである。また、国民代表型では、代表者は自己の選挙区の代理人ではなく、全国民の代表者となり、各選挙区の選挙人は広く国民のために行動する代表者を選ぶこととなる。職

能代表型は、特定の職業・団体等を代表させるため、職能的な選挙区から選出されるものである。ただし、職能代表制については、普通選挙との両立可能な適切な指標を見いだすことは困難であり[78]、第一次世界大戦後のヨーロッパ諸国において実際に採用されたことがあるが、現在では、例えばアイルランド上院の一部にその要素が見られるにとどまる。

大石眞は、「両院制のあり方については、結局のところ、もっぱら上院組織法及びその権限の範囲が問題となるわけで、ここから両院制の組織類型と権限類型というものが生まれる」と指摘する[79]。両議院の権限関係に着目するならば、古典的な同権型（完全両院制）と現代的な一院制型又は非同権型（不完全両院制）に分けることができ、大石はこれを「一院制型両院制」と説く[80]。換言すれば、対等型・非対等型という分類が可能となるわけであるが、更には、「対等」「非対等」が形式的なものなのか、あるいは実質的なものなのか、名実ともに対等ないし非対等かというように細分することができる[81]。非対等型の場合であっても、その内容は様々であり、第二院に対し修正権を認めず第一院を阻止するという権能のみを認めるもの、第一院における審議に反省の機会を与え議決を慎重ならしめるという、より控え目な機能を第二院に期待するもの、更には第二院を諮問機関化しようとするものまで考えられる[82]。一般的には、只野雅人が説くように、単一国家における第二院の場合は、連邦国家の第二院の場合ほどには強固な憲法上の正統性を持たず、民主的正統性に劣る第二院の決定よりも第一院の決定を優先させること、すなわち第一院が優位する非対等型の二院制が考えられることになる[83]。

これらの議論を前提とすると、現在の英国の二院制は、上院に公選制が敷かれていない「非公選型（貴族院型・任命型）」、連邦国家における上院ではない「非連邦制型」であるとともに、上院は公法案の審議において停止的拒否権しか有しない「非対等型」と位置付けられる。

2 英国型二院制の変容

二院制は、英国における等族会議の変形という特殊事情により成立し[84]、各国に広がっていった。政治制度が技術移転の歴史であるということを想起

するならば、英国から英国植民地への二院制の伝播は、英国本国の政治制度を模倣したものということに疑いの余地はないであろう。カナダ、ニュージーランドなどの植民地においては、英国本国のような貴族制度の伝統がないことから、上院は総督の任命制とすることが通例であり、ここに、貴族院から立法評議会という任命制への転換が見られる[85]。ただし、異なる選出基盤の上下両院を構成し、下院に抑制を加えるという二院制の原初的思想は基本的に継受されている。

さらに、英国を出自とする二院制が新たな変容を見たのが、アメリカの連邦議会を設置する際に、連邦国家を構成する州を上院が代表するという局面である。『ザ・フェデラリスト』によれば、上院の構成について、「連邦政府 (federal government) の形成において州政府 (State governments) の権威を確保し、州政府と連邦政府との便利な連絡役となる代理人を州政府に与えるという二つの利点を持つ」[86]とされている。それは、その後近代的憲法を制定し、特に連邦制を採用した諸国に影響を及ぼした。カナダ、オーストラリアはもちろん、第Ⅴ章―Ⅱで述べるように、現在では一院制であるニュージーランドも、1852年ニュージーランド憲法法の当初の草案では、当時のアメリカ合衆国上院と同様に、州代表に基づく間接選挙で選出される連邦制型の上院を規定していたということもあったのである。

なお、世界初の成文憲法であるアメリカ合衆国憲法の制定後に制定されたフランスにおける各憲法では、一院制、二院制のいずれの議会制度も経験した。そしてフランスでは、第三共和制以来、元老院が地方公共団体を代表することが伝統となり、現行の1958年第五共和制憲法においても元老院は地方公共団体の代表を確保するものとされ、単一国家の場合であっても、地方を代表する第二院という性格によって、二院制は活路を見いだしてきた。また、ドイツでは、ビスマルク時代のドイツ帝国憲法でも、各領邦の代表者から成る連邦参議院が設けられ、ワイマール憲法でも各邦の代表によって構成されるライヒ参議院が設けられた。そしてドイツでは、1946年のボン基本法以降も、各邦を代表する連邦参議院が設置されている。イタリアの現行憲法は、1948年のものであるが、対等で差異のない二院制という構造の中で、近年では州を基礎とする地域代表の上院への改革が模索されている。

このように、英国型の二院制は、英国の植民地に伝播し、アメリカ合衆国憲法の制定を経て、地域を代表する第二院という新たな機能を付与された。そして、オーストラリア連邦議会における上院への直接公選制の導入、その後のアメリカ連邦議会上院の複選制から直接公選制への転換を経て、上院における民主的代表という機能が付与された。さらに、各国でこれらの要素を組み合わせた上院を構築してきた。

ここで重要なのは、上院の正統性（legitimacy）という問題であり、この問題は、なぜ二院制が採用されているかという根源的問題に通じる。連邦国家における連邦型二院制であれば、上院には地域代表としての正統性が伴い、上院に直接公選制が敷かれている場合には、民主的正統性が随伴することとなる。このように、政治制度の技術移転という歴史の中で、英国を祖国とする二院制は、身分制議会からの現代化を図り、各国において、メタモルフォシスのごとき変容を遂げてきたと言えるのではないだろうか。

一方、二院制の祖国である英国自体は、連邦制でもなく、議院内閣制という下院中心の統治構造の中で、貴族院という民主的正統性を具備しない議会上院を擁するため、むしろ上院の権限を弱めることで、議院内閣制と二院制との接合を図るという進化を選択した。現在の英国の貴族院は、実質的には任命制に変容してはいるものの、身分制議会に淵源する構成が連続性を保って維持されており、貴族という爵位を資格要件として、今なお文字通り「貴族院」として、前世紀で欧州を席巻したエリート・モデル[87]として存在し続けている。その意味では、英国の二院制は、二院制の現代化からの隔絶が特徴であるとも言うことができる。

もっとも、現代の英国貴族院は、任命制であるがゆえに、上下両院の権限関係は下院優位の構造が維持されており、これは下院に政権基盤がある議院内閣制という仕組みには適合的なものとなっている。しかも、下院に比して政治的・党派的対立から距離を置く上院は、抑制と均衡、専門的知識の注入、中立的な運営という点で、逆に存在感を示しているということも指摘しておかなければならない。

英国は、伝統的に単一国家とみなされてきたが、現在では準連邦制的な国家に転換してきているとともに、上院の民主的改革という今日的要請により、

次章以降で詳述するように、各国が既に制度化した地域代表あるいは国民代表という上院の在り方に、ようやく足を踏み入れようとしている。そうだとすると、二院制の祖国と言われる英国の二院制自体も、各国からの影響を受け、貴族代表から任命制へ、任命制から地域代表ないし国民代表の導入構想へというように、メタモルフォシスを進めてきていると言えるのではないだろうか。すべての憲法は進化するが、不文憲法は目立つことなく進化する[88]。英国の貴族院は急激な変革が行われることなく、進化し続けているという点で比較制度論的にも異例の存在である[89]。そこには、他国のような戦争、独立あるいは革命といった国家的に大規模な変革を伴わない場面における、二院制の現代的正常進化の像が示されるとともに、単一国家（少なくとも連邦制を採用する国家ではない国家）で議院内閣制を採用する場合の上院をいかに改革するかというアイディアが示されることも期待される。

3　貴族院改革の必要性

英国の貴族院改革には、実に100年を超える歴史があるが、次章以降で詳しく検討するブレア政権以降の改革の必要性は、次のように整理することができる。

(1) 世襲貴族の存在と民主的正統性の問題

貴族院は、その名称が示すとおり、歴史的に聖職貴族と世襲貴族から構成される議院であった。これまで見てきたように、19世紀後半に法曹貴族が一代貴族として構成員に加わり、20世紀には、貴族院の公法案に係る立法権限が停止的拒否権にまで縮減された後、一代貴族制度が導入されたが、基本的には世襲貴族が大部分を占めてきた。また、それまでの貴族院は、世界最大の上院議員数を擁していたが、実際には世襲貴族の約200名が全く出席しないというような状況があり、この出席率の低さも問題となっていた。この世襲貴族の存在こそ、民主主義における議会の正統性を著しく損なうものであり、貴族院の抱える最大の問題とされていた。

さらには、世襲貴族はもとより、一代貴族も任命制であり、選挙による民

意の負託を受けているわけではない。この貴族院議員が非公選議院であるという事実は、貴族院が政府提出法案に同意しない場合において正統性を欠くということを意味する[90]。

　貴族院が民主的正統性を何ら有しないものであるならば、その役割は限りなく限定的なものとならざるを得ない。しかし逆に、貴族院が十分な民主的正統性を獲得し、直接選挙で選出される庶民院に対抗するような強力なライバルとなるならば、より強い権限を有すべきことが求められる。貴族院の構成の在り方に係る正統性の問題は、その役割がいかにあるべきかということと裏腹の関係にある。このようなジレンマに対しては、何らかの妥当な着地点を探す作業が求められることとなる。

(2)　党派構成の問題

　世襲貴族が大部分を占める貴族院にあっては恒常的に保守党が多数を占めてきたため、保守党が政権与党となる場合には庶民院と一致するが、保守党以外の政党が庶民院総選挙に勝利し政権に就いた場合には、庶民院と貴族院との間に「ねじれ」を生じる可能性を内包していた[91]。

　1997年庶民院総選挙で、労働党が得票率44.3％で418議席（議席率63.4％）、保守党が得票率31.5％で165議席（議席率25.0％）を獲得していたにもかかわらず、貴族院の政党バランスは、1998年12月末の時点でも、41％の議席が保守党に占められ、労働党の議席はわずか15％というような状況であり、これはとりわけ労働党にとって大きな問題となっていた。

(3)　庶民院に対する「抑制と均衡」「補完」の機能

　英国の統治構造では、基本的に、庶民院総選挙で勝利した多数派を占める単独政党が内閣を構成してきた。議院内閣制は、各国において多様な形となっているが、一般に大統領制に比べて立法部と行政部の権力が緩やかに分立した形態である。しかも、庶民院議員の有力議員の大半が政府の役職に就く英国では、単純小選挙区制という選挙制度、強い党議拘束などとあいまって、議会（下院）と内閣・政府との関係において「抑制と均衡」が担保されるためには何らかの工夫が求められる。そのため、法案修正や行政監視等の機能を

担う第二院の存在が注目されることとなる。

また、庶民院は、政党政治の場であり、各議員は選挙区サービスなども含め、極めて多忙である。もちろん第二院も、政党政治と決して無縁ではいられないが、単独政党が絶対多数党とならないような工夫をした上で、庶民院を「補完」する役割も求められる。そこでは、第二院には、第一院と異なる視点を提供すること、第一院が吸収することができない民意を吸収すること、第一院が遂行することができない立法上の課題に取り組むことなどが期待される。さらに、憲法問題、欧州統合、各地域への権限委譲（devolution）など多岐にわたる現代的課題にきめ細かく対応するためにも、第二院を効果的に再設計することが不可避となっている。

なお、かつて労働党は貴族院廃止論に立脚していたが、一院制移行論から世襲貴族の排除へと方針転換をした。現在では、保守党、労働党及び自由民主党の主要三政党のいずれも一院制移行論を採用していないことから、第二院の構成及び権限をいかに設計するかが政治上も課題となっていた。

注

[1] Meg Russell, *Reforming the House of Lords: Lessons from Overseas*, Oxford：Oxford University Press, 2000, p. 19.
[2] *Ibid.* p. 19；Donald Shell, 'The History of Bicameralism', in Nicholas D. J. Baldwin and Donald Shell eds., *Second Chambers*, London：Frank Cass, 2001, p. 6.
[3] 美濃部達吉『議会制度論』現代政治学全集第7巻（日本評論社、1930年）112頁。
[4] 中村英勝『イギリス議会史』新版（有斐閣、1977年）37頁。
[5] 羽田重房「英国議会初期における二、三の起源の問題」京都大学憲法研究会編『世界各国の憲法制度』（有信堂、1966年）255-256頁。国王の召集令状は、聖職貴族・世俗貴族らには「この危険を避けるために必要と思われる事案について審議し、命令し、執行すること」を要求したのに対し、騎士・市民は「その時その場で目前において共通の諮問により命ぜられたところのものを各選挙区に対し、また、自らに対し行為し得べき十分な権力を有する者」として召集した。
[6] 中村・前掲注（4）36頁。
[7] Peter Raina, *House of Lords Reform: A History*, vol. 1, Oxford: Peter Lang, 2011, p. 26.
[8] 近藤申一『イギリス議会政治史 上』（敬文堂、1970年）100頁。
[9] 同上101-102頁。
[10] George Tsebelis and Jeannette Money, *Bicameralism*, Cambridge：Cambridge

University Press, p. 23. なお、1377 年に、Commons は、初めて庶民院議長を選出するに至る。
11 中村・前掲注（4）36-37 頁。
12 UK Parliament, *Location of Parliaments in the later middle ages*, ＜http://www.parliament.uk/about/living-heritage/building/palace/estatehistory/the-middle-ages/later-locations-parliament/＞；UK Parliament, *Rise of the Commons*, ＜http://www.parliament.uk/about/living-heritage/evolutionofparliament/originsofparliament/birthofparliament/overview/riseofcommons/＞.
13 近藤・前掲注（8）94 頁。
14 なお、英国の初期議会では、その記録の圧倒的部分が請願の審理に関する記載で占められている。この点について、F. W. メイトランド（小山貞夫訳）『イギリスの初期議会』（創文社、1969 年）41 頁を参照。
15 田中英夫『英米法総論　上』（東京大学出版会、1980 年）108 頁。
16 Scotch Militia Bill.
17 Representation of the People Act 1832（c. 45）.
18 Supreme Court of Judicature Act 1873（c. 66）.
19 Appellate Jurisdiction Act 1876（c. 59）.
20 美濃部・前掲注（3）112 頁。
21 ペンシルベニアは 4 年間、ジョージアは 12 年間、ヴァーモントは 50 年間、一院制を経験した後、それぞれ 1790 年、1789 年、1836 年に二院制に移行した（James Bryce, *The American Commonwealth*, vol. 1, new edn., New York: The Macmillan Company, 1914, p. 484.）。
22 ネブラスカ州は 1934 年の州憲法改正により、1937 年に一院制に移行した（藤本一美『ネブラスカ州における一院制議会』（東信堂、2007 年）を参照）。
23 田中英夫『アメリカ法の歴史　上』（東京大学出版会、1968 年）127 頁。
24 阿部竹松『アメリカ合衆国憲法―統治機構―』（有信堂高文社、2002 年）26-29 頁。United States Senate, *The Senate and the United States Constitution, Two Senators Per State*, ＜http://www.senate.gov/artandhistory/history/common/briefing/Constitution_Senate.htm＞.
25 Alexander Hamilton, John Jay and James Madison, *The Federalist: a commentary on the Constitution of the United States: being a collection of essays written in support of the Constitution agreed upon September 17, 1787 by the Federal Convention*, New York: The Modern Library, 1937, p. 338.
26 これには先例がないではなく、16 世紀のオランダ議会に類例を見ることができる（Meg Russell, *The Contemporary House of Lords: Westminster Bicameralism Revived*, Oxford: Oxford University Press, 2013, p. 43.）。
27 United States Senate, *Direct Election of Senators*, ＜http://www. senate. gov/

artandhistory/history/common/briefing/Direct_Election_Senators.htm＞.
28 Russell, *op. cit.*（26）, p. 43.
29 Constitutional Act of 1791. 正式には、The Clergy Endowments（Canada）Act, 1791, 31 Geo. 3. c. 31（UK）という。
30 岩崎美紀子『二院制議会の比較政治学』（岩波書店、2013 年）25-29 頁を参照。
31 同上 25 頁。
32 Act of Union 1840. 正式には、1840 年英領北アメリカ法（British North America Act 1840（3 & 4 Victoria, c. 35））という。
33 岩崎・前掲注（30）27 頁。
34 木村和男編『カナダ史』新版世界各国史 23（山川出版社、1999 年）174-175 頁。
35 British North America Act, 1867, 30-31 Vict., c. 3（UK）.
36 富井幸雄「カナダの上院(1)―憲法と第二院―」『法学会雑誌』47 巻 2 号（2007 年 1 月）51-52 頁。
37 Louis Massicotte, 'Legislative Unicameralism: A Global Survey and a Few Case Studies' in Nicholas D. J. Baldwin and Donald Shell eds., *Second Chambers*, London: Frank Cass, 2001, p. 162.
38 久保信保＝宮﨑正壽『オーストラリアの政治と行政』再版（ぎょうせい、1991 年）207 頁。
39 山田邦夫「オーストラリアの憲法事情」『諸外国の憲法事情　3』調査資料 2003-2（国立国会図書館調査及び立法考査局、2003 年）88 頁。
40 Commonwealth of Australia Constitution Act 63 & 64 Vict c. 12（UK）.
41 岩崎美紀子「二院制議会(5)―オーストラリア(上)―」『地方自治』738 号（2009 年 5 月）3 頁。
42 Massicotte, *op. cit.*（37）, p. 163.
43 Russell, *op. cit.*（26）, p. 37.
44 *Ibid.*.
45 周知のとおり、議院内閣制は、18 世紀から 19 世紀にかけて、英国の憲政史において、自然発生的に成立した政治形態である。
46 House of Lords, *Briefing: Reform and Proposals for Reform since 1900*, ＜http://www.publications.parliament.uk/pa/ld199798/ldbrief/ldreform.htm＞.
47 Philip Norton, *Parliament in British Politics*, 2nd edn., Basingstoke: Palgrave Macmillan, 2013, p. 37.
48 Matthew Purvis, *House of Lords: Reform Chronology 1900-2010*, House of Lords Library Note, LLN 2011/025, 21 July 2011, p. 1.
49 前田英昭『イギリスの上院改革』（木鐸社、1976 年）8 頁。
50 木下和朗「イギリス 1911 年議会法の憲法史的背景」山崎広道編著『法と政策をめぐる現代的変容―熊本大学法学部創立 30 周年記念―』（成文堂、2010 年）57 頁。

51 小山廣和『税財政と憲法―イギリス近・現代の点描―』明治大学社会科学研究叢書（有信堂、2003 年）127 頁。
52 1923 年にジョージⅤ世（George V）が、スタンリー・ボールドウィン（Stanley Baldwin）を首相にしたのは、庶民院議員であるべきという方針に従ってのことと理解された（田中・前掲注（15）174 頁）。
53 Chris Ballinger, 'Hedging and Ditching: The Parliament Act 1911' in Philip Norton ed., *A Century of Constitutional Reform*, Chichester: Wiley-Blackwell for the Parliamentary History Yearbook Trust, 2011, p. 29.
54 Conference on the Reform of the Second Chamber, *Letter from Viscount Bryce to the Prime Minister*, 1918（Cd. 9038）.
55 単記移譲式投票制では、定数 2 以上で、選挙人は各候補者に 1、2、3…と選好順位を付して投票する。第 1 順位票の集計で当選基数以上の票を獲得した候補者が当選となる。当選者が定数に満たない場合、当選者の得票から当選基数を引いた票（剰余票）を次順位が付された候補者に移譲し、当選基数に達する候補者がいれば当選となる。この手順を繰り返しても定数に満たない場合は、最下位得票者の票を第 2 順位が付された他の候補者に移譲する。当選者数が定数に達するまでこの手順を繰り返す。
56 Donald Shell, *The House of Lords*, Manchester: Manchester University Press, 2007, p. 37.
57 Chris Ballinger, *The House of Lords 1911-2011: A Century of Non-Reform*, Oxford: Hart Publishing, 2012, p. 42.
58 *Ibid.*, p. 44.
59 *Ibid.*, pp. 44-45.
60 Shell, *op. cit.*（56）, p. 37.
61 Ballinger, *op. cit.*（57）, pp. 47, 49.
62 Glenn Dymond and Hugo Deadman, *The Salisbury Doctrine*, House of Lords Library Note, LLN 2006/006, 30 June 2006, p. 22.
63 *Ibid.*, p. 22.
64 Colin Turpin and Adam Tomkins, *British Government and the Constitution: Text and Materials*, 7th edn., Cambridge: Cambridge University Press, 2012, pp. 649-650； *HL Hansard*, 16 February 1967, cols. 418-424.
65 Parliament Act 1949（c. 103）.
66 ただし、1911 年議会法の規定に基づき、庶民院の意思によって 1949 年議会法という両院間の権限に関する法律が制定されたことについては、その有効性について憲法上の疑義が呈されている（第Ⅱ章―Ⅱ―3 を参照）。
67 境勉「ブレア首相の憲法改革(6)―変わりゆく英国―」『自治研究』77 巻 4 号（2001 年 4 月）97 頁。
68 Life Peerages Act 1958（c. 21）.

69　前田・前掲注（49）18-19 頁。
70　1876 年上訴管轄法による法曹貴族が、その者一代限りの貴族としては最初のものである。
71　Peerage Act 1963（c. 48）.
72　ベン事件については、前田・前掲注（49）37-53 頁に詳しい。
73　Parliament（No 2）Bill 1968-69.
74　See Hugo Deadman, *Proposals for reform of the House of Lords, 1968-98*, House of Lords Library Note, LLN 98/004, 14 July 1998.
75　Rodney Brazier, *Constitutional Practice: The Foundations of British Government*, 3rd edn., Oxford: Oxford University Press, 1999, p. 262.
76　只野雅人「参議院の機能と両院制のあり方」『ジュリスト』1395 号（2010 年 3 月 1 日）46 頁。
77　美濃部・前掲注（3）は、128-160 頁において「二院制に於ける第二院の組織」を、161-186 頁において「二院制に於ける第二院の権限」を分析する。
78　只野・前掲注（76）48 頁。
79　大石眞『議会法』（有斐閣、2001 年）42 頁。
80　同上 45 頁。「一院新型両院制」という分類は、小嶋和司によって用いられ（小嶋和司＝大石眞『憲法概観』第 7 版　有斐閣双書（有斐閣、2011 年）184・187 頁）、大石眞も用いているものである。その呼称に関する考察として、小堀眞裕「「修正の院」としての英国貴族院─「一院制」的英国議会理解を問い直す─」『政策科学』22 巻 3 号（2015 年 3 月）41-59 頁を参照。
81　水木惣太郎『議会制度論』憲法学研究Ⅱ（有信堂、1963 年）304-308 頁。
82　佐藤幸治『憲法』第 3 版（青林書院、1995 年）151-152 頁。
83　只野雅人「単一国家の二院制─参議院の存在意義をめぐって─」『ジュリスト』1311 号（2006 年 5 月 1-15 日）29-30 頁、杉原泰雄＝只野雅人『憲法と議会制度』現代憲法大系 9（法律文化社、2007 年）361-362 頁。
84　水木・前掲注（81）288 頁。
85　なお、アメリカの各植民地の上院は、当初任命制であったが、後に公選制となり、選挙権に係る財産資格を厳重にし、定数を少数とし、任期を長期としたほか、部分改選制を採る植民地も現れた（同上 130 頁）。また、オーストラリアの各植民地では、任命制を採る上院もあったが、制限選挙を採る上院も現れた（山田・前掲注（39）88 頁）。
86　Hamilton, Jay and Madison, *op. cit.*（25）, p. 401.
87　Russell, *op. cit.*（26）, p. 63.
88　David Butler, 'The Changing Constitution in Context', in Matt Qvortrup ed., *The British Constitution: Continuity and Change*, Oxford: Hart Publishing, 2013, p. 7.
89　Russell, *op. cit.*（26）, p. 44.
90　Dawn Oliver, *Constitutional Reform in the United Kingdom*, Oxford: Oxford

University Press, 2003, p. 191.
91 もっとも、1980年代後半以降、貴族院では1日当たりの平均出席率で過半数を占める政党がなくなってきており、庶民院に比べ党議拘束が緩やかで造反も頻繁に行われることから、貴族院の独立性は保たれている（Robert Rogers and Rhodri Walters, *How Parliament Works*, 6th edn., Harlow: Pearson Longman, 2006, p. 241.）。

第Ⅱ章　ブレア政権下の貴族院改革

I　ブレア政権下の貴族院改革の経緯と実績

　1997年発足のブレア労働党政権の下で、英国の貴族院改革は新たな段階を迎える。ここでは、その歩みを時系列的にたどることとする。

1　第一次ブレア政権における改革

(1) 1997年庶民院総選挙マニフェスト

　1997年5月1日の庶民院総選挙で、労働党は、マニフェスト[1]に、政治分野の一掃（clean up）として、現代的な貴族院、効率的な庶民院、政府の公開（情報自由法の制定）、スコットランド及びウェールズへの権限委譲—連合の強化—、地方政府改革、ロンドン市制、イングランド内の地域（リージョン）、市民のための真の権利（欧州人権条約の国内法化）、北アイルランドを掲げた[2]。ブレア首相は、現代化された社会民主主義を目指す「第三の道」という指導理念の下、これらの憲法改革（Constitutional Reform）プログラムの推進を目指した[3]。

　英国政治の最大の特質は、ウェストミンスター・モデルと呼ばれる議会制民主主義である。ウェストミンスター・モデルとは、英国の経験を主たる素材とし、権力ないし権威が選挙民多数派ないし議会多数派に集中する多数派型デモクラシーを原理とする。その特徴は、下院の多数を占める政党によって組織される内閣、二大政党制、単純小選挙区制による下院選挙、下院優位の二院制などにあるとされる。しかし、このウェストミンスター・モデルの改革論議が、1960年代半ば以降、とりわけ1980年代半ばから高まっていった。ブレア首相の憲法改革プログラムは、英国政治において権力をより国民に近いものとし、現代的な民主的統治構造の構築を図る「民主主義の現代化」を目指すものである。

　1997年庶民院総選挙の労働党マニフェストの基本となったのは、1993年

に、労働党が野党時代にまとめた『民主主義のための新たな協議事項―憲法改革のための労働党の提案―』[4]である。1996年10月、労働党は一連の憲法改革プログラムを自由民主党との協力の下で推進するため、「憲法改革に関する合同協議委員会」(Consultative Committee on Constitutional Reform) を設置した。1997年3月に自由民主党との政策協議で『憲法改革に関する合同協議委員会報告書』[5]としてまとめられ、同年のマニフェストになった。

　このマニフェストの中で労働党は、「現代的な貴族院」について、次のように公約した。すなわち、「貴族院は改革しなければならない。将来貴族院をどのようにするかにかかわらず、まず、自己完結的な改革として、世襲貴族の貴族院での出席及び表決権を法律で廃止する。これは、貴族院をより民主的で国民を代表する議院とするための第一段階である。貴族院の立法権限は、変更しない。また、一代貴族が各党の背負う選挙の得票をより的確に反映するよう、その任命制度を見直す。ただし、クロスベンチ (Crossbench)[6]の一代貴族については維持する。貴族院においては、いかなる政党も単独過半数を目指すべきではない。更なる改革については、上下両院で委員会を設置し、広範な検討を行い、改革案を提案することとする。」[7]と示された。

　このように、1997年の労働党のマニフェストでは、二段階の貴族院改革が掲げられた。まず、第一段階では、世襲貴族の出席及び表決権を法律によって廃止すること、貴族院の立法権限には変更を加えないこと、直近に行われた庶民院総選挙の各党得票率を反映した一代貴族を指名すること、無所属のクロスベンチを維持すること、単独政党が貴族院で過半数を占有しないこととした。次いで、第二段階では、改革案を提案するための両院合同委員会を設置することとした。労働党政府による貴族院の現代化に係る当初の提案は、貴族院の構成に焦点が当てられたもので、すべての世襲議員を第二院から排除するというものであった。

　一方、保守党は、この二段階改革論に激しく反発した。その理由は、世襲貴族の出席及び表決権の廃止自体は理解できるが、最終的に貴族院をどうするかの青写真もないままに世襲貴族の出席及び表決権を廃止すれば、貴族院は実質的に首相が任命する一代貴族だけで構成されることとなり、首相の権力が強まるだけである、ということであった。これに対して、労働党は、世

襲貴族が出席及び表決権を持つことの非民主性を挙げ、世襲貴族の出席及び表決権廃止後の過渡的な貴族院でも首相の一代貴族の任命への関与を弱め、特定政党が過半数を占めないよう配慮するとして、これまでの貴族院より民主的なものとなると反論した。

労働党は、1997年庶民院総選挙で地滑り的勝利をおさめ、18年ぶりに政権に就いた。ジョン・メイジャー保守党政権から労働党に政権交代がなされると、1997年の労働党マニフェストに掲げられた憲法改革の提案は、議会制定法によって次々と実現されていくこととなる[8]。貴族院改革も、三次にわたるブレア政権の下で、憲法改革の一つとして進められていくこととなる。

(2) 1999年政府白書『議会の現代化―貴族院改革―』

ブレア政権下で貴族院改革が大きく推進されていくのは1999年以降である[9]。

貴族院改革は、1998年11月24日の議会開会時の女王演説（Queen's Speech）で言及され、労働党政府は、1999年1月の白書『議会の現代化―貴族院改革―』[10]を、後述する貴族院法案と同時期に公表した。白書では、ブレア政権が最終的な貴族院改革の実行を先延ばしにしているという批判があったことを考慮して、①第一段階の改革として、世襲貴族の出席及び表決権を廃止する法案を提出すること、②長期的改革を検討するための王立委員会の設置、③制定法によらない任命委員会の設置により中立議員に関する首相の任命権限を縮小することを掲げた。なお、貴族院改革に関する合同委員会を設置する前に、広範な議論と一層の分析を行うために王立委員会を設置することが明らかにされた。

(3) 1999年貴族院法

貴族院法案は、1999年1月19日、庶民院に提出され、これと並行して、白書について貴族院で討論が行われた。貴族院では、同年3月17日から法案審議が行われ、両院可決後、同年11月11日に国王裁可を得た。

制定された1999年貴族院法[11]によって、世襲貴族は92名を残し議席を失った。政府から提出された貴族院法案は、世襲貴族の全議席を失わせるこ

とを内容とするものであったが、審議段階において、貴族院内で労働党と保守党との間の合意により、前庶民院議長でクロスベンチャー（無所属議員）であるウェザリル卿（Lord Weatherill）の提案で、10％の世襲貴族と副議長、紋章院総裁（Earl Marshall）及び式部長官（Lord Great Chamberlain）[12]を残存させることとされ、92名の世襲貴族を残す修正がなされた。この取決めは、大法官のアーヴィン卿（Lord Irvine of Lairg）と第五代ソールズベリー侯爵の孫で貴族院保守党院内総務であったクランボーン子爵（Viscount Cranborne）との間でなされたが、修正は、ウェザリル卿により提案されたため、残存世襲貴族はWeatherill peersと呼ばれる。世襲貴族をすべて貴族院から排除することに反対した保守党議員は、第二院の構成をどのようにするか（選挙又は選挙と任命制の組合せ）について長期的な政策が欠如していることを主張し、また、将来の改革において世襲貴族の割合が確保されない限り、貴族院法案その他の政府提出法案に反対すると迫った。

　この結果、紋章院総裁、式部長官の2名を含め、92名の世襲貴族が残存した。このうち75名の残存貴族は、その時点での貴族院内の政党及び無所属議員間の政党バランスに比例して貴族院内の世襲貴族によって選出された。その他15名の世襲貴族は、貴族院の役員である副議長等で、貴族院の全議員一致で選出された。1999年12月時点で、世襲貴族については、保守党が52名、労働党4名、自由民主党5名、その他31名と保守党が優勢を保った。

(4) ウェイカム委員会

　1999年2月18日、ウェイカム卿（Lord Wakeham）を委員長とする12名の委員から成る「貴族院改革に関する王立委員会」（Royal Commission on the Reform of the House of Lords）が設置された[13]。このウェイカム委員会と呼ばれる王立委員会は、聖職貴族を含む貴族院議員、庶民院議員のほか、学識経験者などから構成された[14]。

　諮問事項は、「議会の優越した議院としての庶民院の地位を維持すべきことに配慮しつつ、また、近年の分権により新たに権限を委譲された各機関、1998年人権法[15]の影響、及び欧州連合（European Union（EU））との関係の発展といった、現下の憲法体制の在り方に特段の注意を払いつつ、第二院が持つ

べき役割と機能に関して検討と勧告を行い、当該役割及び機能に適した第二院を確立するのに必要な、一又は複数の構成方法に関して勧告を行い、1999年12月31日までに報告を行うこと」であった。

ウェイカム委員会は、1999年3月1日に最初の審議を開き、1999年12月23日に、女王に報告を行った。2000年1月20日、ウェイカム委員会は、『将来のための議院』[16]と題する報告書により、任命議員と公選議員から構成される第二院の構想を答申した。ウェイカム委員会の報告書は、様々な角度から第二院の在り方を提言するもので、その後の議論の基礎となり[17]、その内容は高く評価されている。同報告書には、132の勧告が含まれ、まず、第二院の役割と機能について検討し、次いでそれを果たすための構成その他の事項について勧告を行っている。また、本文中にも多くの示唆的な記述が記載されている[18]。

ウェイカム委員会報告書では、貴族院の役割は、公共政策の発展に資すること、英国社会を広く代表すること、抑制と均衡の役割を果たすこと、英国内の各地域（nations and regions）[19]のために発言権を提供することとされた。

具体的勧告内容として、①貴族院議員の議席と爵位との関係性を遮断すること、②現在の貴族院の権限に根本的な変更を加えないこと、③公選比率の高い第二院は望ましくないこと、④新たな第二院の定数は550名程度とすること、⑤法的根拠に基づいて設置される任命委員会が定員の20％程度の中立議員を指名すること、⑥任命委員会は、直近の庶民院総選挙の得票数と貴族院全体の党派構成が一致するよう調整すること、⑦政党推薦枠には、第二院の規模やバランスを首相が自由に制御し得る首相指名権は剥奪し、任命委員会が英国社会全体を代表するような男女比率、人種構成、各界代表の構成を保障すること、⑧地域代表議員は、庶民院総選挙又は5年ごとの欧州議会選挙と同時期に、各地域（欧州議会選挙と同様のイングランド内の8地域とロンドン、スコットランド、ウェールズ及び北アイルランドの計12選挙区）から、比例代表制により、65名、87名又は195名を3分の1ずつ選出すること、⑨15年以下の任期を導入することが盛り込まれた。

最も注目されたのは、貴族院議員の選出方法であり、ウェイカム委員会が審議の過程で実施した国民からの意見聴取でも、45％が直接選挙、39％が独

立の任命委員会による一代貴族、34%が二つ以上の選出方法の組合せ、27%が間接選挙、同じく27%が職権による構成員、16%が政党党首の指名による一代貴族、13%が無作為の選出（複数回答可のため合計は100%とはならない。）[20]と、直接選挙の支持が多かった。しかし、勧告内容は、直接選挙は、約550名程度の議員のうち、65名、87名又は195名を地域代表に限るというものであった。

ウェイカム委員会の報告書に対する反応では、有用な情報が収載されているという意見がある一方で、抜本的な改革ではないとの批判も受けた。貴族院では、2000年3月7日にウェイカム委員会報告書に関する審議がなされ、冒頭、労働党貴族院院内総務・玉璽尚書のジェイ女性男爵（Baroness Jay）が、政府はウェイカム委員会の提案をおおむね受け容れることを表明した。ブレア政権としては、翌年に庶民院総選挙が迫っていることから、ウェイカム委員会報告書で提言された第二院の構成等に関しては、暫くの間、政府としての具体的対応を行わなかった[21]。

(5) 貴族院任命委員会

一代貴族は、首相の助言に基づき国王が任命する。ただし、国王はこれを拒否することができないため、実質的に首相の専決的権限である。それゆえ政治的影響を受ける可能性があり、一代貴族の任命をより公正にするため、独立した任命委員会の設置が求められた。

2000年5月4日、ブレア首相は、1999年政府白書に掲げていた任命委員会の設置を発表した。新たに設置された貴族院任命委員会（House of Lords Appointments Commission）は、ウェイカム委員会報告書で示されたような法的根拠に基づくものではなく、政府白書で示したとおり制定法によらない組織であり、第二段階の貴族院改革が行われるまでの暫定的なものであった。

貴族院任命委員会は、政府から独立した非省庁公的組織（Non-departmental public body（NDPB））として、内閣府予算から拠出を受け、その職員は、内閣府の公務員又は他の政府の省庁・エージェンシーからの出向者から成る。任命委員会の役割は、政党に所属しない中立議員の選考を行うこと、貴族院議員の候補者の審査を行うこと、叙爵者一覧に掲載された候補者の審査を行うこ

とである。委員会は7名で構成される。委員長には、貴族院の中立議員のスティーブンソン卿（Lord Stevenson of Coddenham）が就任し、保守党、労働党及び自由民主党の主要三政党の貴族院議員各1名と政党関係者以外の3名が委員となった。

2000年9月13日、自薦及び他薦による貴族院議員候補者の募集を開始し、同年11月17日の締切りまでに3,166名の応募があった。応募者の内訳は、男性81%・女性19%、白人85%・非白人15%、英国籍98%・アイルランド国籍0.6%・英連邦構成国籍1.4%、61歳以上39%・60歳以下61%であった[22]。2001年4月26日には初の公募による「国民の貴族院議員」(people's peers) 15名が誕生した。その後、第二次ブレア政権の2004年5月に7名、2005年3月に2名、第三次ブレア政権の同年7月に5名、2006年5月に7名、2007年2月に6名が、貴族院任命委員会によって貴族院議員に指名されている。

2　第二次ブレア政権における改革

(1)　2001年庶民院総選挙マニフェスト

2001年6月7日の庶民院総選挙で再度地滑り的勝利を納めた労働党は、この時のマニフェストで、貴族院改革の完成を公約した。すなわち、①残存した世襲貴族の排除を含めて貴族院改革を継続すること、②庶民院の優位性は確保すること、③ウェイカム委員会の報告書及びその結論を支持し、最も効果的な方法で実施すること、④貴族院の議事手続の現代化を支持すること、⑤法的根拠に基づいた任命委員会を設置することが掲げられた[23]。

(2)　2001年政府白書『貴族院―改革の完成―』

2001年11月に政府は、貴族院改革に関する白書『貴族院―改革の完成―』[24]を公表し、ウェイカム委員会の提言に関し政府としての対応を示すとともに、2002年1月31日までの期限で公開協議を行った。

白書の概要とウェイカム委員会報告書との差異は、次のとおりである[25]。

この白書では、任命委員会によって指名される120名の無所属議員、120名の直接公選議員、16の聖職貴族、少なくとも12名の法曹貴族、任命委員会

によって決定される 332 名以内の各政党指名議員から構成されることとした。ただし、白書においても、ウェイカム委員会報告書のように、爵位との関連を分離すること、無所属議員、各地域を代表するよう選出された議員を含み大部分が任名されること、法的に独立した任命委員会が設置されることを提案している。

ウェイカム委員会報告書と同様に、白書では貴族院の立法権限には変更を加えておらず、憲法事項にわたる特別な権限の付与も提案していない。ただし、次の点については変更を加えている。すなわち、議員数の上限をウェイカム委員会が提案した 550 名よりやや多い 600 名としたこと、公選議員の割合をウェイカム委員会の大多数が支持したものよりはやや高くしたこと[26]、政党所属議員の選出において任命委員会は資産確認を除き特段の役割を有しないこと、である。また、ウェイカム委員会は、任命議員については 15 年、公選議員についてはそれ以下としたが、白書では、5 年、10 年ないし 15 年のいずれかと提案し、政府は比較的短い期間を適切とした。

選挙の方法について、白書は、ウェイカム委員会が提案した三つの方法（本章—Ⅱ—2 を参照）のうち B 案を採用したが、これに若干の変更を加えている。それは、選挙制度には欧州議会選挙と同様の地域を選挙区として政党名簿が用いられるものとするが、拘束名簿式か非拘束名簿式かについては結論を出していないこと、選挙期日は庶民院総選挙の日とすること、3 分の 1 の部分改選制ではなく総選挙制とすることである。

これに対してウェイカム卿は、任命委員会の独立性の乏しさ、修正の院としての任期の短さ、貴族院の憲法の擁護の役割といった点から批判した。このほか、白書における公選議員の割合が 20％であるという点が各方面で議論となった。2002 年 2 月 14 日には、庶民院行政特別委員会が、公選議員 60％、政党指名議員 20％、無所属議員 20％を勧告する報告書を公表した。庶民院の討論日未定動議（Early day motion）では、大部分を公選議員とすることが主張され、300 名を超える庶民院議員の支持を得た。保守党も、貴族院は大部分が公選の 300 名から成る議院とすることを主張した。このような議論の混迷の中で、大法官と庶民院院内総務は、議会内のコンセンサスを得るため、両院合同委員会を設置することを表明した[27]。

(3) 貴族院改革に関する合同委員会

2002年5月には、上下両院議員各12名で構成される「貴族院改革に関する合同委員会」(Joint Committee on House of Lords Reform) が設置され、労働党のジャック・カニンガム（Jack Cunningham）庶民院議員が委員長となり、新たに検討が進められることとなった。そこでの最大の議論は、公選制の導入とその比率であった。同委員会は、2002年12月11日に、第一次報告書[28]を公表し、①全員任命、②全員選挙、③80％任命・20％選挙、④80％選挙・20％任命、⑤60％任命・40％選挙、⑥60％選挙・40％任命、⑦50％選挙・50％任命の7案を示した。

これについて、2003年1月29日、ブレア首相は、庶民院における首相質問で、一部を選挙、一部を任命とするとうまく機能せず、全員選挙とすると庶民院との対立を招くとの理由により、全員任命によるべきとの考え方を示した[29]。

第一次報告書については、両院で議論が行われ、2003年2月4日、7案について投票を行い、各議院での見解が明らかにされた。投票は、7案のうちからいずれかを選ぶのではなく、各案について賛否を問う形で行われた。庶民院本会議での採決は、党議拘束をかけずに自由投票という形で行われたが、全案否決という結果になった。これに先立ち、第1案に対して、「一院制の考え方に合致せず、受け容れることができない」との修正動議が提出されたが、否決された。貴族院側でも自由投票が行われ、全員任命が圧倒的多数を得た（図表Ⅱ—1を参照）。この結果に対して、議会改革を所管してきたロビン・クック（Robin Cook）庶民院院内総務は、大いに落胆の意を表した。

結局、合同委員会では、本会議採決の結果のとりまとめのみを行った上で、政府に対して見解を求めることとなった。この内容は、第二次報告書[30]として2003年4月29日に公表された。これに対して政府は、同年7月17日に回答を公表し、政府として秋に公開協議を実施することを表明した。

(4) 2005年憲法改革法

政府は、2003年2月4日の両院での採決の結果を踏まえ、公選制導入を含む貴族院の構成の問題を一時棚上げし、これ以外に実現可能性のある、大法

図表Ⅱ-1　貴族院及び庶民院での表決の結果（2003年2月4日）

		第1案	第2案	第3案	第4案	第5案	第6案	第7案
		全員任命	全員選挙	80％任命 20％選挙	80％選挙 20％任命	60％任命 40％選挙	60％選挙 40％任命	50％任命 50％選挙
貴族院	賛成	335	106	39	93	60	91	84
貴族院	反対	110	329	375	338	358	317	322
貴族院	結果	○可決	×否決	×否決	×否決	×否決	×否決	×否決
庶民院	賛成	245	272	—	281	—	253	—
庶民院	反対	323	289	—	284	—	316	—
庶民院	結果	×否決	×否決	×否決	×否決	×否決	×否決	×否決

（注記）庶民院では第3案、第5案及び第7案については、投票に付されることなく議長により否決が宣告された。

官の職の廃止、最高裁判所設置による権力分立の明確化、残存世襲貴族92名の議席排除に着手した。

　2003年6月12日、ブレア首相は、内閣改造及び省庁再編を行い、貴族院議長・閣僚・司法の長を兼ねる大法官の職の廃止、貴族院が有する最高裁判所機能の分離等の方針を発表した。大法官府を廃止、アーヴィン大法官は更迭され、憲法問題省を設置し、憲法問題相にはファルコナー卿（Lord Falconer of Thoroton）が就任し、移行期間の大法官を兼任することとされた。

　ファルコナー憲法問題相は、2003年9月18日に、残存世襲貴族92名の議席排除及び法的根拠に基づく任命委員会の設置等を盛り込んだ協議文書『憲法改革―貴族院のための次の段階―』[31]を公表した。この協議文書では、二院制を維持すべきとし、これまでの議論で合意された点として、庶民院の優越、貴族院が修正の院であること、貴族院の重要な機能として政府活動の精査があること、構成を決定するための原則（正統性、社会全体の代表性、一党に支配されないこと、独立性、審議における専門性の提供）を掲げた。また、ソールズベリー慣行、貴族院の構成等については変更すべきでないとした。一方、変更すべき点として、残存世襲貴族92名の議席排除、法的根拠に基づいた任命委員会の設置（任命委員会は、貴族院議員全体の20％が中立議員となるよう選任を行う。また、前回の庶民院総選挙での投票結果を参考に党派バランスを反映させる。）、5名を上限に首相指名枠を設置、貴族院の規模としては600名の上限を設定すること等を掲

げた。この協議文書に対しては、上下両院議員、法曹団体、宗教団体、研究団体、非政府組織、個人等から総計222件の意見が寄せられ、2004年4月22日にとりまとめ結果が公表された。

また、大法官が貴族院議長でもあることに関しては、2004年1月12日、貴族院において、貴族院議長に関する特別委員会報告書の審議が行われている。

2003年11月26日の女王演説では、残存世襲貴族を排除する貴族院改革法案、大法官を廃止し最高裁判所を設置する憲法改革法案の提出が表明された。憲法改革法案については、2004年2月4日に貴族院に提出され、2005年庶民院総選挙前の2005年3月24日、2005年憲法改革法[32]として制定された。ただし、大法官については、結局のところ、貴族院議長、司法部の長としての職の分離が行われたが、保守党の修正により大法官の職自体は残存する結果となっている。そして、改革後、ファルコナー卿が憲法問題相兼大法官となったわけであるが、2007年に憲法問題省は司法省に改組され、ジャック・ストロー（Jack Straw）庶民院議員が司法相兼大法官となり、初めて庶民院議員のまま大法官を務めた。なお、2010年のキャメロン連立政権発足後は、保守党のケネス・クラーク（Kenneth Clarke）庶民院議員が司法相兼大法官となり、次いで2012年の内閣改造では、保守党のクリス・グレイリング（Chris Grayling）庶民院議員が司法相兼大法官となったが、これは17世紀以来となる非法曹の大法官就任であった。

(5) 貴族院改革の動き

貴族院改革法案については、全員任命制を維持する法案の起草作業が行われていたが、公選制を求める動きがあり、同法案は棚上げされた。2004年3月19日、BBCは、貴族院を改革する法案を提出する計画は頓挫したことを報じた。これによれば、ファルコナー憲法問題相は、BBCラジオ4で、「法案は貴族院を通過しないことが決定的となった。貴族院は、明確に抵抗を続けることを示している。保守党院内総務は、我々の立法計画のすべてに戦うと述べている……。我々は、直近の選挙前2年を切っている時には、現実的な問題に焦点を当てざるを得ない。問題は、優先順位をどこに置くかである。」と述べた[33]。

2005年1月25日、ブレア首相は、庶民院に対する文書声明で、首相による一代貴族の指名権限を縮小することを伝えた[34]。翌1月26日、庶民院で、ブレア首相は、「我々が貴族院の将来の構成について討論してきたことは重要である。私自身の立場は、部分的に公選で部分的に任命制という混成の貴族院とすることは極めて困難であると考えている。私はそれを好まないが、討論は継続するであろうし、私は、それは自由投票の問題とすべきであることを明言している。」と述べた[35]。なお、議論の活性化のため、大臣経験者である保守党のケネス・クラーク、庶民院院内総務を務めた労働党のロビン・クック、自由民主党院内幹事長を務めたポール・タイラー（Paul Tyler）などの重鎮を含む一部の議員グループが、超党派で『貴族院改革―デッドロックの打破―』[36]と銘打つ報告書を公表し、2005年2月には、公選議員（比例代表で選出）の割合を70％とする議会第二院法案[37]が提出されるという経緯もあった。

3　第三次ブレア政権における改革

(1) 2005年庶民院総選挙マニフェスト

2005年5月5日の庶民院総選挙では、労働党のマニフェストは、議会改革の残された課題として、両院合同委員会での審査に引き続き、貴族院の主要な慣行の成文化、庶民院の審議に代替するのではなく補完する審査の形態を確立することについて合意形成等を行うことを掲げた[38]。また、第二院での法案審議を60日以内とするための立法を行うこと、残存する世襲貴族を排除すること、議院の構成について自由投票を認めることとした。なお、権限委譲が行われた政府、欧州議会及びロンドン議会の新選挙制度の経験をレビューし、ウェストミンスター議会の選出方法の変更の合意形成のため、レファレンダムを行うことも挙げた。

一方、保守党のマニフェストでは、実質的に公選される貴族院のため、超党派でコンセンサスを求めることが示され[39]、自由民主党のマニフェストでは、貴族院改革は労働党によって損なわれ、非公選であるばかりか首相の情実任用となっていると指摘し、大部分が公選議員の第二院に代替させることが示された[40]。

労働党は、庶民院総選挙に勝利し、2005年5月17日、2005-06年会期の女王演説では、貴族院改革を継続するための提案を推進することが表明された。これに続く討論では、貴族院議長の改革問題が取り上げられた。同年9月29日には、ファルコナー憲法問題相は、労働党大会で、次会期の法案で世襲貴族を貴族院から排除する旨を述べた。

(2) 慣行に関する合同委員会

2006年1月9日、政府は、貴族院の権限について検討するための合同委員会の設置に関して議論を継続することを表明した。憲法問題省のハリエット・ハーマン(Harriet Harman)閣外大臣は、文書質問に対する答弁書で、「政府は、貴族院の権限を審議しとりまとめるため、両院合同委員会を設置するよう他の政党と協力の途を探ることを継続している。政府は、可及的速やかに合同委員会の設置が行われることを希望する。また、政府は、貴族院改革に関するマニフェストでの各公約—貴族院が法案を取り扱う期間を60日に制限すること、残存する世襲貴族を排除すること及び貴族院の構成に関して自由投票を行うこと—を進捗させるつもりである。」とした[41]。

2006年1月31日には、貴族院議長に関する特別委員会の報告書が承認されたが、同年3月以降、ブレア首相とその側近が巨額の資金提供を得る目的で一代貴族の爵位を授与しようとしたのではないかとの疑惑が報道されるようになった。同年3月21日には、ロンドン警視庁が、爵位授与が不適切に行われたとして、1925年栄典(濫用防止)法[42]に抵触する犯罪に係る告発の捜査を行うことを発表し、その後、ブレア首相が事情聴取を受けるという異例の事態に発展した。

2006年4月25日、両院関係に関する主要な慣行の成文化を検討するための合同委員会の設置を提案する動議が、貴族院において179対95で承認された[43]。庶民院においては、同年5月10日、416対20で当該動議を承認した[44]。なお、同年5月5日、内閣改造があり、ファルコナー卿の下で憲法問題省がこれまで担当していた貴族院改革については、庶民院院内総務のジャック・ストローが所掌することとなった。ストロー庶民院院内総務は、2006年7月11日、貴族院議員の50%を公選とし、残りの50%を任命制とする考え方に

ついてコンセンサスを得ることを示唆した[45]。

2006年5月23日には、上下両院の「慣行に関する合同委員会」(Joint Committee on Convention) が初会合を開き、同年5月25日、第一次特別報告書を公表した。そこでは、ジャック・カニンガム〔カニンガム卿〕(Lord Cunningham of Felling) が委員長に選出され、当初の報告期限の7月21日では短期に過ぎるため最終報告書は今会期末までに提出すること、議事進行の方法などが示された。また、合同委員会が取り扱う問題として、ソールズベリー慣行、第二次立法、審議の合理的期間及び両院間における修正の往復 (ping pong) が示された。その後、同年11月3日に報告書[46]が公表された。同報告書は、貴族院に公選制が導入された場合には、両院関係の見直しは不可避とするとともに、貴族院は政府のマニフェスト関連法案を否決しないというソールズベリー慣行を、将来的には「政府提出法案慣行」(Government Bill Convention) とすることを勧告した。また、慣行の成文化は決議によって採択すること、貴族院の法案審議期間を80会議日とすることなどを示した。政府は、これに対し同意する旨の見解を示した。

(3) 貴族院議長の選出

2006年7月4日、初代の互選された貴族院議長 (Speaker of the House of Lords) に、ヘイマン女性男爵 (Baroness Hayman) が就任することが公示された。貴族院議長の選出は、同年6月28日に選択投票制 (Alternative Vote)[47]の投票方式により行われ、投票権者702、有効投票数581（郵便投票122を含む。）、無効票数1で、票を7回移譲の末、最終候補者2名となり、ヘイマン女性男爵が263票、グレンフェル卿 (Lord Grenfell) が236票を獲得した。Lord Speaker と通称される貴族院議長は、5年ごとに選出され、二期を超えて務めることはできない。院内における貴族院議長の主な役割は、全院委員会を含む議事進行を主宰することにある[48]。ただし、議院の合意なしに行動する権限はなく、クエスチョン・タイムで議院を補佐する役割は、議長ではなく院内総務に留保される。議員が規則を遵守しなかった場合の注意喚起などの関与は、フロントベンチないし他の議員からなされ、議長は行わない。議長は、個々の議員ではなく議院全体に対して発言し、その職務は、統治ではなくあくまで補佐に

とどまる。なお、議長は、国内外で非党派的な立場から議院を代表する。

(4) 2007年政府白書『貴族院―改革―』

2006年11月15日の女王演説で政府は、貴族院改革に関する合意形成を行い、提案を行うとした[49]。ストロー庶民院内総務は、超党派での議論を経て、2007年2月7日、『貴族院―改革―』[50]と題する政府白書を公表し、2005年の労働党マニフェストで公約したとおり、貴族院の構成に関し、自由投票を行うとした。白書では、改革後の議院を540議席とする。爵位と議席との関連は遮断され、世襲貴族の出席及び表決権は完全に廃止される。いずれの政党も多数を占めないものとし、少なくとも20％は非党派的な任命議員とする。法的根拠を有する独立の任命委員会を新設し、首相による指名は将来的に廃止する。公選議員は、欧州議会選挙と同時に同一の選挙区から3分の1ずつ部分改選され、一部は地域別非拘束名簿式比例代表制とする。議員の任期は、15年で再任・再選不可とする。貴族院の構成は、全国民の多様性を反映したものとし、イングランド国教会の代表も存続すべきであるとする。なお、ストロー院内総務は、この時も政府白書の序文において、公選議員50％・任命議員50％が現実的であるという見解を示した。

図表 II―2　貴族院及び庶民院での表決の結果（2007年3月14日/3月7日）

		全員任命	20％選挙 80％任命	40％選挙 60％任命	50％選挙 50％任命	60％選挙 40％任命	80％選挙 20％任命	全員選挙
貴族院	賛成	361	—	—	46	45	114	122
	反対	121	—	—	409	392	336	326
	結果	○可決	×否決	×否決	×否決	×否決	×否決	×否決
庶民院	賛成	196	—	—	155	178	305	337
	反対	375	—	—	418	392	267	224
	結果	×否決	×否決	×否決	×否決	×否決	○可決	○可決

（注記）両院ともに、20％選挙・80％任命と40％選挙・60％任命の各案は、投票に付されることなく否決された。なお、庶民院にあっては、二院制議会という原則に係る投票が行われ、賛成416・反対163という結果であった。また、庶民院院内総務による世襲貴族の排除に係る動議は、賛成391・反対111であり、これに対する野党修正は、賛成241・反対329という結果であった。

貴族院の構成に係る自由投票は、全員任命制から全員公選制までの各オプションについて行われた。爵位授与をめぐる疑惑の影響もあり、庶民院で、2007年3月6日及び3月7日の両日にわたって討論が行われ、同年3月7日には全員公選制が113票差で多数を獲得、同時に80％を公選制とする案も38票差で多数を得た。一方、同年3月14日の貴族院での投票では、全員任命制が240票差で多数を得るという結果となっている（図表Ⅱ─2を参照）。

II　英国における第二院の構成原理と機能の在り方

　本章—Ⅰで見たように、ブレア政権下の貴族院改革において、その後の議論の基礎となったのは、貴族院改革に関する王立委員会（ウェイカム委員会）の報告書である。次に、ウェイカム委員会報告書（ウェイカム・リポート）に記された論点を踏まえて、英国における第二院の構成原理と機能の在り方に焦点を当て、これらが今日的な文脈においていかにあるべきかについての議論を抽出する。

1　第二院の果たすべき役割

(1)　ウェイカム委員会報告書の勧告
　ウェイカム委員会報告書では、第二院の役割を次のように概括し[51]、同報告書の基本的な考え方をまとめている。
　①公共政策の発展に資するために様々な異なった視点を提供すること。
　②英国社会を広範に代表すること（他方、職業、民族、専門領域、文化又は宗教のいかんを問わず、それらの様々な個性を持つ人々のために、議会に発言権が用意され、一体感を持ち得る個人又は複数の人によって意思表明されると人々が感じることができるものでなければならない）。
　③英国の不文憲法の主要な内容である「抑制と均衡」の一つの柱として不可分の役割を果たすこと（その役割とは、重要事項の論点の識別を図り、政府に政策目的の再考ないしはその正当化を迫るという庶民院の役割を補完するものでなければならない。必要に応じて、再度庶民院で審議し直すように制度化するべきである。第二院は再考を生み出すものでなければならない）。
　④英国内の各地域のために、公的問題に関して中央での発言権を提供すること。
　ウェイカム委員会報告書では、第3章において新たな「第二院の全般的役

割」[52]に言及しており、以下これについてそのポイントを示す。

(2) 憲法上の要請

英国における現行の憲法体制は、議会主権と、成文の憲法典がないという特徴を持つ。英国の立法は、理論的には「議会における国王」の権威のみをもって成立し得る。しかし、庶民院は、全国民によって直接選挙されていることから、英国における究極の民主的権威であるため、英国の議会主権は、庶民院に依拠することとなる。立法上も、1911年議会法及び1949年議会法の規定により公法案については、約13か月の遅延を甘受すれば、庶民院は自らの意思を貫徹することができ、また、両議会法の改正も可能である。ウェイカム委員会によれば、ここにこそ、「十分な確信と威厳をもって、庶民院に対して少なくとも再考を求める第二院の存在が必要」であるとする。

さらに、庶民院においては、その時々の政府を支える単独政党が支配的地位にあることが通常であるため、政府は、自らが望む予算の成立、立法計画の実現、広範な行政権限の行使を行うことができる。これこそヘイルシャム卿（Lord Hailsham of St Marylebone）が「選挙独裁」と表現したものにほかならない。政府与党は、実際には庶民院総選挙における投票数の半数以下の得票率を基礎として選出されているに過ぎないが、選挙民の支持基盤がいかなる状況であるとしても、庶民院と並んで、政府の抑制役を果たす強固な第二院を形成することが必要である。庶民院を補完する能力を持った第二院の構築により、議会全体としての行政監視能力を高め、行政へのチェックを行うべきである。

(3) 第二院の存在意義

実際の政治では政党が不可欠であり、それゆえ第二院が政治的な機関となることも不可避であるが、英国における第二院の存在意義は、「庶民院において支配的な政党の優越をある程度まで抑制すること」にある。それゆえ、第二院の構成に当たっては、単独政党が支配的とはならず、かつ、個々の議員への政党の影響力を限定する形で行われるべきである。

以上を前提として、ウェイカム委員会報告書は、新しい第二院の役割につ

いて、様々な情報源からの助言、王国の諸身分、抑制と均衡、各地域の代表という四つの異なる観点から考察を加えている。

「様々な情報源からの助言」については、第二院の重要な役割は、立法の提案、更には公共問題に対して、様々な異なった経験や、下院とは異なる物の見方を提供することにあるとする。

「王国の諸身分」については、「厳密に定義された身分制度の概念は、今日の多様性を増した流動性のある社会の文脈においては意味をなさない」とする。

「抑制と均衡」については、特に詳述されており、これが新たな第二院の役割の核心部分であると考えられていることがうかがわれる。ここでは、まず、『ザ・フェデラリスト』第62編[53]に示された考え方に言及し、議会にとっての第二院は「二つの異なった機関の合意を必要とすることによって人民の安全を倍加する」ことから望ましいとする。さらに、米国下院が広く一般から選出されるのに対して、異なった基盤に基づいて選出された強力な上院が、ブレーキ役として機能することが重要であると指摘する。これは、立法権の暴走（専制）を防ぐために、これを上下両院に分割し、両者の摩擦により、その強大な権力を抑制することが期待されていたことにも通じるものである。そして、ウェイカム委員会報告書では、改革後の第二院は、下院の多数派から成る政府の抑制役として機能すべきであるとする。

執政府に対する効果的な抑制機能ということに関しては、一院制であるスコットランド議会創設時のユニバーシティ・カレッジ・ロンドン憲法ユニットの研究[54]について触れている。世界の一院制議会で、執政府に支配されないためには、抑制と均衡を図るため、比例代表制、少数派政党に対する権利付与、一般議員や外部からの監視の仕組み、執政府の権限に対する憲法的ないし司法的統制などの工夫が必要であるとする。英国の憲法体制下では、かかる抑制が存在しないことを考慮するならば、第二院においてその役割が担われるべきであるとする。

二院制は、立法を精査し、立法の進行計画の柔軟性を増すことが可能となり、法案の改善機会が拡大する。これは、第二院が、「修正の院」として再考のための時間を確保し、「様々な情報源」を利用することにつながる。ここで、

第二院の権限が、再考なり引き延ばしの権限にとどまるとしても、必要な場合に謙抑的に行使されるのであれば、実質的な政治的影響力を持ち得るとする。

「各地域の代表」については、連邦国家でなくとも第二院が地域、県、州等の領域的単位を代表するために適した機関であるとされている国があることを引いた上で、英国においては、各地域の代表ということが、新たな第二院の主要な役割ではないとしつつも、各地域のウェストミンスター議会への直接の発言権を確保するに当たって、重要な役割を有するとする。

2　第二院の構成

(1)　構成の基本的考え方

ウェイカム委員会報告書では、新しい第二院の特質として、権威、自信、英国社会全体の広範な代表制が備わるべきであるとし、①政治の世界以外における幅広い経験と広範な専門知識、②憲法問題と人権に関する綿密な評価に適した特別の技能と知識、③哲学的、道徳的又は精神的視点に立って問題を観る能力、④個人としての卓越性、⑤政党支配からの自由（いかなる政党も第二院を支配できないように、大部分の議員は政党に属することなく、クロスベンチに座るべきであること。）、⑥非対決的かつ礼節のある行動様式、⑦長期的視野に立つ能力といった資質を持つ議員を有するべきであるとする[55]。

すなわち、第二院には非政党性と専門性が求められるところ、選挙という選出方法は、非政党性の維持を困難にするため、第二院の機能を遂行する議員の選出方法としては必ずしも適切ではないということになる[56]。

一般に、議院の構成に係る論点としては、議員数、選出方法、改選方式、年齢制限、任期等が挙げられる。ウェイカム委員会の検討した選出方法には、任命制、公選制、任命制と公選制の組合せの三つの方法があり、任命制については任命手続、公選制については選挙制度、組合せの場合には公選議員・任命議員の割合などが問題となる。

(2) ウェイカム委員会の提案

　ウェイカム委員会が勧告する第二院の構成は、次のようなものである[57]。議員数は550名前後とし、その一定の割合は、英国の各地域のそれぞれの政治的意見のバランスを反映するものとして選ばれた「地域代表議員」でなくてはならない。その他の議員は、英国社会を広く代表するとともに上述の特質を持つ第二院を創設することを任務とする純粋に独立した任命委員会の指名に基づいて任命される。任命委員会は、新しい第二院におけるクロスベンチャー（無所属議員）の割合を全議員の20％程度に維持する責任を持つべきである。政党に所属する議員の任命については、任命委員会は、直近の庶民院総選挙の投票結果に表れている全国の政治的意見に合致するよう全体としての政治的バランスを確保することが要請される。なお、議員となる年齢制限について、第二院に最低年齢要件は不要であるとしている。

　地域代表議員の選挙については、欧州議会選挙と同様に、イングランド内の8地域とロンドン、スコットランド、ウェールズ及び北アイルランドの計12区を選挙区として、次の3案を提案する（B案が多数意見）[58]。

A案：地域代表議員の総数は65名。各庶民院総選挙の際に補充的な選挙によって庶民院議員と同日に選出。庶民院総選挙の政党候補者に対する投票を地域（欧州議会選挙と同様の12選挙区）単位で集計し、政党は当該地域内の得票率に比例して地域代表議員数を獲得。政党の拘束名簿から順次当選人を決定。地域代表議員は、庶民院総選挙ごとに全12地域のうち3分の1の地域ずつ選出する。

B案：地域代表議員の総数は87名。各欧州議会選挙と同時に選挙。選挙制度は、欧州議会の英国選出議員の選挙制度と同様（グレートブリテンでは拘束名簿式比例代表制、北アイルランドでは単記移譲式投票制）とするが、この案を支持する委員の多数は非拘束名簿式比例代表制が望ましいとする。地域代表議員は、欧州議会選挙ごとに全12地域のうち3分1の地域ずつ選出する。

C案：地域代表議員の総数は195名、各欧州議会選挙と同時に選挙。選挙制度は、非拘束名簿式比例代表制。地域代表議員は、欧州議会選挙ごとに、195名のうち3分の1議席の65名を各地域で選出する。

A案では、有権者に新たな負担をかけず、両院が同様な構成になるが、両院で別々の政党を支持することや第二院の候補者を選択することができない。B案では、有権者に選択の自由が与えられるが、庶民院総選挙と異なる選挙期日となるため、批判票が増えて両院が対立するおそれがある。C案では、直接選挙の人数が多く、各地域における選挙機会も5年に1回となるが、最新の民意を反映しているとして両院間の緊張が高まるおそれがあるほか、直接選挙される第二院議員の正統性から任命議員との間で議院の一体性が弱まるおそれがある。

議会の継続性と長期的視野の確保のため、3案すべてにおいて、地域代表議員の任期は3選挙周期に相当する期間（庶民院総選挙ごとの場合は平均12.6年、欧州議会選挙ごとの場合は15年）、任命議員は15年とすべきであるとする[59]。また、地域代表議員は独立して行動できるよう再選されることはできないが、地域代表議員・任命議員ともに、更に15年を上限として再度任命されることができるものとする。地域代表議員に欠員が生じた場合には、その任期の第一選挙周期中であれば、候補者名簿から次順位の者を繰り上げて当選させる。

(3) 公選比率の問題

ウェイカム委員会は、全部又は大多数の議員が直接選挙で選出されることには与していない。これは、第二院が第一院と同様に直接選挙で選出されると、権限上の分担がなされていても、両院間で摩擦が生じることを理由としている。また、すべての議員が直接選挙で選出された場合には、英国社会の多様な構成要素を広範に代表することができないとの理由による。

正統性の問題と第一院との関係において、ウェイカム委員会報告書では、直接選挙は貴族院の政治的正統性を高め、地域的なバランスをとるのに効果的ではあるが、その割合が高まれば高まるほど庶民院の優越性との衝突が起こる上、性別・民族・宗教などのバランスをとることも難しく、更に各界各層の有識者を幅広く貴族院議員とすることや、法曹貴族のような職権上の貴族院議員を維持することも難しくなると考えられている[60]。第二院について、直接選挙による正統性の獲得とこれに見合った権限の付与は比例的関係にあり、また、選挙という方式による政党化の傾向と専門家集団の参入が必ずし

も比例関係にはないというところがやはり大きく問題とされている。

　なお、ユニバーシティ・カレッジ・ロンドン憲法ユニットの見解[61]によれば、任命委員会については、政党間、ジェンダー、エスニック及び宗教における第二院の均衡を確保する役割を担い、政治上の猟官を終結させることができるとして積極的に評価した。しかし、公選議員の割合が少ないことについては、第二院の職務遂行に当たっての十分な正統性が得られないとして、任命議員の削減を求めた。また、権限委譲の問題に関して、第二院における地域代表議員の割合を増加することも求めた。さらに、聖職貴族及び法曹貴族の残存については、他の民主的な議会において、宗教代表者や裁判官を含むものはないとして、厳しく批判し、聖職貴族を排除し、法曹貴族は独立した最高裁判所に所属させることを求めた。

　ウェイカム委員会の提案では、公選比率はA案約11％、B案約15％、C案約35％の3案が提示され、B案が多数意見であったが、その後、2001年の政府白書では、公選議員を600名中120名として全体の20％としたところ、このことが議論を呼んだ。そして、両院合同委員会では、七つのオプションを示し、庶民院では全案否決、貴族院では全員任命のみが可決され、更には、2007年の政府白書の公表後行われた自由投票において、庶民院で全員公選制と80％公選制が、貴族院で全員任命制がそれぞれ多数を得たのは、前述のとおりである。

3　第二院の機能

(1)　第二院の全般的権限

　ウェイカム委員会報告書は、新たな第二院の権限については、次のように勧告した。

　「両院間の権限のバランス」については、根本的改革は必要ではなく、新たな第二院は、議会法に定められた権限を引き続き有するべきである。そして、新たな第二院が現在の貴族院と同じ権限を有するべきであることの帰結として、すべての政府関係議事が合理的時間内で審議され、ソールズベリー慣行の下での原則が維持されなければならない。第二院は、与党の庶民院総選挙

公約を尊重するとともに、公共政策上の主要な問題について庶民院が明確に表明した見解に反対することについては慎重でなければならない。第二院の立法機能については、重大な変更を加えるべきではない。第二院が異なる視点で貢献する二院制を維持すべきである。法案の草案に係る立法前審査を頻繁に行うべきである。第二院は、法律の公正性、現代化、簡素化、費用対効果を図る独立機関である法律委員会（Law Commission）によって起草された法制改革法案の審議促進について考慮すべきである。また、貴族院の委任権限及び規制緩和特別委員会の活動は、継続される必要がある。

また、「憲法の擁護」に関しては、1949年に行われた議会法の手続（すなわち庶民院の意思）により議会法を改正するようなことは、もはやできないようにしなければならない。これにより、両院間における現在の権限バランスを維持し得るとともに、（1911年議会法を改正し）議会期を延長しようとする法案に対しても第二院の拒否権を強化する。第二院に人権委員会を設置することにより、法律の制定前に、議会全体として十分な情報に基づく判断を可能とする。1998年人権法の施行を考慮に入れて、議会が効果的に人権擁護についての第一義的責任を果たそうとすることで、関係論点について裁判所が判決を下す必要性を縮減する。

このような勧告内容に対して、ユニバーシティ・カレッジ・ロンドン憲法ユニットは、ウェイカム委員会が第二院の権限に大幅な変更を加えなかったことについては、評価した[62]。

(2) 立法上の権限—停止的拒否権—

両院の構成を異ならせる場合、両院間の意思の不一致が生じることが当然に考えられるが、単一国家の場合には、通常、第一院の議決を優先させる形で決着が図られ、より強固な民主的正統性を持つ議院の意思が優越する[63]。英国においては、上下両院の意見が対立した場合の調整手段として、下院の再議決（日本、スペイン）、国民投票（イタリア、スペイン、アイルランド）、両院同時解散（オーストラリア）、両院合同会議（オーストラリア）、両院協議会（アメリカ、フランス、ドイツ、日本）のような制度は存在しない。したがって、法律案は、同一会期中、両院の意思が一致するまで基本的に両院間を往復するが、憲法

的意義を有する議会制定法である1911年議会法及び1949年議会法によって、金銭法案及び公法案については、庶民院の優越が確立されている[64]。

(i) 議会法の規定

両議会法によれば、金銭法案については、「金銭法案が庶民院により可決されて少なくとも会期終了一月前に貴族院に送付され、貴族院に送付された後一月以内に修正なしで可決されない場合には、貴族院が同法案に同意していないにもかかわらず、同法案は、庶民院が反対の指示をしない限り、陛下に提出され、陛下が署名する裁可を受けて、議会制定法となるものとする。」(1911年議会法第1条第1項)とされる。また、金銭法案以外の公法案については、「いかなる公法案（金銭法案又は議会期を最大五年を超えて延長する規定を含む法案を除く。）も、連続二会期（同一の議会の会期であるか否かにかかわらず）庶民院によって可決される場合であって、かつ、会期終了の少なくとも一月以前に貴族院に送付され、各会期において貴族院によって否決される場合には、庶民院が反対の指示をしない限り、貴族院による二度目の同法案の否決に基づき、貴族院が同法案に同意していないにもかかわらず、陛下に提出され、陛下が同法案に署名する裁可を受けて、議会制定法になるものとする。ただし、この規定は、庶民院における同法案の第一回目の会期の第二読会の期日とそれが第二回目の会期に庶民院を通過する期日との間に一年が経過していない限り、効力を生じないものとする。」(1911年議会法第2条第1項及び1949年議会法第1条)とされる。

ここで金銭法案の定義については、「金銭法案とは、庶民院議長の見解において、次の事項の全部又はそのいずれかを処理する規定のみを含む公法案のことをいう。すなわち、租税の賦課、廃止、減免、変更若しくは規制；負債の支払その他の財政上の諸目的のための統合基金、国債基金若しくは議会によって供与される金銭に対する負担の賦課又は当該負担の変更若しくは廃止；歳出；公金の会計の歳出割当て、受領、保管、発行若しくは監査；公債の募集若しくはその返済の保証；又は前掲の諸事項若しくはそのいずれかに付随する従位の諸事項。この項において「租税」「公金」及び「公債」という文言は、それぞれ地方庁又は地方の諸目的のための諸団体によって徴募される租税、金銭又は公債を含まない。」とされる(1911年議会法第1条第2項及び

1968 年国債法[65]第 1 条第 5 項)。

　このように金銭法案については、貴族院が 1 か月以内にこれを可決しない場合には、庶民院は貴族院の同意を得ることなく、国王の裁可を求めることができる。金銭法案以外の公法案で、庶民院で先議されたものについては、貴族院が否決し、又は庶民院の意思に反する修正をした場合であっても、庶民院での第二読会の日から 1 年以上経過し、2 会期連続して庶民院が可決すれば、国王の裁可を求めることができる[66]。これにより、貴族院は、公法案の制定を引き延ばす「停止的拒否権」ないし「遅延権」(suspensory veto) と呼ばれる権限のみを有することとなっている。

(ii) **議会法をめぐる憲法論**

　もっとも 1949 年議会法の有効性については、賛否両論がこれまでにも提起されてきている[67]。否定論の立場から、H. W. R. ウェイド (Henry William Rawson Wade)、フッド・フィリップス (Hood Phillips) 及びグラハム・ゼリック (Graham Zellick) といった憲法学者らが、疑念を表明している。

　1911 年議会法によって制定された法律は、第一次立法ではなく、委任立法であるということを初めて論じたのはウェイドであり、その主張は、1955 年の『ケンブリッジ・ロー・ジャーナル』[68]で著された。ウェイドは、その後の著作[69]でも、両議会法に基づき制定された法律は、委任立法であり、第一次立法ではないと論じている。フィリップスも、*delegatus non potest delegare*（委任はそれ自体の権限を拡張できない）という法原則を理由として、ウェイドと同様の主張をする[70]。また、1911 年議会法は貴族院の同意を得たが、1949 年議会法は貴族院の同意を得ておらず、受任者たる国王及び庶民院は、委任された権限を拡大できないという法原則に反するという主張もなされる[71]。ゼリックは、1911 年議会法は、特定の状況において、国王及び庶民院から構成された主体だけで立法を行い得ることを規定しているのであり、そこで立法されたものは、委任立法に類するものであると述べる[72]。

　これらの否定論者の主張は、1911 年議会法の手続によって制定された「法律」は、英国議会における構成要素の一つである貴族院の同意が得られない場合に、国王及び庶民院によって法律が制定され得るもので、当該法律は委任立法にとどまるとするものであり、それ自体の権限を拡張することは許さ

れないという前提に立つ。したがって、1911年議会法の規定に基づき制定された「委任立法」たる1949年議会法も、貴族院の同意を得ておらず、1911年議会法の規定を改正することは許されないということになる。

一方、議会法の妥当性を主張するのが、スタンリー・ド・スミス（Stanley de Smith）及びロドニー・ブレイジャー（Rodney Brazier）、A. W. ブラッドリー（Anthony Wilfred Bradley）及び K. D. ユーイング（Keith David Ewing）らである。

ド・スミスとブレイジャーは、1911年議会法に基づき制定された法律は、「議会が特定目的のために再定義することができる」第一次立法であると主張する[73]。ブラッドリーとユーイングによれば、両議会法は、最高機関たる議会による立法手続に対する代替的な立法手続を議会が規定したものであると論じている[74]。

(iii) ウェイカム委員会報告書の見解

ウェイカム委員会報告書では、1911年議会法及び1949年議会法によって確立されている貴族院の立法上の停止的拒否権について、両院間の現行のバランスは、数十年間にわたって進展してきたものであり、軽々に変更すべきものではないとしている。この背景にある考え方は、第二院が政府の立法提案に異議を唱える立場に今後も身をおき、政府がそれらの提案を庶民院に対して二度説明しなくてはならないように仕向けることが重要であるとするものである[75]。そして、庶民院こそが主たる政治討論の場であるべきで、立法提案などの形で表現されたすべての重要な公共政策課題について最終的決定権を持っているのも庶民院であると同時に、第二院が、政府及び庶民院に対して提案された立法の再考を迫り、適切な反論に耳を傾けさせるのに十分な権限と、それに伴う権威を有するべきであるとする[76]。問題は、英国の貴族院が有する停止的拒否権が、両院間のバランスのために最適であるか否かということであるが、二つの議院の間の不一致を解決する方法として、停止的拒否権に優る実質的長所を提示するものは見当たらず、現行の期間による停止的拒否権を存続させるべきだと結論付けている[77]。

ところで、議会法の技術的な問題点については、ウェイカム委員会報告書の中でも触れられてはいる。例えば、1911年議会法第2条第4項では、「法案は、それが貴族院に送付されるとき、以前の法案と同一である場合、又は以

前の法案の日以降経過した時間のために庶民院議長によって証明されることが必要であるような変更、若しくは前会期において以前の法案に対し貴族院によってなされた何らかの修正を表示するために貴族院議長によって証明されることが必要であるような変更しか含んでいない場合には、前会期において貴族院に送付された法案と同一の法案であるとみなされるものとする。」と規定し、同法の適用対象となる法案の要件が記されている。これについて、W. R. マッケイ（William Robert McKay）庶民院書記官長が、「以前の法案の日以降経過した時間のために庶民院議長によって証明されることが必要であるような変更」の定義の欠如を指摘してきたことを紹介している[78]。また、貴族院が第二会期終了までにある法案に同意していない場合でも、法案を国王裁可に付することができるが、その会期が終了すれば、国王裁可に付することができないということも挙げる。ただし、これらの問題点には実際上の影響はこれまでほとんどなく、広範な具体的改正が提案されない限り、これらを問題とすることは無意味であるとする。

　ウェイカム委員会報告書でも触れられているが、より重要な事項として、議会法の手続を行使する際に、時間の持つ意味について、明確さが欠如しているということがある。議会法の手続によれば、少なくとも13か月と1日の法案引き延ばしを貴族院はできるが、会期日程によっては、この引き延ばしはこれより長いものに成り得る。政府の対抗手段としては、二番目の会期を早期に終了させることであり、まさに1949年議会法の制定時にこの手法が採られたところである。しかし、これについて、ウェイカム委員会報告書は、二番目の会期において第二院が「議会法適用」法案の審議に費やす時間に、制限を設けるべきではないと勧告している[79]。

　また、議会法が適用される法案は、現行では庶民院提出法案だけであるが、これを第二院提出法案に拡大すべきという議論についても触れている。これについては、議会法が抜本的に改正されるとすれば、政府提出法案のすべてに適用される仕組みを設けることが必要であるが、1911年議会法が、当時直面していた状況、すなわち貴族院がすべての庶民院の法案を拒否又は修正しているということを問題としていたことから、貴族院先議の法案にまで拡大することは不要であるとする[80]。

結論としてウェイカム委員会は、「議会法が自らその手続を行使して自らを改正することができるということは、議会法の潜在的弱点である。」として、1911 年議会法の第 2 条中「規定」に「この法律を改正するための」を加えることで、「議会法は、同法の自らの手続を行使して更なる改正が行われる可能性を排除するよう改められるべきである。」と勧告した[81]。また、同時に、「議会の任期を延長するためのあらゆる法案に対する第二院の拒否権は、補強されなければならない。」と勧告している[82]。

(iv) その後の議論

2001 年政府白書は、ウェイカム委員会の見解に賛成し、貴族院改革に関する合同委員会も、基本的に貴族院の停止的拒否権に係る議会法の改正は不要であるとした。このように、貴族院が有する停止的拒否権については、現行制度を維持すべきという考え方が支配的な流れとなっている。

しかし、議会法に改正の必要があるとして、貴族院において、次のような立法の提案もなされてきた。

2000-01 年会期に、議会諸法 (改正) 法案[83]がドナルドソン卿 (Lord Donaldson) によって提案された。これは、1949 年議会法に対して憲法学者から疑問が提起されていることを受け、同法及び同法に基づき可決された諸法の地位を確定し、将来における貴族院の構成及び権限に影響を及ぼさないようにするものであった。また、慣習的方法により、両院によって可決された議会制定法によることを除いて、同法は改正されないようにするものであった。この法案は、2001 年 3 月 28 日に貴族院を通過したが、2001 年の議会解散によって廃案となった。この一年後、2001-02 年会期において、レントン卿 (Lord Renton of Mount Harry) によって、1949 年議会法 (改正) 法案[84]が提出された。これは、第三会期又は次の会期に提出された法案にのみ、1949 年議会法を適用するもので、貴族院に公選制が導入された後は、貴族院が停止的拒否権を行使し得る期間を、第一会期及び第二会期に提出された法案については 2 年にしようとするものであった。しかし、この法案は、審議には至らなかった。

なお、ユニバーシティ・カレッジ・ロンドン憲法ユニットは、2005 年 12 月 12 日に、政府の提案を貴族院が阻止することについて、庶民院議員及び一般国民が圧倒的な支持を示しているという調査結果を公表した。メグ・ラッセ

ル（Meg Russell）は、この調査結果について、貴族院が非公選を基礎としても、庶民院議員及び一般公衆からの支持を得て、不評とされる政策を阻止することを行い得ることを示しているとの分析を示した。また、この調査結果は、政府が貴族院の権限を弱めようとしても、貴族院は、庶民院と衝突するのではなく、労働党貴族院議員の黙認によって政府に敗北を負わせることとなる可能性があり、有権者はこれに満足することを示しているとも述べている[85]。

(3) 立法上の権限—ソールズベリー・ドクトリン—

ソールズベリー・ドクトリン[86]とは、「貴族院は、総選挙マニフェストに言及された政府提出法案について、第二読会及び第三読会において同法案を否決しない」[87]という慣行のことである。これは、労働党政権であった1945年から1951年までの時期に、保守党の第五代ソールズベリー侯爵が貴族院野党院内総務であった際に到達した実用的な協定である。同慣行は、貴族院で政権政党が多数を占めない状況の下で、主な政府提出法案の貴族院における通過を保証するものである[88]。

(i) ソールズベリー・ドクトリン

ソールズベリー・ドクトリンの源流はそもそも、19世紀後半から1911年議会法成立までの間における有権者委任論（mandate doctrine）及び貴族院の在り方についての論議に遡る。19世紀の両院関係は基本的に対等であったが、1883年から三次にわたる選挙法の改正によって、有権者が拡大し、庶民院の力が強くなると、貴族院と庶民院との間に対立が生まれるようになった。貴族院は、第三代ソールズベリー侯爵（The 3rd Marquess of Salisbury）の下で、有権者委任論を確立し、貴族院が自己抑制を行うことで、この事態に対処したとされる。

1911年議会法の成立によって、有権者委任論は、挫折することになるが、貴族院の自己抑制及び拒否権を初めて示した理論として評価され、1945-1951年のクレメント・リチャード・アトリー（Clement Richard Attlee）労働党政権下におけるソールズベリー・ドクトリンに結実するものとなる。ソールズベリー・ドクトリン（ソールズベリー慣行）は、アトリー政権下で、貴族院院内総務のアディソン子爵（Viscount Addison）と貴族院野党院内総務のクランボー

ン子爵（後の第五代ソールズベリー侯爵）との協調関係を通じて成立し、発展したものである。そのため、ソールズベリー＝アディソン慣行とも呼ばれる。

貴族院は、1911年議会法及び1949年議会法により、公法案については否決により廃案に追い込む力をほぼ喪失したため、むしろ修正に傾注することとなった。

その後は、保守党及び労働党の政権交代に伴い、ソールズベリー・ドクトリンに係る議論も変化した。1951-1964年の保守党政権下と、1979-1997年の保守党政権下では、特段大きな議論は生じなかった。一方、1964-1970年の労働党政権下では、ソールズベリー・ドクトリンが定着し、貴族院保守党は、貴族院に送付されてきた政府提出法案については、否決するのではなく修正をするべきであるとの見解を明らかにしていた。1974-1979年の労働党政権下では、1977年航空産業及び造船業法、1978年スコットランド法の貴族院審議過程で、ソールズベリー・ドクトリンが適用された。

(ii) ウェイカム委員会報告書の見解

1997年以降の労働党政権下では、貴族院の構成に大きな変化が加えられ、保守党は貴族院での圧倒的多数を失い、ソールズベリー・ドクトリンが成立した背景も同時に失われることとなったため、かかる慣行が有効であるか否かが議論されるようになった。

1999年貴族院法による世襲貴族の排除という貴族院改革の第一段階を経て、ウェイカム委員会報告書では、ソールズベリー・ドクトリンの成立過程、法案の原型をとどめない程度にまで修正するように用いられることもあったという経緯についても触れた上で、「'ソールズベリー慣行'の基本となる原則は、今日もなお妥当であり、今後も維持されるべきである。'有権者委任'原理の一つの形態が、引き続き遵守されなければならない。」[89]とする。すなわち、有権者が政府を形成する政党を選出した場合には、その政党の総選挙におけるマニフェストは、第二院において尊重されなければならないということである。その上で、より一般的には、第二院は、いかなる公共政策上の問題についても、庶民院で明確に表明された見解に異議を唱えることについて慎重でなければならず、かかる原則を反映した新たな慣行を創設すべきであるとする。

マニフェスト関連法案以外の法案についても新たな慣行を設けるべきというのは、次の理由による。すなわち、すべての有権者がマニフェストを熟読し理解すること、当該政党を支持した有権者がマニフェストのすべての記述に賛成することがおよそ不可能である以上、庶民院総選挙の結果をもって、マニフェストに記載された具体的政策を支持していると解することは厳密にはできない。また、マニフェストは政治的文書であるが、法律は細目にわたり、マニフェストと法律は異なったものとなるのが常態である。さらに、一議会期の後半に提出された法案は、時の経過によりマニフェストと異なることもあるし、マニフェストで触れられなかった法案を提出する必要に迫られる場合もある。なお、改革後の第二院は、政府及び庶民院に再考が必要であると思われる場合には、いかなる問題についても自らの見解を明確にし得る権威を備えるべきであるが、かかる権限を頻繁に行使するならば、第二院の価値は損なわれていくという。

(iii) **その後の議論**

このウェイカム委員会報告書に対して、2001年政府白書では、この種の議論は、既に議会法として制定されている以上には、法律上の規定としてはなじみ難く、貴族院のいかなる改革であっても、庶民院の財政上の特権に影響を及ぼすものではないとした。そして、ウェイカム委員会報告書が記したように、「第二院は国民の関心事項について庶民院が明確に見解を示した案件についてはこれを覆すことには慎重であるべきである」として、同報告書への賛成の見解を示した。

その後、貴族院改革に関する合同委員会は、2002年12月の第一次報告書において、庶民院の最終決定権はソールズベリー慣行に体現されていることと、政府の業務は不当に遅延されてはならないことを指摘した。次いで2003年4月の第二次報告書において、ソールズベリー慣行の維持が改革の一部になる旨の見解を示した。

2004年7月20日、労働党貴族院議員ワーキング・グループが報告書[90]を公表し、貴族院の権限を明らかにするため、各党の合意により決議とし、議院規則に盛り込むことを提言した。2005年1月26日、貴族院においてこの報告書について審議が行われたが、保守党及び自由民主党から成文化、議院規

則化には反対の意見が出された。

　2005年5月5日の庶民院総選挙での労働党マニフェストには、貴族院の主要な慣行についての成文化が掲げられており、2005年5月11日に、憲法問題省は、貴族院の慣行について審査するため合同委員会を設置することを表明した。同年5月23日に行われた女王演説に対する貴族院での討論で、ファルコナー憲法問題相は、慣行に関する合同委員会の設置を示唆した。同年6月6日、貴族院では憲法委員会の報告書[91]について審議が行われ、ソールズベリー・ドクトリンの維持について保守党議員から反対の意見が提起されるなどした。

　2006年5月23日に発足した上下両院の「慣行に関する合同委員会」は、同年11月3日に報告書[92]を公表した。これは、現状を前提として検討しており、貴族院に公選制が導入された場合には、修正の院としての貴族院、庶民院との関係というものは不可避的に見直されるものとしており、その内容は、次のとおりである。

　ソールズベリー＝アディソン慣行については、1945年以降、とりわけ1999年以降変容してきており、今や成立当初の慣行とは、二つの点、すなわち、庶民院提出のマニフェスト関連法案と同様に、貴族院提出のものにも適用されること、元来慣行を形成した労働党及び保守党のフロントベンチャーだけでなく、議院全体に認知されたものとなっていることで異なってきていると指摘する。合同委員会は、この性格を明確化するような呼称とすることを提唱し、将来的には「政府提出法案慣行」とすることを勧告している。また、近年、貴族院はマニフェスト関連法案であるか否かにかかわらず、政府提出法案について、第二読会を行うことを通例としていると述べている。貴族院の審議の「合理的期間」について定義はないとするが、合同委員会としては、80会議日ないしおおむね会期の半分を示唆している。また、立法前審査及び継続審議を活用するなど議会日程の計画を改善することで、政府の両院における業務を平準化することができ、議員提出法案に係る審議時間の問題も解消することができるとする。なお、両院間の法案の往復は、慣行ではなく、政治的交渉の枠組みであるが、修正に係る審議の通知慣行が厳格に遵守されるならば、法案の往復は促進されるだろうとする。さらに、貴族院は、原則

として、委任法規命令（Statutory Instruments）を否決すべきでないとする。慣行の成文化については、両院の決議によって採択することを提案している。ただし、これらの提案によって、現在の慣行の性格が変更されるものではない。決議は、主要三政党のフロントベンチの支持が不可欠であり、貴族院にあってはクロスベンチの見解も重要となる。理想的には、全会一致ないし圧倒的多数で両院で議決されることが望ましいとする。これにより、①貴族院は政府のマニフェスト関連法案について第二読会を行うこと、②貴族院ではマニフェスト関連法案中の政府のマニフェストの意図を変更するような抜本的修正は行わないこと、③政府のマニフェスト関連法案は、庶民院に送付ないし回付され、法案ないし貴族院修正の審議のための合理的期間が確保されるものとすること、④貴族院は合理的期間内に政府活動について審議すること、⑤いずれの議院も例外的な場合を除き、通常は委任法規命令を否決しないこと、が定式化されるとする。

(4) 国政調査機能

英国型の議院内閣制にあっては、第一院である庶民院と内閣・政府との間における抑制と均衡が確保し難い構造となっている。これを前提とすると、立法部と行政部との間の抑制と均衡を実現する国家機関としては、第二院にその役割が期待されることとなる。また、英国議会では、大臣は、自らが議席を有する議院にしか出席できないことから、貴族院では貴族院に議席を有する他の下級大臣（副大臣、政務官等）が政府の立場を説明することとなる。

ウェイカム委員会報告書では、政府への責任追及について、大臣のうち数名は、引き続き新しい第二院から選任され、直接第二院に対して説明責任を負うべきであるとし、また、庶民院に議席を持つ主要大臣は、必要に応じて第二院の該当する委員会において説明をし、質問を受けなければならないと結論付ける[93]。

(5) 特定事項の審査機能

貴族院は、上級裁判官、会計検査院長及びデータ保護登録官等の重要な官職の解職、最長5年の議会期延長に絶対的拒否権を有し、憲法的意義を有す

る法律案についても停止的拒否権を有することから[94]、憲法の番人としての役割を有する。ウェイカム委員会報告書は、第二院は、憲法的事項への関心と関係を示す中心的存在として活動する権威ある憲法委員会を設置すべきであるとする[95]。これは、委任権限及び規制緩和特別委員会と同様の方法で、第二院に送付されたすべての公法案（歳出又は制定法の統合に関するものを除く。）を審議し、憲法との関係に関する包括的な報告書を作成するものとされる。

　この憲法問題とも密接に関係するが、人権に関する審査機能についても、ウェイカム委員会報告書は提言を行っている。すなわち、第二院は、法案の規定が欧州人権条約（European Convention on Human Rights（ECHR））に適合するか否かを審査するものとし、人権に関して広い範囲の任務を有する委員会を設置するため、憲法委員会に人権小委員会を設置することを検討すべきであるとする[96]。

　委任法規命令とは、議会制定法における大臣等への授権に基づいて発せられる Regulations、Rules、Order in Council 等の総称であるが、英国議会では、委任法規命令のうち重要なものを多数審議している。議会審議の枠組みは、1946 年委任法規命令法[97]に定められており、個別の委任法規命令について親法（parent act）に、審議不要、否認決議手続（提出後 40 日以内にいずれかの議院で否認された場合に無効となるもの）、承認決議手続（一定期間内に両院の承認がなければ無効となるもの）が定められる[98]。委任法規命令は、修正することはできないが、議会法のような貴族院の拒否権の制限はないので、両院は対等である。ウェイカム委員会報告書では、委任法規命令の審議権限については、新たな第二院での委任法規命令の拒否に対しては、3 か月以内に庶民院の可決によって覆すことができるようにすべきであるとした[99]。これは、第二院の形式的な権限の縮減を示すことになるものの、特定の委任法規命令に対して、第二院がその成立を遅らせたり、その懸念を表明したりする仕組みが構築されることが予定される。ただし、最終決定権を持つ庶民院は、第二院から示された懸念、大臣の答弁、世論には十分に留意しなければならないとされる。また、否認決議手続の審議期間を 60 日に延長することも提案している[100]。

　英国は、EC 法に国内的効力を付与するために 1972 年欧州共同体法[101]を制定し、欧州共同体（European Communities（EC））に加盟したが、従来から欧州統

合に消極的であると言われてきた。しかし、欧州連合が関係する種々の政策領域において、英国内の政策形成過程はEUの政策形成過程と密接に結び付くようになってきている。そのため、超国家機関である欧州連合に関する問題を専門的に扱う委員会の役割は重要となる。庶民院の欧州審査委員会は閣僚理事会で検討されるすべての案件を審査し、貴族院の欧州連合委員会は少数の項目についてより詳細な研究や分析を行うという補完関係にある。ウェイカム委員会は、欧州連合の活動を上下両院で相互補完的に調査するという現行制度は、維持されるべきであるとしている[102]。

　ユニバーシティ・カレッジ・ロンドン憲法ユニットも、ウェイカム委員会報告書が勧告する憲法、人権、権限委譲及び条約に関する新たな委員会の設置については評価をし、貴族院は可及的速やかに同勧告を実施すべきであるとした。また、欧州連合や委任法規命令に関する提案も評価し、直ちに委任法規命令に関する権限のための新たな慣行を導入すべきであるとした[103]。

(6) 一般討論機能

　現在の貴族院は、無所属議員が多数いることにより、非党派的な議論をする環境が形成されている。また、様々な経歴を持つ貴族院議員の存在は、政府への責任追及と、国民的な議論を行う場として有効とされる。

　この一般討論の機能に関して、ウェイカム委員会報告書は、貴族院の最も重要な役割の一つは、庶民院が政治的論点を論じる際に政党から圧力を受けるのに対して、かかる圧力が少ない環境の中で、公共問題に関する一般討論の場を提供することであるとする[104]。その上で、改革後の第二院は、国民的議論のために、特色ある場を提供するべきであると勧告する[105]。

(7) 地域代表機能

　英国は、伝統的に単一国家とみなされてきたが、実際には、イングランド、ウェールズ及びスコットランドから成るグレートブリテンと北アイルランドによって構成された「連合国家」('union' state) である[106]。第Ⅳ章—Ⅲで詳述するように、英国の権限委譲は、ウェストミンスター議会の一定の権限を各地域に委譲するものであるが、権限委譲後も主権はウェストミンスター議会

に留保され、ウェストミンスター議会は、委譲した事項について立法を行うこともでき、この点から連邦制とは異なる。

スコットランド、ウェールズ及び北アイルランドについては、それぞれレファレンダムでの承認を経て、固有の議会が設置され、一定の立法権がウェストミンスター議会から委譲されている。しかし、このような地域への権限委譲をめぐる問題として、1970年代からウェスト・ロジアン・クエスチョン（West Lothian Question）という問題が提起され、解決困難なものとして残されている。これは、スコットランドへの権限委譲により庶民院のスコットランド選出議員とイングランド選出議員との間に生じる権限不均衡に係る問題で、スコットランドのウェスト・ロジアン選挙区選出の庶民院議員タム・ダリエル（Tam Dalyell）によって、1970年代に提起されたものである[107]。一方、イングランドの各地域には、スコットランド、ウェールズ及び北アイルランドとは異なり、固有の議会がないことに係るイングリッシュ・クエスチョン（English Question）という問題がある。ただし、これらの解決のために意図されたイングランドにおける公選の各地域議会の設置は、ノース・イースト地域でのレファレンダムの否決を受けて、頓挫している[108]。

ウェイカム委員会報告書は、英国は連邦制の国家ではなく、「非対称な準連邦制の一形態」[109]とし、権限委譲後の各地域と第二院との関係、権限委譲後の各地域の発言権確保の問題について詳述している。

第二院は全国的議会の一部であり、英国全体を代表すべきであり、第二院の少なくとも一部分の議員は、英国の各地域のために直接の発言権を持たなければならないとする[110]。庶民院が「イングランド議会」となるべきであり、第二院が連邦的政府を支える「連邦的議会」となるべきであるという議論もあるが、英国全体は既に庶民院によって代表されていること、「イングランド議会」と「連邦的議会」のイングランド選出議員が支配的になり過ぎ、システムが動かなくなること等を理由として、第二院は、連邦的な政府を支える「連邦的議会」となるべきではないとする[111]。その上で、憲法委員会の小委員会として、権限委譲の問題を検討する委員会を設置することを勧告する[112]。

このように、ウェイカム委員会報告書では、連邦国家が第二院に各連邦構成主体を代表させることを踏まえ、連邦制に準ずる国家形態を採る場合にお

いて、第二院に各地域の発言権を確保する機能を部分的に持たせることが構想されていた。ただし、イングランドが英国全体の人口の大半を占めているという英国内の極端な非対称性を反映して、「発言権の付与」にとどめている。実際、英国の総人口が63,705千人であるところ、イングランド53,493千人(83.9%)、ウェールズ3,074千人(4.8%)、スコットランド5,313千人(8.3%)、北アイルランド1,823千人(2.8%)[113]と、イングランドは、議会における代表の在り方の基礎となる人口の面で他の地域を圧倒していることから、連邦国家のような上院の代表の在り方とも異なる制度設計となっている。

(8) 宗教代表機能

聖職貴族が議会第二院に議席を有していることは、現代の民主主義国家の中では独特なことである。これについては、宗教団体に代表の資格を与えるのが妥当か否かという点が問題となるが、ウェイカム委員会報告書では、第二院は、聖職及び世俗の双方の幅広い哲学的、道徳的かつ精神的視座を提供できる人々を今後も含むべきであるとし、これは、イングランド国教会を含め、すべての信仰組織を含むように拡大されるべきであると勧告した[114]。

(9) 司法機能

議会の一院である貴族院が司法機能を有することについては、特に欧州人権条約とこれを国内法化した1988年人権法の影響もあり、別に最高裁判所を創設すべきという改革論を受けて、実際に改革が実施された。ただし、ウェイカム委員会報告書では、司法機能については、第二院が、現行の貴族院が行使している司法機能の維持を否定しなかった。司法機能の行使者が立法府の議員であるという事実自体は、第二院が引き続き現行の貴族院の司法機能を行使すべきではないという論拠にはならないとし[115]、現状維持的な結論を導き出している。

また、同報告書は、貴族院議長・閣僚・司法部の長も兼ねる大法官の職については、大法官の第二院議長としての役割は権力性がないとの理由で、特に問題はないとしたが[116]、これについても実際には改革が行われた。

Ⅲ　ブレア改革による貴族院の構成と機能の変化

　これまで見てきたように、ブレア政権下の貴族院改革は、主として貴族院の構成に係る改革が中心であった。ここでは、ブレア改革前後で、貴族院の構成がどのように変化したのかについて、身分構成、属性（性別、年齢及び経験職業）、党派構成等を庶民院との対比を適宜交え、その実態面を検討することとする。
　また、ブレア改革において貴族院の機能の変化については、主として最高裁判所機能の分離にとどまり、貴族院の立法機能等については大きな制度的変更は加えられていないため、ここでは、議事運営面の変化にも着目する。

1　貴族院の構成

(1)　貴族院の身分構成
　貴族院議員の構成は、歴史的には、世襲貴族、聖職貴族すなわちイングランド国教会の聖職者に限定されていたが、19世紀以降、当該者一代限りの貴族として任命される貴族として、1876年上訴管轄法による法曹貴族、1958年一代貴族法による一代貴族が加わった。この結果、現代の貴族院は、世襲貴族、聖職貴族、法曹貴族、一代貴族から構成されることとなった。後二者は、当該者一代限りの貴族として任命される貴族院議員である。
　一方、庶民院は、直接選挙（単純小選挙区制で選出、第三次ブレア政権発足となる2005年総選挙時は定数646名）で選出される。

(i)　ブレア改革前
　世襲貴族は、五つの爵位、すなわち公爵(Duke)、侯爵(Marquess)、伯爵(Earl)、子爵(Viscount)、男爵(Baron)に分けられるが、このランクは貴族院における活動には重要性を持たない[117]。
　聖職貴族は、カンタベリー大主教、ヨーク大主教、ダラム主教、ロンドン

主教、ウィンチェスター主教及び21名のイングランド国教会の上級主教が貴族院の議席を有する。聖職貴族は、主教を引退したとき、聖職貴族としての貴族院議員資格を喪失する。19世紀中葉以来、聖職貴族の人数は26名に限定されてきた。カンタベリー大主教及びヨーク大主教は、引退すると一代貴族となる例である。21名の上級主教は、主教としての先任者の貴族院議席に空席が生じた場合に就任する。

法曹貴族は、1876年上訴管轄法により、下級審からの上訴を管轄する常任上訴貴族として任命された一代貴族であり、これがその者一代限りの貴族としては最初のものである。常任上訴貴族は、12名まで任命することができ、有給で70歳が定年とされるが、退職後も貴族院の議事には出席し得る。

一代貴族は、1958年一代貴族法により、その者一代限りの貴族として任命される者である。任命権限は公式には国王にあるが、実際には首相の助言による。

1998年12月1日現在の統計[118]では、総勢1,297名（請暇中のため又は登院詔書を受けなかったため登院できない議員131名を含む。）の貴族院議員がおり、うち世襲貴族が759名であった。また、1958年一代貴族法に基づく一代貴族は484名、1876年上訴管轄法に基づく一代貴族が28名、大主教及び主教が26名であった。

(ii) ブレア改革以後

従前は約700名の世襲の貴族員議員がいたが、1999年貴族院法により、ほとんどの世襲貴族が貴族院への出席及び表決権を喪失した。同法の審議段階では、修正により、改革の新段階まで92名の世襲貴族が貴族院議員として残ることとなった。92名の内訳は、15名が副議長等の議院により選出された役員、75名が政党ないしクロスベンチ選出議員、2名が国王の任命によるもので紋章院総裁及び式部長官である。

聖職貴族は従前どおりであるが、法曹貴族については、常任上訴貴族12名が、2009年10月に、独立した最高裁判所の初代裁判官に就任するものとされた。一代貴族については、貴族院任命委員会の設置を経て、公募による貴族院議員が誕生している。

貴族院議員のうち、世襲貴族と一代貴族の構成人数の経年変化は、図表Ⅱ—

図表Ⅱ—3　貴族院議員の身分的構成の変化—世襲貴族と一代貴族—

年	1958	1968	1978	1988	1998	1999	2000	2007	参考：2014
世襲貴族	815	864	812	784	759	758	92	92	91
一代貴族	15	171	316	353	484	515	522	606	693
小計	830	1,035	1,128	1,137	1,243	1,273	614	698	784

(出典)　Royal Commission on the Reform of the House of Lords, *A House for the Future*, 2000 (Cm4534), p. 19. 数値は、会期末のもの。ただし、2000年については、1999-2000年会期当初の数値。2007年は3月31日現在 (House of Lords, *Annual Report 2006/2007*, 20 July 2007 (HL Paper 162), p. 45.)。2014年は3月31日現在 (House of Lords, *Annual Report 2013/14 of the Administration*, 30 July 2014 (HL Paper 43), p. 48.)。
(注記)　この表には、聖職貴族及び法曹貴族は含まない。

3のとおりである。

2007年3月31日現在で、身分構成別に見ると、1958年一代貴族法に基づく一代貴族が606名、1999年貴族院法に基づく世襲貴族が92名、1876年上訴管轄法に基づく法曹貴族が26名、大主教及び主教の聖職貴族が26名である[119]。

(2)　貴族院議員の属性—性別、年齢構成及び経験職業—

(ⅰ)　ブレア改革前

貴族院における女性議員については、1958年一代貴族法により女性が貴族院議員となる途が開かれ、更に、1963年貴族法により世襲女性貴族に貴族院議席が認められて以降、徐々に増加してきているが、1999年まで10%以下にとどまっていた。1998年12月1日現在では、女性議員は、103名（8%）で、そのほとんどが一代貴族であった[120]。

また、年齢構成については、1998年8月時点で54%の貴族が65歳以上であり、24%が75歳以上であった。当時の庶民院議員659名中6%が65歳以上、わずか2名のみが75歳以上であったことと比べると、シニアな議員集団を形成していたことが分かる。登院資格のある貴族の平均年齢は65歳であり、一代貴族の平均年齢は69歳で、平均年齢62歳の世襲貴族より、7歳上回っていた[121]。

1981年における貴族院議員の経験職業は、図表Ⅱ—4のとおりである。こ

図表Ⅱ—4　貴族院議員の経験職業（1981年）

職業	割合（%）
公務/行政	58.0
政治	34.9
産業/サービス/製造業/小売	26.5
教育（全段階）	18.8
法務（裁判官/法廷弁護士/事務弁護士）	18.3
公務員（外交官を含む。）	16.1
土地所有者/農業	14.6
ジャーナリズム/著述/出版	10.7
現業及び非現業作業	8.8
銀行及び融資	7.8
教会	7.6
軍人（正規）	6.1
専従労働組合役員	4.9
芸術/エンターテインメント/スポーツ	4.1
技術	3.2
医療	3.4
会計事務/エコノミスト	2.4
広告/広報	1.5
科学者	1.5

（出典）Michael Rush, *Parliament today*, Manchester：Manchester University Press, 2005, p.109.
（注記）相当数の貴族が複数の経験職業があったことから合計は100％を超える。

れによれば、政治、産業・サービス・製造業・小売、教育、法務、公務員、土地所有者、ジャーナリズム・著述・出版などが高い割合を占め、専門性のある職業経験者を含んでいたことが分かる。なお、この時期は、サッチャー政権時代に当たり、ヒューム委員会が世襲貴族を排除する答申を提出したものの、貴族院改革が停滞した時期であり、世襲貴族が7割程度を占めていた。

(ii) ブレア改革後

　女性の貴族院議員は、1999年貴族院法制定以後15%を超え、2007年3月31日現在で18.9%となっている[122]。なお、同日現在、貴族院議員750名中女性は143名で、その内訳は一代貴族139名、世襲貴族3名、法曹貴族1名、聖職貴族0名であった[123]。同年2月8日の時点で党派ごとの女性議員の比率は、労働党26%、保守党16%、クロスベンチ15%、自由民主党26%であった[124]。

　なお、庶民院については、1918年に女性の被選挙権を認める法律が制定され、21歳に達した女性の立候補が可能となった（女性の選挙権は30歳以上とされていたが、1928年に男性と同様に21歳に引き下げられた。現在の選挙権年齢及び被選挙権年齢はともに18歳である。）。庶民院議員に占める女性議員数は、70年にわたり低いままであり、1987年総選挙で5%を突破、1992年に9.2%となり、1997年総選挙で659議席中120名の女性議員が選出され18.2%となった。2001年には17.9%と若干減少したが、2005年総選挙では646議席中127名（19.7%）が女性議員となった[125]。

　貴族院議員の年齢については、2007年2月8日時点で平均68歳とシニアな議員が多く、庶民院議員経験者が188名であった[126]。一方、庶民院議員は、圧倒的にミドルエイジが多く、近年の平均年齢は約50歳で、2001年総選挙後では、40歳から60歳までの議員が481名（英国の全人口の26%の年齢層が庶民院議席の73%を占有）であったが、2005年総選挙後では、若干これが下がり、416名（英国の全人口の27%の年齢層が庶民院議席の64%を占有）となっている[127]。

　このように、庶民院においても、必ずしも英国社会を忠実に反映したものとなっているとは言い難いが、選挙を前提としない貴族院にあっては、更に英国社会の縮図となっていない。しかし、貴族院では、専門的見地から独立的に審議が行われるとされる。これは、一代貴族制が導入されたことと、世襲貴族の経験職業の範囲が次第に広がってきたことにより、貴族院議員の専門的知識の領域は、農業、軍事、法律などの伝統的分野を超えて、幅広くなったことが一つの背景となっている。例えば、一代貴族となった者の中には、大学副総長、エコノミスト、実業家、労働組合員、社会福祉ワーカー、環境保護運動家、地方自治経験者、作家などがいた。それだけでなく、貴族院は、

図表Ⅱ—5 庶民院議員の職業別人数及び割合 (2005年)

	労働党	保守党	自由民主党	主要三政党合計
専門職	141 (39.7%)	76 (38.4%)	25 (40.3%)	242 (39.3%)
実業界	25 (7.0%)	75 (37.9%)	18 (29.0%)	118 (19.2%)
事務職等	154 (43.4%)	45 (22.7%)	18 (29.0%)	217 (35.3%)
現業	35 (9.9%)	2 (1.0%)	1 (1.6%)	38 (6.2%)
合計	355	198	62	615

専門職……法廷弁護士、事務弁護士、医師・歯科医師・眼鏡技師、建築士・測量士、土木技師・公認技師、会計士、公務員・地方政府、軍人、大学教員、工業技術専門学校・カレッジ、学校、その他コンサルタント業、科学・調査
実業界……会社代表取締役、会社役員、商業・保険、管理・事務職、実業一般
諸職業……非現業、政治家・政治組織者、出版・ジャーナリスト、農業、主婦、学生
現　業……鉱山従業員、熟練労働者、半熟練労働者
(出典) Dennis Kavanagh and David Butler, *The British General Election of 2005*, Basingstoke: Palgrave Macmillan, 2005, p. 165. に基づき作成。
(注記) 上記の表に掲載された主要三政党の合計議員数は615名。2005年の全議員定数は646名。

　公共政策問題について考える際、閣僚経験者や政界の重鎮、退職公務員、様々な領域の公的経歴において卓越した人々の政治的経験を採り入れることも徐々にできるようになった。その結果、討論は従前よりも広い見識を帯びたものとなり、大臣等への質問は徹底度を増すこととなったとされる[128]。
　一方、庶民院では、1987年から2001年までの4回の総選挙において、主要三政党の庶民院議員で専門職の背景を有する者は、40％を保っていた。1997年総選挙で保守党が議席を減らした結果、学校教員が7.6％から10.2％に増加した一方で、法廷弁護士が9.1％から5.2％に減少し、実業界が25.6％から17.0％に減少し、職業政治家は、5.4％から10.2％に倍増した[129]。2005年総選挙によって選出された主要三政党の庶民院議員の職業別人数及び割合は、図表Ⅱ—5のとおりである[130]。

Ⅲ　ブレア改革による貴族院の構成と機能の変化　103

図表Ⅱ—6　貴族院議員の党派構成の変遷

党派	1999年（％）	2003年（％）	2007年（％）	参考：2013年（％）
保守党	39.9	31.6	27.6	28.3
労働党	16.0	27.6	28.6	28.0
自由民主党	6.0	9.6	10.4	12.7
クロスベンチ	29.2	26.5	28.2	23.1
無所属等	8.8	4.7	5.1	7.8

（出典）Michael Rush, *Parliament today*, Manchester：Manchester University Press, 2005, p. 55. を基に作成。2007年は2007年12月31日現在（House of Lords, *House of Lords Annual Report 2006/07*, 20 July 2007（HL Paper 162）, pp. 19-20. のデータに基づき計算）、2013年は、2013年12月31日現在（House of Lords, *House of Lords Annual Report 2013/14 of the Administration*, 30 July 2014（HL Paper 43）, p. 49. のデータに基づき計算）。

(3) 貴族院の党派構成

(i) ブレア改革前

1998年12月1日、貴族院における政党の勢力は、保守党41％、クロスベンチ28％、労働党15％、自由民主党6％、その他10％であり、保守党が相対的に多数を占めるとともに、クロスベンチの無所属議員が相当程度存在していた。貴族院が保守党優位となっていたのは、世襲貴族の存在によるものであり、保守党の約3分の2が世襲貴族であった。クロスベンチの世襲貴族もこれと同様の割合であったが、他方、労働党の世襲貴族は10％、自由民主党の世襲貴族は35％にとどまっていた[131]。

(ii) ブレア改革後

ブレア政権になってから、図表Ⅱ—6のように、保守党優位であった貴族院においても労働党の占める割合が増加している。ただし、貴族院では、一定程度のクロスベンチの無所属議員の存在が中立性を高めるとともに、保守党、労働党、クロスベンチが均衡し、全体としては中立的な党派構成となっている。

2007年3月31日現在の議員数は738名である。党派別に見ると、労働党211名、保守党204名、自由民主党77名、クロスベンチ208名、イングランド国教会26名、その他12名（ほかに請暇中の議員12名）で[132]、労働党が比較第一党となっており、僅差で保守党がそれに続いている。これは、1999年の貴

族院改革の結果、世襲議員が大幅に削減されたことと、次の(4)で述べるように、新たな一代貴族の任命の際に労働党推薦議員が多く指名されたためである。

一方、庶民院の党派構成は、2007年3月現在で、労働党353名、保守党198名、自由民主党63名、民主統一党 (Democratic Unionist Party) 9名、スコットランド国民党 (Scottish National Party (SNP)) 6名、シン・フェイン党 (Sinn Féin (SF)) 5名、プライド・カムリ (Plaid Cymru) 3名、社会民主労働党 (Social Democratic and Labour Party) 3名、無所属3名、アルスター統一党 (Ulster Unionist Party) 1名、リスペクト党 (Respect Party) 1名、議長1名の議席配分となっている[133]。

2005年の庶民院総選挙での獲得議席数は労働党356名、保守党198名、自由民主党62名、その他30名（得票率は、労働党35.3％、保守党32.3％、自由民主党22.1％、その他10.3％）と、労働党が野党第一党の保守党に2倍近い議席数を保持しているにもかかわらず、貴族院では過半数を占める政党がなく、主要二政党の議席数も差がほとんどない状態であった。

(4) 一代貴族等の創出

ブレア政権下において、党派構成で労働党は、保守党と均衡し若干上回る程度にまで勢力を伸張した。その原動力となったのが、労働党に所属する一代貴族の増産である。

(i) ブレア改革前

1958年一代貴族法に基づき、1958年7月に一代貴族の最初のリストが公表されて以来、1998年11月までに843名の一代貴族が創出された。同期間中に、常任上訴貴族（法曹貴族）は45名、世襲貴族は57名が創出された[134]。

1958年7月以降、毎年の貴族の創出は、大多数を一代貴族が占め、各首相とも年平均約22名であり、政権別では、マクミラン保守党政権16名、ダグラス＝ヒューム保守党政権26名、ウィルソン労働党政権（1964-1970年）25名、ヒース保守党政権12名、ウィルソン労働党政権（1974-1976年）38名、キャラハン労働党政権19名、サッチャー保守党政権18名、メイジャー保守党政権25名であった[135]。

(ii) ブレア改革後

　ブレア労働党政権では、1997年の第一次政権就任以来2000年6月までに年平均66名の貴族（一代貴族、法曹貴族、聖職貴族）を創出した[136]。

　第二次ブレア政権の2004年5月1日には、首相官邸は、新たに46名の一代貴族を任命することを公表した。この内訳は、首相指名2名、労働党推薦23名、保守党推薦5名、自由民主党推薦8名、アルスター統一党推薦1名、クロスベンチ7名であった。この7名のクロスベンチャーは、貴族院任命委員会が全国の応募者から選出した者である。

　なお、貴族院任命委員会が選出した一代貴族は、2001年3月に15名、2004年5月に7名、2005年3月に2名、同年7月に5名、2006年5月に7名、2007年2月に6名である[137]。

　ブレア政権時代を通じると、合計375名の貴族が創出されており、年平均38名であった[138]。これらの結果、貴族院において過半数を占める政党はないが、労働党と保守党の党派構成が均衡するまでになった。貴族院は現在では、任命制に近い形となっており、直接公選（単純小選挙区制）の下院と任命制の上院という組合せにシフトしている。

(5) 貴族院議員の総数・任期・出席率

　貴族院に定数はない。なお、貴族院議員の議会出席は自主的なもので、原則として無給である。ただし、法曹貴族は有給であるほか、大臣である貴族院議員は大臣給与を受ける。貴族院議員は、議員歳費を受けず、登院日数に応じて要求することができる手当、すなわち議会出席に伴う旅費、食費及び事務経費の各手当が支出される。この手当は、高級給与審議会（Senior Salaries Review Body）の勧告に基づき定められ、2006年8月-2007年3月期では、一日最大、宿泊費159.5ポンド、食費79.5ポンド、事務経費69ポンドであった[139]。また、2006年度においては、野党には議会経費として年額で、保守党に430,177ポンド、自由民主党に217,982ポンド、クロスベンチ役員に39,125ポンドの支給がなされた[140]。

　議会期は、1911年議会法第7条により5年を超えないものとされ、庶民院は5年以内に解散・総選挙が行われるものとされていたため、庶民院議員の

任期は最大5年とされていた。貴族院もこれに合わせて活動するものとされていたが、世襲貴族には任期はなく終身であり、一代貴族も同様であるが、法曹貴族についてのみ70歳定年、聖職貴族はその任期中貴族院議員となるものとされていた。

貴族院議員の出席率については、次のとおりである。一日当たりの平均出席議員数は、1959-60年会期で136名だったが、徐々に増加した[141]。なお、1996-97年会期において、登院可能な貴族1,087名のうち、1回以上出席した議員が855名(3分の1以上出席した議員は457名、3分の2以上出席した議員は286名)であり、232名が全く出席していなかった。出席比率の低い議員集団は、特に世襲貴族について顕著であり、同会期において、632名中183名の世襲議員が一度も出席していなかった[142]。

世界的に見ると、上院の定数は、下院のそれよりも少ないが、英国貴族院は、1999年貴族院法により世襲貴族の多くが排除される直前には約1,300名と、庶民院の約2倍の議員数があった。ただし、1998-98年会期の平均出席議員は446名であり、2006-07年会期では411名と、実働する貴族院議員は庶民院議員の約3分の2となっている[143]。

2 貴族院の機能

(1) 議会法の規定による庶民院の優越
(i) ブレア政権前

1911年議会法の公法案に係る庶民院の優越規定が、同法が改正される1949年までの間に適用されたのは、1914年アイルランド統治法、1914年ウェールズ教会法、1949年議会法の3回である[144]。前二者はアスキス自由党政権 (1908-1916年) の時期であり、後者はアトリー労働党政権 (1945-1951年) の時期であった。

この中でも、1949年議会法の制定過程は、特殊なものであった。1911年議会法が、「会期」と規定しているのは、引き延ばしが許容された単位としての会期であり、会期の長さについては何ら規定していない。1947-1948年に貴族院で法案が拒否されたことで、労働党政府は、1948年に特別に短い会期を

設けた。そこでは、1948年9月14日に国王演説があり、同年9月24日まで会議が開かれたが、同年10月25日には閉会した。この間の9月23日、貴族院は、議会法案を第二読会において204対34で否決した。

また、1911年議会法及び1949年議会法の規定によって、公法案に係る庶民院の優越が発動された例として、メイジャー保守党政権（1990-1997年）で成立した1991年戦争犯罪法があり[145]、これが保守党政権下で適用された唯一の事例となっている。

このほか、1911年議会法に基づき1913年禁酒（スコットランド）法案が、1911年議会法及び1949年議会法に基づき1975-76年労働組合及び労働関係（改正）法案と1976-77年航空産業及び造船業法案が、それぞれ庶民院の優越の発動対象となる可能性があった。これらの法案は、すべて最初の会期で貴族院に否決され、議会法に基づき、庶民院議長による証明を経て貴族院に再送付されたが、最終会期で貴族院の同意をもって妥協的修正が行われ、国王裁可を得たため、実際に議会法の規定が発動されることはなかった。

(ii) ブレア政権以後

ブレア政権になってから、実際に1911年議会法及び1949年議会法が適用されたのは、1999年欧州議会選挙法、2000年性暴力（改正）法、2004年狩猟法の3回である[146]。

直近の議会法適用事例である2004年狩猟法（2003-04年狩猟法案）の制定過程においては、両議会法の適用について多くの議論が提起され、次のような議論もなされた[147]。

2004年10月26日、庶民院において憲法問題省のクリストファー・レスリー（Christopher Leslie）政務官が、両議会法の憲法問題と狩猟法案への適用について説明を行った。レスリー政務官によれば、両議会法は、法案に関する合意形成ができない場合において、公選議院である庶民院の意思を貴族院が究極的には覆すことができないということを確保するものであるという。すなわち、「政府は、両法律が英国の民主的立法者の基礎的な安全装置となっていると思量する。」というのである。

1949年議会法の有効性に関しては、議会内外において疑義が表明されていることについて政府が検討しているか否か、及び当該疑義に対応して1949

年議会法を有効にするための立法を行うか否かという文書質問もブライトマン卿（Lord Brightman）から出された。2004年10月25日、これに対する答弁書で、ファルコナー憲法問題相は、政府は立法措置を講じない旨を述べるとともに、政府の見解は、「両議会法には改正する必要のある不明確さはない。両法は、有効な議会制定法である。」というウィリアムズ卿（Lord Williams of Mostyn）の説明に立脚することを示した。結局、狩猟法案は、2004年11月18日に両議会法の規定に基づき、国王裁可を得た。

しかし、2004年狩猟法制定後、狐狩猟の関係団体構成員から、1949年議会法の有効性について司法審査の申立てがなされた（Regina（on application of Jackson and others）v. Attorney-General）[148]。これは、同法自体が1911年議会法第2条第1項の規定による特別な手続の下で制定されたものであり、当該手続を修正することは無効であり、したがって、同じ手続で制定された狩猟法も無効であると主張するものであった。

2005年1月28日、高等法院女王座部行政法廷は、通常の制定法を形成するものであるとして、原告の主張を退けた（[2005] EWHC 94（Admin））。

2005年2月16日、控訴院民事部もまた、同様に原告の主張を退けたが、その理由は、高等法院とは異なるものであった。すなわち、1911年議会法第2条第1項の権限には一般的制約があるが、1949年議会法による引き延ばし期間の縮減は、「穏当かつ素直な」修正であるというものであった。ただし、1911年議会法によって形成された貴族院と庶民院との関係の本質を抜本的に変更することまではできないとした（[2005] EWCA Civ 126）。

貴族院においては、9名の裁判官から成る上訴委員会で審理され[149]、2005年10月13日、全員一致で原告の主張を退けた。そこでは、控訴院の理由に立脚せず、歴史的文脈において1911年議会法第2条第1項の妥当性を認めた。上訴委員会は、1949年議会法は、1911年議会法の手続を有効に展開したものであり、その結果として狩猟法も有効であると結論付けた（[2005] UKHL 56）。

ブレア改革の前後を通じると、計量的には、1911年議会法による庶民院の優越の発動が3回（自由党政権下で2回、労働党政権下で1回）、1911年議会法及び1949年議会法による庶民院の優越の発動は4回（保守党政権下で1回、労働党政

Ⅲ ブレア改革による貴族院の構成と機能の変化　109

権下で3回)となっている。貴族院は1999年以降保守党の牙城では必ずしもなくなっていたにもかかわらず、1911年以降の約100年でなされた全7回に及び議会法の発動のうち、1997年以降のブレア政権下の約10年でその半数近くに及ぶ3回が発動されているということは、任命制が中心となり、党派構成が均衡して中立的となった貴族院の発言力の強化を物語るものとなっている。

(2) ソールズベリー慣行

1945年以降にソールズベリー慣行が確立されてから、具体的法案にこれが適用されたケースとしては、次のようなものがある。これらは、いずれも労働党政権時に、労働党の政策を実現しようとした際に、ソールズベリー慣行が適用されたものである。

(i) ブレア政権前

① 1948-49年の鉄鋼法案のケース[150]…1945年の庶民院総選挙のマニフェストで、労働党は、鉄鋼産業の国有化を行うこと、国有化のために正当な補償を行うこと等を掲げ、政権に就いた。鉄鋼法案の目的は、基幹的な鉄鋼産業のうち、大企業及びその関連会社を国有化し、小規模会社は許認可制にすることであり、そのための補償は、1億ポンドとされていた。同法案が庶民院を通過した後、1949年5月24日の貴族院第二読会で、保守党議員が、政府は同法案に対して国民の委任を受けていないと主張した。第五代ソールズベリー侯爵は、1949年6月29日の委員会審査において、保守党及び自由党の合計得票数が労働党の得票数を上回ることを述べ、また、有権者に考慮する機会を提供するため、1950年10月1日まで法律が施行されないよう、施行延期の修正をする旨を述べた。委員会審査及び報告段階の審議で、第五代ソールズベリー侯爵の提案による次回総選挙まで施行期日を延期する修正案が可決された。

② 1975-77年の航空産業及び造船業法案のケース[151]…航空産業及び造船業法案は、1974年2月及び9月の労働党マニフェストに沿ったものであった。このマニフェストには、港湾業・造船業・船舶修理業・船舶設計業及び航空産業を国有化し、支配下に置くことが盛り込まれており、同法案は、ブリ

ティッシュ・エアロスペースとブリティッシュ・シップビルダーズという二つの公社を設立するものであった。同法案は、1975年5月に公表され、1974-75年会期では他の法案審議の影響により、庶民院第二読会を通過することができなかった。1975年11月に再提出されたものの、1975-76年会期でも両院の不一致により成立しなかった。1976年7月29日、同法案は庶民院を通過し、同年9月28日、貴族院第二読会が行われ、保守党は反対であったが、貴族院としては否決せず、通過した。貴族院の委員会審査及び報告段階の審議では、船舶修理業が除外されるなどの修正が行われた。貴族院の修正に庶民院は同意せず、法案は両院を往復した。同法案は、1976-77年会期の1976年11月26日に再提出され、前述のように、1911年議会法及び1949年議会法の適用の可能性もあったが、政府が法案審議を促進するため、結果的に船舶修理業を国有化施策から除外し、施行されることとなった。そのため、議会法は適用されることなく1977年3月17日に国王裁可を得て成立した。

③ 1978年のスコットランド法案のケース[152]…エディンバラに直接選挙による議会を設置するためのスコットランド法案は、1978年2月12日に庶民院を通過した。同年3月14日、貴族院労働党のウィルソン卿 (Lord Wilson of Langside) が、同法案は、英国の統一性及び議会主権を脅かすおそれがあり、スコットランドにおける統治の有効性及び効率性に逆効果であるとして、第二読会を行うべきではないとの動議を提出した。しかし、これには野党保守党のフェレズ卿 (Lord Ferres)、ヒューズ卿 (Lord Hughes) が、与党労働党のマニフェストにある法案であり、有権者から委任を受けていると解釈すべき慣行がある以上、庶民院を通過した法律案を否決するのは貴族院の機能ではなく、修正することが貴族院の役割であるとした。その後、庶民院と貴族院の間で法案が往復し、法案成立の後、同年7月31日、国王裁可が得られた。

(ii) ブレア政権以後

ブレア政権発足後も、ウェイカム委員会報告書、上下両院の「慣行に関する合同委員会」報告書にもあるようにソールズベリー慣行の基本的考え方は維持されてきた。

ただし、ソールズベリー慣行が成立した当時と議会の党派の状況等が異なってきているとともに、ロドニー・ブレイジャーのように、特に貴族院にお

ける世襲貴族の大多数の排除によって、同慣行は失効したとの主張も現れた[153]。

実際、貴族院は人権分野で存在感を示してきており、特にテロ対策関係法案については、ブレア政権以降、テロの脅威への対応のため逐次整備がなされた際に、市民的自由との関係で、重要な貴族院修正がなされてきた。

ブレア政権下で整備された主なテロ対策法としては、2000年テロリズム法[154]、2001年反テロリズム・犯罪及び安全保障法[155]、2005年テロリズム防止法[156]、2006年テロリズム法[157]の各法律がある。

2000年テロリズム法は、北アイルランドを主たる対象とした1999年テロリズム防止（臨時措置）法、1996年北アイルランド（緊急措置）法、1998年刑事裁判（テロリズム及び共同謀議）法などを改廃し、国際テロにも対応する恒久法として制定された[158]。2001年反テロリズム・犯罪及び安全保障法は、米国における9.11同時多発テロの発生を受けて制定されたものであり、テロリストの資産の遮断、公的機関の情報収集及び共有、国際テロリストの被疑者の勾留、人種的・宗教的敵対行為の規制、危険物質・原子力産業・航空産業の安全確保、警察権限の拡大等を内容とするものであった。同法の制定過程では、通信サービス事業者によるデータの保持に関して、すべての犯罪の阻止又は捜査に必要な場合とされていたところ、貴族院の反対を受け、直接的に国家安全保障に関連した犯罪の阻止又は捜査に必要な場合へと修正され、成立した。

しかし、2001年反テロリズム・犯罪及び安全保障法のうち、国際テロリストの被疑者で国外退去が不可能である者等を司法の関与なしに勾留できることを認めた規定が、最高裁判所としての貴族院上訴委員会において、欧州人権条約第5条（身体の自由及び安全に関する権利）及び第14条（差別の禁止）に違反するとされた。このため2005年テロリズム防止法では、国籍を問わず、テロ関連行為に関与する被疑者に対して当該行為への関与制限・防止を命令する管理命令（Control Order）の制度が導入された。同法の貴族院審議では管理命令への裁判所の関与、法律の有効期間（時限とした上で主務大臣の委任法規命令により延長）に関する修正が行われた[159]。

その後、2000年テロリズム法を補強する法案が準備されていたところ、2005年7月7日及び7月21日にロンドンで爆弾テロ事件が発生し、翌2006

年3月、2006年テロリズム法が制定された。

2006年テロリズム法の制定過程では、テロリズム称賛の禁止について庶民院と貴族院との間で攻防が繰り広げられた[160]。この時、政府はテロリストの被疑者の勾留期間について最大90日とすることを提案したが、庶民院での修正の結果、最大28日となった。そして、2006年1月17日の貴族院における委員会報告において、テロリズム称賛禁止規定に270対144で修正が行われて庶民院に送られたが、これは2005年庶民院総選挙の労働党マニフェストに掲げられていた立法措置に関するものであり、ソールズベリー慣行を破るものであった[161]。その後も、当該規定に関して両院間の往復が行われ、庶民院では315対277で再修正を行い、貴族院では160対156でこれに不同意、更に庶民院において296対237で政府案を支持、貴族院において172対112でこれに同意という経緯をたどった[162]。

(3) 貴族院における政府の敗北

貴族院では、第一読会で法案が印刷配布され、第二読会で法案の基本原則について討論がなされる。ソールズベリー慣行により、総選挙のマニフェストに掲げられた政府提出法案は、第二読会で否決することはできないが、合理的な修正案は提出することができ、表決に付される。委員会段階では、法案は、本会議を離れ、通常は全院委員会に付託されるが、論争的でない法案については、全貴族院議員が出席できる自由度が高い大委員会に付託される場合、稀に公法案委員会に付託される場合、証拠及び証言を採集できる特別公法案委員会に付託される場合があるほか、議員立法などは特別委員会に付託される場合もある[163]。

貴族院では、保守党、労働党のいずれの政権であっても、貴族院の意思が影響的となり得るような独立性が担保されている。その理由としては、1980年代後半以降、貴族院では、いずれの政党も過半数を持たず、野党とクロスベンチが一致することにより、与党は苦境に追い込まれる可能性があることが挙げられる。庶民院は、ネルソン・W. ポルスビー（Nelson W. Polsby）がアリーナ型議会と位置付けたように、本会議場や公法案委員会室では与野党が向かい合う形で討論が行われる。一方、貴族院本会議場もほぼ同じような議

場の作りであるが、与野党席の間、議長席と向かい合うクロスベンチに中立議員が座り、この中立議員の存在が貴族院の独立性を担保している。

また、議員立法の提出手続も容易であり、バックベンチャーの議員は、庶民院のように抽選を経る必要もなく、比較的自由に法案を提出することができる。党議拘束も、貴族院は庶民院より緩やかであり、バックベンチャーの造反も頻繁に行われる。さらに、貴族院では、分列投票（division (vote)）が行われる場合において、当該議題について政府が採る見解に貴族院が反対するという「政府の敗北」（Government defeat）も生じ得る。これによって、政府が意図しない修正等が行われることがある。

(i) ブレア政権前

従来から、労働党政府は、保守党政府に比べて、貴族院において立法上の敗北をしやすいと考えられてきており、実際、1964-1970年の第一次・第二次ウィルソン労働党政権は、116件の敗北を喫した[164]。そのうち最も有名なものに、1969年の庶民院（議席再配分）法案に対する貴族院修正があり、その大幅な修正を政府は受け容れず、結局閉会により法案そのものが立ち消えになった。

1970-71年会期から1997-98年会期までの間に、貴族院の表決において政府提案が阻止されたのは、一会期当たり平均23件であった[165]。この期間、保守党政府の敗北件数が、一会期当たり平均8件であったのに対し、労働党政府の場合は63件と、保守党の勢力が強い貴族院では、労働党政府の提案の多くが阻止される結果となった。特に1974年から1979年にかけての労働党政権時代は、政府の敗北件数が多く、とりわけ1974-75年会期と1975-76年会期では貴族院の表決の85％以上が政府の敗北という結果であった。

ブレア政権以前の貴族院の表決における政府の敗北数は、図表Ⅱ—7のとおりであり、この時期の貴族院は保守党が優勢であったことを反映して、労働党政権時代の敗北数が多くなっている。

(ii) ブレア政権以後

1999年貴族院法によって保守党の世襲貴族の多くが排除されたにもかかわらず、1997年以降の労働党政権下でも貴族院では、法案中の政府が望まない条項について、政府の敗北を生じ続けた[166]。

図表Ⅱ—7　貴族院の表決における政府の敗北数—ブレア政権前—

政権政党	首相	会期	政府の敗北数
労働党政権	ウィルソン（第四次）	1974-75	統計なし
		1975-76	126
労働党政権	キャラハン	1976-77	25
		1977-78	78
		1978-79	11
保守党政権	サッチャー（第一次）	1979-80	15
		1980-81	18
		1981-82	7
		1982-83	5
保守党政権	サッチャー（第二次）	1983-84	20
		1984-85	17
		1985-86	22
		1986-87	3
保守党政権	サッチャー（第三次）	1987-88	17
		1988-89	12
		1989-90	20
保守党政権	メイジャー（第一次）	1990-91	17
		1991-92	6
保守党政権	メイジャー（第二次）	1992-93	19
		1993-94	16
		1994-95	7
		1995-96	10
		1996-97	10

（出典）Department of Information Services, *Government defeats in the House of Lords: Parliamentary Information List*, House of Commons Library Standard Note, SN/PC/03252, 27 October 2010, p.2；UK Parliament, *Government defeats in the House of Lords*, <http://www.parliament.uk/about/faqs/house-of-lords-faqs/lords-govtdefeats/>. に基づき作成。

もっとも、貴族院における修正は、庶民院の同意が得られる可能性のある政府修正が大多数となっている[167]。修正の多くは、重大な内容変更を含むものではなく、上下両院いずれかで指摘された点に対応するため、ないしは当該法案に新条項を加えるため、政府によって提案されるものである。ただし、前述のテロ対策関係法案の審議でも見たように、与野党対立的な論争の対象となる法案については、政府が望まない修正が施されることがある。政府が敗北を喫した政府提出法案の例としては、2001-02年会期においては、警察改革法案、動物健康法案、反テロリズム・犯罪及び安全保障法案、国籍・移民及び庇護法案、2002-03年会期においては、裁判所法案、免許法案、通信法案、コミュニティ・ケア（遅延退院等）法案、刑事司法法案、健康及びソーシャル・ケア（コミュニティ・ヘルス及び基準）法案、2003-04年会期においては、エネルギー法案、年金法案、計画及び収用法案、2004-05年会期においては、教育法案、テロリズム防止法案がある。なお、庶民院における貴族院修正についての討論は、政府による貴族院修正に対する野党の再修正、ないしは望ましくない貴族院修正に反対する政府の動議に集中する傾向にある[168]。

ブレア政権以後の貴族院の表決における政府の敗北数は、図表Ⅱ—8のとおりである。政府が敗北した場合でも、貴族院修正は、庶民院で覆されるか又は両院間の妥協事項となるが、英国の貴族院は「修正の院」の役割を担っている。第二院による立法の修正機能は、諸外国の第二院においても同様の役割が見られ、立法の内容の精査の機会をもたらすとともに、法案の提案者に再考する機会を与えるものと言えよう。

(4) 特定事項の審査機能

貴族院における特定事項の審査に関しては、欧州連合委員会、科学技術委員会、経済問題委員会、憲法委員会などの各特別委員会において、専門的審査が行われるようになってきている。

最も活発な特別委員会が欧州連合委員会で、これは1974年に欧州共同体に関する特別委員会として設置され、1999年にこの名称に改称されたものである。同委員会は、小委員会を有し、欧州連合とEU立法について審査を行う。

図表 II—8　貴族院の表決における政府の敗北数―ブレア政権以後―

政権政党	首相	会期	政府の敗北数
労働党政権	ブレア（第一次）	1997-98	39
		1998-99	31
		1999-00	36
		2000-01	2
労働党政権	ブレア（第二次）	2001-02	56
		2002-03	88
		2003-04	64
		2004-05	37
労働党政権	ブレア（第三次）	2005-06	62
		2006-07	45
労働党政権	ブラウン	2007-08	29
		2008-09	25
		2009-10	14
保守党・自由民主党連立政権	キャメロン	2010-12	48
		2012-13	27
		2013-14	14

（出典）Department of Information Services, *Government defeats in the House of Lords: Parliamentary Information List*, House of Commons Library Standard Note, SN/PC/03252, 27 October 2010, p. 2 ; UK Parliament, *Government defeats in the House of Lords*, <http://www.parliament.uk/about/faqs/house-of-lords-faqs/lords-govtdefeats/>. に基づき作成。

　科学技術委員会は、庶民院で同名の委員会が廃止された後、1980年に貴族院で創設されたものである。同委員会も小委員会を有し、科学政策を審査し、委員には著名な科学者を擁する[169]。

　委任法規命令に関しては、1992年に創設された委任権限及び規制改革委員会において政府提出法案が定める大臣への委任権限の妥当性について審査を受け、2003年に創設された委任法規命令審査委員会（2012年5月から「第二次立法審査委員会」）において個々の委任法規命令の審査を受ける。貴族院は、1911年議会法及び1949年議会法により、金銭法案を含む公法案の絶対的拒否権を喪失したが、両議会法による庶民院の優越は、委任法規命令には適用され

Ⅲ　ブレア改革による貴族院の構成と機能の変化　117

ないため、貴族院は現在でも委任法規命令については絶対的拒否権を有しており、委任法規命令の多様化傾向とあいまって、必然的に政府統制における貴族院の機能も拡大してきた[170]。ただし、委任法規命令は修正することができず、貴族院が反対するならば全体として拒否する結果となる[171]。この絶対的拒否権については、「修正の院」である貴族院が行使することの是非について議論があるところであり、実際、貴族院は自己抑制的にこれを行使する傾向にある[172]。

　2001年以降、貴族院改革の一環として、更に次のような特別委員会が設置されている[173]。

　経済問題委員会は、従前のイングランド銀行金融政策委員会を改組して設置されたもので、財政法案の政策面を審査する。

　憲法委員会は、ウェイカム委員会の勧告を受けて設けられたもので、憲法に関わるすべての公法案について、政策の調査、審査及び報告書の作成を行っている。貴族院による憲法の擁護という機能は、本章―Ⅱ―3で述べたように、2000年のウェイカム委員会報告書でも強調されていた。憲法委員会は、同報告書の勧告の後、貴族院連絡委員会による2000年5月8日の第二次報告書と同年6月26日の第三次報告書において勧告が行われ、同年7月17日に貴族院が設置を承認し、2001年2月8日に発足したものである。庶民院には、2003年に憲法問題特別委員会が設置されたが、これは憲法問題省の設置に合わせて、同省の政策等を審査するために設置されたものであった[174]。貴族院の憲法委員会は、議会における国王の至高性、個人の権利を含む法の支配の原則、連合国家、代議制、英連邦、欧州連合その他国際機関への加盟を基本分野とするとともに、「二つのP」テスト（"two p's" test）により、憲法の基軸（principal）部分について原則（principle）に関わる重要な問題を提起しているか否かにより判断し、審査の対象とする。同委員会は、フィリップ・ノートン〔ノートン卿〕といった著名な学者を委員に擁し、法律案の審査報告書を作成し、憲法問題の調査を行う。貴族院憲法委員会は、貴族院内にとどまらず、議会の内外、国民に対して憲法に関わる問題提起と情報提供を行うことを通じて、憲法保障に資する機能を果たしていると評価されている[175]。

(5) 司法機能

ブレア政権前後で、大きな変化があったのが、貴族院の司法機能である。

(i) ブレア改革前

英国では、議会の上院である貴族院が、最高裁判所の機能を歴史的に担ってきた。この貴族院の司法機能は、国王の裁判所を源流とし、600年以上にわたって発展してきた。英国の貴族院は、イングランド、ウェールズ及び北アイルランドの民事・刑事裁判における最高裁判所であり、スコットランドの民事裁判の最高裁判所の機能を担ってきた。12名の常任上訴貴族は有給の貴族院議員であり、1876年上訴管轄法により上級裁判官や法廷弁護士から一代貴族に任命され、貴族院での審理と判決を補佐するものとされていた。また、大法官は、内閣と進退をともにする閣僚であると同時に、司法部の長であり、上院としての貴族院の議長でもあった。

(ii) ブレア改革後

これについては、前述のとおり、2003年6月から、大法官府を廃止、憲法問題省を設置し、憲法問題相が移行期間の大法官を兼任することとされ、これは2007年5月に司法相兼大法官に引き継がれた。また、2005年憲法改革法により、最高裁判所が創設されることとなった。同法の目的は、大法官の職の修正、最高裁判所の創設等による権力分立であり、これにより、大法官は司法的職務を担わなくなるとともに、貴族院議長の職も別に創設されることとなった。

従前の貴族院上訴委員会は、イングランド、ウェールズ及び北アイルランドの民事・刑事裁判における最終上告審であるとともに、スコットランドの民事裁判の最終上告審であり、貴族院の常任上訴貴族は、司法部と立法部の連結点となっていた。しかし、ブレア改革を経て、貴族院の司法機能は分離され、最高裁判所が設置された。最高裁判所は、常任上訴貴族が12名の初代裁判官となり、パーラメント・スクエアを挟んで議事堂の向側において、従前は刑事法院の建物として使用されていたミドルセックス・ギルドホールを庁舎として、2009年10月に発足した[176]。

Ⅳ　ブレア改革の到達点

　以上、ブレア政権下の貴族院改革の経緯、ウェイカム委員会報告書における第二院の構成と機能に係る議論、ブレア改革による貴族院の構成と機能の変化について見てきた。ここで、ブレア改革の到達点について若干の整理を行いたい。

1　ブレア政権下の貴族院改革の意義

　労働党は、1997年庶民院総選挙のマニフェストで「憲法改革」を掲げた。英国には、成文の憲法典はなく、憲法レベルの規範は、憲法的重要性を有する議会制定法、判例法、憲法習律等によって構成されている。このうち、憲法改正手続で定式化されているものは、憲法的意義を有する議会制定法についてであり、その制定改廃は通常の法律の立法手続とほぼ同じ手続を経る。英国におけるこの憲法改正手続の在り方を反映し、ブレア政権では、庶民院総選挙で調達された民意を背景として、議会制定法によって次々と憲法改革の推進が行われた。

　労働党は、かつての貴族院廃止論から貴族院の民主化に政策転換し、1997年以降の庶民院総選挙で貴族院改革を公約の一つとした。そして、ブレア政権の貴族院改革における可視的な実績は、大多数の世襲貴族の排除、貴族院の最高裁判所機能の分離に象徴される。この英国憲法史の中でも特筆すべき改革のいずれもが庶民院総選挙での民意の調達を受けて、憲法的重要性を有する議会制定法によって達成され、世界でほぼ唯一となっている身分制議会たる「貴族院」の実質的な消滅の端緒もつけられた。また、庶民院に比して弱い第二院の権限は維持しようとする一方で、庶民院における2007年3月の自由投票で多数が得られた、第二院の大多数公選化を基軸とする流れが作られた。

ただし、法案修正によって、世襲貴族が一部残存する結果となり、当初は廃止方針であった大法官の職についても職自体は残存する結果となっている。そして、新たな第二院の構成等に係る改革は紆余曲折し、ブレア政権後も議論が継続した。これは、英国の議会改革が、英国の統治構造の特徴を反映して、一貫した改革の達成が困難なものであり、改革の方向性や最終目標が必ずしも明瞭とはならないことの現れである[177]。

「第三の道」を掲げて登場したブレア政権全般に対する評価は、労働党内・周辺知識人・評論家の間でも、ニュー・レイバーの擁護論、ニュー・レイバーの否定論、現実的アプローチの観点から、肯定論と否定論とが対立している[178]。ブレア政権の改革実績については、立場により様々な評価が可能であり、貴族院改革の実績に対する評価についても同様のことが考えられる。それは、現実の政治の中で種々行われた妥協をどのように評価するかにも関係する問題である。

それでもなお、一世紀近くにわたり懸案となっていた貴族院改革を相当程度短期間で達成し、更なる改革の道筋をつけたことは、英国憲法の歴史の中でも特筆すべきことではある。かつて大多数を占めた世襲貴族に代わって、既に一代貴族が大多数を占める貴族院は、伝統的な身分制議会の名残を継承しつつ、実質的には任命制の第二院に変容してきている。今後、公選議員と任命議員から成る新たな第二院が英国議会に登場するなど、爵位と第二院の議席との関係が完全に遮断されるならば、House of Lords 以外の名称となることも含めて[179]、二院制を語る上で大きな歴史的意義を有するものの、世界でほぼ唯一となっている身分制議会たる「貴族院」の実質的な消滅をも意味することとなろう。

2 「第二院の構成と権限」に係る改革の到達点と課題

20世紀初頭、1911年議会法は、その前文において「世襲ではなく人民を基礎にして構成された第二院を現存の貴族院に代替することが企図されているが、このような代替を直ちに実施することはできない」と宣言した。貴族院改革の歴史を振り返るならば、世襲を基礎としない第二院の構築が直ちに実

現されないことから、まずは権限の縮小が行われたのは同法前文の示すとおりであった。貴族院の構成に係る改革は、おおむね20世紀後半に行われたわけであるが、まず一代貴族の導入により世襲の要素を縮減し、ブレア政権下で世襲貴族の大多数を排除し、「人民を基礎にして構成された第二院」の構築の端緒がつけられたのは、1911年議会法の制定から約一世紀を経てのことである。

ブレア政権による貴族院改革の第一段階である世襲貴族の出席及び表決権の廃止については、1999年貴族院法によって一応の達成を見た。これは、英国憲法の根幹に関わる極めて革新的なものである。英国において王制廃止論・共和制移行論は支配的ではないが、この改革は、英国王室をとりまく貴族制度そのものにも影響を及ぼし得るものである。

しかし、「人民を基礎にして構成された第二院」の構築については、どのように、どの程度「人民を基礎」とするかを含めて、ブレア政権後に具体的な制度設計が図られることとなった。ブレア改革後の貴族院について、アンソニー・キング（Anthony King）は、廃止、全部公選制、全部任命制、公選制と任命制の混合制、現状維持の五つのオプションがあるとした[180]。貴族院改革の新段階の議論の出発点となったウェイカム委員会報告書には示唆的な見解が数多く示されており、そのアイディアをいかに現実のものとして採り入れるかという実行段階が重要となった。そこでは、第二院の「専門性」「中立性」「民主的正統性」を同時に実現するという問題にいかに対処するかが焦点となる。具体的には、専門性を持った議員をいかにして選出するか、中立性を保った議員集団をいかに確保するか、民主的正統性の実現のための公選議員の割合をどの程度とするかが課題である。このことから派生して、公選制の導入に際して選挙制度をどのようなものとするか、第二院の政党化をいかに抑制するか、第一院の選挙制度との差別化をどのように行うかという課題もある。これらの諸課題は、我が国を含む単一国家の第二院に共通する悩みでもある。

他方、貴族院の立法機能の基本となる権限は、1911年議会法、1949年議会法、ソールズベリー慣行などにより長期にわたって形成されてきたものであり、貴族院の修正の院としての役割は広く認識されていると言ってよい。貴

族院は、公法案についてはもはや停止的拒否権しか持ち得ない。本章で述べたように、上下各議院の決議によるソールズベリー慣行の成文化、貴族院の審議期間の制限というような動きはあったが、貴族院の立法権限に根本的な変更を加えようとする動きは主流をなしてはいない。これは、現在の貴族院の庶民院に対する抑制と均衡の役割が、現在の上下各議院の構成の下で承認されていることの現われと言えよう。

　1911年議会法が世襲を基礎とする貴族院の改革がなされないことを前提として、その権限に制限を加えるものであったことからするならば、世襲貴族が大多数を占めることがなくなった貴族院の権限は、見直されることが不可避のはずである。それにもかかわらず、立法に係る権限について根本的な変更の必要が求められていないというのは、世襲貴族ではなく一代貴族が中心であったとしても、非公選の議院であるがゆえに停止的拒否権が最適というロジックが背景にあるものと思われる。

　しかし、公選議員が部分的にせよ貴族院に導入されるならば、これと表裏一体のものとして、第二院の権限の在り方をめぐって問題が生じるであろう。前述のように、新たな第二院の構成に係る制度設計に当たっては、公選議員と任命議員の割合をどのようにするかが問題となっていたところであるが、これとともに、第二院が有することとなる民主的正統性をどのように評価し、どの程度の権限を持たせるかが焦点となる。これに関しては、貴族院が庶民院を補完する機能として、立法機能以外にも、憲法、人権、委任法規命令、欧州連合等に係る特定事項の審査機能が評価されているが、貴族院に公選制が導入されるならば、政府活動の審査機能は弱まるのではないかとの指摘もある[181]。

　なお、ウェストミンスター議会の一定の権限がスコットランド、ウェールズ及び北アイルランドに委譲されたことを踏まえて、第二院に各地域の代表議員を部分的に導入するという構想も提起されたが、これは、典型的な連邦国家でなくとも、第二院に各地域を代表させることの有用性を示すものと言えよう。

3　改革手法の問題

　ブレア政権下の貴族院改革は、言うまでもなく、ブレア首相ないし労働党政権のイニシアチブにより行われたものであり、当事者たる貴族院の発意で行われたわけではない。改革の客体たる貴族院は、従前は保守党が優位な議院であり、基本的には政府の提案に対して抵抗を繰り返すという構図であった。

　ブレア政権では憲法的意義を有する議会制定法によって改革を行ったわけであるが、この場合には、政府の立法計画に従って進捗させることが可能であり、1911年議会法及び1949年議会法によって庶民院の意思を優越させることもできる。ここで問題となるのが、かかる庶民院の優越を発動することの適否であろう。これについて本章では、1949年議会法に係る議論にも触れたところであるが、二院制ないし貴族院のような憲法問題に係る議会制定法については、国王と庶民院の意思の合致（実質的には庶民院の意思）のみによって行い得るか、あるいはそれが妥当なのかということが生じ得る。実際には、両議会法の適用は重大な政治的結果をもたらすため慎重に行使されるが、両議会法の規定が政治的圧力に用いられる場合がある点にも留意する必要がある。現に、2005年憲法改革法は貴族院先議であったが、貴族院の抵抗があったため、ピーター・ヘイン（Peter Hain）庶民院院内総務が庶民院に法案を再提出し、議会法の適用を示唆するような経緯もあった[182]。

　なお、議会制定法と異なり、ソールズベリー慣行のような両院関係をめぐる慣行は、長期間かけて形成されることが一般的であり、その帰結として急速な改革に馴染みにくく、現在も慣行の根本的な見直しは想定されていない。なお、慣行には柔軟性があるものの明確性に乏しいため、両院の合意を前提として決議等により成文化することは、慣行の内容を明確化することに資するであろう。

　また、議会内での改革の進め方として今一つ注目すべきは、貴族院改革の第二段階において、合同委員会方式が用いられたことである。両院総会のような合同会議、両院横断的な政党合意、超党派での議論などが行われない場

合においては、合同委員会方式というのは合意形成のための一つの方策であろう。しかし、合同委員会の提示したオプションを各議院で表決に付したところ、上下両院間の表決が異なるデッドロックに陥る事態を招き、合同委員会方式・上下各議院表決方式の限界を露呈した。その後、上下両院議員の双方を交えた超党派グループによる協議に切り替えたが、これも各党間で合意できる事項はともかく、そうでない場合は両論併記とならざるを得ず、再び議会での表決に付され、上下両院の意思の一致は見なかった。これと並行して、貴族院の民主化を標榜してきたブレア首相が一時全員任命制に傾くという経緯もあり、また、数次にわたる一代貴族の任命によって労働党が貴族院で比較第一党となったのは、ある種皮肉なことであった。

　より根本的な問題として、各議院をどのように構成するか、各議院にどのような役割を担わせるか、両院関係をどう設計するかなどを構想する場合には、上院・下院を別個に改革するのではなく、そもそも「二院制改革」としてトータルに検討すること、そのための両院の合意形成のための仕組みを用意しておくことが必要となる。

注

[1] Labour Party, *Manifesto: New Labour: Because Britain Deserves Better*, 1997.

[2] ブレア労働党政権による貴族院改革の経緯等については、水谷一博「英国における上院改革(1)・(2)・(3)─現状と展望─」『議会政治研究』54号（2000年6月）15-26頁・55号（2000年9月）70-77頁・56号（2000年12月）68-78頁、梅津實「イギリスにおける未完の上院改革について」『同志社法学』56巻2号（2004年7月）167-193頁、木下和朗「イギリス憲法における両院制」『比較憲法学研究』18・19号（2007年10月）1-27頁、大曲薫「イギリスの二院制と上院改革の現状」『レファレンス』59巻9号（通巻704号）（2009年9月）37-57頁などを参照。

[3] 周知のとおり、英国には、成文の憲法典はなく、憲法レベルの規範は、憲法的重要性を有する議会制定法、コモンロー又は制定法の解釈に係る判例、憲法習律等によって構成されている（See A. W. Bradley, K. D. Ewing and C. J. S. Knight, *Constitutional and Administrative Law*, 16th edn., Harlow: Pearson, 2015, pp. 3-29.）。

[4] Labour Policy Commission, *A New Agenda for Democracy: Labour's Proposals for Constitutional Reform*, 1993.

[5] *Report of the Joint (Labour Party-Liberal Democrats) Consultative Committee on Constitutional Reform*, 1997.

6 いずれの政党にも属さない中立の無所属議員（クロスベンチャー）が形成するグループ。貴族院では、一定程度のクロスベンチの存在により、協調的議事運営が行われている。

7 Labour Party, *op. cit.* (1), pp. 32-33.

8 ブレア政権による統治機構改革の概要については、田中嘉彦「イギリスの政治行政システムとブレア改革」下條美智彦編著『イギリスの行政とガバナンス』（成文堂、2007年）3-34頁を参照。

9 See Chris Clarke, *House of Lords Reform Since 1999: A Chronology*, House of Lords Library Note, LLN 2008/018, 4 July 2008.

10 *Modernising Parliament: Reforming the House of Lords*, January 1999（Cm 4183）.

11 House of Lords Act 1999（c. 34）.

12 紋章院総裁と式部長官は、世襲貴族により担われる官職であり、儀式を司る高等国務卿（Great Officer of State）として、前者は議会開会式等を司り、後者は議会における国王の代理とされている（三輪和宏『諸外国の上院の選挙制度・任命制度』調査資料2009-1-a（基本情報シリーズ4）（国立国会図書館調査及び立法考査局、2009年）30頁）。

13 一般に、王立委員会は、国王の命令書によって任命された委員により構成され、特定の事項について調査し、必要と考えられる法改正等を勧告する。

14 委員は、ウェイカム卿（委員長）のほか、ジェラルド・カウフマン（Gerald Kaufman）庶民院議員、ディーン女性男爵（Baroness Dean）、ハード卿（Lord Hurd of Westwell）、バトラー卿（Lord Butler of Brockwell）、リチャード・ハリス（Richard Harries）師（オックスフォード主教）、マイケル・フィーラー＝ブース（Michael Wheeler-Booth）、ケネス・マンロウ（Kenneth Munro）、アンソニー・キング（Anthony King）教授、アン・バイノン（Ann Beynon）、ウィリアム・モリス（William Morris）、ドーン・オリバー（Dawn Oliver）教授、デービッド・ヒル（David Hill）（事務局長）、マーティン・サミュエルズ（Martin Samuels）博士（事務局長代理）であった。

15 Human Rights Act 1998（c. 42）.

16 Royal Commission on the Reform of the House of Lords, *A House for the Future*, January 2000（Cm 4534）. 同報告書を概説したものとして、古賀豪「英国の上院改革—ウェイカム委員会報告書—」『調査と情報—ISSUE BRIEF—』346号（2000年11月22日）を、また、邦訳として、国立国会図書館調査及び立法考査局訳『明日の議院—英国上院改革のための王立委員会報告書—』調査資料2002-1（国立国会図書館、2002年）を参照。

17 ウェイカム委員会報告書以降の、政府白書、法案等における貴族院改革の提言の一覧について、Meg Russell, *The Contemporary House of Lords: Westminster Bicameralism Revived*, Oxford: Oxford University Press, 2013, p. 262. を参照。後述するように、ウェイカム委員会の後の主要な貴族院改革に関する提案としては、政府白書（2001年）、庶民院行政特別委員会報告書（2002年）、協議文書（2003年）、超党派議員報告書（2005

年)、政府白書 (2007 年)、政府白書 (2008 年)、憲法改革及び統治法案 (2009 年)、貴族院改革法案 (2012 年) がある。
[18] ウェイカム委員会報告書は、要約、本文全19章、結び、結論と勧告のまとめ、付録A—協議過程、付録B—意見提出者名一覧、参考文献から構成され、委員会への提出資料等を収載した CD-ROM が添付されている。
[19] ここでいう nations は、スコットランド、ウェールズ及び北アイルランドを指し、regions は、イングランド内の8地域すなわちノース・イースト、ノース・ウェスト、ヨークシャー・アンド・ザ・ハンバー、イースト・ミッドランズ、ウェスト・ミッドランズ、イースト・オブ・イングランド、サウス・イースト、サウス・ウエストの各地域にロンドンを加えたものである。
[20] Royal Commission on the Reform of the House of Lords, *op. cit.* (16), p. 199 (para. A. 7).
[21] 三橋善一郎「英国議会・上院改革の動向―保守の覇権に挑む労働党政権―」『議会政治研究』70 号 (2004 年 6 月) 25 頁。
[22] House of Lords Appointments Commission, *Annual Report 2001*.
[23] Labour Party, *Manifesto: Ambitions for Britain*, 2001, p. 35.
[24] *The House of Lords: Completing the Reform*, 7 November 2001 (Cm 5291).
[25] Pat Strickland and Oonagh Gay, *House of Lords Reform: the 2001 White Paper*, House of Commons Library Research Paper, 02/002, 8 January 2002, pp. 3-4.
[26] 公選議員の割合について、2001 年政府白書は 120/600 名 (20%) とした。一方、前述のとおり、ウェイカム委員会の案では、A 案 65/550 名 (約 11%)、B 案 87/550 名 (約 15%)、C 案 195/550 名 (約 35%) が示され、B 案が多数意見であった。
[27] Robert Rogers and Rhodri Walters, *How Parliament Works*, 6th edn., Harlow: Pearson Longman, 2006, p. 434.
[28] House of Lords House of Commons Joint Committee on House of Lords Reform, *House of Lords Reform: First Report*, Session 2002-03 1st Report, 9-10 December 2002 (HL Paper 17, HC 171).
[29] *HC Hansard*, 29 January 2003, cols. 877-878.
[30] House of Lords House of Commons Joint Committee on House of Lords Reform, *House of Lords Reform: Second Report*, Session 2002-03 2nd Report, 29 April 2003 (HL Paper 97, HC 668).
[31] Department for Constitutional Affairs, *Constitutional reform: next steps for the House of Lords*, September 2003 (CP 14/03).
[32] Constitutional Reform Act 2005 (c. 4).
[33] BBC, 'Blair puts Lords reform on hold', *BBC News*, 19 March 2004, <http://news.bbc.co.uk/2/hi/uk_news/politics/3524834.stm>.
[34] *HC Hansard*, 25 January 2005, col. 10WS.

[35] *HC Hansard*, 26 January 2005, col. 301.
[36] Paul Tyler, Kenneth Clarke, Robin Cook, Tony Wright and George Young, *Reforming the House of Lords: Breaking the Deadlock*, London: Constitution Unit, 2005.
[37] Second Chamber of Parliament Bill 2004-05.
[38] Labour Party, *Manifesto: Britain forward not back*, 2005, p. 111.
[39] Conservative Party, *Manifesto: It's time for action*, 2005, p. 21.
[40] Liberal Democrats, *Manifesto: The real alternative*, 2005, p. 18.
[41] *HC Hansard*, 9 January 2006, col. 240W.
[42] Honours (Prevention of Abuses) Act 1925 (c. 72).
[43] *HL Hansard*, 25 April 2006, cols. 74-94.
[44] *HC Hansard*, 10 May 2006, cols. 436-474.
[45] Jack Straw, *The Future for Parliament: Draft*, Speech by Rt Hon Jack Straw MP, Leader of the House of Commons, to the Hansard Society, 11 July 2006.
[46] House of Lords House of Commons Joint Committee on Conventions, *Conventions of the UK Parliament, First Report of session 2005-06*, Volume 1, 3 November 2006 (HL Paper 265-I, HC 1212-I).
[47] 選択投票制とは、投票用紙に選好順位を付して投票し、過半数を得票する候補者が現れるまで、最少得票候補者の票を次順位に移譲する手続を繰り返す定数1の多数代表制である。
[48] Clerk of the Parliaments' Office, *The role of the Speaker of the House of Lords*, 10 May 2006.
[49] *HL Hansard*, 15 November 2006, col. 1.
[50] *The House of Lords: Reform*, February 2007 (Cm 7027).
[51] Royal Commission on the Reform of the House of Lords, *op. cit.* (16), p. 3 (para. 12).
[52] *Ibid.*, pp. 24-31 (ch. 3).
[53] Alexander Hamilton, John Jay and James Madison, *The Federalist: a commentary on the Constitution of the United States: being a collection of essays written in support of the Constitution agreed upon September 17, 1787 by the Federal Convention*, New York: The Modern Library, 1937, pp. 400-407.
[54] Constitution Unit, *Checks and Balances in Single Chamber Parliaments* (Stage 1), February 1998 ; Constitition Unit, *Single Chamber Parliaments: A Comparative Study* (Stage 2), September 1998.
[55] Royal Commission on the Reform of the House of Lords, *op. cit.* (16), pp. 6-7 (para. 28).
[56] Dawn Oliver, *Constitutional Reform in the United Kingdom*, Oxford: Oxford University Press, 2003, p. 194.
[57] Royal Commission on the Reform of the House of Lords, *op. cit.* (16), p. 8 (para. 33).
[58] *Ibid.*, pp. 8-9 (para. 36), pp. 122-129 (paras. 12.24-12.47).

59　*Ibid.*, p. 119（Recommendation 72）.
60　境勉「ブレア首相の憲法改革(6)─変わりゆく英国─」『自治研究』77巻4号（2001年4月）101頁。
61　Constitution Unit, *Commentary on the Wakeham Report on the Reform of the House of Lords*, 2002, p. 1.
62　*Ibid.*, p. 1.
63　只野雅人『日本国憲法の基本原理から考える』（日本評論社、2006年）52頁。
64　See Richard Kelly, *The Parliament Acts*, House of Commons Library Standard Note, SN/PC/00675, 24 February 2014.
65　National Loans Act 1968（c. 13）.
66　正確には、貴族院が公法案の引き延ばしをできるのは、庶民院における一番目の会期の第二読会から、少なくとも13か月と1日ということになる。
67　House of Lords Library, *The Parliament Act 1949*, House of Lords Library Note, LLN 2005/007, 16 November 2005, pp. 4-8.
68　H. W. R. Wade, 'The Basis of Legal Sovereignty', *Cambridge Law Journal*, April 1955, pp. 172-197.
69　Sir William Wade and Christopher Forsyth, *Administrative Law*, 8th edn., Oxford: Oxford University Press, 2000, pp. 25-26.
70　O. Hood Phillips and Paul Jackson, *O. Hood Philips' Constitutional and Administrative Law*, 7th edn., London: Sweet & Maxwell, 1987, p. 149.
71　O. Hood Phillips and Paul Jackson and Patricia Leopold, *O. Hood Philips and Jackson, Constitutional and Administrative Law*, 8th edn., London: Sweet & Maxwell, 2001, p. 80.
72　Graham Zellick, 'Is the Parliament Act *ultra vires?*', *New Law Journal*, vol. 119 no. 5401, 31 July 1969, p. 716.
73　Stanley de Smith and Rodney Brazier, *Constitutional and Administrative Law*, 8th edn., London: Penguin, 1998, p. 93.
74　Bradley and Ewing, *op. cit.*（3）, p. 65. なお、同書の従前の版では、両議会法は、コモンローが認める代替的な立法手続を規定したものと論じられていた（A. W. Bradley and K. D. Ewing, *Constitutional and Administrative Law*, 13th edn., Harlow: Longman, 2003, p. 65；A. W. Bradley and K. D. Ewing, *Constitutional and Administrative Law*, 14th edn., Harlow: Pearson Longman, 2007, pp. 67-68.）。
75　Royal Commission on the Reform of the House of Lords, *op. cit.*（16）, p. 33（para. 4.6）.
76　*Ibid.*, p. 33（Recommendation 2）.
77　*Ibid.*, pp. 35-36（para. 4.12）.
78　*Ibid.*, p. 36（para. 4.14）.
79　*Ibid.*, p. 37（Recommendation 4）.
80　*Ibid.*, p. 38（para. 4.19）.

[81] *Ibid.*, p. 52 (paras. 5.13-5.15), (Recommendation 19).
[82] *Ibid.*, p52, (Recommendation 20).
[83] Parliament Acts (Amendment) Bill [HL] 2000-01.
[84] Parliament Act 1949 (Amendment) Bill [HL] 2001-02.
[85] Constitution Unit, 'Lords should block government bills, say public and MP's, *Constitution Unit press release*, 12 December 2005.
[86] Glenn Dymond and Hugo Deadman, *The Salisbury Doctrine*, House of Lords Library Note, LLN 2006/006, 30 June 2006, pp. 27-30. また、吉田早樹人「英上院・選挙公約の政府法案は否決しない」『議会政治研究』76号 (2005年12月) 13-33頁を参照。
[87] UK Parliament, *Glossary, Salisbury Doctrine*, <http://www.parliament.uk/site-information/glossary/salisbury-doctrine/>.
[88] *Ibid.*.
[89] Royal Commission on the Reform of the House of Lords, *op. cit.* (16), p. 40 (Recommendation 7).
[90] The Labour Peers Working Group, *Reform of the Powers, Procedures and Conventions of the House of Lords*, 20 July 2004.
[91] House of Lords Select Committee on the Constitution, *Parliament and the Legislative Process*, 14th Report of Session 2003-04, 29 October 2004 (HL Paper 173-I-Ⅱ).
[92] House of Lords House of Commons Joint Committee on Conventions, *op. cit.* (46).
[93] Royal Commission on the Reform of the House of Lords, *op. cit.* (16), p. 6 (para. 23).
[94] 成文の統一的な憲法典を有しない英国では、憲法改正手続が定式化されているのは憲法的意義を有する議会制定法についてであるが、その制定過程は、通常の立法手続と同様の手続を経る。
[95] Royal Commission on the Reform of the House of Lords, *op. cit.* (16), p. 54 (Recommendation 21).
[96] *Ibid.*, pp. 56-57 (Recommendation 22, 23, 24).
[97] Statutory Instruments Act 1946 (c. 36).
[98] なお、2006年立法及び規制改革法 (Legislative and Regulatory Reform Act 2006 (c. 51)) に基づく規制改革命令 (Regulatory Reform Orders) などには、事前協議、修正が可能な二段階審査を特徴とする特別承認決議手続といった別途の手続も定められている。
[99] Royal Commission on the Reform of the House of Lords, *op. cit.* (16), pp. 77-78 (Recommendation 41, 42).
[100] *Ibid.*, p. 75 (Recommendation 39).
[101] European Communities Act 1972 (c. 68).
[102] Royal Commission on the Reform of the House of Lords, *op. cit.* (16), p. 84 (Recommendation 46).

103　Constitution Unit, *op. cit.* (61), p. 1.
104　Royal Commission on the Reform of the House of Lords, *op. cit.* (16), p. 87 (para. 8.27).
105　*Ibid.*, p. 87 (Recommendation 53).
106　Oliver, *op. cit.* (56), p. 242.
107　タム・ダリエル議員は、スコットランドへの権限委譲後は、イングランド選出の庶民院議員がスコットランドの問題に議会で投票できなくなるのに対し、スコットランド選出の庶民院議員はイングランドの問題に投票できることについて疑問を呈した（Tam Dalyell, *Devolution: the end of Britain?*, London: Cape, 1977, pp. 245-246 ; see also Paul Bowers, *The West Lothian Question*, House of Commons Library Standard Note, SN/PC/2586, 18 January 2012, p. 4.）。
108　田中嘉彦「海外法律情報［英国］分権改革の進捗状況—イングランドの地域議会設置動向—」『ジュリスト』1302号（2005年12月1日）61頁を参照。
109　Vernon Bogdanor, *Devolution in the United Kingdom*, Updated and reissued 2001, Oxford: Oxford University Press, 2001, p. 276.
110　Royal Commission on the Reform of the House of Lords, *op. cit.* (16), p. 60 (Recommendation 27).
111　*Ibid.*, p. 61 (Recommendation 28).
112　*Ibid.*, p. 65 (Recommendation 32).
113　人口数は、Office for National Statistics, *Annual Mid-year Population Estimates, 2011 and 2012*, 8 August 2013, p. 7 の2012年央の推計人口による。
114　Royal Commission on the Reform of the House of Lords, *op. cit.* (16), pp. 151-152 (Recommendation 107-108).
115　*Ibid.*, p. 93 (para. 9.5).
116　*Ibid.*, p. 95 (para. 9.12).
117　Donald Shell, 'To Revise and Deliberate: The British House of Lords' in Samuel C. Patterson and Anthony Mughan eds., *Senates: Bicameralism in the Contemporary World*, Columbus: Ohio State University Press, 1999, p. 205.
118　Richard Cracknell, *Lords Reform Background statistics*, House of Commons Library Research Paper, 98/104, 15 December 1998, p. 9.
119　House of Lords, *Annual Report 2006/07*, 20 July 2007 (HL Paper 162), p. 45.
120　Cracknell, *op. cit.* (118), p. 7.
121　*Ibid.*, p. 10.
122　Inter-Parliamentary Union, *Women in National Parliaments, World Classification*, <http://www.ipu.org/wmn-e/arc/classif310307.htm>.
123　House of Lords, *op. cit.* (119), p. 45.
124　UK Parliament, *FAQs on Lords statistics: Members*, <http://www.parliament.uk/faq/faq2.cfm>, accessed 1 November 2008.

[125] Rogers and Walters, *op. cit.* (27), p. 31.
[126] United Kingdom Parliament, *op. cit.* (124).
[127] Rogers and Walters, *op. cit.* (27), p. 31.
[128] Royal Commission on the Reform of the House of Lords, *op. cit.* (16), p. 20 (para. 2.10.).
[129] Robert Rogers and Rhodri Walters, *How Parliament Works*, 5th edn., Harlow: Pearson Longman, 2004, p. 27.
[130] なお、Feargal McGuinness, *UK Election Statistics: 1918-2012*, House of Commons Library Research Paper 12/43, 7 August 2012, pp. 19-22. にも、1951年から2010年までの総選挙ごとの庶民院議員の職業統計が掲載されている。
[131] Cracknell, *op. cit.* (118), p. 8.
[132] House of Lords, *op. cit.* (119), pp. 19-20.
[133] *Vacher's Quarterly*, London: Vacher Dods, March 2007, p. 50.
[134] Cracknell, *op. cit.* (118), p. 19.
[135] *Ibid.*, p. 20.
[136] Richard Cracknell, *Lords Reform: The interim House - background statistics*, House of Commons Library Research Paper, 00/61, 15 June 2000, p. 15.
[137] House of Lords Appointments Commission, *HOLAC Appointments*, <http://lordsappointments.independent.gov.uk/appointments-so-far.aspx>.
[138] Alex Brocklehurst, *Peerage creations, 1958-2008*, House of Lords Library Note, LLN 2008/019, 24 July 2008, pp. 11, 19.
[139] UK Parliament, *House of Lords: Members' Reimbursement Allowance Scheme Explanatory Notes 2006/07*, <http://www.parliament.uk/mps-lords-and-offices/members-allowances/house-of-lords/holallowances/explanatory-notes/2006-07/>.
[140] UK Parliament, *House of Lords—Financial Assistance to Opposition Parties 1 April 2006-31 March 2007*, <http://www.parliament.uk/documents/lords-finance-office/holoppositionfinance0607.pdf>.
[141] Royal Commission on the Reform of the House of Lords, *op. cit.* (16), p. 19.
[142] Cracknell, *op. cit.* (118), p. 12.
[143] House of Lords, *op. cit.* (119), p. 46.
[144] Kelly, *op. cit.* (64), p. 9.
[145] *Ibid.*.
[146] *Ibid.*.
[147] House of Lords Library, *op. cit.* (67), pp. 19-20.
[148] *Ibid.*, pp. 21-29.
[149] 上訴委員会は、通常5名の法曹貴族から成るが、時宜に応じて7名ないし9名で構成される。

150 Dymond and Deadman, *op. cit.* (86), pp. 27-30.
151 *Ibid.*, pp. 32-33.
152 *Ibid.*, pp. 33-35.
153 Ian Cruse, *Possible Implications of House of Lords Reform*, House of Lords Library Note, LLN 2010/014, 25 June 2010, p. 12.
154 Terrorism Act 2000 (c. 11).
155 Anti-terrorism, Crime and Security Act 2001 (c. 24).
156 Prevention of Terrorism Act 2005 (c. 2).
157 Terrorism Act 2006 (c. 11).
158 田中嘉彦「海外法律情報［英国］対テロリズム法案―テロ対策法の整備状況―」『ジュリスト』1360号（2008年7月15日）37頁。
159 岡久慶「2005年テロリズム防止法」『外国の立法』226号（2005年11月）49-50頁。
160 江島晶子「テロリズムと人権―多層的人権保障メカニズムの必要性と可能性―」『社会科学研究』59巻1号（2007年12月）43頁。
161 岡久慶「英国2006年テロリズム法―「邪悪な思想」との闘い―」『外国の立法』228号（2006年5月）97-98頁を参照。
162 同上98頁。
163 House of Lords, *Bills and how they become law: The stages of legislation and types of Bills*, Briefing paper, 2008.
164 Rodney Brazier, *Constitutional Practice: The Foundations of British Government*, 3rd edn., Oxford: Oxford University Press, 1999, p. 258.
165 Cracknell, *op. cit.* (118), p. 13.
166 Rogers and Walters, *op. cit.* (27), p. 238.
167 Robert Blackburn and Andrew Kennon, *Griffith & Ryle on Parliament: Function, Practice and Procedures*, London: Sweet & Maxwell, 2003, p. 333.
168 *Ibid.*, p. 334.
169 Rogers and Walters, *op. cit.* (27), p. 378.
170 田中祥貴『委任立法と議会』（日本評論社、2012年）239頁。
171 Rogers and Walters, *op. cit.* (27), p. 258.
172 田中・前掲注（170）239-240頁。
173 Rogers and Walters, *op. cit.* (27), p. 378.
174 齋藤憲司「英国の憲法改革の新段階―憲法問題省創設と大法官職廃止・議会の憲法委員会・憲法改革法案―」『レファレンス』54巻11号（通巻646号）（2004年11月）61頁。
175 木下和朗「第二院の憲法保障機能―比較法概観とイギリス貴族院における制度運用―」憲法理論研究会編『憲法学の未来』憲法理論叢書18（敬文堂、2010年）146頁。
176 UK Supreme Court, *New Supreme Court of the United Kingdom comes into existence*,

Press release 01/09.
[177] Oliver, *op. cit.*（56），p. 202.
[178] 山口二郎『ブレア時代のイギリス』（岩波書店、2005 年）128-142 頁を参照。
[179] ウェイカム委員会報告書では、第二院の名称及びその議員の称号は、今後の状況次第であると記していた（Royal Commission on the Reform of the House of Lords, *op. cit.* (16), p. 172（para. 18.11）.）。
[180] Anthony King, *The British Constitution*, Oxford: Oxford University Press, 2007, pp. 309-312.
[181] Oliver, *op. cit.*（56），p. 202.
[182] 岡久慶「憲法改革法案―司法権独立の強化―」『外国の立法』222 号（2004 年 11 月）167 頁。

第Ⅲ章　ポスト・ブレア政権下の貴族院改革

I　ブラウン政権下の貴族院改革

　三次にわたるブレア政権でも貴族院改革の完成を見ることはなかった。そして、貴族院改革、特に公選比率を始めとする新たな第二院の構成の問題については、ポスト・ブレア政権に持ち越されることとなった。

1　ブラウン首相の憲法改革構想

　ブレア首相の辞任を受けて、労働党党首に選出されたゴードン・ブラウン (Gordon Brown) は、2007年6月27日、女王エリザベスⅡ世 (Queen Elizabeth Ⅱ) から首相に任命された。なお、同年5月9日に憲法問題省に代えて司法省が設置され、ファルコナー卿が初代司法相兼大法官となっていたが、同年6月28日、ジャック・ストローが司法相兼大法官に就任し、引き続きストローを中心に、ブラウン政権下の貴族院改革が進められていくこととなった[1]。
　ブラウン首相は、2007年7月3日、庶民院において、議会の権限を強化し、国民の信頼を高めるための憲法改革構想を提案した[2]。また、同日、政府の緑書『英国の統治』[3]がジャック・ストロー司法相兼大法官によって公表された[4]。
　ブレア政権で一貫して蔵相を務めたブラウン首相は、英国の経済政策を牽引したが、首相就任前から憲法改革の構想を抱いていた。前首相のブレアは、多くの特別顧問を政治任用し、首相官邸主導の政治手法を採った。しかし、ブラウン首相は、イラク戦争を契機として失われた政治への信頼を回復するため、官邸主導型の政治手法を大幅に見直す意向を示した。
　緑書は、①行政部の権限の限定、②行政部の説明責任の向上、③民主主義の再活性化、④英国の将来―市民と国家―の全4章から構成される。貴族院改革について触れられたのは、「民主主義の再活性化」の章である。そこでは、貴族院への公選制導入のための改革の継続について示されたほか、庶民院の現代化の推進、候補者選定時の男女平等、選挙執行日の週末への変更、比例

代表制の検討等が挙げられた。

また、ストロー司法相兼大法官は、2007年7月19日、庶民院において、超党派での議論を含む貴族院改革の進捗状況等について陳述を行い、これについて討論も行われた。

ブラウン首相は、伝統的に非公開で行われてきた立法計画の策定過程を開かれたものとし、議会と国民に、政府がいかなる立法を計画しているかについて事前に公表することとし、2007年11月6日の女王演説に先立って、同年7月11日、庶民院で立法計画草案（Draft Legislative Programme）を公表し、政府において立法計画の優先順位を決定するため、広く国民の意見を求めた[5]。立法計画草案においては、同年7月3日の庶民院演説で公表した憲法改革については、憲法改革法案によって推進するとした。なお、憲法改革に関してブラウン首相は、同年10月25日、権利及び義務の章典の起草と成文憲法典の制定のため、全国的な協議を行う意向を表明した。

2008年3月25日、政府は、憲法刷新法案草案[6]とともに、白書『英国の統治―憲法の刷新―』[7]を公表し、先の協議結果への政府としての対応を明らかにした。この草案は、2005年憲法改革法の改正、条約の批准手続の法制化、公務員制度の法制化などを規定するものであり、本則6章44条及び附則4から成り、説明文書が添付されている[8]。議会では、2008年5月6日、憲法刷新法案草案に関する上下両院合同委員会が設置された。委員会は、同年7月31日に報告書を提出し、同年8月12日には委員会における証言及び証拠を収載した資料を公表している。報告書では、草案の題名に疑義が呈されたほか、2005年憲法改革法の改正は時期尚早であり、公務員法制については独立させることが望ましいといった指摘がなされた。

2008年5月14日、政府は、2008-09年会期の立法計画草案『将来のための英国の準備』[9]を公表した。そこでは、政府は、貴族院改革に関する政府白書とともに憲法改革のための長期ビジョンを策定すると記された[10]。

なお、2008年7月3日には、司法省が緑書公表後一年を経過した時点での進捗状況を『英国の統治の一年』[11]においてとりまとめ、貴族院改革については、超党派で、大選挙区制、長期・非改選の任期、第二院の現行権限の維持、政府活動の審査及び修正の院としての役割の継続について合意が得られたと

し、公開協議の期間に続く議会の夏期休会までに政府白書を公表するとした[12]。

2 ブラウン政権下の貴族院改革

(1) 2008年政府白書『公選の第二院―貴族院の更なる改革―』

　貴族院改革は、ブラウン首相の憲法改革構想の項目の一つとして掲げられてはいたが、政権発足後、大きな動きはなかった。しかし、2008年7月14日、ストロー司法相兼大法官によって、貴族院改革について、『公選の第二院―貴族院の更なる改革―』[13]と題する政府白書が公表され、ブラウン政権は、上下両院で平行線を辿っていた貴族院改革の完遂に再度意欲を示した。同白書の公表は、ブラウン政権下における貴族院改革の中では、最も大きな成果であった。

　この政府白書は、2007年3月の庶民院の投票に基づき、改革後の第二院の構成について、全員公選又は80％公選・20％任命という二つのシナリオを提示している。また、直接公選で選出される議員は、任期12～15年という長期のものとされ、3分の1ずつの部分改選、再選不可としている。そして、改革後の第二院は、行政統制と法案修正を担い、その権限については変更を加えないものとし、20％の任命議員が加わる場合には、制定法に基づく任命委員会が議員の指名を行うものとしている。選挙制度は、単純小選挙区制（First Past the Post（FPTP））、選択投票制（Alternative Vote（AV））、単記移譲式投票制（Single Transferable Vote（STV））、名簿式比例代表制（List System）[14]の4案について各方面で議論すべきとされた。選挙区は、全員公選の場合には、単純小選挙区制140区、選択投票制140区、単記移譲式投票制24区又は名簿式比例代表制12区とし、80％公選の場合には、単純小選挙区制と選択投票制については各112区に減じる。議員数は、貴族院における1日当たりの平均出席議員数を考慮し、400名から450名までを出発点とするとして、全員公選又は80％公選・20％任命、更には選挙制度の別に応じて、庶民院より少ない人数が提案されている。具体的には、全員公選の場合には、単純小選挙区制420名、選択投票制420名、単記移譲式投票制432名又は名簿式比例代表制438名と

し、80％公選・20％任命の場合には、単純小選挙区制336名・任命84名、選択投票制336名・任命84名、単記移譲式投票制360名・任命90名又は名簿式比例代表制348名・任命87名としている。

なお、従前の政府白書等において、政府は、クロスベンチャーの存在を維持することとなる独立的な任命制の構成要素を20％は含むことを示唆していたにもかかわらず、2008年7月の政府白書公表後は、全員公選と80％公選のいずれを採るべきかについて、沈黙を守った[15]。また、ブレア政権下で公表された貴族院改革に係る各提案には、上院議員の一部を地域代表とすることも含まれていたが、ブラウン政権下で次のように変容を見た[16]。すなわち、ウェイカム委員会の報告書においては、第二院は英国全体を代表すべきとしつつ、地域代表公選議員の導入も提案され、2001年政府白書でも一部の議員は地域代表とすることが示され、2007年政府白書も地域別の非拘束名簿式比例代表制を想定していたが、2008年7月の政府白書では、公選化された議員は、英国全体を代表すべきとされ、すべて国民代表へと性格を変えた。

2009年1月21日、この政府白書に対して、庶民院行政特別委員会は、政府白書への回答文書[17]を公表し、貴族院任命委員会の独立性を担保することを勧告した。同年3月9日、ストロー司法相兼大法官は、庶民院における答弁書の中で、貴族院改革については、次期総選挙のマニフェストの中で詳細な提案を行い、次期議会において立法を行う可能性について言及した[18]。同年6月29日、ブラウン首相は、庶民院で立法計画草案を公表した。同日公表された『英国の将来の構築』[19]では、政府は、貴族院改革の次の段階として、2009-10年会期で貴族院から世襲原理を排除する立法を行うとした。また、100％又は80％の直接公選の議員で上院を構成するとした2008年7月の政府白書を基に、より小規模で民主的に構成された第二院とするための法律の草案を公表するとした。

(2) **議員経費問題と貴族院改革**

ところで、2009年に生じた英国議会の議員経費をめぐる一連のスキャンダルは、英国政界を大きく揺るがせ、貴族院改革にも少なからぬ影響を及ぼした[20]。

デイリー・テレグラフ紙は、議員経費のリーク情報を入手し、2009年5月8日以降、その詳細を順次掲載し、大きな関心を集めた。これらの大半は正式な経費請求手続を経たものであったが、特に追加宿所費について、大臣を含む各党の議員による不当な使用実態が明るみに出た。このことが契機となって、マイケル・マーティン（Michael Martin）庶民院議長が、1695年以来となる任期途中での庶民院議長の辞職という異例の事態となった。また、ジャッキー・スミス（Jacqui Smith）内相、ヘーゼル・ブリアーズ（Hazel Blears）コミュニティ地方政府相などの閣僚が辞任を表明したほか、2009年6月の地方選挙と欧州議会選挙では与党労働党の敗北という結果を招来した。

このような状況の中、ブラウン首相は、2009年6月10日の庶民院本会議における憲法改革に関する声明で、政治への信頼回復のため、まずは庶民院の議員経費について、議院による自主的な規制から法律による規制に移行させるべく、夏期休会前に法案を提出するとした。こうして同年7月21日に制定された2009年議会行為規準法[21]は、議員歳費の支給、議員手当に係る制度設計、手当の支給を行う独立した組織として独立議会行為規準機関（Independent Parliamentary Standards Authority（IPSA））を設置するとともに、議員手当の支給及び利害関係登録に係る行為規範の遵守について調査する機関として議会調査コミッショナー（Commissioner for Parliamentary Investigations）を設置すること等を内容とするものであった。

同法は、貴族院には適用されないものであったが、貴族院議員にも、議員経費問題が波及したことから、政府は、互選により残存している世襲貴族が死亡した場合の補欠選挙を行わないこと、重大な違法行為を行った貴族院議員を除名又は登院停止とすること、貴族院議員の辞職を容認すること等の規定を含む憲法改革関係の法案を急遽2009年7月20日に提出した。2008年3月25日の政府白書では憲法刷新法案草案という題名で提案されたが、これには異論もあり、法案の題名には憲法改革及び統治法案[22]が採用されて提出された。しかし、2008-09年会期の会期末は2009年11月12日であり、同法案は、次の2009-10年会期へ継続審議とされた。

(3) 最高裁判所の発足と貴族院改革

　英国において司法機能は、国王の裁判所を源流とし、600年以上にわたって発展してきたが、歴史的に議会の上院である貴族院が最高裁判所の機能を担ってきた[23]。しかし、2009年10月1日、最高裁判所（Supreme Court）が設置され、権力分立の徹底が図られた[24]。

　この改革は、2003年6月12日に、ブレア首相が、貴族院上訴委員会（Appellate Committee of the House of Lords）に代えて最高裁判所を設置すると表明したことに始まる。それまで貴族院上訴委員会は、イングランド、ウェールズ及び北アイルランドの民事・刑事裁判における最終上告審の役割、スコットランドの民事裁判の最終上告審の役割を果たしてきた。貴族院の常任上訴貴族（Lords Appeal in Ordinary）は、司法部と立法部の連結点となっていた。しかし、2005年憲法改革法第3章の関係規定が、同法の第11施行命令により2009年10月1日から施行され、貴族院の最終審の機能は、最高裁判所に移管された。また、枢密院司法委員会（Judicial Committee of the Privy Council）は、これまで、1998年スコットランド法、1998年北アイルランド法及び2006年ウェールズ統治法[25]により、各地域への権限委譲に関する事項の最終審の役割を有していたが、これも最高裁判所に移管された。なお、枢密院司法委員会は、これまでどおり一部の英連邦諸国及び属領の最終審の役割を有する。

　最高裁判所は、1980年代から刑事法院の建物として使用されていたミドルセックス・ギルドホールを庁舎として、2009年10月16日に女王が正式にこれを発足させた。この庁舎は、パーラメント・スクエア西側に位置し、議会に対面するとともに、両側には行政部（大蔵省庁舎）とウェストミンスター寺院があり、英国の新たな権力分立を象徴するものとされている。

　初代最高裁判所裁判官には、貴族院の常任上訴貴族12名が就任するものとされた。発足後1名欠員があったが、2010年3月23日、ジョン・ダイソン（John Dyson）が12番目の最高裁判所裁判官に任命されたことが公表された[26]。最高裁判所長官のフィリップス卿（Lord Phillips of Worth Matravers）は、権力分立の確立、特に司法と立法の分離の重要性を強調した。なお、枢密院司法委員会は、構成員が最高裁判所裁判官と重なることから、従前のダウニング街9番から、最高裁判所と同じ庁舎に移転している。そして、新たに2009年最

高裁判所規則が制定され、2009年10月1日から施行されている。同規則は、上告許可の申請、上告の開始及び準備、上告の聴聞及び決定、一般規定、特定の上告及び付託、手数料及び費用、経過措置等について規定する。また、最高裁判所は、貴族院の民事、刑事及び租税訴訟関係の事務処理規則と上訴委員会規則に代わる事務処理規則を定めている。

なお、最高裁判所の設置根拠である2005年憲法改革法も、少なくとも理論上は議会が改廃することができることから、最高裁判所発足後も、英国の憲法原理の一つである議会主権（Parliamentary sovereignty）について、基本的に変容はないとされている[27]。

(4) ブラウン政権の幕引きと貴族院改革の蹉跌

ブラウン政権下で最後となる2009年11月18日の女王演説では、政府の施政方針が明らかにされ、2009-10年会期の立法計画として、100％又は80％公選制の第二院とするための貴族院改革法の草案を公表することが示された。

2009年11月19日には、庶民院において、前会期で継続審議とされた憲法改革及び統治法案の第一読会及び第二読会が行われた。2010年2月9日まで同法案の委員会段階の審査が行われたが、同年2月2日、ブラウン首相は、講演の中で、貴族院から世襲貴族を排除するとともに、庶民院の選挙制度を改正し、次々回の総選挙から選択投票制を導入するためのレファレンダムを実施することを示した[28]。そして、この委員会段階で修正が行われ、憲法改革及び統治法案に、選挙制度改革のレファレンダムの章が追加され、同年3月3日、貴族院に送付された。

2009-10年会期は、庶民院総選挙が予定されていたため短期の会期となったが、2010年4月6日にブラウン首相が総選挙の実施を公表してから同年4月8日の閉会までの議事一掃期間（wash-up period）[29]に、多くの法律案が成立した。その中には、公務員制度の法制化、条約承認手続の法制化、庶民院議員及び貴族院議員の国外収益及び外国資産の内国課税等を内容とする2010年憲法改革及び統治法[30]も含まれている。この議事一掃期間において、憲法改革及び統治法案のうち、庶民院修正で追加された選挙制度に関するレファ

レンダムに関する条項のほか、提出時から盛り込まれていた残存世襲貴族が死亡した場合の補欠選挙の廃止、重大な違法行為を行った貴族院議員の除名又は登院停止、貴族院議員の辞職等に関する規定も削られた。

なお、2010年3月14日には、サンデー・タイムズ紙などで、政府が庶民院総選挙前に貴族院改革法案草案を公表するとの報道がなされた。しかし、結局、2009-10年会期において女王演説で予告された貴族院改革法の草案が公表されることはなかった[31]。

一方、貴族院の審議運営等に関する改革については、貴族院において、情報特別委員会、貴族院議長の演説、質疑、バックベンチャーによる非公式グループなどで検討が続けられた[32]。また、グロコット卿(Lord Grocott)を委員長とする労働党の貴族院議員による議事運営に関する委員会が、2010年3月に、クエスチョン・タイム、文書声明、大委員会、委員会の法案審査、行為規範の監督、法律の事後審査といった事項の改善について報告書を提出している[33]。

3　ブラウン政権下の貴族院改革の意味

ブラウン首相は、ブレア政権の下での特別顧問を多用する大統領的政治から、英国伝統の議会中心の統治構造に回帰させる憲法改革構想を提起し、就任当初は、洪水問題等への的確な対処もあって、好調な支持率を維持した。しかし、ブラウン首相は、解散を見送り、就任から約3年にわたり選挙を経ないまま首相の職に在り、また、議員経費問題の影響で政治不信を招いたため、その求心力が削がれた。憲法改革の成果としては、2010年4月の解散間際に、2010年憲法改革及び統治法が制定されたが、憲法改革も未完に終わり、貴族院改革も未完に終わった。

貴族院改革については、ブレア政権で完成を見なかった新たな第二院の構成に関して、2008年7月、第二院の大部分の議員を公選とする方向性が正式に政府白書に盛り込まれ、その後、政府は法案草案の公表にも意欲を示したものの、結局実現されず、2010年5月の庶民院総選挙後に持ち越された。なお、貴族院の公選化という構想については、第二院の権限強化の可能性が指

摘され[34]、単に民主的であるとの理由による第二院の公選化に対する懸念も提示された[35]。また、貴族院が公選となると、庶民院に対抗する機関となり、庶民院議員の選挙区での役割を浸食するおそれも指摘された[36]。

　講学上、フィリップ・ノートン〔ノートン卿〕によれば、貴族院の構成に係る改革の方向性については、四つのR、すなわち維持（Retain）、改革（Reform）、代替（Replace）、除去（Remove）があるという[37]。維持とは、現行の任命制の議院を維持することである。改革とは、ウェイカム委員会や2001年政府白書が提案した20％程度公選の議院とすることであり、ジャック・ストローが一時提案していた50％任命・50％公選の議院とすることもこれに当たる。代替とは、元老院といった名称で公選の第二院とすることで、2007年3月に庶民院が支持した80％ないし全員公選の議院とすることがこれに当たる。除去とは、第二院を廃止することである。公選比率を始めとする新たな第二院の構成の問題は、ノートンが言うところの「代替」（Replace）という方向性で、ポスト・ブラウン政権に持ち越されることとなった。

　なお、ブラウン首相の在任中、貴族院の司法機能を分離し、最高裁判所の設置がなされたものの、これも第二次ブレア政権中にレールが敷かれた既定路線のものに過ぎない。結局、1997年以降の労働党政権下の貴族院改革は未完のまま終わり、新たな第二院の構築は、庶民院総選挙後の新政権に委ねられることとなった。また、ブラウン政権下においても、貴族院の議事運営に係る改革に関しては議論がなされ、労働党のトニー・ライト（Tony Wright）庶民院議員を委員長とする「庶民院改革に関する特別委員会」[38]と同様の委員会を貴族院にも設置すべきという提案もなされたが、これも総選挙後に先送りされている[39]。なお、2010年憲法改革及び統治法の制定過程の最終段階で法案から削られた規定のうち、残存世襲貴族が死亡した場合の補欠選挙の廃止、重大な違法行為を行った貴族院議員の除名又は登院停止、貴族院議員の辞職に関する事項については、新たな連立政権発足後も課題となった。これを受け、自由民主党のスティール卿（Lord Steel of Aikwood）が、これらの事項に関する貴族院改革法案[40]を2010年5月26日に議員立法で提出したというような動きもあり、貴族院改革の残された課題を浮き彫りにする形となった。

II　キャメロン連立政権下の貴族院改革

　ポスト・ブラウン政権の貴族院改革は、2010年の庶民院総選挙を経て、キャメロン連立政権に引き継がれ、政府による貴族院改革法案の提出という本格的な貴族院改革構想に結実する。しかし、同法案は成立には至らず、貴族院改革は未完となった。ここでは、その経緯とともに、学術上の論点等について詳述することとする。

1　連立政権の貴族院改革構想

(1)　2010年庶民院総選挙とキャメロン連立政権の発足
　英国は、二大政党制の発祥の国と言われるが、2010年5月6日の庶民院総選挙の結果、議会下院で単独過半数を制する政党が存在しないハング・パーラメント（Hung Parliament）という状態となった[41]。総選挙の結果、かかる状態となったのは、1974年のウィルソン労働党政権以来のことであった。
　議会は2010年4月12日に公式に解散され、選挙戦に突入した。貴族院改革について、主要三党は、それぞれのマニフェストにおいて、次のように主張した[42]。保守党は、大部分が公選制の第二院のための合意形成を掲げ、自由民主党は、貴族院を完全な公選の第二院とし、現在より議員数を削減するとした。労働党は、庶民院の選挙制度改革に係るレファレンダムと同日に貴族院改革に関するレファレンダムを実施することを掲げた。また、労働党は、完全な公選の第二院を支持し、世襲貴族の完全排除、庶民院総選挙と同時の3分の1ずつの部分改選、非拘束名簿式比例代表制を提案することを示した。
　2010年5月6日の庶民院総選挙（全650議席）では、保守党が得票率36.1％で306議席、労働党が得票率29.0％で258議席という結果となった。第三党の自由民主党は、大政党に有利な単純小選挙区制の影響で、得票率は23.0％であったものの57議席という結果に終わった。このほか、スコットランド、

ウェールズ及び北アイルランドの地域政党が若干の議席を確保したほか、緑の党 (Green Party of England and Wales) が初めて1議席を獲得した。なお、候補者の死亡により同年5月27日に選挙が行われた議席が一つあったが、これも保守党が制した。

総選挙の開票結果を受け、自由民主党のニック・クレッグ (Nicholas William Peter "Nick" Clegg) 党首は、第一党となった保守党のデービッド・キャメロン (David William Donald Cameron) 党首に連立協議を呼びかけた。ブラウン首相も自由民主党との連立協議を画策したが、不調に終わり辞任を表明した。2010年5月11日、保守・自由民主の連立政権が発足することとなり、キャメロン党首が女王エリザベスⅡ世に謁見し首相に任命された。ここに、13年ぶりの政権交代、戦後初の連立政権が成立した。同日付けで保守党・自由民主党の連立協議合意文書[43]が作成され、同年5月13日に初閣議、続いて5月20日に政府の連立政権5年計画[44]の公表と目まぐるしく新政権がスタートした。

(2) 連立合意と貴族院改革

2010年5月25日には女王演説が行われ、2010-11年会期の政府の立法計画が公表され[45]、特に政治改革分野については、民意が正確に反映される比例代表制（単記移譲式投票制）を主張してきた自由民主党の意向が強く反映されるものとなった。この分野で注目されたのが、議会改革に関する法案であった。これは、現行の単純小選挙区制から選択投票制への移行を問う選挙制度改革のレファレンダムの実施、庶民院の議員数の削減、汚職議員のリコール制導入と選挙区有権者10％以上の署名による補欠選挙の実施を内容とする。また、議会期を5年に固定し次回総選挙を2015年5月7日とするとともに、早期の解散には庶民院議員の55％以上の賛成を要件とした。このほか、全部又は大部分を比例代表制による公選議員とする貴族院改革に係る提案、議会特権法案の草案を公表することが示された。

総選挙前、キャメロンは、保守党所属貴族院議員を懐柔するため、貴族院改革の優先度を引き下げていたが、2010年6月2日の庶民院本会議の首相質問の際に、同年12月までに貴族院の大部分を公選とするための草案を提案すると述べた[46]。なお、同じく6月2日、キャメロン首相は、庶民院における

文書声明で、政治改革・憲法改革については、副首相となったクレッグが担当することを表明した[47]。そして、女王演説で示された議会改革に関する法案として、議会期の固定、早期の解散要件等を定める議会期固定法案[48]と、2011年5月5日に選択投票制に係るレファレンダムを実施すること、議員定数削減のため選挙区を600に削減すること等を内容とする議会投票制度及び選挙区法案[49]が、議会が夏期休会に入る直前の2010年7月22日に庶民院に提出された[50]。

　前者の法案は、2011年9月15日、2011年議会期固定法[51]として制定されている。この法律は、議会期を原則として5年に固定し、次回の庶民院総選挙を2015年5月7日、次々回以降の総選挙を5年ごとの5月の第一木曜日に行うとするものである。後者の法案は、2011年2月16日に、2011年議会投票制度及び選挙区法[52]として制定されたが、同年5月5日に実施された庶民院の選挙制度を単純小選挙区制から選択投票制に変更するためのレファレンダムは否決されている。

　連立政権の貴族院改革については、連立協議合意文書及び政府の連立政権5年計画によれば、比例代表制を基礎とする全部又は大部分が公選の上院設置の提案をするための委員会を設置し、委員会は、2010年12月までに、法案草案をとりまとめるものとされた[53]。また、新たな上院の任期は、単一かつ長期のものとする可能性が示されたが、現在の貴族院議員の既得権は維持すること（grandfathering system）とした。なお、貴族院議員の任命については、暫定的に、直近の庶民院総選挙における各政党の得票率を反映させるものとした。

　ただし、2010年5月の議会解散時の授爵では、ブラウン首相の推薦によって労働党所属議員が比較的多い配分で各党所属貴族院議員の任命が行われたが、同年10月に無所属の貴族院議員が貴族院任命委員会の指名によって任命され、同年11月19日には保守党・自由民主党に多く配分された貴族院議員の任命が行われたことが政府によって公表されている[54]。

　政府に置かれた貴族院改革に関する委員会は、クレッグ副首相を委員長とし、上下両院の政権党と主たる野党の幹部議員（政治・憲法改革担当相、貴族院院内総務、貴族院副院内総務、影の貴族院院内総務、庶民院院内総務、庶民院副院内総務、影

の庶民院院内総務、影の司法相）から構成されることが、2010年6月7日の女王演説に関するクレッグ副首相と影の司法相兼大法官ジャック・ストローとの討論で明らかにされた[55]。なお、この委員会の構成員については、同年秋に行われた労働党の影の内閣の改造を反映した変更が加えられているが[56]、クロスベンチャーは、その構成員に加えられていない。前述のように、政府は、貴族院改革法案草案を2010年末までに公表するとしていたが、その後、草案公表は2011年の早期に行うと修正した[57]。また、草案公表後に、上下両院の合同委員会において立法前審査を行い、その後に法案提出を決定するものとした。

　一方、2010年5月のキャメロン連立政権発足後の11か月間で、合計117名（年平均換算で128名）の一代貴族が任命された[58]。その党派別内訳は、保守党47名、労働党39名、自由民主党24名、その他7名である。これにより、貴族院議員のうち登院可能な議員数は792名、総議員数は831名となり、これは1999年貴族院法による世襲貴族の排除により2000年の時点で総議員数が666名となって以降、最大の議員数の「量産」となった。これについては、メグ・ラッセルによって、連立政権の合意により、直近の庶民院総選挙における各政党の得票率を反映させると、総議員数は1,062名となり、クロスベンチの現在の議席率（23%）を維持しようとすると総議員数は1,142名となると指摘されている[59]。このため、新たな貴族院議員の任命は一時停止し、引退により750名を議員数の上限とすべきとの提言がなされている[60]。また、これは、新たな立法を伴わず実行できる暫定措置であるが、政府が意図する大規模な貴族院改革が成功しなかった場合には、この暫定措置に法的根拠を付与する必要があるとの提言がなされている[61]。

　多数の一代貴族の任命の結果、貴族院の身分構成は、2012年6月11日現在で、請暇中等の議員を除き、世襲貴族89名、一代貴族660名、聖職貴族26名となっている[62]。また、党派構成は、保守党214名、労働党235名、自由民主党90名、クロスベンチ186名、その他68名、聖職貴族26名で、合計819名となっている[63]。貴族院議員の属性に関して付言すると、貴族院の女性議員数（括弧内は各党派ごとの比率）は、請暇中等の議員を含み、保守党214名中39名（18%）、労働党235名中66名（28%）、自由民主党90名中26名（29%）、

クロスベンチ 186 名中 37 名 (20%)、その他 68 名中 12 名 (18%)、聖職貴族 26 名中 0 名 (0%) で合計では 819 名中 180 名 (22%) となっている[64]。また、2012 年 4 月 30 日現在で、貴族院議員の平均年齢は、69 歳である[65]。

なお、貴族院議長については、選択投票制の投票方式により互選されるが、2006 年のヘイマン女性男爵の初代議長就任以来 5 年を経て改選がなされ、6 名の候補者のうちから、クロスベンチの会派長であるドスーザ女性男爵 (Baroness D'Souza) が選出され、2011 年 9 月 1 日に議長職に就任した。

2 貴族院改革法案草案

連立政権の下で超党派の委員会で進めてきた貴族院改革については、2010 年 6 月から同年 12 月まで 7 回にわたる検討を経て、2011 年 5 月 17 日、貴族院改革法案草案[66]を、クレッグ副首相が議会に提出するとともに、政府が公表し、具体的な制度設計が示された[67]。貴族院改革法案草案は、白書、本則 9 章 (68 条) と附則 9 の条文から構成され、説明文書が添付されている。条文の構成は、第 1 章 貴族院の構成、第 2 章 公選議員、第 3 章 任命議員、第 4 章 聖職議員、第 5 章 閣僚議員、第 6 章 暫定議員、第 7 章 欠格事由、第 8 章 議員資格に係る一般規定、第 9 章 雑則となっている。

(1) 貴族院改革法案草案の内容

キャメロン首相とクレッグ副首相の連名による白書の序文[68]によれば、この草案は、貴族院をより民主的な公選議院とするためのものとされている。そして、貴族院の活動の意義について認めつつ、民主的正統性の欠如について指摘している。また、貴族院の完全な改革は、100 年来の未解決の複雑な課題であるとの認識を示している。

序文の中で、超党派の委員会において、多くの点で合意がなされたが、公選議員の数と選挙制度の型に関して意見の相違が残ったことが示されている。その上で、政府としては、上院の将来に関する議論は、詳細になされることを期するとともに、80% 公選制の案により法案草案を公表して、立法前審査に付することとしている。ただし、連立合意文書で示したように、全議

員を公選制とすることについても排除はしていない。法案草案では、単記移譲式投票制の比例代表制を採用しているが、その他、名簿式投票制のような比例代表制の採用についても否定していない。改革後の貴族院の姿については、白書の提案部分に、以下のように記されている[69]。

(i) **名　称**

まず、名称についてであるが、政府は、少なくとも立法前審査の提案段階までは、貴族院の名称を使用することとしている。超党派の委員会は、「元老院」（Senate）を始めとする様々な名称を検討したが、白書の中での一連の提案は、漸進的な改革を指向するものであるので、当分の間、貴族院の名称を使用することとしたものである。政府は、名称に係る議論によって第二院の構成という根源的な問題から注意がそらされてはならないとしている。

(ii) **改革後の貴族院の機能・権限**

次に、貴族院の機能については、貴族院は、立法部における重要な役割を有し、第二院として統治機構の不可欠の要素であるという認識の下、庶民院とともに立法の責任を分有するとしている。貴族院は、政府及び庶民院に再考を求め、修正機能を担うとともに、貴族院議員の口頭質問及び文書質問により、政府活動の監視を行い、政府の決定及び活動の責任を問うものとする。貴族院の特別委員会は、公共政策に関する調査を行うとともに、議会に対して特別委員会の調査結果を報告する。政府は、これらの機能は、貴族院改革後も不変であり、かかる有益な活動は継続されるべきものとしている。

貴族院の権限については、次のような認識に立つ。すなわち、第二院の構成の変化は、必ずしも、議会の議院の地位にも、両院間の現行憲法上の関係性にも変更をもたらすものではないとする。両院間の関係性については、制定法と慣行によって規律されている。1911年議会法及び1949年議会法は、貴族院が究極的には庶民院の意思に従うことを定め、場合により、貴族院の同意なしに立法がなされ得ることとしている。政府は、両議会法を改正し、両院間の権限関係の均衡を変更することは意図していない。ただし、両議会法は、稀にしか用いられない最終手段であり、両院関係は、長期間を経て形成された一連の慣行によって規律されている。このため、①庶民院の信任を得た政府の立法計画を可決すべきこと、②時の政府が庶民院の信任を保持す

る場合にのみ政権にとどまることができるという原則、③マニフェストに収載された法案か否かを問わず、貴族院は庶民院が可決した法案を否決することについては十分な留意をしなければならないこと、④貴族院が合理的な期間内に政府提出法案を処理するという原則、が存在する。とりわけ、庶民院の財政上の特権を支持するという慣行は、最も重要であるとする。

　政府の立場は、これらの慣行は良好な両院関係の維持に資するものであり、長期間にわたり発展してきた精妙な均衡であるとする。そして、第二院の権限は、拡張されるべきではなく、庶民院の優越は維持されるべきであるとする。上述のような原則によって現れる現行の両院関係は、政府と庶民院との関係を弱体化させることなく、立法過程に資するとともに、第二院に実質的な貢献機会をもたらすものであるとする。政府は、立法における両院の現行権限が慣行レベルの事項であることから、これを成文化する意図はなく、法案草案第2条に現行の両院関係には影響を及ぼさないことを規定することが最善であるとする。

　このため、貴族院の機能は、政府及び庶民院に再考を求め、修正機能を担うとともに、政府活動の監視を行うものとされ、貴族院改革法案草案第2条は、1911年議会法及び1949年議会法と慣行によって規律される現行の庶民院の公法案審議に係る優越には影響を及ぼさないことを規定する。

(iii) 改革後の貴族院の構成

　改革後の貴族院の規模と構成については、貴族院議員数が2011年5月3日現在で請暇中・登院停止中・欠格の議員を除き789名である一方、2009-10年会期における1日当たりの平均出席議員は388名にとどまることから、全議員数で貴族院は庶民院を上回るものの、実働する議員の規模としてはかなり下回るということを前提とする。このため政府は、改革後の貴族院は300名の議員から構成されることを提案している。改革後の貴族院の議員は常勤となり、300名の議員で現在の1日平均出席議員388名と同じ範囲の職務を遂行することができるとしている。貴族院の構成については、240名の公選議員と60名の任命議員に加えて、12名のイングランド国教会大主教・主教の聖職議員のほか、閣僚議員[70]から成るよう、三段階で移行するものとする。公選議員・任命議員とも、任期は貴族院の3選挙期（15年）で再選・再任不可

とされ、庶民院総選挙と同時に3分の1ずつを選出する[71]。法案草案は、単記移譲式投票制を採用するが、名簿式比例代表制の採用も否定していない。選挙区は、比例代表制であるため大選挙区となるところ、法案草案中の規定においては具体的な区割りは未定とされている。ただし、欧州議会選挙で用いられている12選挙区（イングランド内の8地域とロンドン、スコットランド、ウェールズ及び北アイルランド）では、単記移譲式投票制とするに当たってイングランド内に一部大規模選挙区が生じるため、イングランド内は細分化し、1選挙区当たり5～7議席とする想定としている。なお、爵位と第二院の議員資格との関係は遮断することとしており、爵位はあくまで栄誉に転換される。

連立合意文書では、完全公選の第二院又は大部分公選の第二院を提案しており、これは民主制の根源に関わる問題である。一方で、第二院について、独立的で非党派的な意見によって議会に貢献することを重視する論者も多数おり、各分野で傑出した人材の知識・経験が立法のための議会審議に有益であるという意見もある。法案草案では、80％公選の議院を提案している。これは、法案草案が、部分的任命制の議院がいかに有効に作用するかということを示すものであるが、あくまで草案であり、完全な公選議院を含むオプションも検討する予定とされた。

完全な公選議院とする場合には、第一移行期においては、100名の公選議員、閣僚議員、聖職議員及び第一移行期暫定議員から構成され、第二移行期においては、200名の公選議員、閣僚議員、聖職議員及び第二移行期暫定議員から構成されることとなる。改革後の貴族院は、300名の公選議員と閣僚議員とから構成されることとなり、貴族院任命委員会に係る規定等は削られることとなる。政府は、改革後の貴族院を、完全公選とするか大部分公選とするかについて、意見を聴取したいとした。

(iv) その他

公選議員及び任命議員には、年齢、国籍、兼職禁止、破産、重罪等について、庶民院議員と同様の欠格条項が設けられる。また、議員辞職、除名及び登院停止も可能とする。聖職議員を除き常勤議員としての歳費及び手当が、独立議会行為規準機関（IPSA）によって支給される。

貴族院議員が庶民院議員となるには、離職後4年1か月の期間を置かなけ

ればならない。また、両院の議員に同時に立候補してはならない。

(2) 貴族院改革法案草案に関する上下両院合同委員会

　政府は、上下両院合同委員会を速やかに設置し、貴族院改革法案草案について検討し、2010-12 年会期の会期末までに報告書を提出することを期した。法案草案に関する意見は、内閣府又は上下両院合同委員会に提出されるものとし、2015 年に改革後の貴族院の最初の選挙が行われるものとした。

　そこで設置されたのが、「貴族院改革法案草案に関する上下両院合同委員会」(Joint Committee on the Draft House of Lords Reform Bill) である。同委員会の委員は、庶民院においては 2011 年 6 月 23 日に、貴族院においては同年 7 月 6 日に任命され、貴族院改革法案草案を 2012 年 3 月 27 日までに検討し、両院に報告するものとされた。

　上下両院合同委員会は、両院とも 13 名ずつの委員で構成され、内訳は貴族院側が保守党 4 名、自由民主党 2 名、労働党 4 名、無所属 2 名、聖職貴族 1 名、庶民院側が保守党 6 名、自由民主党 1 名、労働党 4 名、諸派・無所属各 1 名であった。合同委員会は、労働党のリチャード卿 (Lord Richard) を委員長として、2012 年 3 月まで 30 回の会合を開いた。最後の 1 か月間は報告書の作成に入り、段落ごとに賛否を取る形で報告書がまとめられた[72]。

　上下両院合同委員会は、2012 年 4 月 23 日、貴族院を 450 名で 80％公選制・20％任命制とする報告書『貴族院改革法案草案』[73]を議会に提出した。その概要は、次のとおりである[74]。

　委員会の多数意見は、改革後の第二院は、公選議院として相応の権限を有する限り、選挙による委任を有するべきであるとする[75]。この法律の規定が庶民院の優越に影響を及ぼさないことを定める法案草案第 2 条は、庶民院の優越を維持するには不十分であり[76]、また、政府は両院関係に司法の関与が及ぶ可能性を回避すべきであるとする[77]。

　また、委員会の多数意見は、80％公選制で 20％任命制という法案草案の提案に同意する[78]。そして、法案草案では議院の規模を 300 名とするとしたが、これは改革後の議院に求められる機能を満たすには不十分であり、450 名規模とすることが望ましいとする[79]。

改革後の第二院の選挙制度については、投票者に候補者個人を選択する機会を認めるとともに、政党に対する一票を投じる機会を認めるべきであるとの認識に立つ。そのため、オーストラリアのニューサウスウェールズ州で用いられている単記移譲式投票制の比例代表制と同様の制度を勧告する[80]。委員会の多数意見では、一期で非改選の任期という政府の提案に同意し、適切な任期の長さは15年とする[81]。

改革後の第二院においては、公選議員が地域ないし地方関係の事項や立法事項に関心を持ち、これを行うことは不可避である。ただし、庶民院議員と同様に個人的なケースワークを行おうとする議員があっても、地域レベルという選挙区の規模の大きさによって、また、これをなし得る資源の欠如によって制約されると見込まれるとする[82]。

貴族院任命委員会は、法律上の機関に改組すべきであり[83]、改革後の第二院は、政府を代表するため閣僚議員を含むべきであるとする[84]。委員会の多数意見は、改革後の第二院における聖職議員の議席数は12とすべきであるとする[85]。

さらに、同報告書では、庶民院の優越性を単に維持するだけでは十分でないということのほか、貴族院改革に関するレファレンダムを実施すべきということが勧告された。

以上のような上下両院合同委員会の報告書に並行して、貴族院への有権者の委任と庶民院の優越性との関係性について、26名中12名の委員（貴族院議員9名、庶民院議員3名）が代替報告書[86]により補足意見を表明した。

なお、2012年4月30日に貴族院で行われた上下両院合同委員会報告書についての審議は翌日未明まで続き、会期末の同年5月1日にも引き続き討論が行われた。

3 貴族院改革法案草案をめぐる論点

ここで、貴族院改革法案草案をめぐる論点を、主として学術的な議論を中心に抽出し、法案草案に内在する問題点を検討する。

156　第Ⅲ章　ポスト・ブレア政権下の貴族院改革

(1) 貴族院改革法案草案に関する論点

　貴族院改革法案草案に関する上下両院合同委員会では、多くの有識者による証言及び提出文書を採集し、第Ⅰ巻―報告書、附属書類及び公式議事概要―（全164頁）、第Ⅱ巻―証言及び関連提出文書―（全456頁）、第Ⅲ巻―その他提出文書―（全228頁）という大部な報告書がまとめられている。このうち、第Ⅱ巻には政界、学界、宗教界その他の部門からの数多くの証言及び提出文書が収められている。学界からは著名な研究者が文書を提出し、さながら最新の貴族院改革に関する研究書の様相を呈している。次に、その中から貴族院に関する代表的研究者（所属機関名は報告書中に記載のもの）の意見を摘録し、貴族院改革法案草案をめぐる論点を明らかにする。

(i) ヴァーノン・ボグダナー

　キングス・カレッジ・ロンドン現代史研究所のヴァーノン・ボグダナー（Vernon Bogdanor）による2011年7月23日付け提出文書においては、貴族院改革法案草案は、15年の公選任期、部分改選、再選禁止、一定期間の庶民院議員立候補禁止、任命議員の一部維持、比例代表制ということを提案しているが、再選禁止によって説明責任を負わなくなるという点で正統性を欠くこととなると指摘されている[87]。

　そして、直接選挙の原則は的確としつつ、第二院をより強力なものとし、上院は、再考の院以上に敵対的なものとなるであろうとの指摘を行っている[88]。また、ボグダナーは、オーストラリアにおいて直接公選の第二院が置かれ、両院同時解散、両院合同会議の仕組みがあることにも言及しているが、英国においては、第二院の解散の仕組みはないこと、また、両院協議会の方式は「第三院」となる可能性はあるものの有権者に対する説明責任が確保され得ないことを指摘する[89]。

　さらに、直接公選の第二院は、スコットランドへの権限委譲によってスコットランド選出議員とイングランド選出議員との間に生じる権限不均衡に係る問題であるウェスト・ロジアン・クエスチョンを第二院にまで持ち込むことにつながり、連合王国の分離の機運を高めるとする。結局のところ、現在の貴族院は、その構成において非公選であるがゆえに、これらのジレンマを回避し、それゆえ、庶民院の優越に挑むことは決してしないという。ボグダナー

によれば、これこそ1911年議会法の前文で、直接公選の議院が必要であることが示されたにもかかわらず、これまでどの政権もそれを達成できなかった理由であるという[90]。

(ii) ピーター・リドル

独立系シンクタンク・政府研究所 (Institute for Government) のピーター・リドル (Peter Riddell) は、2011年10月11日付け提出文書において、貴族院改革法案草案に重大な不備があるとして、「貴族院の権限・役割及び庶民院との関係」「広範な改革プロセス」の2点について指摘している[91]。

第1点目の「貴族院の権限・役割及び庶民院との関係」については、特に貴族院改革法案草案第2条が、庶民院の優越性その他各議院の権限、権利、特権及び管轄あるいは両院間の関係性を規律する慣行に何ら影響を及ぼさないとしていることについては、ナンセンスであると断じている。現行の両院関係とそれをめぐる慣行が望ましいということから、これを継続するものと法律上規定したとしても、それは保証の限りではないという。ここでのキーワードは「慣行」(convention) であり、両院間で日々形成される関係性は、法令によって規律されるものではなく、過去1世紀以上にわたり発展し、変更が加えられてきた「慣行」において示された行動様式によって規律されるものであるとする[92]。

また、全部又は大部分が公選の第二院は、本質的に、政府白書や貴族院改革法案草案に記されたところにかかわらず、これらの慣行の作用に変更を加えることとなる。両院がともに民主的正統性を主張することとなることから、公選の第二院議員は、少なくとも財政関係法案以外の法案については、自らが庶民院に挑む強力な権利を有すると考えるようになるであろうという。また、両院間に何らかの公式の調整メカニズムが必要となるが、これには現在の両院間の法案の往復 (ping pong) 以上に時間を要することとなるであろうとする。以上の分析は、公選の第二院への賛成意見ないし反対意見ということではなく、現に提案されている貴族院改革法案草案は、第二院の構成の本質的な変更が両院間の関係性に及ぼす影響に十分注意を払っていないことについて指摘するものである。また、政党所属議員やクロスベンチ所属議員の双方において外部有識者の任命を削減することを含め、構成に変更を加えるこ

とは、第二院がこれまで行ってきた貢献にも影響を与えることとなる点にも言及している[93]。

第2点目の「広範な改革プロセス」については、貴族院改革法案草案は、1999年貴族院法以降、労働党政権と連立政権の双方によって行われた一連の包括的改革プランの最新のものであるとした上で、次のことを指摘している。

貴族院改革法案草案に沿った包括的な改革は、貴族院内だけでなく庶民院内の反対勢力の規模、議会法による庶民院の優越の行使の諸問題、政府提出法案の妨害ないし否決のおそれといった諸事情に鑑み、現在の議会期で制定される可能性は乏しい。また、両院間の関係性の変更という憲法問題は、レファレンダムに付するべきという強い議論もあるとする[94]。

そして、収拾がつかなくなりつつある重要な問題として、貴族院の規模拡大ということがあり、爵位と議席との遮断を行う必要があると説く[95]。

(iii) メグ・ラッセル

ユニバーシティ・カレッジ・ロンドン憲法ユニットのメグ・ラッセルによる2011年10月24日付けの提出文書には、二院制に関する比較政治制度の研究成果[96]が収載されている。ラッセルによれば、第二院の大部分又は全部が公選に改革されるとすれば、その権限行使はより強力なものとなり、改革後の第二院は、国際的に見て、議院内閣制採用国の中でもかなり強力な第二院の一つとなるであろうと指摘している[97]。もっとも、このことは、英国の行政部と庶民院における多数派に対して、より強力な抑制を求める立場の論者には歓迎されるだろうという[98]。

ラッセルの提出文書の結論部分においては、次のように論じられている[99]。

この提出文書は、第二院の構成と権限の基本的な類型を国際的に比較したものであるとし、公選の第二院は、米国の影響もあり、大統領制において比較的一般的となっている。もっとも、第二院の構成は様々であり、直接公選、間接公選、非公選の第二院は、大統領制と議院内閣制の国家の双方に採用されているほか、選出方法において混合的な構成の議院もある。

また、第二院の権限も様々であり、大統領制採用国においては、「対等」(coequality) 又は「対称」(symmetry) な両院関係が一般的であり、第二院は、すべての法案ないしほとんどの法案に対して絶対的な拒否権を有する。これ

は、多くの直接公選の第二院に当てはまるが、間接公選の第二院にも当てはまる場合がある。一方、議院内閣制採用国においては、政府提出法案に対する第二院の反対の意思を覆す手段が用意されているのが通常である。これらの諸国の中でも、英国の貴族院の現行権限は相当に強力であり、貴族院先議の政府提出法案には絶対的拒否権が残存してほか、庶民院先議の法案についてもかなり長期の引き延ばし権限が残存している。

　貴族院改革に関する最近の英国内の議論において、国際的に見た二院制の運用についての理解には、誤りがある。第一に、公選の第二院は現在では一般的となっているが、以上述べた議論で示したとおり、（特に議院内閣制採用国においては）普遍的ではない。第二に、第一院の「優越」は、両院が同等の権限を共有するシステム（特に大統領制）においては認められていない。日本やオーストラリアのような国の議院内閣制において設置されている強力な第二院の存在は、常に悪いとは言えないにしても、重大な悪化を惹起している。また、第一院が数日ないし数週間で第二院の意思を覆すことが可能であれば、第二院の抵抗は微細なものとなるに過ぎない。国によっては、第二院は極めて限られた権限しか有さず、英国の二院制よりも非対称な二院制となっている。

　さらに、この提出文書において示したことを勘案するならば、英国における貴族院改革論議には二つの鍵となる問題があるという。

　第一の問題として、貴族院が公選（ないし大部分公選）の議院に移行するならば、貴族院がその有する本質的な権限の行使をどの程度まで行うこととなるのかということがある。これは不可知であり、実際には両院間の政党間対立の程度に依拠するとともに、政治的文化が過去にどの程度発展しているかにもよる。他の二院制諸国の経験からすると、公選の第二院は、現在の貴族院とは異なり、一般的にはその権限を最大限自由に行使しようとする。

　より重要な第二の問題として、改革後の英国の第二院にとって、望ましい権限とはどのようなものかという問題がある。議会における最近の議論の中には、第二院が政府と庶民院に対して卓越した抑制を加えるならば、英国政治にとって望ましいというものがある。この提出文書では、現行権限を維持したとしても、改革後の貴族院がその権限をより自由に用いるという選択を

すると、議会制民主主義の中でより強力な議院の一つになる可能性が示されている。そして、かかる議院への変容動向の例として、英国の政治改革論者は、オーストラリア、ドイツ、イタリア、インド、日本、スイス及びタイのような国に関心を向けた方がよいのではないかと指摘する。

(iv) アラン・レンウィック

レディング大学のアラン・レンウィック（Alan Renwick）は、2011年10月11日付け提出文書において、「第二院の権限」「第二院の構成」「単記移譲式投票制」「常勤・給与支給」「説明責任」の五つの論点を強調した見解を示している。このうち前三者は政府の提案を擁護するものであり、後二者は政府の提案の困難性を指摘するとともに、その解決策を提示したものであり、次のように説く[100]。

「第二院の権限」については、政府の提案による改革は、庶民院の優越を脅かすものではなく、改革後の第二院は、より強い民主的正統性を有するが、1911年議会法及び1949年議会法によって制約されたものにとどまり、かつ、政府は、庶民院に基礎を置き続けるとする。

「第二院の構成」については、選挙は、議会における議院の構成を決定するための正統性を持った仕組みであることは明らかであり、また、貴族院任命委員会を法律上の機関とすることは、首相の干渉から任命手続を擁護するものとなる。改革により貴族院の経験性、専門性及び独立性が損なわれるという指摘に対しては、現在の貴族院の経験性の多くは庶民院議員経験者に由来すること、非党派的な専門家は現在と同様に任命されること、非改選の任期は独立性を促進することから、貴族院の経験性、専門性及び独立性が損なわれることはないとする。

「単記移譲式投票制」の導入については、単純小選挙区制や選択投票制といった多数代表制は単独政党の多数派を形成するため、第二院の党派間で絶対的な多数を作らないために比例代表制が必要であるとする。比例代表制の中でも、非拘束名簿式比例代表制と単記移譲式投票制は、有権者が支持政党所属の候補者を選ぶことができるため、いずれも適切であるが、単記移譲式投票制は、有権者が党派間を横断した支持を示すことができ、また、非拘束名簿式比例代表制よりも候補者の独立性が担保しやすい点で優れている。

「常勤・給与支給」については、出席のレベルに応じて支払われる日当方式が可能か否かを検討すべきである。

「説明責任」については、固定任期かつ非改選という選出方法には、議員が独立的行動を採り得るという長所と、議員が選挙民の利害を顧みなくなるという短所の両面があるとした上で、最低限の活動要件、リコール制度を設けることにより、短所は緩和されると指摘する。

(2) 上下両院合同委員会報告書への反応

上下両院合同委員会が 2012 年 4 月 23 日に提出した報告書『貴族院改革法案草案』に対する主な反応としては、種々のものがある。

フィリップ・ノートン〔ノートン卿〕を含む上下両院合同委員会の一部の委員が提出した代替報告書においては、法案草案は、改革後の第二院が庶民院の優越に挑戦することを防ぐためには不十分であり、また、政府の提案は、第二院の費用を増加させるということが指摘された[101]。

また、パトリック・ダンリービー（Patrick Dunleavy）は、上下両院合同委員会報告書に批判的な見解を示し、報告書の影響力は乏しく、その勧告内容も「支離滅裂なアイディア」と述べた。ダンリービーによれば、貴族院改革のためのレファレンダムは必要であるが、改革後の貴族院の役割からして 450 名という議員数は多すぎるため、選挙民に忌避されるものであるという。また、非改選の任期は、議員の説明責任を免ずるものとして、英国民には受け容れられないであろうとする[102]。

上下両院合同委員会に文書提出も行ったメグ・ラッセルは、報告書に対しては、レファレンダムの実施について政府が譲歩すべきという圧力は、上下両院合同委員会報告書による勧告後に抑え難いものとなり、労働党幹部及び同党バックベンチャーがこれを支持するであろうとの指摘を行った[103]。

アカシュ・パウン（Akash Paun）は、上下両院合同委員会の委員間の不一致について、公選の原理だけでなく、選挙制度、改革後の貴族院の権限を含む付随的な事項について、更には庶民院の優越の維持の方法についても深い溝があることを指摘した。レファレンダムの実施については、政治的論争が中心となる議会において長引く傾向がある審議をバイパスさせる方法に過ぎ

ず、むしろ議会において合意形成を行わなければらないと指摘した[104]。

4 貴族院改革法案の提出と撤回

ブレア政権時代からの懸案であった貴族院改革の第二段階は、貴族院改革法案草案の公表、貴族院改革法案草案に関する上下両院合同委員会での検討を経て、同委員会の結論と勧告を政府がおおむね受け容れたことをもって、貴族院改革法案という政府提出法案に結実する。2012年5月9日、2012-13年会期の女王演説が行われ、貴族院の構成を改革するための法案提出の方針が示された。そして、2012年6月27日、クレッグ副首相を提出者として、政府から貴族院改革法案[105]が庶民院に提出された[106]。貴族院改革法案の具体的制度設計は、次のとおりである[107]。

(1) 貴族院改革法案の内容

この法案は、貴族院の構成を、最終的に360名の公選議員、90名の任命議員、12名以下の聖職議員、閣僚議員から成るよう三段階で移行することを定める。爵位と貴族院議席の関係は、遮断される。

(i) 改革後の貴族院の機能・権限

1911年議会法及び1949年議会法は、貴族院の立法権限について、金銭法案については1か月、それ以外の公法案については約1年、それぞれ可決を引き延ばすことができる停止的拒否権を定めるが、貴族院改革法案は、改革後の貴族院にも引き続き両議会法が適用されることを規定する。また、1911年議会法の前文は、削除する。

(ii) 改革後の貴族院の構成

公選議員は、原則として庶民院総選挙と同時に3分の1ずつ選出される。選挙区は、欧州議会選挙と同様の12選挙区（イングランド内の8地域とロンドン、スコットランド、ウェールズ及び北アイルランド）とされている。このため、貴族院改革法案草案において提案された単記移譲式投票制では、一部の大規模選挙区の議席数が多くなり、選好順位を付して投票する候補者数が過大となることから、イングランド、スコットランド及びウェールズにおいては、政党名

簿、政党名簿上の候補者又は無所属の候補者のいずれかに1票を投票する準非拘束名簿式（semi-open list）の比例代表制としている。ただし、単記移譲式投票制が一般的な北アイルランドにおいては、単記移譲式投票制の比例代表制とする。

現行の貴族院任命委員会を法定機関とし、任命議員は、貴族院の公選議員選挙後、同委員会が30名ずつ指名する。貴族院任命委員会は、公正かつ公開の競争により、任命すべき者を推薦する。

公選議員及び任命議員は、再選・再任不可で、貴族院の3選挙期（15年）を任期とする。

聖職議員は、カンタベリー大主教、ヨーク大主教、ロンドン主教、ダラム主教及びウィンチェスター主教が、当該聖職在任中、貴族院議員に就任する。このほか、イングランド国教会が最大7教区（現在の聖職貴族の議員から第一移行期は16教区、第二移行期は11教区）から常任聖職議員を選出し、原則として1選挙期中在任するものとする。

いずれかの議院に議席を有しない大臣は、首相の推薦により、閣僚議員に任命される。

貴族院規則に基づき、第一移行期では法案提出日現在で登院詔書を受けている貴族院議員の3分の2を移行期議員とし、第二移行期では当該議員を半減する。

(iii) その他

貴族院議員には、年齢、国籍、兼職禁止、破産、重罪、選挙違反等について、庶民院議員と同様の欠格条項が設けられる。また、議員辞職、除名又は登院停止も可能とする。歳費及び手当は、議会活動に応じて、独立議会行為規準機関（IPSA）によって支給される。

貴族院議員が庶民院議員となるには、離職後4年1か月の期間を置かなければならない。また、両院の議員に同時に立候補してはならない。

(2) 貴族院改革法案の庶民院第二読会通過と撤回

庶民院では、法案の原則について審議する第二読会が2012年7月9日及び7月10日に行われ、462対124の賛成多数で通過したものの、保守党から

91名の造反議員が出るなど紛糾し、政府は、法案を委員会段階の審査に移行させなかった。

クレッグ副首相は、2012年8月6日、保守党による連立合意破棄を非難し、貴族院改革法案の廃案を表明、同年9月3日の庶民院本会議で、正式に貴族院改革法案を撤回する声明を行った。また、クレッグ副首相は、庶民院の定数を600名に削減する際の選挙区画定委員会（Boundary Commissions）の勧告に基づく区割りの議会承認にも反対することも表明した。

5 貴族院改革（第二号）法案等の成立

政府による包括的な貴族院改革の蹉跌を経て、その後、穏当かつ部分的な改革が議員立法等によって実現に向かっていく。

(1) 従前の経緯

自由民主党の貴族院議員であるスティール卿は、2007年3月以降、貴族院における議員辞職と除名を制度化するための法案を議員立法で四次にわたり提出しており、2010-12年会期には貴族院可決もなされていた[108]。直近のスティール卿による法案は、2012-13年会期に提出した貴族院（議席停止）法案[109]であり、同法案も貴族院を通過し、2012年12月4日には庶民院に送付されたが、庶民院では第二読会以降の審議は行われることはなかった。

なお、2010年の政権交代前に成立した2010年憲法改革及び統治法にも、政府提出の法案段階では、貴族院議員の除名、登院停止、辞職等に関する規定が含まれていたという経緯がある。さらに、これらの規定が不成立となった後、貴族院院内総務のストラスクライド卿（Lord Strathclyde）が、保守党所属のハント卿（Lord Hunt of Wirral）を委員長とする検討会議を設置し、2011年に同検討会議が、請暇手続を強化し、自発的な引退を導入すべきという報告書[110]を提出するという経緯もあった。

(2) 2014年貴族院改革法の制定

2013年6月19日、庶民院において、貴族院改革（第二号）法案[111]が、保守党

のバック・ベンチャーであるダン・バイルス（Dan Byles）議員によって抽選法案として提出された。この法案は、庶民院では、有罪となった貴族院議員の失職に関し、国外犯の場合には貴族院議長の認定前に貴族院議決を要することとする修正を経て、2014年2月28日に通過した。この法案については、包括的改革案を支持してきた政府も審議途中から支持するに至ったほか、野党第一党の労働党のフロントベンチャーも支持した。貴族院では、スティール卿が同法案を担当し、2013-14年会期中の成立を図ることから、2014年5月13日に無修正で可決され、翌5月14日に国王裁可を得て、2014年貴族院改革法[112]として制定された。

　この法律は、貴族院議員の引退、一定の条件の下での失職等について規定するもので、その内容は次のとおりである。

　爵位を有する貴族院議員は、貴族院書記官長（Clerk of Parliaments）に書面で通知することにより、引退又は辞職をすることができ、書面記載の日から貴族院議員ではなくなる。辞職は撤回することができない。また、爵位を有する貴族院議員で、会期が6か月未満の場合を除き、一会期を通じて出席しなかった者は、次会期の初日から貴族院議員ではなくなる。

　貴族院議員が、刑事犯罪で有罪判決を受け、かつ、無期又は1年以上にわたる自由刑を宣告された場合であって、貴族院議長が認定したときは、当該議員は、貴族院議員ではなくなる。国外犯については、当該国の刑罰の軽重に差があり得ることから、貴族院の議決も必要とされている。

　これらの事由により貴族院議員でなくなった者は、貴族院の本会議審議及び委員会審査に出席する資格を喪失する。当該議員が、1999年貴族院法に基づき例外的に残存した世襲貴族議員の場合は、残存資格を喪失するが、爵位を理由とする庶民院議員の選挙権及び被選挙権の欠格事由はなくなる。世襲貴族以外の爵位を有する貴族院議員の場合も、爵位を理由とする庶民院議員の選挙権及び被選挙権の欠格事由はなくなる。

　2014年貴族院改革法の施行期日は、一部の規定を除き、制定日から起算して3か月経過後である。

　このように、2014年貴族院改革法は、包括的な改革を行うものではなく、漸進的な内容を措置するにとどまる。バイルス議員は、庶民院第三読会で、

貴族院改革（第二号）法案は、スティール卿の法案を可決したことがある貴族院が賛同し得る緊急かつ維持管理的内容を含むものであり、更なる改革を妨げるものではないとの説明を行っている[113]。

(3) 2015年貴族院（除名及び登院停止）法の制定

　2014年貴族院改革法以外の議員立法の動きとしては、前貴族院議長でクロスベンチのヘイマン女性男爵により2013年5月15日に提出された貴族院改革法案[114]がある。同法案は、貴族院議員の恒久的な引退、世襲貴族の補欠選出廃止、全会期欠席議員ないし重罪を犯した議員の恒久的排除について規定するとともに、一代貴族の推薦は貴族院任命委員会のみが行うことを規定するものであったが、審議の機会はなかった。さらに、ヘイマン女性男爵は、2014-15年会期には、貴族院規則で議員の除名及び登院停止を定めるための貴族院（除名及び登院停止）法案を議員立法で提出している。同法案は、2014年6月5日に貴族院に提出された後、ヘイマン女性男爵による技術的な修正を経て、2015年1月7日に貴族院を通過した。庶民院では、保守党のジョージ・ヤング（Sir George Young）議員が同法案を担当し、政府の支持も得て、同年3月6日に無修正で可決され、同年3月26日、2015年貴族院（除名及び登院停止）法[115]として制定された。同法は、決議をもって議員の除名及び登院停止を行うことを、貴族院規則で規定し得ることとするものである。これにより、貴族院議員の除名、登院停止事由の拡大、議会期中に限られていた登院停止期間の拡大が可能となる。この法律の施行期日は、制定日から起算して3か月経過後である。

　なお、庶民院では、2013年6月24日、保守党のクリストファー・チョウプ（Christfer Chope）議員が、貴族院（議席上限）法案[116]を提出している。同法案は、貴族院議員数を650名とし、そのために強制的な引退制度を導入し、2015年6月1日までに任命される議員の上限を45名とするものであったが、審議未了で廃案となった。

　2014年貴族院改革法及び2015年貴族院（除名及び登院停止）法により措置されなかった事項は、今後の課題として残されている。貴族院改革（第二号）法案について、メグ・ラッセルは、上院議員が辞職後直ちに庶民院議員となれ

るような制度は採るべきではないと指摘している[117]。これは、議院間の鞍替えを認めると、貴族院が庶民院議員の養成所になってしまうことへの懸念が背景となっており、待機期間を設けるべきとの議論は、ウェイカム委員会の報告書以来指摘され、廃案となった政府提出の貴族院改革法案でも規定内容の一つとなっていたものである。

(4) 2015年聖職貴族（女性）法の制定

なお、イングランド国教会は、2014年7月14日に、従前は男性に限られていた主教の職に女性が就くことを認める提案を、総会の3分の2以上の賛成で可決し、これは同年10月に英国議会でも承認された。そして、同年12月18日、政府から聖職貴族（女性）法案が提出され、2015年1月19日に庶民院を通過し、同年3月12日に貴族院で可決され、同年3月26日、2015年聖職貴族（女性）法[118]として制定された。

同法は、官職指定であるカンタベリー大主教、ヨーク大主教、ロンドン主教、ダラム主教及びウィンチェスター主教以外の先任順で選出される21名の教区主教の貴族院議員に欠員が生じた場合に、同法の施行から10年間は、女性主教のうち最も先任の者を聖職貴族として貴族院議員とする時限立法である。10年の経過後は、男女を問わない先任順となる。この法律の施行期日は、次期庶民院総選挙後の議会開会日とされている。

III　英国憲法における第二院

　以上、英国の貴族院改革について通史的に検討してきたわけであるが、特に、ブレア政権の半ばから、ポスト・ブレア政権にかけては、貴族院の大部分又は全部の公選化が焦点となった。

　ここで、ポスト・ブレア政権までの改革を経た現在の貴族院の構成と権限について、庶民院との比較、また、欧米主要国を始めとする諸外国の二院制との比較を交えて概観した上で、公選の第二院というものが英国憲法においていかなる意味を持つのかについて検討する。

1　英国議会の上下両院の構成・権限

(1)　英国議会の上下両院の構成
(i)　議員数

　英国においては、下院である庶民院（House of Commons）の定数は、2005年総選挙時には646名であったが、2010年総選挙から650名とされている。なお、2011年議会投票制度及び選挙区法第11条により1986年議会選挙区法附則第2が改正され、2015年総選挙から600名に議員数を削減されることとされたが、選挙関係法律の改正により、議員数の削減及び選挙区の区割りの見直しは、2015年総選挙後に先送りされている。

　上院である貴族院（House of Lords）には定数はなく、2013年3月31日現在で、請暇中の議員等を除き、議員数は813名だが、2013-14年会期の上院への平均出席議員は495名となっており[119]、実働する上院議員は下院議員の76.2％となっている。

　メグ・ラッセルの研究によれば、世界全体では、上院の規模は下院のおおむね60％程度であり、この規模の小ささは、討論や委員会運営などにおいて有益であるとされる[120]。これにより、下院に比して上院では、議員が互いを

知悉し、礼節をもって行動する文化がもたらされる[121]。

(ii) **任　期**

英国においては、下院議員の任期は 5 年である（従前は 1715 年七年会期法[122]及び 1911 年議会法第 7 条、現在は 2011 年議会期固定法）。

上院議員は、世襲貴族議員、一代貴族議員ともに終身であるため任期はないが、大主教及び主教は当該職にある間が任期となる。

「任期」について、一般に、上院議員の任期は、下院議員の任期と同等かそれよりも長い[123]。下院議員の場合は、よりよく民意を代表させるという観点から短期の任期とされることが多いが、上院議員は比較的安定した立場から下院の行き過ぎを是正するために任期は長くされることがある[124]。また、上院の任期が相対的に長いことは、上院のサイズが小規模であることと相乗して、議員相互の緊密な関係を涵養し、建設的かつ非対立的雰囲気を醸成することにも資する[125]。

(iii) **選挙権年齢及び被選挙権年齢**

英国では、1928 年国民代表（平等選挙権）法[126]に基づき、男女普通選挙が実現され、下院の選挙権年齢は 21 歳以上とされた。その後、1969 年国民代表法[127]により、選挙権年齢は 18 歳以上に引き下げられ、その後の選挙法制でもそれが維持された。下院の被選挙権年齢は、従来、コモンローによる成人年齢と同じ 21 歳とされていたが、2006 年選挙管理法[128]により、18 歳に引き下げられた。現在、選挙権は、18 歳以上の英国民、英国に居住するアイルランド共和国民及び英国に居住する英連邦諸国民が有し（有権者登録は 16 歳以上）、被選挙権は 18 歳以上の英国民、アイルランド共和国民及び英国への入国在留資格を有する英連邦諸国民が有するものとされている[129]。

上院は、任命制であるため、選挙権年齢・被選挙権年齢という観念はない。ただし、すべての貴族（peers）は、21 歳以上であり、破産状態になく、12 か月以上の自由刑となる重罪を犯したことがなく、英国籍を有することが登院資格の要件である[130]。また、欧州議会議員である一代貴族、欠格となる司法官職にある者は、貴族院への登院及び表決資格を有しない[131]。なお、年齢要件に関しては、主教は、70 歳に到達して教区主教を引退すると聖職貴族の議員ではなくなる。2009 年 10 月 1 日に最高裁判所が設置されるまで、貴族院

には司法機能を担う常任上訴貴族が存在しており、これについては70歳定年とされていた。

(ⅳ) 選出制度

英国において、下院は、単純小選挙区制を採用している。単純小選挙区制は、定数1で相対多数方式の多数代表制で、アメリカで早くから採用され、その後カナダ、オーストラリア、ニュージーランド、英国などのアングロサクソン系の諸国でも採用されたものである。英国は、今日では小選挙区制の代表国と考えられているが、1884-1885年の第三次選挙法改正により小選挙区制が一般的となったものの、一部では連記制の二人区が残り、全選挙区が小選挙区制となったのは、1949年のことである。

英国議会の上院は、聖職貴族（Lords Spiritual）と世俗貴族（Lords Temporal）から構成される[132]。

聖職貴族としては、カンタベリー大主教、ヨーク大主教、ロンドン主教、ダラム主教及びウィンチェスター主教のほか、21名の教区主教（先任順による）がいる。貴族院規則第6条によれば、登院詔書を受けた聖職貴族は爵位を有する貴族（Peers）ではないが、貴族院議員（Lords of Parliament）であるとされる。なお、2014年に女性主教が認められることとなり、2015年聖職貴族（女性）法により、先任順で選出される21名の教区主教について、10年間の時限で、女性主教を優先的に貴族院議員とすることとされている。

世俗貴族としては、1876年上訴管轄法に基づくその者一代の貴族[133]、1958年一代貴族法に基づく一代貴族（Life Peers）、1999年貴族院法による貴族院規則第9条又は第10条に基づき選出された90名の世襲貴族（Hereditary Peers）、紋章院総裁（Earl Marshal）及び式部長官（Lord Great Chamberlain）がある。世襲貴族のうち、75名は各政党ないしクロスベンチ所属、15名は上院全体から選出される。貴族院規則第9条第2項に、90名の世襲貴族は、労働党から2名、保守党から42名、自由民主党から3名、クロスベンチから28名、議院全体から副議長等の役員15名を選出することが定められている。

首相の助言に基づき女王が任命する一代貴族として、①政党の候補者リストに基づく議員、②貴族院任命委員会が推薦する非政党議員のほか、③新年、女王誕生日、下院解散時、首相退任時に叙任されるものがあり、①及び③の

候補者についても、首相は貴族院任命委員会から候補者の適格性に関する意見を受けることとなっている[134]。

　(ⅴ)　**改選制度**

　改選制度については、英国の下院は総選挙制であるが、上院は基本的に任命制の議院で終身任期であることから、世襲貴族の死亡の際に補欠選挙が互選で行われるにとどまる。補欠選挙は、貴族院の構成に係る第二段階の改革が予定されていたことから、実施されることはないと目されていたが、その進行が停滞したため、2013年5月までに17名の世襲貴族が選出された[135]。なお、2014年貴族院改革法により、爵位を有する貴族院議員の引退又は辞職、重罪を犯した貴族院議員の失職の手続が整備された。また、2015年貴族院(除名及び登院停止)法により、議員の除名及び登院停止について、貴族院規則で規定し得ることとされている。

　二院制議会一般について見ると、下院は総選挙制を採用する一方で、公選上院を擁する場合に部分改選制を採る国もある。これらの国では、部分改選制を採用することにより、上院の構成の急激な変化を回避し、上院の職務の継続性[136]を確保し得ることとしている。ただし、イタリアのように、上院の部分改選制を採らずに、下院と同様に総選挙制を採用し、両院同時解散方式と合わせて、むしろ上院の過去の選挙結果の一部を残存させることなく、上下両院の一体的交代を図ることとする国もある。

　(ⅵ)　**解散制度**

　英国では、首相の助言により国王大権をもって解散を行い得ることとされてきた。しかし、第Ⅳ章―Ⅱ―2でも見るように、2011年議会期固定法の制定により、議会期を5年に固定し、次回総選挙を2015年5月7日とすることが法定され、首相が実質的に有する解散権に制限が加えられた[137]。次々回以降の下院総選挙については、原則として5年ごとの5月の第一木曜日に実施されることとされている。なお、早期解散は、下院の議員定数の3分の2以上の賛成で早期総選挙の動議が可決された場合、又は内閣不信任案が可決された後、次の内閣の信任決議案が可決されることなく14日が経過した場合のいずれかで行われる[138]。

(2) 英国議会の上下両院の権限
(i) 首相・内閣の創出

英国は、下院の総選挙で多数を獲得した政党の党首を国王が首相に任命する憲法慣習となっており、上院がこれに関与することはない。英国の内閣は、17世紀に国王を補佐する枢密院の中の委員会が発展して形成されたものであり、当時は国王がこれを主宰していた。しかし、18世紀初頭、ドイツ・ハノーヴァー家から英国国王に即位したジョージI世（George I）は、英語を解せず、また、英国政治にも関心を示さず、1717年以降は閣議に出席しなくなった。これに代わり、第一大蔵卿が閣議を主宰するようになった。首相（Prime Minister）の職は、1721年から1742年まで国政を牽引したロバート・ウォルポール（Robert Walpole）に始まるとされ、これは、1783年のウィリアム・ピット（William Pitt）〔小ピット〕政権以来明確となった。

首相の職が正式に認められたのは、1878年のベルリン条約議定書で、ベンジャミン・ディズレーリ（Benjamin Disraeli）が初めて首相の名称を用いたことに始まる[139]。首相の職名は、正式には、「首相、第一大蔵卿及び公務員担当大臣」（Prime Minister, First Lord of the Treasury and Minister for the Civil Service）と称し、庶民院総選挙で多数を獲得した政党の党首が、国王によって任命される。首相の権限は、下院における多数の支持を基盤とし、現代の首相は、庶民院議員であることが憲法慣習である。なお、貴族院議員で首相となりその職を続けたのは、1895-1902年の間首相であった第三代ソールズベリー侯爵が最後である[140]。

なお、ロドニー・ブレイジャーによれば、首相の交代の類型としては、①与党が庶民院総選挙で破れ、野党の一つが下院で過半数の議席を確保する場合、②首相が死亡するか、引退や党首選における敗北で辞任する場合、③総辞職と首相の即時の再任の場合の三つがある[141]。①の場合は、いわゆる「政権交代」である。総選挙に敗れた首相は、議会の開会を待つことなく、君主への謁見を得て辞任する。首相の辞任は、政権のすべてに波及し、大臣は、即座に大臣としての任務を停止し省を去らなければならない。②の場合は、「与党内での権力の移行」であり、近年の事例では、サッチャーの党首選での実質的敗北による辞任、ブレアの自発的引退がある。病気等で動けない場合

を除き、首相は、後継首相の選任が完了したのち、直ちに国王に謁見し辞任する。首相の辞任は、他の大臣に影響を及ぼさない。大臣は、国王によって任命されるので、所定の方法で辞任するまで、大臣としてとどまる。③の場合は、いわば「内閣の改造」で、首相を除き政府全体が一新されるが、大臣が再任される場合もある[142]。

このように、明確な首相候補者が存在する場合には、国王に裁量の余地はないが、いずれの政党も過半数を獲得できなかった場合、明確な後継者がないまま首相が死亡、病気による辞職をした場合などは国王が実質的に裁量権を行使しなければならない[143]。これについては、1894年のウィリアム・グラッドストン（William Ewart Gladstone）の辞職の後、ヴィクトリア女王が3名の有力な候補者を差し置き、第五代ローズベリー伯爵（Archibald Primrose 5th Earl of Rosebery）を任命した例、1957年にアンソニー・イーデン（Robert Anthony Eden）が病気により引退した際に、女王エリザベスⅡ世が、第五代ソールズベリー侯爵とウィンストン・チャーチル（Sir Winston Leonard Spencer-Churchill）に相談した後に2名の候補者の中からハロルド・マクミランを選んだ例、1963年にマクミランが引退した際に、同女王は、協議すべき適当な者がなかったため、病床のマクミランを訪ね、その後任にアレック・ダグラス＝ヒュームを任命した例などがある。もっとも、この国王の裁量権は全く自由なものではなく、多数党となったが党首を持たない場合にも、少なくとも同等の支持を得られる見込みのある者を任命しなければならず、首相が引退する場合には、後継首相の選任に際して、先任首相に相談しなければならないという慣行がある。

(ii) 首相・内閣の信任・不信任

英国では、ウォルポール以来、議院内閣制が発達し、下院によって不信任動議が可決又は信任動議が否決された場合、内閣は総辞職するか、議会を解散することとされてきた。しかし、2011年議会期固定法の制定により、早期解散は、庶民院の議員定数の3分の2以上の賛成で早期総選挙の動議が可決された場合、又は内閣不信任案が可決された後、次の内閣の信任決議案が可決されることなく14日が経過した場合に行われることとされた。このため、首相が実質的に有してきた議会解散権が制限されるとともに、不信任決議案の可決後における次の内閣の信任についても議会制定法に規定が置かれるに

至っている。
　もっとも、首相・内閣の創出機能が下院に専属し、上院が関与する余地がないのと同様に、首相・内閣の信任・不信任の機能も上院は有しない。

(iii)　**法案先議権**
　英国では、金銭法案（下院議長の意見によって租税、歳出、公債等に関する規定のみを含むとされる公法案）は下院先議とされている。
　議会の前身である等族会議が租税承諾権を任務として成立したこともあり、英国の金銭法案のような国民に直接負担を課するものは納税者を代表する下院に先議権が要求されることとなっており、この英国に由来する原則は各国で広く採用されている[144]。
　なお、実際には、おおむね3分の1の政府提出法案が上院先議となっており、論争的でない法案が上院先議とされる傾向にある[145]。

(iv)　**法律案に関する両院間の意思の調整**
　英国では、伝統的に合同委員会や両院協議会の制度は用いられてこなかった[146]。もっとも、英国でも二院制の草創期から19世紀半ばまでは、かかる制度は存在し、最後の両院協議会は1836年に開かれたとされている[147]。現在では、人権合同委員会（Joint Committee on Human Rights）のような両院合同特別委員会や、法案草案の立法前審査のための両院合同特別委員会は設置されており、上下各院同数の委員で構成される。
　さらに、上下各院が合意に達するまで両院間を法案が往復することも、両院間の調整システムの一つとして考えられるところ[148]、英国も両院の意思が一致するまで法案が両院間を往復するが、公法案の審議における最終議決権は下院に留保されている。
　なお、1999年以降、政府の敗北については、下院では極めて稀であるのに対して上院ではしばしば行われ、これには政府提出法案の重要な政策に関わるものも含まれるが、下院はその半数弱を受け容れている[149]。これは、政府にとって審議時間は貴重であること、政府案への固執は今後の上院の協力を減殺すること、上院に専門性が認められていること、更には、政府が上院の意思を覆すには下院の同意のみによって可能であり、政府は与党バックベンチャーとの紛争を回避するため、上院に譲歩する傾向があることによる[150]。

(v) 法案審議における最終議決権

　議会制度の歴史において、貴族が相当の権力を保持していた間は両院の権限が対等だったが、19世紀後半から下院が有力となり、上院に比べて下院が強い権限を持つ例が多くなってきたことを反映して、下院に法案の最終議決権が留保されることがある。

　英国では、法案議決に関しては下院が優越しており、上院は、下院が可決した法案の成立を、金銭法案の場合は1か月、その他の公法案の場合は約1年遅らせることができるのみである（1911年議会法第1条・第2条及び1949年議会法）。

　上院先議の法案については両議会法の適用はなく、上院は絶対的拒否権を保持しているものの、前述のように、論争的でない法案が上院先議とされる傾向にあるため、政府にとって障碍となることはほとんどない[151]。両議会法制定時には考慮されてなかったものとして、第二次立法ないし委任立法があるが、この20世紀に急増した立法についても上院は公式には拒否権を有するものの、行使されることはほとんどない[152]。

　なお、庶民院には、古くから財政上の特権（financial privilege）があり、毎年の歳出予算法案である財政法案（Finance Bill）は、金銭法案には該当しないものの、上院は修正を行うことができない慣行とされており、金銭法案も財政法案も上院では第二読会で議論はされるが、その後の審議段階は形式的なもので議論もなされない[153]。

　また、政府のマニフェスト関連法案を、上院の第二読会及び第三読会で否決しないとするソールズベリー慣行（Salisbury Convention）という憲法慣行が存在してきた。ただし、世襲貴族の大部分の排除、上院の党派構成の変化、2005年下院総選挙の労働党の低得票率、2010年の連立政権の登場などにより、その効力については議論が生じている[154]。

(vi) 上院への下院と異なる権限の付与

　英国の貴族院は、600年以上にわたり司法機能を有し、従前は最高裁判所の機能を有していた点で極めて特異な存在であった。しかし、2009年10月に独立の最高裁判所が創設され、この機能は失われた。

　なお、英国議会の上院の実態上の特徴としては、下院に比して、専門性が

高く、かつ、非政党政治的であるという高い評価がある[155]。また、下院の特別委員会が政府各省に対応する形で設置されているのに対し、上院の特別委員会は、意図的に分野横断的なもの（crosscutting）とされており、その数も少ない[156]。

2　ブライス・リポート、ウェイカム・リポート再論

ここで、20世紀初頭の貴族院改革構想として重要性の高いブライス・リポートと、同じく20世紀末の貴族院改革構想として重要度の高いウェイカム・リポート（ウェイカム委員会報告書）の勧告内容を、比較を交えて再度検討してみたい。

なお、ブライス・リポートは、我が国の帝国議会時代の貴族院改革に際して、各国の上院制度を紹介した参考資料がとりまとめられた際に、『英国上院改造調査会報告書（ブライス リポート）附1922年英国上院に提出せられたる改造決議案』として収載されたほか[157]、戦後、憲法改正に伴う諸般の法制の整備に関する重要事項を調査審議するために設置された臨時法制調査会において、参議院の構成が検討された際にも配布されるなど[158]、我が国の第二院の制度改革においてもしばしば参照されてきたものである。

(1)　ブライス・リポート

ブライス・リポートは、英国憲法における第二院の地位について、次のような認識に立つ[159]。

第二院は庶民院と同等の権限を有するべきではなく、庶民院の対抗勢力となるべきではない。特に、内閣の創出又は倒閣に係る権限を有するべきではなく、財政事項の処理について庶民院と同等の権限を有するべきではない。庶民院の支持によって行政部を形成するということは、永年の慣習と伝統によるものにととどまらず、英国憲法上の定式である。第二院に政府を倒す権限を拡大するのは、その機能に重大な影響を及ぼすこととなる。さらに、改革後の第二院においては、単一の党派的意見が顕著かつ永続的に優勢となるべきではなく、常習的に党派的動機の影響による行動を招くことのないよう

な構成とすべきである。

このような認識の下、改革後の第二院の構成[160]としては、246名の議員をイングランド11区、ウェールズ1区及びスコットランド1区の計13地域[161]にグループ分けされた庶民院議員が単記移譲式投票制による比例代表制によって選出し、このほかに、庶民院議長が庶民院から選出する5名と第二院から選挙する5名の計10名から成る上下両院合同常任委員会によって81名の議員を選出するものとする。上下両院合同委員会選出の第二院議員のうち約半数（39名）は、世襲貴族及び聖職貴族から選出されるものとする。なお、いずれの第二院議員の任期も12年とし、3分の1ずつ4年ごとに改選される。

また、第二院の機能としては、財政法案については、第二院はこれを否決又は修正する権限を有しないとする[162]。なお、財政法案に該当するか否かに争いがある法案は、上下両院から各7名以内の委員を選出して財政委員会で財政法案該当性を審査する。財政法案に該当しない法案については、各会期の始めに上下各院から20名ずつ選出された委員から構成される自由協議会において調整を図ることとしている。自由協議会委員には、案件ごとに各院10名の追加委員を選出することができる。自由協議会の成案は、両院での修正はできず、可否を決するのみであり、両院で可決されると国王裁可に付される。一院で可決し、他院で否決された場合には、次会期において再度自由協議会に付される。自由協議会が3名以上の多数で同一内容の案を承認したときは、両院の可決又は下院のみの可決をもって国王裁可に付される。

(2) ウェイカム・リポート

ブレア政権で世襲貴族の大半が貴族院への出席及び表決権を喪失した後の改革について、20世紀末に公表されたウェイカム・リポートでは、第二院の役割を次のように概括した[163]。すなわち、①公共政策の発展に資するために様々な異なった視点を提供すること、②英国社会を広範に代表すること、③英国の不文憲法の主要な内容である「抑制と均衡」の一つの柱として不可分の役割を果たすこと、④英国内の各地域のために、公的問題に関して中央での発言権を提供すること、の4点である。

ウェイカム・リポートが勧告する第二院の構成[164]によれば、議員数は 550 名前後とし、その一定割合は、英国の各地域のそれぞれの政治的意見のバランスを反映するものとして、欧州議会選挙の選挙区と同一の 12 選挙区から選挙された 65 名、87 名又は 195 名の「地域代表議員」とされる（87 名の案が多数意見）。その他の議員は、英国社会を広く代表するとともに上述の特質を持つ第二院を創設することを任務とする、純粋に独立した任命委員会の指名に基づいて任命される。任命委員会は、新しい第二院におけるクロスベンチャーの割合を全議員の 20％程度に維持する責任を持つものとし、政党所属議員の任命について、直近の庶民院総選挙の投票結果に表れている全国の政治的意見に合致するよう全体としての政治的バランスを確保するものとする。

また、新たな第二院の権限については、両院間の権限のバランスに根本的改革は必要ではなく、1911 年議会法及び 1949 年議会法に定められた権限を引き続き有するべきであるとする。そして、新たな第二院が現在の貴族院と同じ権限を有するべきであることの帰結として、すべての政府関係議事が合理的時間内で審議され、ソールズベリー慣行の下での原則が維持されなければならないと勧告した。

(3) ブライス・リポートとウェイカム・リポートの比較

ブライス・リポートでは、権限の面では、財政法案に係る庶民院の優越を前提とし、財政法案に該当しない法案については、上下両院不一致の場合の調整方法として自由協議会の活用とともに、最終的には下院が優越するものとした。これに合わせて、構成の面では、間接選挙中心の第二院を構築しようとした。ウェイカム・リポートでも、権限の面では、1911 年議会法及び 1949 年議会法、更にはソールズベリー慣行による非対等型の二院制を維持するとともに、構成の面では、大部分任命制が採用された。

両リポートともに、第二院が、下院と比較すると相対的に弱い権限しか有しないことと、直接選挙の下院に比して弱い民主的正統性しか有しないこととの相関関係について整合性がとられている点が共通する。また、ブライス・リポートとウェイカム・リポートの底流にあるのは、英国の統治構造におけ

る第二院は、内閣と下院に対する対抗勢力となるのではなく、抑制と均衡の役割を果たすべきという考え方である。英国憲法は、伝統的に、権力分立が明確ではなく、権力の融合 (fusion of powers) という特徴を持つ[165]。ウォルター・バジョット (Walter Bagehot) が「緊密な結合、すなわち行政権と立法権のほとんど完全な融合」(the close union, the nearly complete fusion, of the executive and legislative powers)[166]と表現したように、英国議会の下院と内閣の区別が極めて曖昧であることを考慮すると、両リポートが意図する抑制と均衡の機能を担う第二院の存在意義が顕在化してくるであろう。

一方、両リポートが採用しなかった第二院の大部分を直接公選とする貴族院改革法案の提案は、第二院の強い民主的正統性の獲得と権限の強化を招くものとして、第二院が内閣と下院への対抗勢力となるという懸念を払拭できなかったのである。

3　貴族院改革法案をめぐる憲法上の論点と政治的障壁

(1) 英国憲法上の論点

前述のように、2010年5月の庶民院総選挙の結果、保守党・自由民主党の連立政権が発足し、連立協議合意文書と政府の連立政権5年計画において、下院の選挙制度を選択投票制とするか否かを問うレファレンダムの実施、上院への比例代表制の導入が掲げられた。連立政権入りを果たした自由民主党は、1996年に、貴族院を比例代表制で選出される約100名の議員から成る元老院に代え、その権限を強化することを主張し[167]、また、従来から単記移譲式投票制による比例代表制を提唱してきた。主な英連邦加盟国の一つであるオーストラリアの連邦議会の選挙制度は、下院は選択投票制、上院は単記移譲式投票制であり、多数代表制と比例代表制の組合せとなっている。なお、英国の選挙制度改革史においても、選択投票制と単記移譲式投票制は、しばしば導入論議の対象となってきている。これらのことからして、2011年の貴族院改革法案草案に見るように、英国議会の上下両院の選挙制度を、オーストラリアと類似の組合せとするというのは一つの考え方であった[168]。単記移譲式投票制の場合、野党第一党も単独では上院で多数派を占めることができ

ないため、両院の党派構成は、対決型の「強い相異」ではなく、両院間の調整が比較的容易な「弱い相異」になる可能性も高い[169]。ただし、公選上院は強い民主的正統性を有し、オーストラリアの二院制は、第Ⅴ章—Ⅰで見るように、レイプハルトが説くところの連邦国家における権限対等・構成相異の「強い二院制」である点は、考慮する必要がある。

英国で2011年5月5日に実施された庶民院の選挙制度改革レファレンダムでは、絶対多数式の選択投票制への移行は否決され、相対多数式の単純小選挙区制が維持された。選択投票制の場合、単純小選挙区制との比較においては、二大政党の議席数が実際の得票率よりも大きくなる点で同様である一方、政党間の連合と協力を容易にするため、少数政党を存続させる効果があるという違いがある[170]。しかし、いずれにしても下院が多数代表制であることに変わりはなかった。

2012年に政府から提出された貴族院改革法案では準非拘束名簿式比例代表制及び単記移譲式投票制が採用されたが、英国議会の上院への比例代表制の導入は、20世紀初頭の貴族院改革の端緒となった上下両院の対立が生じ得る両院関係に戻るおそれも内在している。換言すれば、単一国家において、下院では単純小選挙区制により多数派を形成し、上院では比例代表制によって多様な民意を反映し、上下両院を直接公選にしようとするときに、権限が非対等で構成が中立的な第二院を維持し得るのか否か、両院間の調整をどのようにするのかが問題となる。

実際、貴族院の民主的正統性と権限との関係には多くの議論が提起されてきた。この点に関して、ソールズベリー慣行については、そもそも、ロドニー・ブレイジャーが、1999年に世襲貴族の大多数が排除されたことをもって、同慣行は失効したと主張していたところであるが、イーモン・バトラー（Eamonn Butler）によって、単独政党が庶民院総選挙でマニフェストに掲げ有権者の委任を受けた法案を貴族院が第二読会で否決しないという前提は、連立政権の発足によって揺らいでいるとの指摘もなされている[171]。ヴァーノン・ボグダナーも、ソールズベリー慣行は、1999年を境界として既に疑問視されており、第二院が公選制となった場合には存続し得ないと説くとともに[172]、公選上院は強固な民主的正統性を有し、より強い上院となることから、1911

年議会法及び1949年議会法の見直しも不可避であると指摘する[173]。

また、ソールズベリー慣行に関しては、野党時代の自由民主党のウォーレス卿 (Lord Wallace of Saltaire) が、2006年11月3日の慣行に関する上下両院合同委員会の報告書において、ソールズベリー慣行は、庶民院の労働党と貴族院の保守党による歴史的交渉であり、現在の状況とは無関係である旨の見解を示している[174]。そして、連立政権発足後、多くの貴族院議員が、連立政権の場合には、各連立パートナーのマニフェストが有権者の明確な委任を受けていない連立政権計画にとって代わられている以上、ソールズベリー慣行の制約は受けないと主張している[175]。

なお、両院間の協議会の導入という構想は、これまでにブライス・リポートなどにおいても提起された考え方であり、特段新しいものではないが、ブレイジャーは、両院間の立法に関する対立を解決するために、両院合同特別委員会を設置すること提案している[176]。

(2) 貴族院改革法案廃案に至る政治的障壁

貴族院改革法案廃案の背景には、保守党から多数の造反議員が出るなど、保守党の貴族院改革に対する消極性があった。貴族院改革法案が2012年7月9日及び7月10日に庶民院第二読会を通過したにもかかわらず、政府が委員会審査に移行するための審議計画動議 (programme motion) を行わなかったのは、保守党で91名の造反議員が出たことから、審議計画動議で労働党議員が反対する見込みと合わせると、投票に臨むことはできず、撤回せざるを得ないこととなったためである[177]。クレッグ副首相が第二院の公選化に取り組んだのは、反対派からは、自由民主党を第二院で要政党としての会派 (pivotal group) とするための利己心と見られており、連立政権内部での自由民主党の影響力の増加を快く思わない保守党の庶民院議員は、貴族院における比例代表制の導入にも反対し、クレッグ副首相の貴族院改革にも反対したのである[178]。

2012年8月6日、クレッグ副首相は貴族院改革法案の廃案を表明した際にも、公選の貴族院は連立合意の一部であり、連立参加政党が協働して国益を維持するという契約の根源的部分である旨を述べ[179]、遺憾の意を表した。さ

らに、クレッグ副首相は、同年9月2日に庶民院で正式に廃案を撤回することを述べた時には、今の議会期においては貴族院改革を進捗させることはできないとして、今回の歴史的な第二読会での可決の勢いを得て、次の議会期でこの問題を再度提起したいとの望みに言及した[180]。しかし、庶民院の定数を次の議会から50削減して600議席とすることについては、2011年議会投票制度及び選挙区法第11条により法定したにもかかわらず、クレッグ副首相は、選挙区画定委員会の勧告後の区割りに関する枢密院令の議会承認に対して、自由民主党としては反対で臨むと表明して意趣返しを行うなど、保守党と自由民主党の溝は深まった。

このように、貴族院改革法案の廃案については、保守党の消極性、連立合意の妥協の産物としての性格、労働党政権時代との連続性と断絶性という複雑な政治的要因が混在している。

貴族院改革の提案には歴史的に成功したものもあれば、失敗したものもあるが、2012年の貴族院改革法案の廃案という失敗は、2010年の政権交代前には基本的に潜在的な反対者であった保守党が政権党となったことが大きな影響を及ぼしている。クリス・バリンジャー（Chris Ballinger）は、歴史上成功した提案には、改革に対する外在的な妨害要素がなく、改革の内容も単純なものであったと指摘する[181]。また、メグ・ラッセルも、貴族院改革史では、小規模かつ漸進的な改革が成功し、多義的で大規模な改革は常に失敗を見たと指摘する[182]。これらの指摘に照らすと、ブレア政権下の1999年貴族院法は、大改革でありながら、世襲貴族の排除という当座の問題を解決するためのシンプルなものであったため成功したが、ウェイカム・リポート以降の包括的な改革提案の延長線上にある貴族院改革法案は、貴族院の性格を抜本的に変更するものであり、その包括性ゆえ議論が拡大し、種々付け込まれる隙を与えてきたとも言えるだろう。

注
[1] Chris Clarke and Matthew Purvis, *House of Lords Reform 1997-2010: A Chronology*, House of Lords Library Note, LLN 2010/015, 28 June 2010, pp. 51-90.
[2] 田中嘉彦「海外法律情報［英国］ブラウン首相の憲法改革構想」『ジュリスト』1341

号（2007 年 9 月 15 日）117 頁を参照。
3. *The Governance of Britain*, July 2007（Cm 7170）.
4. 齋藤憲司「英国の統治機構改革―緑書「英国の統治」及び白書「英国の統治：憲法再生」における憲法改革の進捗状況―」『レファレンス』59 巻 3 号（通巻 698 号）（2009 年 3 月）29-49 頁、廣瀬淳子「ブラウン新政権の首相権限改革―イギリス憲法改革提案緑書の概要と大臣規範の改定―」『レファレンス』58 巻 1 号（通巻 684 号）（2008 年 1 月）49-64 頁を参照。
5. 田中嘉彦「海外法律情報［英国］ブラウン政権初の立法計画」『ジュリスト』1347 号（2007 年 12 月 15 日）55 頁を参照。
6. Draft Constitution Renewal Bill.
7. *The Governance of Britain-Constitutional Renewal*, March 2008（Cm 7342-1）.
8. 田中嘉彦「海外法律情報［英国］ブラウン政権の憲法改革―憲法刷新法草案と改革動向―」『ジュリスト』1372 号（2009 年 2 月 15 日）169 頁を参照。
9. *Preparing Britain for the Future: the Government's draft legislative programme 2008-09*, 14 May 2008（Cm 7372）.
10. *Ibid.*, p. 25.
11. Ministry of Justice, *Governance of Britain: One Year On*, July 2008.
12. *Ibid.*, p. 16.
13. *An Elected Second Chamber: Further Reform of the House of Lords*, July 2008（Cm 7438）.
14. 名簿式比例代表制については、拘束名簿式（closed-list system）、非拘束名簿式（open-list system）、準非拘束名簿式（semi-open list system）の 3 案が提示されている。
15. Meg Russell, 'House of Lords Reform: Are We Nearly There Yet?', *The Political Quarterly*, vol. 80 no. 1, January-March 2009, p. 121.
16. Ian Cruse, *Possible Implications of House of Lords Reform*, House of Lords Library Note, LLN 2010/014, 25 June 2010, p. 21（fn. 73）.
17. House of Commons Public Administration Select Committee, *Response to White Paper: "An Elected Second Chamber"*, Fifth Report of Session 2008-09, 21 January 2009（HC 137）.
18. *HC Hansard*, 9 March 2009, cols. 89-90W.
19. *Building Britain's Future*, June 2009（Cm 7654）.
20. 齋藤憲司「英国における政治倫理―下院議員経費スキャンダルと制度の変容―」『レファレンス』60 巻 3 号（通巻 710 号）（2010 年 3 月）5-27 頁、田中嘉彦「海外法律情報［英国］2009 年議会行為規準法―議員経費問題への対応―」『ジュリスト』1385 号（2009 年 9 月 15 日）85 頁を参照。
21. Parliamentary Standards Act 2009（c. 13）.
22. Constitutional Reform and Governance Bill.

23 なお、最高裁判所としての貴族院においては、控訴委員会（Appeal Committee）に対し、請願の形式で上告提起を行うこととされていた（House of Lords, *Judicial Work*, House of Lords Briefing, 2008, p. 4.）。

24 幡新大実「KEY WORD　連合王国最高裁判所（The Supreme Court of the United Kingdom）」『法学教室』352号（2010年1月）2-3頁、田中嘉彦「海外法律情報［英国］最高裁判所の発足と貴族院改革」『ジュリスト』1391号（2009年12月15日）147頁を参照。

25 Scotland Act 1998 (c. 46) ; Northern Ireland Act 1998 (c. 47) ; Government of Wales Act 2006 (c. 32).

26 UK Supreme Court, *Sir John Dyson appointed as 12th Justice of the UK Supreme Court*, Press release 02/10, 23 Mar 2010.

27 UK Parliament, *Parliamentary sovereignty*, ＜http://www.parliament.uk/about/how/sovereignty/＞.

28 The National Archives, *Number 10. gov. UK, Speech on transforming politics, Tuesday 2 February 2010*, ＜http://webarchive.nationalarchives.gov.uk/+/number10.gov.uk/news/speeches-and-transcripts/2010/02/speech-on-transforming-politics-22337＞.

29 'wash-up' とは、議会解散前に法案成立を確保するための方法で、政府が野党に協力を求め、法案は、しばしば議論となる条項が削られた形で成立する（The National Archives, *Cabinet Office, Guide to Parliamentary Work*, paras. 4.12-13, ＜http://webarchive.nationalarchives.gov.uk/+/http://www.cabinetoffice.gov.uk/parliamentary-clerk-guide/chapter4.aspx＞；UK Parliament, *Glossary, Wash-up*, ＜http://www.parliament.uk/site-information/glossary/wash-up/＞.）。

30 Constitutional Reform and Governance Act 2010 (c. 25). なお、この法律については、河島太朗「立法情報［イギリス］2010年憲法改革及び統治法の制定」『外国の立法』（月刊版）245-1号（2010年10月）8-9頁、田中嘉彦「海外法律情報［英国］2010年憲法改革及び統治法―ブラウン政権下の未完の憲法改革―」『ジュリスト』1410号（2010年11月1日）104頁を参照。

31 House of Commons, *Sessional Information Digest 2009-10*, p.B1.

32 Nicola Newson, *House of Lords: Reform of Working Practices, 2000-2010*, House of Lords Library Note, LLN 2010/017, 8 July 2010, pp. 19-26.

33 *Ibid.*, pp. 25-26.

34 Meg Russell, *Lords Reform: Principles and Prospects*, Lecture at the invitation of the Leader of the House of Lords, 13 November 2007, p. 7.

35 Professor the Lord Norton of Louth, *House of Lords Reform*, Leader's Seminar, 11 December 2007, p. 9.

36 Donald Shell, *The House of Lords*, Manchester: Manchester University Press, 2007, p.

168.
[37] Lord Norton, *op. cit.* (35), pp. 4-5 ; Philip Norton, 'The House of Lords', in Bill Jones and Philip Norton, *Politics UK*, 8th edn., Oxford: Routledge, 2014, pp. 360-363.
[38] 庶民院改革に関する特別委員会は、2009 年 7 月 20 日に設置され、同年 11 月 24 日に、庶民院の特別委員会、議事運営等に関する報告書(House of Commons Reform Committee, *Rebuilding the House*, First Report of Session 2008-09, 24 November 2009(HC 1117).)を提出している。
[39] Newson, *op. cit.* (32), pp. 26-29.
[40] House of Lords Reform Bill [HL] 2010-12.
[41] 齋藤憲司「英国の 2010 年総選挙と連立新政権の政治改革」『レファレンス』60 巻 9 号（通巻 716 号）（2010 年 9 月）7-34 頁を参照。
[42] Lucinda Maer, *Reform of the House of Lords: the Coalition Agreement and further developments*, House of Commons Library Standard Note, SN/PC/05623, 2 June 2011, p. 3 ; Conservative Party, *An Invitation to Join the Government of Britain*, 2010, p. 67 ; Liberal Democrats, *Liberal Democrat Manifesto 2010*, 2010, p. 88 ; Labour Party, *The Labour Party Manifesto 2010: A Future Fair for All*, 2010, p. 9:3.
[43] Conservatives and Liberal Democrat, *Conservative Liberal Democrat coalition negotiations, Agreements reached 11 May 2010*.
[44] HM Government, *The Coalition: our programme for government*, May 2010.
[45] 田中嘉彦「海外法律情報［英国］キャメロン連立政権の発足と立法計画」『ジュリスト』1404 号（2010 年 7 月 15 日）43 頁を参照。
[46] *HC Hansard*, 2 June 2010, col. 426.
[47] *HC Hansard*, 2 June 2010, col. 23WS.
[48] Fixed-term Parliaments Bill 2010-12.
[49] Parliamentary Voting System and Constituencies Bill 2010-12.
[50] 田中嘉彦「海外法律情報［英国］キャメロン連立政権下の政治改革―選挙制度・議会期関係立法と貴族院改革法草案―」『ジュリスト』1429 号（2011 年 9 月 15 日）99 頁を参照。
[51] Fixed-term Parliaments Act 2010（c. 14）.
[52] Parliamentary Voting System and Constituencies Act 2011（c. 1）.
[53] Conservatives and Liberal Democrat, *op. cit.* (43), pp. 3-4 ; HM Government, *op. cit.* (44), p. 27.
[54] Maer, *op. cit.* (42), pp. 8-10.
[55] *HC Hansard*, 7 June 2010, col. 48.
[56] *HL Hansard*, 9 November 2010, col. WA62.
[57] *HL Hansard*, 28 October 2010, col. WA319.
[58] Meg Russell, *House Full: Time to get a grip on Lords Appointments*, London:

Constitution Unit, April 2011, p. 6.
59 *Ibid.*, pp. 10-11.
60 *Ibid.*, p. 19.
61 *Ibid.*, p. 20.
62 Feargal McGuinness, *House of Lords Statistics*, House of Commons Library Standard Note, SN/SG/3900, 4 July 2012, p. 2.
63 *Ibid.*, p. 3.
64 *Ibid.*
65 *Ibid.*, p. 4.
66 HM Government, *House of Lords Reform Draft Bill*, May 2011（Cm 8077）.
67 法案草案に対する議会内外からの反応については、Ian Cruse, *House of Lords Reform Draft Bill*, House of Lords Library Note, LLN 2011/021, 16 June 2011. を参照。
68 HM Government, *op. cit.*（66）, pp. 5-6.
69 *Ibid.*, pp. 10-29.
70 英国の大臣は、議会のいずれかの議院に議席を有するとともに、自らの所属議院にしか出席することができないため、閣僚議員というカテゴリーが設けられている。
71 前述のとおり、庶民院総選挙については、2011年議会期固定法により、原則として5年ごとに行うこととされた。
72 山田邦夫「英国貴族院改革の行方―頓挫した上院公選化法案―」『レファレンス』63巻4号（通巻747号）（2013年4月）36頁。
73 House of Lords House of Commons Joint Committee on the Draft House of Lords Reform Bill, *Draft House of Lords Reform Bill*, Report Session 2010-12, Volume Ⅰ-Ⅲ, 26 March 2012.
74 Edward Scott, *Joint Committee Report on the Draft House of Lords Reform Bill: Reaction*, House of Lords Library Note, LLN 2012/015, 27 April 2012, p. 1.
75 House of Lords House of Commons Joint Committee on the Draft House of Lords Reform Bill, *op. cit.*（73）（*Draft House of Lords Reform Bill*, Volume Ⅰ）, p. 9（para 23）.
76 *Ibid.*, p. 17（para. 55）.
77 *Ibid.*, p. 16（para. 49）.
78 *Ibid.*, p. 30（para. 107）.
79 *Ibid.*, p. 31（para. 114）.
80 *Ibid.*, pp. 40-41（paras. 147-152）.
81 *Ibid.*, pp. 45-46（paras. 167, 173）.
82 *Ibid.*, p. 57（paras. 221-224）.
83 *Ibid.*, p. 60（para. 231）.
84 *Ibid.*, p. 67（para. 266）.
85 *Ibid.*, p. 73（para. 290）.

注　187

[86] *Alternative Report, House of Lords Reform: An Alternative Way Forward*, April 2012.
[87] House of Lords House of Commons Joint Committee on the Draft House of Lords Reform Bill, *op. cit.*（73）（*Draft House of Lords Reform Bill*, Volume Ⅱ）, pp. 81-82.
[88] *Ibid.*, p. 82.
[89] *Ibid.*, p. 84.
[90] *Ibid.*
[91] *Ibid.*, p. 85.
[92] *Ibid.*
[93] *Ibid.*, p. 86.
[94] *Ibid.*
[95] *Ibid.*, pp. 86-87.
[96] See Meg Russell, 'Elected Second Chambers and Their Powers: An International Survey', *The Political Quarterly*, vol. 83 no. 1, January-March 2012.
[97] House of Lords House of Commons Joint Committee on the Draft House of Lords Reform Bill, *op. cit.*（73）（*Draft House of Lords Reform Bill*, Volume Ⅱ）, p. 117.
[98] *Ibid.*
[99] *Ibid.*, p. 127.
[100] *Ibid.*, pp. 128-131.
[101] Scott, *op. cit.*（74）, p. 2
[102] *Ibid.*, p. 4 ; Patrick Dunleavy, 'The Joint Committee report on reform of the House of Lords is mostly headed for the dustbin of history-because this mess of arcane proposals cannot be sold to voters', *LSE website*, 23 April 2012, <http://blogs.lse.ac.uk/politicsandpolicy/2012/04/24/joint-committee-house-of-lords-reform-dunleavy/>.
[103] Scott, *op. cit.*（74）, p. 4 ; Alex Stevenson, 'Deep divisions reveal rocky road ahead for Lords reform', *politics.co.uk website*, 23 April 2012, <http://www.politics.co.uk/news/2012/04/23/rocky-road-ahead-for-lords-reform>.
[104] Scott, *op. cit.*（74）, p. 5 ; Akash Paun, 'Lords reform-is a referendum the way to finally settle the issue?', *Institute for Government website*, 24 April 2012, <http://www.instituteforgovernment.org.uk/blog/4376/lords-reform-%e2%80%93-is-a-referendum-the-way-to-finally-settle-the-issue/>.
[105] House of Lords Reform Bill 2012-13. 政府は、同法案と併せて、貴族院改革法案草案に関する上下両院合同委員会報告書に対する回答文書（*Government Response to the Report of the Joint Committee on the Draft House of Lords Reform Bill*, June 2012（Cm 8391）.）も公表している。
[106] 田中嘉彦「海外法律情報［英国］英国の憲法改革—貴族院改革の蹉跌と権限委譲の進展—」『論究ジュリスト』3号（2012年秋号）186-187頁。
[107] 貴族院改革法案の提出と撤回に関して、山田・前掲注（72）38-40頁を参照。

188　第Ⅲ章　ポスト・ブレア政権下の貴族院改革

[108] スティール卿は、2007 年 3 月以降、House of Lords Bill [HL] 2006-07；House of Lords Bill [HL] 2007-08；House of Lords Bill [HL] 2008-09；House of Lords Reform Bill [HL] 2010-12 の 4 法案を提出した（See Sarah Rushbrook, *Lord Steel of Aikwood's Private Member's Bills on House of Lords Reform*, House of Lords Library Note, LLN 2012/017, 11 May 2012.)。また、これに関して、山田・前掲注（72）41-42 頁を参照。

[109] House of Lords（Cessation of Membership）Bill [HL] 2012-13.

[110] Leader's Group on Members Leaving the House, *Members Leaving the House*, Report of Session 2010-11, 13 January 2011（HL Paper 83).

[111] House of Lords Reform（No. 2）Bill 2013-14.

[112] House of Lords Reform Act 2014（c. 24).

[113] Richard Kelly, *House of Lords Reform (No 2) Bill 2013-14*, House of Commons Library Standard Note, SN/PC/6832, 9 May 2014, p. 9 ; *HC Hansard*, 28 February 2014, cols. 563-564.

[114] House of Lords Reform Bill [HL] 2013-14.

[115] House of Lords（Expulsion and Suspension）Act 2015（c. 14).

[116] House of Lords（Maximum Membership）Bill [HC] 2013-14.

[117] Meg Russell, 'The Byles bill on Lords reform is important: but needs amending if it is not to damage the Lords', *Constitution Unit Blog*, 13 February 2014, ＜http://constitution-unit.com/2014/02/13/the-byles-bill-on-lords-reform-is-important-but-needs-amending-if-its-not-to-damage-the-lords/＞ ; Meg Russell, 'The Byles/Steel bill-unless amended-holds grave dangers for the Lords', *Constitution Unit Blog*, 5 March 2014, ＜http://constitution-unit. com/2014/03/05/the-bylessteel-bill-unless-amended-holds-grave-dangers-for-the-lords/＞.

[118] Lords Spiritual（Women）Act 2015（c. 18).

[119] House of Lords, *Annual Report* 2013/14 *of the Administration*, 30 July 2014（HL Paper 43), p. 48.

[120] Meg Russell, *Reforming the House of Lords: Lessons from Overseas*, Oxford: Oxford University Press, 2000, p. 25.

[121] Meg Russell, *The Contemporary House of Lords: Westminster Bicameralism Revived*, Oxford: Oxford University Press, 2013, p. 58.

[122] Septennial Act 1715（c. 38).

[123] Heather Evennett, *Second Chambers*, House of Lords library Note, LLN 2014/010, 10 March 2014, p. 6.

[124] 水木惣太郎『議会制度論』憲法学研究Ⅱ（有信堂、1963 年）410 頁。

[125] Russell, *op. cit.*（120), p. 25.

[126] Representation of the People（Equal Franchise）Act 1928（18 & 19 Geo. 5 c. 12).

[127] Representation of the People Act 1969（c. 15).

[128] Electoral Administration Act 2006（c. 22）.
[129] Electoral Commission（UK）, *Who can vote?*, Factsheet, September 2006 ; Electoral Commission（UK）, *Standing at a UK Parliamentary general election in Great Britain*, Factsheet, August 2009 ; Neil Johnston, *The History of the Parliamentary Franchise*, House of Commons Library Research Paper 13/14, 1 March 2013, pp. 1, 59.
[130] Nicholas Baldwin, 'The Membership and Work of the House of Lords', in Brice Dickson and Paul Carmichael eds., *The House of Lords: It's Parliamentary and Judicial Roles*, Oxford: Hart Publishing, 1999, p. 31.
[131] Clerk of the Parliaments, *Companion to the Standing Orders and guide to the Proceedings of the House of Lords*, 2013, p. 16.
[132] *Ibid.*, p. 14.
[133] 1876年上訴管轄法は2005年憲法改革法により廃止されたが、従前に1876年上訴管轄法に基づき貴族院議員となった法曹貴族（Law Lords）は残存する。
[134] 三輪和宏『諸外国の上院の選挙制度・任命制度』調査資料2009-1-a（基本情報シリーズ4）（国立国会図書館調査及び立法考査局、2009年）30頁。
[135] Russell, *op. cit.*（121）, p. 73.
[136] 水木・前掲注（124）410頁。
[137] 田中嘉彦「英国における内閣の機能と補佐機構」『レファレンス』61巻12号（通巻731号）（2011年12月）135-136頁。
[138] なお、2020年に、2011年議会期固定法の運用について審査を行う委員会を首相が設置し、必要に応じて同法の改廃について勧告することが同法第7条に規定されている。
[139] 下條美智彦『イギリスの行政』（早稲田大学出版部、1995年）5頁。
[140] ただし、アレック・ダグラス＝ヒュームの場合、1963年に首相に就任した後、貴族院議員を辞し、庶民院議員補欠選挙で当選している。
[141] Rodney Brazier, *Constitutional Practice: The Foundations of British Government*, 3rd edn., Oxford: Oxford University Press, 1999, p. 52.
[142] 齋藤憲司「英国における政権交代」『レファレンス』59巻12号（通巻707号）（2009年12月）8頁。
[143] 齋藤憲司「英国」『諸外国の憲法事情』調査資料2001-1（国立国会図書館調査及び立法考査局、2001年）35-36頁。
[144] 水木・前掲注（124）569・572頁。
[145] Russell, *op. cit.*（121）, p. 131.
[146] Meg Russell, *Resolving Disputes between the Chambers*, Paper to Royal Commission, London: Constitution Unit, May 1999, p. 2.
[147] Russell, *op. cit.*（121）, pp. 16, 24, 56 ; *HL Hansard*, 15 July 1930, col. 443.
[148] Russell, *op. cit.*（120）, p. 40.
[149] Russell, *op. cit.*（121）, p. 162.

150 *Ibid.*, p. 163.
151 *Ibid.*, pp. 82, 131.
152 *Ibid.*, pp. 84, 141.
153 *Ibid.*, p. 84.
154 See *Ibid.*, pp. 83-84.
155 *Ibid.*, p. 125.
156 *Ibid.*, p. 209.
157 田中嘉彦「帝国議会の貴族院―大日本帝国憲法下の二院制の構造と機能―」『レファレンス』60巻11号（通巻718号）（2010年11月）70頁。
158 自治大学校編『戦後自治史 Ⅲ 参議院議員選挙法の制定』（自治大学校、1960年）9・85-96頁。
159 Conference on the Reform of the Second Chamber, *Letter from Viscount Bryce to the Prime Minister*, 1918（Cd. 9038）, p. 5.
160 *Ibid.*, pp. 12, 19.
161 1919年にアイルランド独立戦争が勃発するという当時のアイルランド情勢から、アイルランドの代表については言及していない。
162 Conference on the Reform of the Second Chamber, *op. cit.*（159）, p. 22.
163 Royal Commission on the Reform of the House of Lords, *A House for the Future*, January 2000（Cm 4534）, p. 3（para. 12）.
164 *Ibid.*, pp. 8-9（paras. 33-37）.
165 Eric Barendt, *An Introduction to Constitutional Law*, Oxford: Oxford University Press, 1998, p. 35.
166 Walter Bagehot, *The English Constitution*, The World's Classics, London: Oxford University Press, 1928, p. 9.
167 Rodney Brazier, *op. cit.*（141）, p. 262.
168 貴族院の選挙制度について、オーストラリアが比較の基準となっていることについて、Russell, *op. cit.*（121）, p. 64. を参照。
169 大曲薫「対称的二院制の現在―オーストラリアの場合―」『オーストラリア・ラッド政権の1年』調査資料2008-5（国立国会図書館調査及び立法考査局、2009年）50頁。
170 同上51頁。
171 Cruse, *op. cit.*（16）, p. 12.
172 Vernon Bogdanor, *The New British Constitution*, Oxford: Hart Publishing, 2009, p. 166.
173 *Ibid.*, p. 169.
174 House of Lords House of Commons Joint Committee on Conventions, *Conventions of the UK Parliament, First Report of session 2005-06*, Volume 1, 3 November 2006（HL Paper 265-I, HC 1212-I）, p. 30.

[175] Institute for Government, *One Year On: The first year of coalition government*, May 2011, pp. 60-61.
[176] Rodney Brazier, *Constitutional Reform: Reshaping the British Political System*, 3rd edn., Oxford: Oxford University Press, 2008, p. 76.
[177] Paul Bowers, *House of Lords Reform Bill 2012-13: decision not to proceed*, House of Commons Library Standard Note, SN/PC/06405, 25 September 2012, pp. 3-4.
[178] Russell, *op. cit.* (121), p. 281.
[179] Bowers, *op. cit.* (177), p. 5.
[180] *HC Hansard*, 3 September 2012, col. 36.
[181] Chris Ballinger, *The House of Lords 1911-2011: A Century of Non-Reform*, Oxford: Hart Publishing, 2012, p. 218.
[182] Russell, *op. cit.* (121), p. 281.

第Ⅳ章　英国の統治構造の変容と第二院

I　英国の統治構造の変容

　本書は、序章でも述べたとおり、英国の貴族院改革を研究するに際して、類型化分析のアプローチを加味するため、アレンド・レイプハルトの説くウェストミンスター・モデルを鍵概念としている。次に、この類型化論に立脚し、英国の統治構造の変容状況について検討する。

1　ウェストミンスター・モデル

(1)　ウェストミンスター・モデルの概念

　英国の統治構造は、長らくウェストミンスター・モデルと言われる多数派型のデモクラシーを原理とすると理解されてきた[1]。そこでは、保守党のヒース政権とサッチャー政権の下で二度にわたり大法官を務めたヘイルシャム卿が1976年に労働党政権批判のために用いた「選挙独裁」という言説に象徴されるように、庶民院総選挙に勝利した政党に、すべての意思決定の負託がなされる。このウェストミンスター・モデルというアプローチは、20世紀の大半を通じて、最も一般的な分析枠組みとなっていた[2]。

　そもそもウェストミンスター・モデルの概念は、多くの学説によって論じられ、多義的なものであるが、①憲法構造、②コア・エグゼクティヴ（core executive）[3]の構造及び慣行、③政党制及び選挙過程の三つの群に分けることができ、それぞれ次の事項を要素とする[4]。

　「憲法構造」については、中央集権単一国家、権力分立と違憲審査の不在、二院制議会、議会主権原理と責任政府、柔軟な憲法慣行を伴う不文憲法が挙げられる。また、「コア・エグゼクティヴの構造及び慣行」については、国家元首と行政首長の分離、立法府と執政府の融合とも表現される多数党による執政府の支配（大臣は議会から選出）、首相及び内閣への執行権の集中、議会に対する大臣責任と内閣の連帯責任、最終決定権が留保される大臣と非党派的

官僚との間の協調関係が挙げられる。さらに、「政党制及び選挙過程」については、単純小選挙区制に基づく二党制、責任政党制と表現される多数党政府による議会の支配、野党第一党の制度化、手続に従った透明性の高い選挙を通じた説明責任及び正統性が挙げられる。

(2) 「多数派型」と「合意型」

アレンド・レイプハルトは、1999年の『デモクラシーの諸類型』[5]において、デモクラシーの類型を、「多数派型」(Majoritarian Model)、すなわち権力ないし権威が選挙民多数派ないし議会多数派に集中するような政治の仕組みを採用する国で、英国の経験を主たる素材とすることから「ウェストミンスター・モデル」(Westminster Model)とも呼ばれるものと、「合意型」(Consensus Model)、すなわち選挙により勝利した政党ないし議会多数派と少数派との合意に重点を置く政治の仕組みを採用する国、という二大類型に分類した。レイプハルトによると、合意型のメルクマールの一つは二院制の存在であり、「多数派型」は一院制を指向し、「合意型」は各議院が異なる構成で対等な権力を有する二院制を指向するという[6]。

レイプハルトは、「多数派型」の典型例として、英国、1996年の比例代表制導入以前のニュージーランド、「執政府・政党次元」においてバルバドスを挙げ、「合意型」の典型例として、スイス、1993年の連邦制導入以降のベルギー、欧州連合を挙げている。そして、純粋な「多数派型」は、英国、1996年以前のニュージーランド、「執政府・政党次元」に関して旧英領のカリブ海諸国といった国に限られる極めて稀なものであるとする[7]。

レイプハルトは、世界36か国のデモクラシーの形態を検討するに当たり、多数派型デモクラシーと合意型デモクラシーの10の相違点を挙げている。このうち「執政府・政党次元」における相違点として、①単独過半数内閣への執行権の集中vs広範な多党連立内閣による執行権の共有、②執政府と立法府の関係における執政府の優位vs執政府と立法府の権限の均衡、③二大政党制vs多党、④多数制・非比例制の選挙制度vs比例代表制、⑤集団間の自由な競争による多元主義的利益媒介システムvs妥協と協調を目指すコーポラティズム的利益媒介システムがある。また、「連邦制・単一制次元」

における相違点として、⑥単一制・集権的な政治制度 vs 連邦制・地方分権的政治制度、⑦一院制議会における立法権の集中 vs 権限対等・構成相異の両議院間の立法権の分割、⑧相対多数による改正が可能な軟性憲法 vs 特別多数によってのみ改正できる硬性憲法、⑨立法活動に関し議会が最終権限を有するシステム vs 最高裁判所又は憲法裁判所による司法審査に法律が服するシステム、⑩執政府に依存した中央銀行 vs 独立した中央銀行を挙げる。

　なお、これらの諸点に関しては、単独政党過半数政権、下院において組織された政権への中央集権、小選挙区制、二大政党制の4要素をもって、ウェストミンスター・モデルであるとする見解もある[8]。また、ウェストミンスター型議院内閣制を作る制度として、①下院の選挙制度が小選挙区制、②二大政党制、③政党における党本位の運営と党首の強いリーダーシップ、④不文憲法、⑤単一制、⑥違憲立法審査権の不在、⑦立法権の下院への集中、⑧利益集団の多元性、⑨政府の中央銀行に対する影響力の大きさ、⑩執政部の規模の大きさ、⑪公務員制度における政治家との関係を規律する項目の存在、の11項目を挙げ、①〜⑥は通説的で基幹的な項目であり、補助的な項目として、レイプハルトが議論する⑦〜⑨があるほか、⑩・⑪の項目があるとする見解もある[9]。

　このように、ウェストミンスター・モデルの概念は、今日においても多義的であるが、本書では、序章でも述べたように、スタンダード・モデルとして、レイプハルトの分析枠組みに依拠して考察を進める。レイプハルトの1999年の分析では、1945年以降の最初の民主的選挙から1996年半ばまでの期間における36か国を対象としているが、デモクラシーが少なくとも19年間は継続した国を対象としている。また、分析開始年は、例えば、英国は1945年、ニュージーランドは1946年であるが、最も遅いスペインなどは1977年と、国によって異なっている。そして、レイプハルトは、1945-1996年の期間と1971-1996年の期間について、デモクラシーの類型を構成する「執政府・政党次元」と「連邦制・単一制次元」の合計10の変数として、前者については、有効議会政党数、最小勝利・単独内閣形成率（％）、執政府優越指数、非比例制指数（％）、利益集団多元主義指数を、後者については、連邦制・分権指数、議院構造指数、憲法硬性度指数、違憲審査指数、中央銀行独立性

図表Ⅳ—1　多数派型デモクラシーと合意型デモクラシーの 10 の相違点

＜執政府・政党次元＞
①単独過半数内閣への執行権の集中 vs 広範な多党連立内閣による執行権の共有
②執政府と立法府の関係における執政府の優位 vs 執政府と立法府の権限の均衡
③二大政党制 vs 多党制
④多数制・非比例制の選挙制度 vs 比例代表制
⑤集団間の自由な競争による多元主義的利益媒介システム vs 妥協と協調を目指すコーポラティズム的利益媒介システム
＜連邦制・単一制次元＞
⑥単一制・集権的な政治制度 vs 連邦制・地方分権的政治制度
⑦一院制議会における立法権の集中 vs 権限対等・構成相異の両議院間の立法権の分割
⑧相対多数による改正が可能な軟性憲法 vs 特別多数によってのみ改正できる硬性憲法
⑨立法活動に関し議会が最終権限を有するシステム vs 最高裁判所又は憲法裁判所による司法審査に法律が服するシステム
⑩執政府に依存した中央銀行 vs 独立した中央銀行

(出典)　Arend Lijphart, *Patterns of Democracy: Government Forms and Performance in Thirty-Six Countries*, New Heaven: Yale University Press, 1999, pp. 3-4; Arend Lijphart, *Patterns of Democracy: Government Forms and Performance in Thirty-Six Countries*, 2nd edn., New Heaven: Yale University Press, 2012, pp. 3-4.

指数を示している[10]。

(3)　レイプハルトによる 2012 年の分析

このアレンド・レイプハルトの 1999 年の分析は、刊行後 10 年余りのスタンダードな分析枠組みとなり、これに依拠し、あるいはこれを継承した研究も蓄積されてきたが、2012 年には、レイプハルト自身が『デモクラシーの諸類型』第 2 版[11]を上梓し、新たな分析をまとめている。

レイプハルトは、『デモクラシーの諸類型』第 2 版において、初版の基本的構成に変更を加えてはいないが、アメリカを本拠とする NGO のフリーダム・ハウス (Freedom House) の基準に従い、自由度と民主性の観点から、コロンビア、ベネズエラ及びパプア・ニューギニアに代えて、1980 年代に民主化されたアルゼンチン、ウルグアイ及び大韓民国を分析対象に加えている。そして、分析対象期間を 1945-1996 年から、1945-2010 年に拡張しているほか、一部の項目について分析方法を修正している[12]。

特に大きな分析方法の修正点は、中央銀行の独立性という変数についてである。この政治制度とは関係性の乏しい変数については、多くの批判を集めてきた[13]。レイプハルト自身、1990年代以降、ユーロ圏の金融政策を担う欧州中央銀行（European Central Bank）、国際通貨基金（International Monetary Fund (IMF)）その他の国際金融制度の影響により、各国の中央銀行の機能が変容したことから、これを変数として維持することについて、ジレンマであると位置付け、1990年代半ばまでを分析期間にとどめた指数も示している[14]。

もっとも、レイプハルトの2012年の36か国のデモクラシーの分析枠組みは1999年の分析と同様であり、1945-2010年の期間と1981-2010年の期間について、「執政府・政党次元」と「連邦制・単一制次元」の各変数について、図表Ⅳ—1のような相違点を挙げて分析している[15]。

(4) ウェストミンスター・モデルの変容と動揺

もっとも、近年、英国では、従来のウェストミンスター・モデルそのものの各要素に変容ないし動揺が見られるようになってきている。第Ⅱ章及び第Ⅲ章で見た公選議員の導入構想という貴族院改革は、その最も重要な動揺の一つである。そのほかにも、ブレア政権、ブラウン政権、キャメロン連立政権における憲法改革（Constitutional Reform）を経て、英国の統治機構は大きな変化を遂げてきている。そして、英国のウェストミンスター・モデルからの乖離については、既に多くの論者により指摘されてきた[16]。

次に、英国におけるウェストミンスター・モデルの各要素の変容ないし動揺の状況を確認し、これらが英国型二院制にどのような影響を及ぼす可能性があるのかについて考察する。具体的には、アレンド・レイプハルトが説くウェストミンスター・モデルの特徴が英国においてどのように変化してきたかを、1997-2007年のブレア政権下の約10年にわたる憲法改革の期間を対象とするマシュー・フリンダーズの『デモクラシーの漂流―英国における多数派型の変容とデモクラシーの混乱―』[17]における2010年の分析、更にはそれ以降のブラウン政権下の憲法改革期からキャメロン連立政権発足時までを含む1945-2010年の期間を対象とする前述のレイプハルトの2012年の分析を交えて検討する。

2 「執政府・政党次元」の変化

第一に、「執政府・政党次元」での各要素の変化については、次のように整理することができる。

(1) 単独過半数内閣への執行権の集中

フリンダーズによれば、二大政党制と最小勝利内閣ないし単独政党内閣との関連性からして、1997-2007年の英国は単独政党内閣が維持されているとする[18]。

2010年5月に発足したキャメロン連立政権は、保守党と自由民主党の連立政権であり、1945年以降の英国を見ると、1977年3月から1978年9月まで、労働党政権に対する自由党の閣外協力（Lib-Lab Pact）ということはあったが、連立政権というのは例外に属する。すなわち、戦後における英国の唯一の連立政権が、2010年5月の庶民院総選挙後に発足した政権であり、これは1974年2月の総選挙と同様に、勝利政党が明確にならなかったものであるが[19]、レイプハルトによれば、連立政権ないし少数政権は、英国においては例外にとどまるであろうとする[20]。

今後の庶民院総選挙において、2010年総選挙後のようなハング・パーラメントが生じないというのは保証の限りではない。レイプハルトの見立ては、これまでの英国政治の経験から見た単独政党内閣への指向性を重視しているものと思われる。

(2) 執政府と立法府の関係における執政府の優位

フリンダーズの分析によれば、1997-2007年の英国は、国政レベルでは、やや多数派型の程度が強まっているとされている[21]。また、レイプハルトの分析でも、1945-2010年の英国における執政府の優位を高く評価している[22]。

もっとも、これらは、大統領的首相と言われたブレア首相の政権期ないし連立政権発足時までの期間のものであり、本章─Ⅱで述べるように、2010年の政権交代後に連立政権となり、また、首相の裁量的解散権の廃止が行われ

I 英国の統治構造の変容 201

たことを反映したものではない。したがって、執政府の優位が今後どのように評価されるかということは課題として残されている。

(3) 二大政党制

二大政党制は、保守党・労働党という二大政党の得票率の低下と議席率の低下、第三党以下の諸政党の得票率の増加ということで動揺を見ている。

保守党、労働党の二大政党による政権交代は、1945年以降定着したものであったが、2010年5月6日の庶民院総選挙では、二大政党の合計議席率は86.7％となったものの、合計得票率は65.1％にとどまった。二大政党以外に自由民主党や地域政党も一定の議席を確保しているほか、2010年庶民院総選挙では緑の党が初めて国政選挙で議席を獲得するなど更なる多党化の兆候も示している。また、2014年欧州議会選挙において、英国内では、英国独立党（UK Independence Party（UKIP））が議席数・得票率ともにトップへと躍進し、更なる二大政党制の空洞化の可能性を示している。

議席率や得票率のみで政党システムが定義されるわけではないが、近年の庶民院総選挙の結果からは英国社会の中における二大政党制の空洞化が指摘されている[23]。

フリンダーズは、1997-2007年において、英国は純粋な多党制には至っていないとする[24]。また、権限委譲を受けた地域レベルの議会の政党制は、有効政党数に鑑み、ウェストミンスター議会の政党制に比して、ジョバンニ・サルトーリ（Giovanni Sartori）が説くところの「穏健な多党制」に接近しているとする[25]。一方、分析期間を1945-2010年とするレイプハルトは、英国の二大政党制の度合いを高く評価しており[26]、2010年5月に連立政権が発足したものの、前述のように、英国においては連立政権ないし少数政権は例外にとどまるであろうとする[27]。

レイプハルトの見立ては、(1)の単独政党内閣に対する評価と同様、二大政党制についてのこれまでの英国政治の経験と指向性を踏まえたものになっていると言えよう。

(4) 多数制・非比例制の選挙制度

　庶民院の選挙制度については、有権者の二大政党離れを受けて、単純小選挙区制が二大政党に十分な正統性を付与できていないとの批判にさらされた。また、単純小選挙区制の下で、議席率と得票率の乖離が顕著となっているほか、第三党以下の政党が不利となり、庶民院の選挙制度は見直しを迫られた。本章―Ⅱ―3で述べるように、ブレア政権下では、選択投票制に比例代表制を一部組み合わせた選挙制度構想が提起されたほか、ブラウン政権下でも選択投票制への移行のためのレファレンダム構想があった。キャメロン連立政権の連立パートナーとなった自由民主党は、比例代表制の一種である単記移譲式投票制を政策に掲げていたものの、保守党が単純小選挙区制の維持を望み、連立合意においては、妥協の産物として、労働党が2010年庶民院総選挙のマニフェストに掲げていた絶対多数式の小選挙区制である選択投票制がレファレンダムに付されることとなった。しかし、2011年5月に実施された選択投票制への移行を問うレファレンダムは否決という結果に終わった。

　フリンダーズによれば、1997-2007年の英国の選挙制度改革は、英国の周辺地域において準比例代表制ないし比例代表制という新たな政治制度を敷いたにもかかわらず、国政レベルでは単純小選挙区制を維持するという「ブレア・パラドックス」が見られるという[28]。そして、高水準の非比例制が、人工的な多数派形成、低い有効政党数、立法府に対する執政府の優位、単独過半数内閣を国政レベルにもたらしているという[29]。

　レイプハルトによれば、英国は1945-2010年の期間を通じて多数派型の選挙制度と評価されるとしている[30]。また、選挙制度については、英国でも、欧州議会選挙、スコットランド議会選挙、ウェールズ国民議会選挙などで比例代表制が用いられてきていることから、もはや比例代表制も嫌悪されるものではないが、2011年5月の国政レベルの選挙制度改革のためのレファレンダムでは、比例代表制ではなく多数代表制の一類型である選択投票制が選択肢として提示されたことを特に指摘している[31]。

　選挙制度改革の議論では、地域レベル等における比例代表制の採用のほか、庶民院の選挙制度についても比例代表制の導入が俎上に載せられ、また、貴族院への公選議員の導入構想においても比例代表制が検討された。そして、

庶民院の選挙制度改革レファレンダムの選択肢は絶対多数式の小選挙区制である選択投票制ではあったが、単純小選挙区制からの移行が問われたという点では「多数制・非比例制の選挙制度」である単純小選挙区制の揺らぎは少なくともあった。しかし、選挙制度改革レファレンダムが否決されたことにより、当分の間、国政レベルでは単純小選挙区制が維持されることとなったため、結果として変容はなかったのである。

(5) **集団間の自由な競争による多元主義的利益媒介システム**

フリンダーズによれば、1997年の庶民院総選挙によるニュー・レイバーの登場は、国政レベルにおける利益集団と政府との関係性に、重要な変更を及ぼすものではなく、1997-2007年の期間において、社会・経済運用に係るネオ・コーポラティズム的モデルを採用しなかったため、英国において、多元主義的利益媒介システムの度合いは高止まりしているという[32]。レイプハルトも、英国の多元性は高いレベルにあるとしている[33]。

多元主義的利益媒介システムは、そもそも統治機構の制度改革だけでは変革し難い社会システムであり、両学説に異同がないのも当然であろう。

3 「連邦制・単一制次元」の変化

第二に、「連邦制・単一制次元」での各要素の変化については、次のように整理することができる。

(1) **単一制・集権的な政治制度**

英国では、スコットランド、ウェールズ及び北アイルランドに設置された各議会に対して、ウェストミンスター議会の一定の権限が委譲がされ、準連邦制的な中央地方関係に変容している。スコットランドには、第一次立法権の一部と課税変更権が委譲され、ウェールズには当初は第二次立法権、次いで第一次立法権の一部が委譲され、北アイルランドにも第一次立法権の一部が委譲されるというように、非対称な分権が行われた。ただし、イングランド内の分権は、本章―Ⅲ―2で見るように頓挫している。これらを実現した

議会制定法は、憲法レベルの規範ではあるが、ウェストミンスター議会の過半数で改廃することができ、ウェストミスター議会による議会主権の憲法観念も存続している。

　レイプハルトは、分権的連邦制［5.0ポイント］、集権的連邦制［4.0ポイント］、準連邦制［3.0ポイント］、分権的単一制［2.0ポイント］、集権的単一制［1.0ポイント］という分類枠組みを提示する[34]。単一制・集権的な政治制度に関して、レイプハルトは、1999年の『デモクラシーの諸類型』の分析では、1945-1996年の期間、1971-1996年の期間ともに、英国のポイントを1.0としていた。フリンダーズは、権限委譲が行われたブレア政権期に相当する1997-2007年の期間のポイントは2.5としている[35]。これは、準連邦制（3.0ポイント）と分権的単一制（2.0ポイント）の中間に位置する。

　レイプハルトは、英国は中央集権の単一国家であるが、二つの例外があり、1921-1972年の間、北アイルランドは固有の議会と内閣を有し、高い自律性を有していたほか、権限委譲によりスコットランドとウェールズは徐々に自律性を高めていると指摘する[36]。そして、2012年の『デモクラシーの諸類型』第2版の分析では、英国は、1998年以前は1.0ポイントの中央集権的単一制であったところ、権限委譲が行われた1998年以降は、2.0ポイントの分権的単一制に変化したとしている[37]。ただし、かかる権限委譲は、イングランド内における分権とは連動しなかったことについても指摘している[38]。

　ブレア改革以降という期間について、フリンダーズの方がレイプハルトよりも若干分権の程度を高く評価しているが、スコットランド、ウェールズ及び北アイルランドへの権限委譲と、イングランド内の八つの地域への権限委譲の頓挫のいずれを重視するかによって評価の分かれが出てくるものと思われる。換言すれば、大部分の人口を占めるイングランド内における高い集権制を重視するならば、スコットランド、ウェールズ及び北アイルランドの分権はやや例外に属するという評価となる。ただし、レイプハルト、フリンダーズの両者ともに、ブレア改革以降、英国は、準連邦制までには至らないものの、全体としては従来の高い中央集権制から分権的な方向にシフトしたとする点では共通しており、英国の多数派型の特徴の一つである「単一制・集権制」の特徴は明確に変容を見たと評価することができよう。

(2) 一院制議会における立法権の集中

　貴族院改革によって、世襲貴族が排除された貴族院は、一代貴族を中心とする任命制の議院となったことにより発言力を増し、更に公選議員の導入という二院制の強化という方向に舵を切ったが、結局、貴族院改革法案の廃案により、当分の間、上院の構成は任命型で、かつ、下院の権限が優越する非対等型の二院制が存置されることとなった。

　第Ⅴ章―Ⅰ―2で詳述するように、フリンダーズが行った当初の分析によれば、1997年から2005年までの英国の二院制の強さは、2.0ポイントと1.5ポイントの中間の1.75ポイントとされている[39]。しかし、フリンダーズは後にこれを改め、1997-2007年の間における英国の二院制は、「中間的強度の二院制」と「弱い二院制」の中間型が維持されており、2.5ポイントが維持されていると結論付けている[40]。

　レイプハルトも、英国の二院制は、「中間的強度の二院制と弱い二院制の中間」であるとして、1945-1996年の期間と同様、1945-2010年の期間についても2.5ポイントの付与を踏襲している[41]。

　結局、両学説ともに二院制の強さに変化はないとしているが、世襲貴族中心から任命型の第二院に移行したことで、貴族院はその主張を強めたため微弱な変容はあったと評価することもできる。もっとも、貴族院の大部分を公選制とする政府提出法案も結局廃案となり、非公選の第二院が存続しているとともに、庶民院の優越自体は維持されていることからすると、「一院制議会における立法権の集中」という要素自体は動揺したにとどまる。ただし、この要素に関する評価が研究者の間でも簡単には定まらなかったということからしても、大きな動揺があったと言えるだろう。

(3) 相対多数による改正が可能な軟性憲法

　英国では、憲法の一部を構成する憲法的意義を有する議会制定法についても、ウェストミンスター議会の過半数で改廃することができ、また、判例法、慣習法などによって憲法が構成されていることについて変化はない。ただし、1998年人権法のほか、1998年スコットランド法を始めとする権限委譲関係立法などの憲法的意義を有する議会制定法を、時計の針を逆に進めるような

形で改廃することは実際上容易ではないことには注意を要する。

なお、これに関連してEU法との関係について言及すると、英国では、EU法によるコモンロー憲法の変容が論じられているが、現在でもいまだに過去のコモンロー裁判所の判例とA.V.ダイシー（Albert Venn Dicey）の憲法学説に基礎を置く「議会主権の原則」により、EUと英国の関係は捉えることが正当だと判例でも学説でも考えられている[42]。

フリンダーズは、英国憲法の硬性度に関する変化は極小であり、極めて高い軟性度を保っているとする[43]。レイプハルトも、英国が成文憲法典のない国であり、かつ、憲法改正が過半数の多数で可能であることを指摘する[44]。両学説に異同はなく、英国における軟性憲法の存在は、基本的には変容はないと考えられる。

(4) 立法活動に関し議会が最終権限を有するシステム

英国では、1998年人権法の制定により、議会の立法が欧州人権裁判所（European Court of Human Rights）の判断に事実上服するようになったことや、2009年に貴族院の司法機能が分離され、最高裁判所が新たに設置されたことで、議会の立法について、司法部との均衡関係が強化されるに至っている。

ただし、英国の最高裁判所の設置は、法律の違憲審査を行う米国型の最高裁判所を創設するものと同視し得るものでなく、かつ、最高裁判所の設置根拠法である2005年憲法改革法も、ウェストミンスター議会によって廃止し得るものであることから、議会主権の観念は維持されている。

フリンダーズによれば、英国における最高裁判所の創設、欧州人権裁判所への編入が権力分立型のデモクラシーへの移行を示しているとして、「司法審査の不在」から「弱い司法審査」に移行したと評価している[45]。一方、レイプハルトは、英国が欧州司法裁判所（European Court of Justice）や欧州人権裁判所という超国家的な司法審査を受け容れてきたことを認めつつ、1945-2010年の期間を通じると立法に対する司法審査は不在と位置付けている[46]。フリンダーズは微弱な変容と捉え、レイプハルトも対象期間全体では変容していないとするものの、近年の動揺については指摘しており、両者ともに、欧州における超国家的な司法審査機関の伸長による議会立法の制約という近年の

動揺について意識しているのは共通していると言えよう。

(5) 執政府に依存した中央銀行

フリンダーズは、ニュー・レイバーが1998年イングランド銀行法[47]により、中央銀行の独立性を向上させる金融政策を採ったことにより、イングランド銀行の独立性は高まったと評価している[48]。レイプハルトによれば、中央銀行の独立性については、ブレア政権発足後の改革時期である1997年から1998年にかけて高まったが、未だ低いものにとどまるとして、1945-2010年の期間を通じても政府への依存度を高めに評価している[49]。

両学説ともに、ブレア政権下のイングランド銀行に関する改革による変化については共通して指摘しているところである。もっとも、この指標については、金融政策に関する政府の統制力を示すものではあるが、レイプハルト自身が国際金融機関の役割の増大による指標としての意義の低下について指摘しているほか、そもそも政治制度とは関係が乏しく、指標として存置する意義について疑問がないではない。

4 ウェストミンスター・モデルの「変容」と「動揺」

(1) デモクラシーの形態の変容

分析期間をブレア政権期とするフリンダーズ、分析期間の大半を2010年の連立政権誕生以前とするレイプハルトの分析によれば、「執政府・政党次元」での英国の変化はそれほど強いものではないとされている。ただし、フリンダーズは、1997年以降の憲法改革による英国のデモクラシーの変化に懐疑的な立場を採っており、同期間の憲法改革については、「二重の憲法構造」(bi-constitutionality) ないし「憲法上の混乱」(constitutional anomie) との疑問を呈している[50]。そして、レイプハルトは、近年の英国政治の変化は、多数派型の典型例としての英国の性格を完全に変えるものではないと結論付けた上で、フリンダーズが『デモクラシーの漂流』のタイトルとサブタイトルで、21世紀冒頭に至る10年間を、ウェストミンスター・モデルからの根源的な乖離ではなく、「デモクラシーの漂流」(democratic drift) あるいは「多数派型の変容」

(majoritarian modification) と位置付けていることについても、2012年のレイプハルト自身の著書において紹介している[51]。

このように、ブレア改革以降の英国のウェストミンスター・モデルは、これまでの多数派型の性格を維持しつつ、"全体として"一定程度の変容を見てきている。

(2) 各要素の変容と動揺

英国のウェストミンスター・モデルの各要素に着目すると、変容に至ったもの、動揺にとどまるもの、変化がないものがあることが分かる。ロバート・ヘーゼル (Robert Hazell) も、ブレア政権下の憲法改革で、ウェストミンスター・モデルにはある局面では重要な変容が生じているが、別の局面では変わるところがないと指摘する[52]。

前述のように具体的には、「執政府・政党次元」では、単独過半数内閣、二大政党制、多数代表制に動揺が見受けられるが、「連邦制・単一制次元」では、単一制・集権制に顕著な変容があり、一院制議会における立法権の集中に関して大きな動揺があったほか、司法審査でもやや変容があった。なお、ヘーゼルは、執政府に対する議会の強化、第二院の権限強化、権限委譲、司法権の強化等の局面で、執政府に対する抑制は強化され、政治システムは多数派型から離反しているとの見解を示している[53]。

(3) 変容の背景

このようなウェストミンスター・モデルの変容状況について、高安健将は、ウェストミンスター・モデルのバージョン・アップか逸脱か、という問いを立てる。そして、ロバート・ダール (Robert Dahl) の議論を援用し、英国で進行している改革は、政治指導者に対する外的な制約や透明性を高め、明示的なルールを課す方向に向かっており、改革の根底には、多数支配型デモクラシーと対比される権力分立型のマディソン主義的デモクラシーを支える政治観と共通した政治観があると説く[54]。

他方、小堀眞裕は、世界で最も多数決主義的なウェストミンスター・モデルを変容させた原動力は、自由民主党、権限委譲 (分権主義) 派、憲章88 (Charter

88)などの「少数派」であり、この最も多数決主義的なシステムの下での二大政党制は、多数決主義的であるがゆえに少数の支持を必要とし、自ら変容させざるを得なかったと指摘する[55]。また、その「少数派」たちは、その多数決主義の中でも自ら影響力を発揮できたということで満足はせずに、執政府・政党次元でも、連邦制・単一制次元でも、反多数決主義的方向を強めていると指摘する[56]。

　これらの指摘にある、権力融合型の中の権力分立型の政治観、多数決主義における少数派の支持の必要性や反多数決主義的方向というのは、いずれもウェストミンスター・モデルにあって逆方向のベクトルを示すものである。そして、英国の多数派型デモクラシーは、自らに対置されるデモクラシーの類型への接近を試みている。かかるウェストミンスター・モデルの変容は、不文憲法の下で、英国の政治システムに内在する欠点を補正しようとする内なる進化の過程と理解できるのではないだろうか。

(4) 今後の変容可能性

　今後のウェストミンスター・モデルの変容動向について、ロバート・ヘーゼルは、単純小選挙区制、単独政党内閣、二大政党制、権限委譲が行われていないイングランド、軟性憲法の局面で多数派型が維持されており、これは2020年まで継続するとの見立てを示している[57]。また、ヘーゼルは、ウェストミンスター・モデルの変容の方向性として、「現状維持」(Westminster Unchanged)、司法審査等の強化による「憲法化」(Westminster Constitutionalised)、更なる権限委譲による「分権化」(Westminster Devolved)、司法審査の強化と更なる分権化による「転換」(Westminster Transformed)の四つのシナリオを提示する[58]。そして、2020年までの間は、現状維持ないし分権化の可能性が高いとする[59]。この指摘からは、ウェストミンスター・モデルからの完全なる離反、飛躍的な合意型デモクラシーへの転換には至らない、英国の憲法改革の漸進性を看取することができる。なお、ブレア政権以降の憲法改革の多くが、法的には諮問的と位置付けられるレファレンダムを経つつも、憲法的意義を有する議会制定法によって行われていることは、まさに議会主権の憲法原理を前提とした進み方と言うこともできるだろう。

そして、2010年の政権交代を挟み、特に英国で変容可能性が高まっているのが、二大政党制を前提とした単独過半数内閣、立法府に対する執政府の優位、多数代表制という執政府・政党次元において「議院内閣制」の在り方を規定する諸要素であり、また、これまで集権的とされてきた「単一制」、一院制議会に近いと言われてきた「二院制」といった統治機構上の主要制度である。これらの諸制度は、議院内閣制を採用する単一国家における二院制の意義を探るという本書の問題関心に即した重要な考察対象でもある。次に、フリンダーズ、レイプハルトの分析期間を超えて、キャメロン連立政権の憲法改革による議院内閣制及び単一制の変容ないし動揺の状況を含めて詳しく検討を進め、二院制との関係についても考察を加えることとする。

Ⅱ　議院内閣制の変容

　議院内閣制も、二院制と同様に、英国で発祥し、漸進的に発達してきた統治機構における基幹的制度である。次に、英国の議院内閣制を構成する諸要素のうち、内閣機能、議会期の固定による首相の解散権の制限、庶民院の選挙制度改革という近年変容ないし動揺が見られたものについて詳しく検討する[60]。

1　内閣機能の動揺

(1)　内閣統治と首相統治

　ウェストミンスター・システムにあっては、首相及び内閣への執行権の集中が一つの特徴とされるわけであるが、そこでの重要なアクターである首相の権力、内閣の機能等をめぐっては、六つのモデルが提起されてきた。そのモデルとは、①首相統治、②首相派閥統治、③内閣統治、④閣僚統治、⑤分節決定モデル、⑥官僚調整モデルである[61]。

　「首相統治」（Prime Ministerial Government）は、首相による独裁的な政権運営が行われるというモデルである。この類型では、意思決定において首相個人の優越性が如実に示され、他の大臣は、首相の意思の単なる代理人となる。「首相派閥統治」（Prime Ministerial Cliques）は、首相の顧問等の側近グループの集団的特性により、首相の権威と影響力が示されるというモデルである。「内閣統治」（Cabinet Government）は、各省の利害の多様性を考慮し、合議的意思決定の正統性は不変であるとするモデルである。1980年代のサッチャー政権時代にあっては、提唱者はほとんどいなかったが、内閣の支持喪失がサッチャー首相の辞職の決定的要因であると指摘された後、強力に主張されるようになったものである。「閣僚統治」（Ministerial Government）は、合議的意思決定機関としての内閣の権力行使よりも、各省割拠が政治的にも行政的にも首

相の影響力を制約するということから、首相による支配を否定するモデルである。「分節決定モデル」（The Segmented Decision Model）では、閣僚間の争議は、内閣の機構が関与する省庁間レベルで各省大臣が調整を行うとともに、個々の政策領域において首相と内閣が合意を行うことによって、解決され得るというモデルである。一般に、首相は、防衛戦略、外交及び主要経済政策については強い決定権を有するが、これ以外の内政に関する政策については、内閣又は大臣に決定権があるとされる。「官僚調整モデル」（The Bureaucratic Coordination Model）では、執政府が執政府以外の政府機構に対して行う支配は限定的であり、かつ、内閣ないし各省大臣は最小限の役割しか担わないというモデルである。したがって、ホワイトホールの官僚機構の中で、ほとんどの政策選択が処理、決定されるというものである。

　これらのうち、「首相統治」論は、1964年から始まるウィルソン政権が政務室の設置など首相官邸の拡充を図ったことを受けて提起され、その後の政権では、トップダウン的なリーダーシップを発揮したサッチャー政権も「首相統治」であるとされた[62]。しかし、1990年の保守党の党首選で、サッチャーが再選に必要な保守党議員の支持を得られず退陣を余儀なくされたこと、続くメイジャー政権が合議制を重視する合意型・調整型の政治スタイルを採ったことから、伝統的な「内閣統治」論が再提起された[63]。

(2)　コア・エグゼクティヴ論

　英国の執政システムをめぐる議論では、かつては「首相統治」か「内閣統治」か、という議論が最も重要であった。しかし、1990年代以降、このような論争は不毛であるばかりか、首相と内閣の関係を過度に単純化してきたとして、執政府の中枢における複雑な諸関係を捉える新たな分析枠組みとしてコア・エグゼクティヴ（core executive）論が提起されていく[64]。R. A. W. ローズ（Roderick Arthur William Rhodes）によれば、ここでいうコア・エグゼクティヴとは、中央政府の政策を調整し、及び政府の各組織機構間の不一致の最終調整を行う者として行動するすべての組織及び手続を意味する。すなわち、首相、内閣、内閣委員会、これに対応する行政側、非公式な閣僚の会合、二者協議及び省庁間委員会をとりまく諸機構、ネットワーク及び運用から成る複合網

を包含する組織機構の核心である[65]。さらに、マーティン・J. スミス（Martin John Smith）は、R. A. W. ローズによるコア・エグゼクティヴの定義を引用した上で、コア・エグゼクティヴの定義に各省を含むよう修正を加えている[66]。これは、各省が、中央政府内において中核的な政策形成単位であることと、コア・エグゼクティヴの機構内において重要なアクターである大臣によって率いられることを理由としたものである。

コア・エグゼクティヴ論は、「誰が何を行うか？」と「誰がいかなる資源を有するか？」という二つの課題に着目するものである[67]。コア・エグゼクティヴ論では、複合網の中のそれぞれのアクターが、それぞれに資源を有しており、相互に独立して行動し、各アクターが持つ資源の交換等を通じて、問題の解決が図られていく。ただし、交換の前提となる資源自体が、すべてのアクターの間で均等に配分されているわけではなく、特に首相とその他のアクターとの間では、利用できる資源に決定的な差がある[68]。実際、首相は、内閣委員会の設置及び改廃、委員長及び委員の選任権を有し、重要な内閣委員会については、自ら委員長となることも少なくない。この首相の権力は、閣議の主宰及び大臣間の職務分担の決定権に由来するとされる[69]。

英国における内閣機能の類型論に関しては、コア・エグゼクティヴ論がR. A. W.ローズらの研究以降有力となってきた。しかし、コア・エグゼクティヴという概念は、研究対象と分析の方向性を明らかにしただけであって、アクター間にどのような政治的資源の交換がいかなる依存関係を生むのか、コア・エグゼクティヴ内部の諸関係とそれを規定する文脈的要因についても、一般的な仮説や理論が提示されているわけではない[70]。また、コア・エグゼクティヴという概念については、高安健将が指摘するとおり、それ自体は研究対象の設定という意味しか持たず、それゆえ、これに接近する別の理論的視座を必要とするものである[71]。

特に、内閣の権力行使に当たるキーパーソンである大臣は、他のアクターとの関係で様々な束縛を受けていることには注意を要する。各省大臣の場合には、国務大臣としての役割と行政大臣の二つの役割を同時に兼ねることによって、上部組織である内閣と下部組織である各省を結び付ける連結環としての役割をも担う。このような大臣の権力関係や役割を整理するための理論

的視座として、第Ⅴ章—Ⅲにおいても援用する①プリンシパル＝エージェント・モデル（Principal-agent model）[72]…一方の当事者であるプリンシパル（本人）ともう一方の当事者であるエージェント（代理人）との委任関係で分析するモデル、②パワー＝ディペンデンシー・モデル（Power-dependency model）[73]…いかなる組織も資源を他の組織に依存し、組織の目的を達成するために組織は資源を交換しなければならないこと等を前提として分析するモデル、③バロニアル・モデル（Baronial model）[74]…個々の上級大臣の上級大臣としての役割に着目し、広範な政策領域を統轄する大臣を中世のバロン（封建領主）のごとき存在であると仮定して分析するモデルなど諸理論によるアプローチがある[75]。キャメロン連立政権の登場は、単独政党による政権に比べて、連立パートナー側のアクターの参入による権力関係、相関関係の多様化を内在していることからすると、コア・エグゼクティヴ論によって分析対象を措定しつつ、各理論に相互の排他性がない限りにおいては、これらの理論的視座を援用し、各アクターの権力関係、相関関係を検討することも有用となる[76]。

(3) ブレア＝ブラウン労働党内閣とキャメロン連立内閣の機能類型

他方、英国の執政府に係る議論においては、首相と内閣の権力関係が、繰り返し焦点となっている[77]。これは、執政府の最高機関たる合議制の内閣が厳然として存在する一方で、首相が政権党に確固たる基盤を有する場合には首相の大統領化という議院内閣制の一つの在り方[78]が生ずる場合があることに起因すると言えるだろう。また、国家元首であり同時に行政首長である大統領にせよ、国家元首が別に存在する議院内閣制における首相にせよ、国家レベルの統治機構における行政首長は、常に衆人環視の的になっていること[79]を想起するならば、行政首長たる首相の権力が注目されるのは当然でもある。

(i) ブレア＝ブラウン労働党内閣の機能類型

1997年の政権交代により首相となったトニー・ブレアは、多くの特別顧問を政治任用し、首相官邸主導の政治手法を採った。このように特別顧問を多数任用したブレア首相の手法は「大統領型」と形容されるとともに、「側近政治」との批判も受けた。この首相の大統領化（presidentialization）ということに

関しては、トーマス・ポグントケ（Thomas Poguntke）とポール・ウェブ（Paul Webb）が、ヨーロッパ各国の議院内閣制に共通した現象であり、国内政治の国際政治化、国家の拡大、マス・コミュニケーションの構造変化、伝統社会の亀裂による政治の侵食等、近年の社会構造変化によってもたらされた動向であると指摘している[80]。なお、英国において、第二次世界大戦後の首相のうち大統領的と形容されているのは、ウィルソン首相、サッチャー首相、ブレア首相の三人のみであるとされる[81]。

一方、ブレア首相の辞任表明を受け、2007年6月27日に首相に任命されたブラウンは、ブレア政権時代にイラク戦争を契機として失われた政治への信頼を回復するため、ブレア時代の首相官邸主導型の政治手法を大幅に見直す意向を示し、議会権限を強化するための憲法改革構想を提案したが、ブラウン首相の憲法改革は未完に終わっている。

(ii) キャメロン連立内閣の機能類型

さらに、2010年5月6日の庶民院総選挙による政権交代で保守党と自由民主党の連立政権が成立し、統治スタイルは新たな局面を迎え、英国の内閣・首相の機能は更なる変容を見るに至った。ロバート・ヘーゼルらの研究では、キャメロン連立政権の統治体制は、公式の統治機構については、「内閣統治」の復活と位置付けられるという見解が提示されている[82]。内閣及び内閣委員会は、同政権の下で、復活を遂げており、閣議と内閣委員会は、定期的に会合がなされるようになった。もっとも、内閣委員会において調整がなされる事項の大半は、連立政党間の相違ではなく、省庁間の相違であるという[83]。元々、連立政権の下では、内閣自体が連立政権の運営の中心となることが想定され、特に連立関係の事項を取り扱うために、内閣委員会の一つである連立委員会、更に、連立運営・戦略計画グループが設置された。連立委員会は、最終的な調整機関として、キャメロン首相とクレッグ副首相が共同委員長となるほか、保守党の大臣5名、自由民主党の大臣5名から構成されるものとされた。しかし、連立委員会は、キャメロン連立政権発足当初に連立運営の大枠のルールを決定する際に開かれたほかは、保健サービス改革が大きな国政課題となって政権発足2か月後に開催されたのみであった。連立関係の事項は、内閣ないし内閣委員会を用いるのではなく、敵対的ではない調整方法

として、非公式会合で効率的に調整されるようになっていった。連立委員会と連立運営・戦略計画グループについては、ほとんど会合が持たれることがなくなり、これに代わって、該当する構成員のうちの二者間で非公式会合が行われるようになった。

さらに、キャメロン連立政権下でも、ブレア政権が特別顧問（special adviser）を多用して行った「ソファ政治」（sofa government）の特徴を増加させており[84]、首相官邸の強化やそれに伴う特別顧問への依存、インフォーマルな権力サークルによる重要案件に関する事実上の決定という点で、ブレア政権との共通性を見ることもできる[85]。

2 議会期の固定と議会解散権の変容

(1) 2011年議会期固定法

これまで英国では、議会期[86]は1911年議会法第7条による1715年七年会期法の改正で5年とされていたが、それ以前に首相の助言により行使される国王大権で解散がなされる例であった。新たな議会は、枢密院の助言により女王が発する布告によって召集され、この布告は、議会選挙のための勅許状を発することを命じ、新議会の召集日及び場所を指定するものであった。実際には、前の議会の解散の布告によって、総選挙を公示するとともに、新たな議会を召集するというものであった[87]。

キャメロン連立政権下で制定された2011年議会期固定法は、本則7条と附則から構成され、議会期を5年に固定し、次期庶民院総選挙を2015年5月7日とするものである。次々回以降の総選挙については、5年ごとの5月の第一木曜日に実施される。早期解散による早期総選挙があった場合には、次の総選挙は5年後の5月の第一木曜日に実施される。ただし、早期解散によりその年の5月の第一木曜日より前に早期総選挙が行われた場合には、次の総選挙は4年後の5月の第一木曜日に実施される。首相は、議会期満了後2か月以内の範囲で、命令により選挙期日を延期することができる。ただし、この命令は、議会の両院の承認決議に服するものとされ、首相が理由を付して提案した期日を両院が承認することで制定することができる。

早期解散は、庶民院の議員定数の 3 分の 2 以上の賛成で早期総選挙の動議が可決された場合、又は内閣不信任案が可決された後、次の内閣の信任決議案が可決されることなく 14 日が経過した場合のいずれかで行われる[88]。

　議会の解散は、この法律が規定する選挙期日から 17 就業日（2013 年に「25 就業日」に改正）前に自動的に行われる。議会は、これ以外に解散されることはなく、女王は、国王大権を行使して議会解散を行うことはできない。大法官と北アイルランド大臣に、解散後の選挙の勅許状の発出権が付与されるが、女王が議会を閉会する権限は維持されるほか、国璽に基づき新たな議会を召集する布告の伝統的方式も維持される。

　2011 年議会期固定法の制定に伴い、会期制度も変更されている。一会期は、政府の施政方針を示す女王演説が行われる開会式をもって始まり、従前は通例、11 月からの 1 年であった。しかし、2010 年 5 月の庶民院総選挙後の第一会期は 2012 年 5 月 1 日まで行われ、同年以降、一会期は春季からの 1 年とされている。

　なお、2020 年 6 月 1 日から同年 11 月 30 日までの間に、2011 年議会期固定法の運用について審査し、適当と認められる場合には同法の改廃について勧告を行う委員会を首相が設置することが、貴族院での法案修正を経て、同法の終末規定に置かれている。

(2) 議会解散権の制限

　議会解散権は、これまで首相の助言により行使される国王大権であった。2011 年議会期固定法附則の規定により、1715 年七年会期法は廃止、1911 年議会法第 7 条は削除されたほか、国王の解散に係る法律上の諸規定も削除され、議会解散に係る国王大権は喪失した。

　議院内閣制の本質的要素は、権力分立の原理をひとまず認め、行政府と立法府とが一応分立していること、行政府と立法府とが一応分立した上で、行政府が立法府（両院制の場合には主として下院）に対して政治的な責任を負うこと、すなわち政府が議会（下院）の信任を在職の要件とすることとされる[89]。この二点が議院内閣制の本質的要素であるが、学説では、古典的な英国型の権力の均衡の要素を重視して、内閣が議会の解散権を有することという要件

を加える説もなお有力であるとされる[90]。この議院内閣制の本質的要素の一つにも挙げられることのある内閣（首相）の議会解散権を制限するという改革が、国王大権の喪失とともに、2011年議会期固定法という憲法的意義を有する議会制定法によって実現されたのである。

この点について、我が国の憲法学説上、議院内閣制の本質の問題として争われてきたものとして、均衡本質説と責任本質説の対立があった。樋口陽一は、均衡本質説＝宮沢俊義、責任本質説＝清宮四郎と分類した[91]。均衡本質説は、議会と内閣の対等性を重視し、議会の不信任権に対抗する内閣の解散権により、両者が均衡するところに議院内閣制の本質があるとする。責任本質説は、内閣の存立が議会の信任に依拠している点を議院内閣制の本質とし、議会の不信任権に対抗する解散権がなくとも、議院内閣制であり得るとする。他方、高見勝利は、宮沢と清宮の学説の共通項を括りだし、「「議院内閣制」とは、行政府・立法府の「一応の分立〔分離〕」を前提に、行政府が「立法府に対して政治的な責任を負う〔（立法権の）民主的コントロールに服する〕」制度であるとする点で、両権威の理解に径庭はない（「　」は宮沢、〔　〕は清宮の定義）」[92]とする。

さらに、比較政治学の観点からは、首相が与党の有利な時期を選んで解散する国は決して多くはなく、英国の首相解散権廃止の結果、20年にわたって首相が有利な時期を選ぶ「自由な議会解散権」を認め、実際に自由に議会を解散してきた実績を持つ国は、カナダ、デンマーク、ギリシャと日本の4か国だけとなったという指摘もある[93]。また、ブレア政権以降の権限委譲により設置されたスコットランド、ウェールズ及び北アイルランドの各地域議会でも議会期は固定され、議会の裁量的解散を行うことはできない。これらのことは、民主主義の進展により、議会優位の統治構造が確立されるのに伴い、議会解散権が制限ないし廃止されてきた歴史に対応するものである。

これらの憲法学説上の議論、更には比較政治学上の傾向を踏まえるならば、英国が議院内閣制の国であることに変わりはないが、首相の裁量的解散権が封じられたという点で、英国の議院内閣制には質的に大きな変容が加えられたと言える。

3　庶民院の選挙制度の動揺

(1)　庶民院の選挙制度改革

英国では、庶民院議員の選挙制度に、小選挙区単純多数代表制である単純小選挙区制（Fast Past the Post（FPTP））を採用している。この制度では、一票でも多く得票した候補者が当選し、必ずしも過半数を獲得する必要はない。FPTP では、投票の比較多数を得た政党の議席が多数となり、安定した政権が形成される一方で、死票が多く生じ、少数政党が不利となる傾向がある。そのため、従前から、議員の構成が真に多様な意見を反映したものになるよう比例的な制度を付加する形の様々な改革案が提案されてきた。

ブレア政権下での選挙制度改革については、1997 年 12 月に設置された、自由民主党のジェンキンズ卿（Lord Jenkins of Hillhead）を委員長とする「投票制度に関する独立委員会」（Independent Commission on the Voting System）（ジェンキンズ委員会）で検討された。同委員会の設置は、選挙制度改革を求める自由民主党の意向に沿ったものであった。同委員会は、FPTP に代わる選挙制度について諮問を受け、検討の結果、1998 年 10 月、AV Top-up ないし AV＋（プラス）と呼ばれる制度を勧告した。AV Top-up は、選択投票制（Alternative Vote（AV））と地域別非拘束名簿式比例代表制を組み合わせたものである[94]。小選挙区の選択投票制では、候補者に順位を付して投票し、第一順位票を集計して過半数の得票者が当選し、該当者がいないときには、最少得票者の票の次順位票を再配分し、過半数得票者が出るまでこれを繰り返す。そして、小選挙区部分で議席を獲得することができなかった政党に比例区では優先的に議席を割り当てるという選挙制度であったが[95]、追加議席の選挙区は全国 80 区とされ、各選挙区の定数を 1 ないし 2 としたことから、比例性は必ずしも高くないものであった。

一方、スコットランド議会、ウェールズ国民議会及びロンドン議会では、FPTP と名簿式比例代表制を組み合わせた追加型議席制度（Additional Member System（AMS））[96]が採用され、小選挙区部分で議席を獲得することができなかった政党に比例区では優先的に議席を割り当て、全体としての比例性を加

味している。また、北アイルランド議会では、単記移譲式投票制（Single Transferable Vote System（STV））の比例代表制が採用されている。また、欧州議会選挙も、英国では、単記移譲式投票制を採用する北アイルランドを除き、1999年6月からFPTPから拘束名簿式比例代表制に変更されている。

　これまで保守党はFPTP以外の制度では政府を弱体化させるとし、自由民主党は単記移譲式投票制を主張してきたところであるが、ジェンキンズ委員会の勧告後、労働党内での反発もあり、ブレア政権下では国政選挙でのFPTPの見直しは実現に至らず、続くブラウン政権下でも選挙制度改革のための立法措置は実現されなかった。

(2) 2011年議会投票制度及び選挙区法

　キャメロン連立政権下で制定された2011年議会投票制度及び選挙区法第1章は、庶民院の選挙制度を、相対多数式の単純小選挙区制から、候補者に優先順位を付して投票を行い、過半数を得票した候補者が議席を獲得する絶対多数式の小選挙区制である選択投票制に変更するか否かを問うレファレンダムを、原則として2011年5月5日に実施することを定めた。なお、同法第2章は、2010年総選挙から650名に改定されている庶民院の議員定数について、1986年議会選挙区法を改正し、次回総選挙から600名に引き下げることを規定するとともに、各地域の選挙区画定委員会は、議員一人当たりの選挙人の較差が原則として5％以内となるよう、選挙区を画定することを定めた。

　しかし、2011年5月5日に実施された選挙制度改革レファレンダムは、投票率42％で、賛成が32.1％、反対67.9％の圧倒的多数で否決された。

　このように、単純小選挙区制から選択投票制への変更を問うレファレンダムは否決され、単純小選挙区制が維持されることとなり、庶民院の選挙制度改革は当分の間再提起できないと見られている。選挙制度改革の改革案自体も多数派型の選択投票制ではあったものの、このレファレンダムの否決により、英国におけるウェストミンスター・モデルの最重要の要素の一つと言ってもよい単純小選挙区制が維持される結果となった。

Ⅲ　単一制の変容

　権限委譲（devolution）[97]は、北アイルランドの問題を抱える英国にとって古くから課題となってきたものであり、1974年に労働党が保守党から政権を奪取した際にも提案していたが、1997年のブレア労働党政権発足以降、憲法改革プログラムの一つとして本格的に進展した。1997年5月の庶民院総選挙で、労働党は、マニフェストに、権限委譲、ロンドン公選市長の創設等を掲げた。また、補完性原理（principle of subsidiarity）[98]の趣旨が盛り込まれた欧州地方自治憲章[99]を、ブレア政権下の1997年6月3日に署名、1998年4月24日に批准した。

　労働党の憲法改革に係る提案は、次々と憲法レベルの規範となる議会制定法によって実現されたが、権限委譲についても、民主的正統性を確保し迅速な法案成立を確保するため、当該地域の住民に対してレファレンダムを行った上で、個別の議会制定法により地域ごとに非対称な形で権限委譲が行われてきた。

　英国の権限委譲は、ウェストミンスター議会の一定の権限を各地域に委譲するものであるが、権限委譲後も主権はウェストミンスター議会に留保され、ウェストミンスター議会は委譲された事項について立法を行うこともでき、この点から連邦制とは異なる[100]。次に、連合王国としての英国の成立過程について触れた上で、権限委譲及びその進捗状況について詳述する。

1　連合王国の成立過程

　英国の正式な国名は、グレートブリテン及び北アイルランド連合王国（United Kingdom of Great Britain and Northern Ireland）と称し、グレートブリテンを構成するイングランド、ウェールズ及びスコットランドと、アイルランド島の北東部を占める北アイルランドから成る連合王国であることを象徴して

いる。チャネル諸島及びマン島は、連合王国には含まれないが、外交について英国政府が代表し、1978年解釈法により、ブリテン諸島という場合には連合王国並びにチャネル諸島及びマン島を意味するものとされる[101]。英国は、伝統的に単一国家とみなされてきたが、実際には、イングランド、ウェールズ及びスコットランドから成るグレートブリテンと北アイルランドによって構成された「連合国家」なのである[102]。

英国は、1066年にノルマンディ公ウィリアムⅠ世（William Ⅰ）がイングランドを征服して以降、次のような経緯を辿り、現在の連合王国を形成してきた。

スコットランドは、ケルト人の一派スコット族の国という意味であり、中世期においてイングランドからの独立を維持し、すべての階級が一堂に会する一院制のスコットランド議会（Parliament of Scotland〔正式名称は Estates of Parliament〕）が設置されていた。1603年から1625年まで、スコットランド王ジェームズⅥ世（James Ⅵ）がイングランド王ジェームズⅠ世（James Ⅰ）となり同君連合を結んだ。その後、1707年の連合条約によって、アングロサクソン系のイングランドとスコットランドとがグレートブリテン連合王国を形成し、イングランド王がスコットランド王を兼ねることとなった。スコットランド議会は廃止され、ウェストミンスター議会に貴族と庶民の代表者を送ることとなった。

ウェールズは、歴史的にケルト系民族による国であるが、スコットランドとは異なり、早い段階からイングランドと同化が進んでいた。1282年にイングランド王エドワードⅠ世に征服され、1536年のイングランド議会の法律により、イングランドに統合された。

アイルランドは、ケルト文化が繁栄していたが、12世紀のヘンリーⅡ世（Henry Ⅱ）の時代からイングランドの侵攻を受け、1541年にはイングランド王ヘンリーⅧ世（Henry Ⅷ）がアイルランド議会から国王の称号を得た。プロテスタント系住民が入植してくると、カトリック勢力との間で紛争が生じ、イングランド王ウィリアムⅢ世（William Ⅲ）が1690年にカトリック勢力に勝利した。アイルランド議会からカトリック勢力は追放され、更に1801年にはグレートブリテン及びアイルランド連合王国が成立し、貴族院（House of Lords）

と庶民院（House of Commons）から構成されていた二院制のアイルランド議会（Parliament of Ireland）は廃止され、ウェストミンスター議会に代表者を送ることとされた。カトリックが多数を占めるアイルランドは、プロテスタントの入植と統治に強い反感を抱いており、自由党のウィリアム・グラッドストン首相は、アイルランドに地域議会を設置し、自治権を認めることでこれを解決しようとした。1886 年と 1893 年に自治法案[103]を二度提出したが成立しなかった。自由党のハーバート・ヘンリー・アスキス首相の下で、1911 年議会法の制定により貴族院が公法案の審議上の絶対的拒否権を喪失した後、三度目に 1914 年アイルランド統治法が成立したが、第一次世界大戦の勃発のため、同法は実施に至らなかった。1919 年にアイルランド独立戦争が勃発し、ウェストミンスター議会は、1920 年アイルランド統治法を成立させ、北アイルランドと南アイルランドにそれぞれ議会を設置することとした。1921 年に、元老院（Senate）と庶民院（House of Commons）から成る二院制の北アイルランド議会（Parliament of Northern Ireland）は設置されたが、南アイルランドの議会の設置については、カトリック側で武力闘争をも辞さないとするシン・フェイン党（Sinn Féin (SF)）がこれを無視し、1922 年にグレートブリテン及び北アイルランド連合王国と、南アイルランドが独立したアイルランド自由国（1937 年に共和制の「アイルランド」、1949 年から「アイルランド共和国」）とに分かれた。このようにして権限委譲が行われた北アイルランドは、ベルファストのストーモントに議会が設置され、広範な立法権を有していたが、1929 年に選挙制度が単記移譲式投票制の比例代表制から単純小選挙区制に改められ、選挙区の区割りも英国残留派のユニオニストに有利なものとされるなど、少数派のカトリック系の意見が議会で反映されにくくなった。その後、1960 年代後半から北アイルランドにおけるテロ活動や武力闘争が激化し、北アイルランド紛争が始まったことで、英国政府は、1972 年北アイルランド（臨時措置）法[104]により北アイルランド議会の機能を停止し、1973 年北アイルランド憲法法[105]により議会を廃止した。なお、一院制の北アイルランド議会（Northern Ireland Assembly）の設置、選挙等について規定する 1973 年北アイルランド議会法[106]も制定された。また、1973 年北アイルランド憲法法は、権限委譲の回復のため、北アイルランド議会の立法権や北アイルランド執政府（Northern

Ireland Executive)の構成等についても定めたが、政情は安定せず、結局英国の 1974年北アイルランド法[107]により、北アイルランド議会は解散となった。その後、基本的に英国の北アイルランド担当大臣を通じた英国政府による直轄統治が継続することとなる。なお、1982年北アイルランド法[108]に基づき 1973年北アイルランド憲法法及び 1973年北アイルランド議会法が改正され、北アイルランド担当大臣による行政の審査等を行う北アイルランド議会が 1982年に設けられたが、1982年北アイルランド法に基づく委任法規命令[109]により、1986年に解散されている。

2　ブレア政権下の分権改革

(1)　1998年スコットランド法による立法権と課税権の委譲

　スコットランド[110]は、1707年のイングランドとの統合の際も、スコットランドの法制度、教会制度、教育制度等の社会制度は維持することとされた。

　1885年には連合王国にスコットランド省（Scottish Office）が設置され[111]、スコットランドの行政に関する事項を決定し、包括交付金の配分を行ってきた。しかし、1880年代のアイルランド自治に関する議論を一つの契機に、スコットランドの自治を求める動きが続き、スコットランド国民党（Scottish National Party (SNP)）が 1934年に結成され、その後勢力を拡大していった。スコットランドの民族主義の高まりによるスコットランドの独立を抑えるため、キャラハン労働党政権は、1979年 3月にスコットランド議会の設置に関するレファレンダムを実施したが、賛成多数を得たものの、有権者の 40％以上という要件を満たさなかったため、議会設置に至らなかった。

　その後、サッチャー保守党政権下の新自由主義的改革で、人頭税の先行導入を始めとして大きな影響を被ったスコットランドでは、労働党などの野党の国会議員が増加した。しかし、保守党政権の下で、選挙民の意思が国政に反映されない「民主主義の赤字」（democratic deficit）と呼ばれる状況が生じた[112]。そして、スコットランドの自治の要求が高まり、地域アイデンティティが政治化[113]されるに至った。1989年にスコットランド憲法会議（Scottish Constitutional Convention）が、労働党、自由民主党、労働組合、産業界、教会、地方自

治体などが広範に参加した超党派の組織として結成され（保守党とスコットランド国民党は不参加）、1995年にはスコットランド議会の設置等について最終報告書を公表した。

　これを受けて、労働党は、スコットランドの分離独立を回避するため、1997年庶民院総選挙のマニフェストに、スコットランドへの権限委譲に関するレファレンダムの実施とスコットランド議会の設置を掲げた。この総選挙に勝利した労働党のブレア政権の下で、1997年9月11日に、1997年レファレンダム（スコットランド及びウェールズ）法[114]に基づき、①スコットランド議会の設置、②スコットランド議会の課税変更権保有について、レファレンダムが実施された結果、いずれも賛成多数で可決された。

　スコットランドに対しては、1998年スコットランド法[115]により、新たに設置された一院制のスコットランド議会（Scottish Parliament）に対して、憲法、外交、防衛等の一定の留保事項を除いて第一次立法権が委譲され、また、所得税の3％について域内の課税変更権が付与された。スコットランド議会に立法権が委譲された分野は、教育、運輸、住宅、経済開発、農業、環境、地方政府等といった広範なものである。なお、連合王国議会は、スコットランドに委譲された事項についても立法を行うことができるが、スコットランド議会の同意なしには、立法を行わないこととされている[116]。なお、課税変更権は、増税、減税のいずれについて行使する場合にも政治的論争を生じさせることが予想されるため、実際には行使されてはいない[117]。

　スコットランド執政府（Scottish Executive）は、議院内閣制をモデルとし、首相に相当する首席大臣（First Minister）その他の各大臣は議員の中から選出され、議会に責任を負う。ただし、首席大臣に議会の解散権はない。議会の任期は4年で、議会が総議員の3分の2以上の賛成で解散を決定した場合又は議会が一定の期間内に首席大臣の指名を行い得なかった場合には特別総選挙が実施される[118]。スコットランド議会には追加型議席制度という単純小選挙区制に比例代表制を組み合わせた選挙制度が採用されている。

　スコットランド執政府の財政は、スコットランド省の予算を引き継ぎ、包括交付金を英国の国庫から受ける。包括交付金には、バーネット・フォーミュラ（Barnett Formula）[119]と呼ばれる算定方式が用いられ、スコットランドに多く

の配分がなされている。

(2) 1998年ウェールズ統治法による行政的な権限委譲

ウェールズ[120]は、イングランドとの関係においては、言語的・文化的特徴はあるものの、制度的な差異は少なく、経済的基盤も脆弱なことから、独立や権限委譲に対する気運は必ずしも高いものではなかった。

しかし、ウェールズにも民族主義政党プライド・カムリ（Plaid Cymru）が1925年に結成され、勢力を拡大していくことがその後の権限委譲の動きにつながる。1964年にはウェールズ省（Welsh Office）が設置され[121]、ウェールズにおける行政を管轄し、包括交付金の配分を行ってきた。1979年、キャラハン労働党政権は、ウェールズへの議会設置に関するレファレンダムを実施したが、わずかな賛成しか得られず否決された。

その後、ブレア労働党政権下の1997年9月18日、1997年レファレンダム（スコットランド及びウェールズ）法に基づき、ウェールズへの議会設置についてレファレンダムが行われ、僅差で可決された。

ウェールズに対しては、1998年ウェールズ統治法[122]により、新たに設置された一院制のウェールズ国民議会（National Assembly for Wales）に対して、農林水産・食料、文化、経済開発、教育・訓練、環境、保健、住宅、産業、地方政府、観光、運輸、ウェールズ語等の分野についての命令・規則といった第二次立法権が委譲された。スコットランドについては留保事項を除き原則としてスコットランド議会の権限とされたのとは異なり、ウェールズについては委譲される権限が限定列挙される形が採られた。また、第一次立法権及び域内の課税変更権は委譲されず、ウェールズ省の執行権限が委譲された。

当初ウェールズでは、立法部と行政部の分立は行われず、任期4年の議会は執行機関でもあり、ウェールズ国民議会が選出した首相に相当する首席大臣及び首席大臣が任命する7名の大臣から成る執行委員会（Executive Committee）が執行を担うこととされた。ウェールズ国民議会の選挙制度にも、スコットランド議会と同様、追加型議席制度が採用されている。

(3) 1998年北アイルランド法による立法権の委譲

北アイルランド[123]の権限委譲は、英国残留を望むプロテスタント系と分離独立を求めるカトリック系両住民間のテロ活動を含む深刻な対立が大きな背景となっている。

1996年から北アイルランドの諸政党、英国政府、アイルランド政府の間で交渉が行われ、1998年4月10日、全当事者により、ベルファスト合意ないし聖金曜日合意と呼ばれる包括的な和平合意が締結された。

1998年5月22日、北アイルランドで和平合意に係るレファレンダムが実施され、賛成多数を得た[124]。1998年北アイルランド（選挙）法[125]により、一院制の北アイルランド議会（Northern Ireland Assembly）の議員が選出されることとされた。また、北アイルランド執政府（Northern Ireland Executive）については、首相に相当する首席大臣及び副首席大臣は、プロテスタント系とカトリック系の双方から1名ずつ選出することとされ、同等の権限を有する複数首相制が採用された。また、閣僚も各政党の勢力比に応じて選出して、執行委員会（Executive Committee）に出席することとされた。そして、1998年北アイルランド法[126]により、北アイルランド議会が設置され、憲法、外交、防衛などの絶対的な「除外事項」、司法、警察、民間防衛、火器爆発物規制など連合王国の北アイルランド担当大臣及び連合王国議会に権限が留保される「留保事項」等を除き、立法権が委譲されることとされ、1999年12月2日に正式に権限委譲が行われた。北アイルランド議会は、任期4年で、議会が総議員の3分の2以上の賛成で解散を決定した場合又は議会が一定の期間内に首席大臣及び副首席大臣の選出を行い得なかった場合には、特別総選挙を実施することとされた。北アイルランド議会の選挙制度には、比例代表制の一種である単記移譲式投票制が採用されている。

しかし、その後、プロテスタント系とカトリック系の対立が再び深刻化し、英国政府は、2000年北アイルランド法[127]により権限委譲を停止することができるものとした。計三度の中断（延べ約3か月）に続き、2002年10月の北アイルランド執政府内のスパイ疑惑をめぐる混乱を受け、英国政府は、北アイルランド執政府の権限を一時停止し、北アイルランド省（Northern Ireland Office）を通じた直轄統治とした。北アイルランド議会の立法権も2002年10月14

日以降停止された。

(4) イングランド内の権限委譲の頓挫

他方、イングランド[128]については、スコットランドへの権限委譲によって、イングランド選出庶民院議員はスコットランドに委譲された立法に関与し得なくなる一方で、スコットランド選出庶民院議員はイングランドに適用される立法に関与し得るというウェスト・ロジアン・クエスチョン（West Lothian Question）という問題が残されていた。また、権限委譲後にイングランドをいかに統治すべきかという広範な課題であるとともに、人口の約84％を占めるイングランドに固有の議会がないことに係るイングリッシュ・クエスチョン（English Question）といった問題もあった。

イングランドについては、メイジャー保守党政権時代の1994年、行政区画としての地域（リージョン（region））[129]に連合王国の各省の出先機関を統合した政府事務所（Government Office（GO））が置かれた。さらに、ブレア政権下で、1998年地域開発公社法[130]により、ロンドンを除く8地域に、経済開発推進のための機関として地域開発公社（Regional Development Agency（RDA））が設置され、その職務を監視させるために非公選の地域会議（Regional Chamber）が設置された。なお、地域会議は、2002年以降、公選議会への移行を見越して、地域議会（Regional Assembly）と称されるようになった[131]。

公選の地域議会設置のための第一段階の立法として、2003年地域議会（準備）法[132]が制定され、レファレンダムの要件及び手続が定められた。イングランドの中でも北部は、南部に比べて経済力が劣るとされ、スコットランドに近いこともあって、公選議会の設置に積極的な反応があった。

地域議会設置のための第二段階の立法として、レファレンダムで賛成が得られた地域に主務大臣の命令で地域議会を設置することを可能とする、地域議会法案草案[133]が、2004年7月22日に、副首相府によって公表された。

2004年11月4日に行われたノース・イースト地域での公選の地域議会設置に係るレファレンダムでは、反対意見が多数を占めた。2004年11月8日、庶民院においてジョン・プレスコット（John Prescott）副首相は、レファレンダムが予定されていた残る2地域[134]でのレファレンダムを直ちには行わないこ

とを表明し、イングランド内における地域議会設置による分権は頓挫した。

　イングランド内の分権については、権限委譲というより、むしろリージョナリズム（regionalism）と呼ばれるが、ロンドン[135]を除くイングランド内の8地域での分権が頓挫したことから、イングランド内における統治は、従来どおり、政府事務所、地域開発公社及び地域会議によることが継続することになった[136]。その後、2007年6月にブラウン政権となって、イングランド内の8地域とロンドンをそれぞれ担当する地域担当大臣（Regional Ministers）の職が創設された。また、2009年地方民主主義・経済開発及び建設法[137]により、地域会議の根拠規定も廃止され、これに代えて、地方自治体の議会運営と行政執行を担うリーダーで構成されるリーダー委員会（Leaders' Boards）が設けられるなどした。なお、2010年の政権交代後のキャメロン連立政権下では、地域担当大臣の職は廃止されたほか、2011年公的機関法[138]により地域開発公社も廃止され、2011年地方主義法[139]によりリーダー委員会は法的根拠を喪失し、各地域の政府事務所も廃止されている。一方、キャメロン政権下では、2011年には、コミュニティ地方政府省と商務刷新技術省が推進する、地方企業パートナーシップ（Local Enterprise Partnership（LEP））が創設された。これは、かつての8地域よりも下のレベルの39の地域を単位として、地方自治体と地元事業者の代表者の協働によって行うものである[140]。

　このように、スコットランド、ウェールズ及び北アイルランドとは異なり、イングランド内の分権改革は進展しなかった。結局、イングランドには、高い集権制が残存することとなったのである[141]。

(5)　権限委譲の成功と蹉跌

　英国の地方分権改革は、第二次世界大戦後の保守党・労働党の二大政党による政権交代に伴う集権と分権の振幅の中で行われてきた。

　英国の権限委譲のプロセスは、単一国家における地方分権改革のモデルとして多くの示唆に富んでいるが、連合王国の成立過程が、英国の分権改革における固有の背景となっている点には留意する必要がある。英国では、スコットランド、ウェールズ及び北アイルランドが異なる歴史を有し、イングランドとの関係も異なることから、非対称な権限委譲が行われた。すなわち、ス

コットランドには第一次立法権と課税変更権、ウェールズには第二次立法権（後に第一次立法権も委譲）、北アイルランドには第一次立法権が委譲され、また、執政府の在り方も含めて、画一的な分権ではなく一国多制度型の分権が行われた。しかし、課題として、スコットランド等選出の庶民院議員とイングランド選出の庶民院議員との間における法律事項への関与の不均衡というウェスト・ロジアン・クエスチョンが未解決のものとして残されている。また、イングランドにのみ固有の議会がないというイングリッシュ・クエスチョンの解決のために試みられたイングランド内における分権改革の停滞は、分権改革の契機としての地域アイデンティティの重要性も示している。そして、イングランド内における八つの地域議会の設置が頓挫したことが、イングランドと他の地域との間の非対称性を更に際立たせることとなっている。

3 権限委譲の進展と単一制の変容

ブレア労働党政権で実施された権限委譲は、ブラウン労働党政権においても継続された。なお、中央政府と地方政府との関係については、協働・責任分担を定めるものとして、2007年12月に英国政府とイングランド及びウェールズの地方自治体を代表する機関である地方政府協会（Local Government Association (LGA)）との間で『中央地方協定』[142]が締結された。また、中央政府と権限委譲を受けた各政府との連絡、協議、情報交換等の相互関係を記したものとして、2010年3月に英国政府とスコットランド、ウェールズ及び北アイルランドの各政府との間で『権限委譲―了解覚書及び補足合意書―』[143]が締結された。

そして、2010年5月の庶民院総選挙を経た政権交代後も、権限委譲は、政治・憲法改革の一つとして保守党・自由民主党によるキャメロン連立政権の連立合意に掲げられ、一定の進展を見せている。

(1) スコットランドへの権限委譲の進展
(i) 権限委譲の拡充

更なる権限委譲を目指して、2007年12月6日、スコットランド議会にお

いて、労働党の提案と保守党、自由民主党の賛成（独立を標榜するスコットランド国民党は反対）により、グラスゴー大学総長のケネス・カルマン（Kenneth Calman）を委員長とする「スコットランドの権限委譲に関する委員会」（Commission on Scottish Devolution）（カルマン委員会）が設置された。政権交代前の 2009 年 6 月 15 日、同委員会は、最終報告書『スコットランドの改善を目指して—21 世紀のスコットランドと連合王国—』[144]をスコットランド議会議長及び連合王国のスコットランド担当大臣に提出し、権限委譲の拡充を勧告した。また、連合王国議会でも、2009 年 7 月 17 日、貴族院バーネット・フォーミュラ特別委員会が、バーネット・フォーミュラを廃止し、実際の行政ニーズに基づいた配分方式に改めるべきとする報告書を提出した。

　2010 年 5 月の連立合意では、カルマン委員会の提案を実現することとなり、2010 年 11 月 30 日に法案が連合王国議会に提出された。その後、両院で多くの修正案が提出され、2012 年 5 月 1 日、2012 年スコットランド法[145]が制定された。

　同法は、スコットランド議会の課税権限（所得税の一部税率決定権）[146]、借入金等の財政権限を拡充するとともに、飲酒運転規制、空気銃規制等の立法権限を委譲するものである。また、政府部門の法律上の名称を、スコットランド執政府（Scottish Executive）から、2007 年から自称として用いられてきたスコットランド政府（Scottish Government）に改めるほか、スコットランド議会の選挙管理事務等の行政権限を委譲するものである。

(ii)　スコットランド独立レファレンダム

　その一方で、2011 年 5 月 5 日のスコットランド議会総選挙により、スコットランドの独立をマニフェストに掲げるスコットランド国民党が、129 議席中 69 議席を獲得して勝利し、単独過半数政権を形成して以降、スコットランドの独立を問うためのレファレンダムの実施に向けた動きが進展していく。

　これに先立ち、当時はスコットランド国民党による少数政権であったスコットランド政府は、2007 年 8 月から 2009 年 11 月にかけて、国民的対話（National Conversation）を開始した。これは、大臣が公衆の質問を受ける形でスコットランド内の各地で会議を開催するものである。まず、2007 年 8 月、スコットランド政府から討議用文書として『スコットランドの未来の選択—国

民的対話―現代世界における独立と責任―』[147]が公表された。討議結果は、2009年11月のスコットランド政府の白書『あなたのスコットランド、あなたの意見―国民的対話―』[148]にとりまとめられた。2012年1月25日、スコットランド首席大臣によって独立レファレンダムの協議文書『あなたのスコットランド、あなたのレファレンダム』[149]が公表され、同年5月11日に公開協議を終了し、26,000件を超える回答を集めた。

2012年10月15日、エディンバラ合意が、キャメロン首相とスコットランド政府のアレックス・サモンド（Alex Salmond）首席大臣によって署名された。この合意で、スコットランド議会の立法により、スコットランドの独立を問うレファレンダムを2014年末までに実施することとされた。

スコットランド政府は、独立に至らない最大限の権限委譲（Devolution Max）をレファレンダムの第二の設問とすることを排除していなかったが、2013年1月30日、英国の独立機関である選挙委員会（Electoral Commission）の勧告を受け容れ、レファレンダムの設問を「スコットランドは独立国となるべきか？はい/いいえ」（Should Scotland be an independent country? Yes/No）の一問のみとすることとなった。

2013年2月5日、スコットランド政府は、独立レファレンダムで賛成多数となった場合にいかなる統治構造となるかについての一連の文書の第一弾として、『スコットランドの未来―レファレンダムから独立と成文憲法へ―』[150]を公表し、2016年3月までに独立を果たすことを示した。なお、スコットランドと英国の諸地域の連合については、1998年スコットランド法附則第5に基づき、憲法事項として英国議会にその権限が留保されていた。ただし、この留保事項は、同法第30条、第113条、第115条及び附則第7の規定により、英国議会の各議院の承認決議及びスコットランド議会の承認決議を要件として、枢密院令（Order in Council）をもってスコットランド議会に権限を委譲することができるものとされていた。そこで、2012年12月5日にスコットランド議会で、2013年1月15日に庶民院で、翌1月16日に貴族院でそれぞれ承認を受け、同年2月12日の枢密院令[151]が制定された。これにより、2014年12月31日までに行われるスコットランド独立レファレンダムについては、スコットランド議会で立法を行うことが可能となったのである。

2013年8月7日にはスコットランド議会の立法により、2013年スコットランド独立レファレンダム（投票権）法[152]が制定され、独立レファレンダムの投票権年齢を16歳以上とすることとされた。2013年12月17日には同じくスコットランド議会の立法により、2013年スコットランド独立レファレンダム法[153]が制定され、2014年9月18日にレファレンダムを実施することとされた。

なお、2011年のスコットランド議会総選挙以降、報道機関各社等により、独立について世論調査が行われてきたが、おおむね独立に対する反対意見が賛成意見を上回っていた。2012年5月から独立を求める運動組織 Yes Scotland が、同年6月から残留を求める運動組織 Better Together がキャンペーンを展開した。2013年11月26日には、スコットランド政府の白書『スコットランドの未来—独立したスコットランドへのあなたのガイド—』[154]において、独立後の将来像が示されるとともに、レファレンダムで賛成が得られた場合には、英国政府との交渉を経て2016年3月24日に独立予定とされた。2014年に入り、英国政府は、スコットランドの分離独立による英国の弱体化への危機感から、スコットランド独立を阻止しようとの姿勢を強めるようになる。2014年2月7日、キャメロン首相が独立に反対の意思を表明したほか、同年2月13日、ジョージ・オズボーン（George Osborne）蔵相が独立後のポンド使用を認めないとするなどの発言を行った。英国政府は、同年4月に刊行した『英国におけるスコットランド』[155]でも、スコットランドの英国残留に向けた投票の呼びかけを行った。特に、2014年9月に初めて世論調査で独立賛成が反対を上回ると、保守党・自由民主党・労働党の各党首がスコットランド入りして独立反対を呼び掛けるとともに、キャメロン首相がスコットランドへの更なる権限委譲を行うことを公表したほか、女王エリザベスⅡ世も将来について注意深く考えてほしい旨の異例の発言を行った。

2014年9月18日のレファレンダムでは、投票率85％という高水準で、賛成票44.65％、反対票55.25％、無効票0.1％という結果に終わり[156]、連合王国からのスコットランドの分離独立は回避された。しかし、キャメロン首相は、スコットランドを始め、公平性の観点から、ウェールズ及び北アイルランドにも更なる権限委譲を行うことを表明した。そして、スコットランドに

ついては、スミス卿（Lord Smith of Kelvin）を委員長とするスミス委員会（Smith Commission）が設置され、2014年11月27日、同委員会が、スコットランド議会への更なる諸権限の委譲のための報告書を公表し、これを受けて2015年1月22日には、英国政府がスコットランドへの権限委譲拡充のための条項の草案を公表している。

(2) ウェールズへの権限委譲の進展
(i) 権限委譲の拡充

　ウェールズには、ブレア政権下において、1998年ウェールズ統治法に基づき第二次立法権が委譲された後、2006年ウェールズ統治法[157]により権限委譲の範囲拡大が定められていた。

　これに先立つ2002年2月、ウェールズ国民議会は、現行法制の下で可能な立法部と行政部の分立を求める動議を全会一致で可決した。2002年5月以降、議会の執行権限を行使する執行委員会は、広義の議会と区別し、ウェールズ議会政府（Welsh Assembly Government）と称することとなった。ウェールズ議会政府は、内閣ないし政府として活動したことから、権力の分立が進んだが、法的にはウェールズ国民議会がなお執行の責任を有するものとされた[158]。

　2002年7月、ウェールズ議会政府は、ウェールズ出身で前貴族院院内総務のリチャード卿を委員長とする委員会を設置し、権限委譲の在り方について調査することとした。同委員会の報告書では、ウェールズ国民議会の第一次立法の制定権、立法部と行政部の分立について勧告がなされた。2004年10月、ウェールズ国民議会は、1998年ウェールズ統治法を改正するための早期の立法措置を求める決議を採択した。

　2005年6月には、英国政府の白書『ウェールズの統治の改善』[159]が公表された。白書では、ウェールズの立法部と行政部を法的に分離することが提案された。また、選挙区選挙及び比例区選挙の重複立候補の禁止、スコットランド議会と同様の総議員の3分の2以上の議決による特別総選挙の導入が提案された。ウェールズ国民議会の立法権については、第一段階で、連合王国議会の法律でウェールズ国民議会が第二次立法を広範に行い得るようにすること、第二段階で、枢密院令によりウェールズ国民議会の立法権を強化する

こと、第三段階で、レファレンダムを実施した上でウェールズ国民議会に第一次立法権を付与することが提案された。

　2005年7月25日、1998年ウェールズ統治法を全面的に改正する2006年ウェールズ統治法が制定された。同法は、ウェールズの行政部をウェールズ国民議会から分離し、議会に対して責任を負うものとし、それまで自称として用いられてきたウェールズ議会政府を法律上の名称とするものである。議会が総議員の3分の2以上の賛成で解散を決定した場合又は議会が一定の期間内に首席大臣の指名を行い得なかった場合には、特別総選挙が実施される。また、ウェールズ国民議会の立法権を強化し、農林水産・地域開発、文化、経済開発、教育・訓練、環境、食料、保健、運輸、住宅、地方政府、観光、ウェールズ語等の各分野のうち特定事項については、ウェールズ国民議会の議決及び枢密院令による承認を経て、法律の効力を有する規定を制定することができるものとする。各分野及び特定事項の追加・改廃は、ウェールズ国民議会及び連合王国議会による草案承認等を経た後、枢密院令によって行われる。さらに、ウェールズ国民議会の第一次立法権についての賛否を問うレファレンダムは、ウェールズ国民議会の総議員の3分の2以上の賛成による決議を経て、枢密院令に基づき、ウェールズで実施されるものとする。レファレンダムで承認された場合には、前述の立法権強化規定は失効し、2006年ウェールズ統治法附則第7に掲げられた各分野について、ウェールズ国民議会は第一次立法権を有することとされた。

　この法律は、ウェールズ国民議会の総選挙が実施された2007年5月3日以降、全面的に施行されている。

(ii) **政権交代後のレファレンダムの実施**

　前述のように、ブレア首相とブラウン首相の労働党政権により進められた権限委譲については、保守党・自由民主党政権の連立合意にも掲げられ、2010年5月の英国の政権交代後も進展を見せた。2006年ウェールズ統治法に基づく2010年12月15日の枢密院令[160]により、第一次立法権の委譲に関するレファレンダムの期日等が定められた。2011年3月3日のウェールズにおけるレファレンダムで、投票率35.63％、賛成63.49％、反対36.51％の結果となり、ウェールズに、農林・地域開発、文化、経済開発、教育・訓練、

環境、食料、保健、運輸、住宅、地方政府、観光、ウェールズ語等の一定の第一次立法権が委譲された。

また、2008年にウェールズ議会政府によって、エコノミストのジェラルド・ホルサム（Gerald Holtham）を委員長とする、ウェールズの基金及び財政に関する独立委員会が設置され、同委員会は、バーネット・フォーミュラ、税源及び借入金について検討を行い、2010年7月に最終報告書を提出した。これは、2011年10月11日に英国政府によって設置され、前ウェールズ国民議会書記官長のポール・シルク（Paul Silk）を委員長とする「ウェールズにおける権限委譲に関する委員会」（Commission on Devolution in Wales）（シルク委員会）に引き継がれた。同委員会は、2012年11月にウェールズ国民議会の財政権強化について報告書を公表したほか、2014年3月3日にはウェールズ国民議会の権限の在り方に関する報告書を公表した。これを受けて英国政府は、2013年12月にウェールズ法案草案[161]を連合王国議会に提出し、2014年2月に庶民院ウェールズ問題委員会が報告書を公表している。2014年3月31日、ウェールズ国民議会の任期を4年から5年に改め、ウェールズ議会政府をウェールズ政府（Welsh Government）に改称するとともに、印紙税・埋立税の課税権限の委譲等を内容とするウェールズ法案が庶民院に提出された。同法案は、2014-15年会期に継続され、2014年6月24日に庶民院第三読会を通過し、同年11月24日には貴族院第三読会を通過し、両院間の往復を経て、同年12月17日に、2014年ウェールズ法[162]として制定された。

(3) 北アイルランドへの権限委譲の進展
(i) 北アイルランドの自治再開

2005年7月28日のアイルランド共和軍（Irish Republican Army（IRA））による武力闘争終結宣言を受け、英国政府と北アイルランド執政府との間で交渉が再開された。2006年5月8日、2006年北アイルランド法[163]が制定され、北アイルランド議会が2006年11月25日より前に首席大臣及び副首席大臣の選出等を行った場合には、権限委譲を回復することとされた。しかし、これは不調に終わったため、同年10月13日、各コミュニティ間の権限分有、警察、人権等の諸問題について、スコットランドでセント・アンドルーズ合意

が締結された。同年11月22日に制定された2006年北アイルランド（セント・アンドルーズ合意）法[164]によって、「暫定議会」を設置することとし、2007年3月7日に北アイルランド議会の選挙が行われたが、同年3月26日までの期限内には執政府が組織されなかった。このため、2007年北アイルランド（セント・アンドルーズ合意）法[165]により期限が延長され、2007年5月8日に北アイルランドの議会と執政府による自治が再開された。

(ii) 警察及び司法に関する権限委譲

北アイルランドの警察組織であった王立アルスター警察（Royal Ulster Constabulary（RUC））は、プロテスタント系が多くを占めてきたことから、カトリック系住民からの信頼を喪失していた。2000年警察（北アイルランド）法[166]により、王立アルスター警察は北アイルランド警察機構（Police Service of Northern Ireland）に改称され、北アイルランド警察委員会も設置されたが、警察、刑事司法などの権限は、依然として英国に留保されてきた。また、司法官職の任免は、首席大臣及び副首席大臣が責任を有するものとされてきた。

自治再開後、2008年11月18日、民主統一党のピーター・ロビンソン（Peter Robinson）首席大臣とシン・フェイン党のマーティン・マクギネス（Martin McGuinness）副首席大臣は、北アイルランド議会への警察及び司法に関する権限委譲について合意したと発表した。

2009年3月12日に制定された2009年北アイルランド法[167]は、この合意を実現するためのものである。この法律は、1998年北アイルランド法を改正し、北アイルランド執政府に警察及び司法を掌る司法省を設置するものである。北アイルランドの司法大臣は、北アイルランド議会によって指名され、かつ、各コミュニティから横断的に選出される。同大臣は、北アイルランド執政府の執行委員会への出席が認められる。また、司法の独立性を高めるため、1978年裁判所（北アイルランド）法及び2002年司法（北アイルランド）法[168]を改正し、司法官職に係る任命については北アイルランド司法任命委員会が、罷免については北アイルランド首席裁判官が責任を有するものとされる。なお、これらの措置は、2012年5月1日までの暫定的なものであり、北アイルランド議会における決議又は立法により、恒久的な措置とすることとされた。そして、北アイルランド議会の立法により、2010年司法省（北アイルランド）法[169]

が 2010 年 2 月 12 日に制定され、北アイルランド首席大臣及び副首席大臣の命令によって、同年 4 月 12 日から、全面的に施行されている。

以上のほか、2009 年北アイルランド法は、2002 年司法（北アイルランド）法を改正し、北アイルランド公訴局長官（Director of Public Prosecutions for Northern Ireland（DPPNI））を非大臣省の単独法人とし、資産、権利及び債務の帰属を円滑化する。また、1998 年北アイルランド法第 86 条を改正し、同法第 4 条に基づく命令により、英国政府当局と北アイルランド当局との間で、職務の移管等を行い得るものとする。これにより、立法権が連合王国議会に留保されている場合であっても、警察及び司法に関する行政権を、北アイルランド執政府に移管することが可能となる。この法律は、英国の北アイルランド担当大臣の施行命令によって 2010 年 4 月 12 日から、全面的に施行されている。

さらに、2014 年 3 月 13 日、北アイルランド議会議員と連合王国議会庶民院議員の兼職禁止、北アイルランド議会の議員数の削減を可能とする議員定数の「留保事項」化、北アイルランド議会の任期の 4 年から 5 年への延長、北アイルランド司法大臣の任命及び罷免手続の改正等を内容とする 2014 年北アイルランド（諸規定）法[170]が制定されている。

(4) 権限委譲の到達点

スコットランド、ウェールズ及び北アイルランドに対して、ウェストミンスター議会の一定の立法権の権限委譲が行われた結果、英国は、かつての集権的な単一国家から、より分権的な中央地方関係に変容している。なお、これを実現した議会制定法は、憲法レベルの規範ではあるが、ウェストミンスター議会の通常の立法手続により過半数で改廃ができるものであり、ウェストミスター議会による議会主権の憲法原理も存続している。もっとも、権限委譲関係立法などの憲法的意義を有する議会制定法を、時計の針を逆に進めるような形で改廃することは実際上容易ではない点には注意を要する。

地域的な分権が行われると、雪玉効果ないしラチェット効果が創出され、分権の度合いが弱い地域も、より自律的な地域としての権限を求めるようになるパターンがあることが多くの国で知られている[171]。すなわち、地方分権は加速度的かつ不可逆的に進行する傾向があり、英国におけるスコットラン

ド、ウェールズ及び北アイルランドに対する権限委譲にもこのことが妥当している。このため、いずれの地域も一定の第一次立法権を獲得し、課税権も拡充されつつあるとともに、執政府の在り方も近似してきており、イングランドを除き、これらの地域相互の非対称性は緩和されつつある。権限委譲が継続し、分権的統治スタイルが発達し受容された結果、権限委譲は対称性を有するようになってきているのである[172]。

しかし、イングランド内における八つの地域議会の設置が頓挫したことが、非対称な分権を更に際立たせることとなっている。そのため、スコットランド等の選挙区選出の庶民院議員とイングランドの選挙区選出の庶民院議員との間における法律事項への関与の不均衡というウェスト・ロジアン・クエスチョンが未解決の課題として残されている。また、イングランドにのみ固有の議会がないというイングリッシュ・クエスチョンも、イングランド内における地域議会設置の頓挫により未解決のままである。なお、これに関しては、キャメロン連立政権下で、元庶民院書記官長のW. R. マッケイを委員長とするマッケイ委員会（McKay Commission）が設置され、庶民院に対する権限委譲の影響について検討し、2013年3月25日に報告書を提出している。これは、庶民院の決議をもって、イングランド（ないしイングランド及びウェールズ）に限り効力を有する立法は、通常は当該地域選出の庶民院議員のみで決定することとするほか、議事運営の改善によって対応するというものであったが、実現には至らなかった。

権限委譲がなされた地域の議会の選挙制度については、スコットランド議会及びウェールズ国民議会では追加型議席制度が、北アイルランド議会では単記移譲式投票制が採用され、地域政党が一定程度勢力を確保するとともに、政党の連立が基本的に不可避となり、連合王国のウェストミンスター議会とは異なる選挙制度と政党システムとなっている。もっとも、国政レベルでは、執政府の優位、非比例的な選挙制度、非対等型の二院制は維持されており、中央レベルの統治機構と地域レベルの統治機構に「ねじれ」が生ずる結果となっている。これは、フリンダーズが、ニュー・レイバーが中央レベルでは多数派型を維持しつつ地域レベルで合意型を目指したことから、「二重の立憲主義」（bi-constitutionalism）と表現したものである[173]。

IV 議院内閣制・単一制の変容と二院制の関係

　以上、英国におけるウェストミンスター・モデルの変容状況について、その全体像を踏まえた上で、特に議院内閣制と単一制の変容について詳述してきた。ここで、この両者と二院制との関係について順次考察を加えることとする。

1 議院内閣制の変容による二院制への影響

(1) 連立政権の出現と第二院

　英国における議院内閣制の変容の動向については、首相統治か内閣統治かという類型論は時の首相の執政スタイルに応じて変化するものの、内閣への執行権の集中ということにおいては基本的に変わるところはない。そこでは、単純小選挙区制という相対多数で決する多数代表制を用いた下院総選挙のみによって首相が選出され、下院を基礎とする議院内閣制が構築されている。
　フリンダーズ、レイプハルトの分析によれば、「執政府・政党次元」での英国の変化はそれほど強いものではないとされている。これは、前者の分析期間がブレア政権期、後者の分析期間の大半が2010年の連立政権誕生以前の期間を対象としているためである。この点、ブレア政権下の大統領制的な政権運営による「首相統治」から、ブラウン政権の伝統的議会主義への志向を経て、キャメロン連立政権が登場し、「内閣統治」に回帰し、その政権運営がもたらした効果について更なる検討が必要であろう。
　連立政権と二院制の関係性について付言するならば、第三党以下の政党の得票率の増加、更には2010年の連立政権の出現は、今後の貴族院改革にも少なからぬ影響をもたらす可能性がある。貴族院において、労働党政権時代は自由民主党が要政党としての地位 (pivotal position) を有していたが、2010年に保守党と自由民主党が連立政権を構成してからは、クロスベンチがこれに代

わっている[174]。

また、1945年以降の庶民院総選挙において過半数の得票率を占めた政党は一つもなく[175]、貴族院改革法案のように第二院において20％の任命議員を留保することは、比例的な選挙制度を採用する方向性の下では、単独政党が第二院で過半数を制する蓋然性を低下させることに資する。しかし、下院で連立政権が作られると、政権参加政党の組合せ次第では上院における連立与党の合計議席が過半数を占め、上院の中立的な党派構成に影響を及ぼす可能性もないではない。

(2) 議会解散権の制限・議会期固定と第二院

5年という議会期の固定は、英国の議会の存続期間のこれまでの実情からすると相対的に長い。従前において英国の首相は、裁量的解散権を保持していたため、最大5年の議会期の中で選挙の時期を選択することが可能であった。1945年以降の一議会の平均存続期間は3.7年であるが、2年以下であった3議会を除外すると4.3年であり、1974年10月以降では平均4.4年となっていた[176]。それゆえ、政界・学界からは、4年の議会期の支持も強い[177]。しかし、議会期の原則5年の固定という改革が行われ、首相による裁量的解散権は原則として廃止された。

議会期の固定による首相の解散権の制限は、庶民院と首相との間の抑制と均衡の在り方にも影響を及ぼし、首相の権力の相対的低下をもたらし得るものである。また、庶民院も首相の裁量的解散権に服さなくなることで、解散の有無という局面において、上下両院の差異はなくなる。その一方で、庶民院の総選挙を5年ごとに行って議会期を固定することは、部分改選であっても貴族院の選挙期を5年とした場合に、両院の選挙サイクルを同期させ、両院同時選挙を行うことを可能とする。

もっとも、英国における貴族院改革の議論においては、上院の解散制度は俎上に載せられてはおらず、オーストラリアやイタリアのような両院同時解散制度かつ両院同時選挙という制度を具備した構想はなかった[178]。英国の貴族院改革構想における上院の部分改選を下院総選挙と同時に行うという点については、通常は3年ごとに上下両院同日選挙が実施されるオーストラリ

ア・モデルに近いものであった。

(3) 上下両院の選挙制度の組合せをめぐる問題

　貴族院への公選制導入と庶民院の選挙制度改革の途上においては、オーストラリア型の下院は選択投票制・上院は単記移譲式投票制の比例代表制ということが一つの先行例となっていたと考えられる。ただし、下院は多数代表制で上院は比例代表制という組合せにとすることについては、賛否両論の評価があり得る。

　例えば、メグ・ラッセルは、上下両院を同じ選挙制度にすると構成が極端に類似するため妥当ではなく、二院制議会は両院間の健全な摩擦が存在する場合に有効に働くことから、異なる原理の選挙制度を用いるべきという指摘を行った[179]。その際、上院を多数派型の選挙制度とすることは野党が上院で過半数を制するおそれがあることから適切ではなく、下院を多数派型の選挙制度・上院を比例代表制とすることが妥当であるとする。これにより、下院議員と選挙区との紐帯を保持するとともに、下院で単独政党が多数を占める可能性を維持する一方で、比例代表で選出される上院では、多様な民意が反映され、政府との交渉も行われ得るという。

　上院が任命制あるいは間接選挙の場合、直接選挙で選出される下院に比べ、その民主的正統性も劣ることから、上院の権限を弱めた非対等型の両院制の制度設計とすることは、権限と正統性の相関関係からして比較的容易である。しかし、第二院に直接公選制の要素がある場合、選挙における政党政治の不可避性、第二院の民主的正統性との対応関係で、選挙制度上いかにして中立性・独立性を担保するか、いかにして適度な権限の非対等性を確保するかというのは難しい問題が残る。

　これに関して、ヴァーノン・ボグダナーは、上院が比例代表制で選出される公選議院となると、単純小選挙区制で選出された庶民院の「歪んだ多数派」（distorted majorities）に比して代表性が高い議院となることから、上院が優越的な有権者委任（superior mandate）を主張するおそれがあると指摘する[180]。ロドニー・ブレイジャーも、上下両院を同じ選挙制度と選挙期日とするのは無意味であるとしつつ、異なる選挙制度と異なる選挙期日とすると上下両院の

対立を招き、上院が比例代表制となると単純小選挙区制の下院よりも上院の政治的権威が増大することに懸念を示している[181]。

2 単一制の変容による二院制への影響

(1) 第二院の地域代表機能の問題

　スコットランド、ウェールズ及び北アイルランドには権限委譲が行われたが、イングランドの地域議会設置は頓挫した。かかる状況にあって、地域を代表する第二院を設置することは可能であろうか。第二院を地域代表の議院とするというのは、イタリア、スペインにも共通する方向性であり、欧州におけるリージョナリズムの流れにも沿うものである。また、現代的な二院制が、単一国家であっても、リージョナリズムの進展により分権的な国家となるに従って、第二院に地域を代表する機能を担わせようとする傾向を体現するものである。

　ブレア政権下の貴族院改革の初期段階でも、改革後の第二院に地域代表機能を付加しようとする考え方が浮上した。2000年のウェイカム委員会の報告書においては、第二院は英国全体を代表すべきとしつつ、地域代表議員として、スコットランド、ウェールズ及び北アイルランドのほかイングランド内の8地域とロンドンをそれぞれ代表する公選議員の一部導入が提案された。しかし、イングランド内の地域への分権が頓挫したことにより、第二院への地域代表議員導入も構想から外れていく。実際、その後の貴族院改革での議論では、大部分を公選議員とする方向に議論が推移し、2001年政府白書では一部の議員は地域代表とすることが示され、2007年政府白書も地域別の比例代表制を想定していたが、2008年7月の政府白書では、公選化された議員は英国全体を代表すべきとされ、すべて国民代表へと性格を変えた。イングランドの各地域に地域議会を設置する構想が頓挫したことから、仮にスコットランド、ウェールズ及び北アイルランドと並んで、イングランド全体の地域代表議員を導入しようとしても、人口の約84%を占めるイングランドが巨大過ぎるため、現実味に乏しいと言わざるを得ない。

　もとより、英国の権限委譲は、中央政府と並んで権限委譲がなされた地域

が主権を有するものではなく、連邦制とは異なる[182]。しかも、イングランドには強い集権制が残り、非対称性はイングランドと他の地域との間になお際立って存在する。連合王国の大部分を占めるイングランドは、他の地域に比べ、人口を始めとする規模が大きすぎることから、各地域を均等に代表する第二院は採用し得ないのはもとより、不均等に代表させることも、結局イングランドの代表が大多数を占めるため極めて困難である。

(2) 地域レベルの一院制

スコットランド、ウェールズ及び北アイルランドの議会は、すべて一院制を採用している点では、一院制を指向するウェストミンスター・モデルの純粋型とも言えなくもないが、むしろ、統治機構を新たに設計するに当たって、多くの小規模国家において二院制を設ける必要性がなく一院制が選択されているのと同様に、各地域の小規模人口による点は無視できない。また、スコットランド議会を構想した関係者は、ウェストミンスター型でなく、ヨーロッパ大陸諸国を始めとする外国議会を参考として、コンセンサス重視の議会制度を作り出そうとしていた[183]という点も重要である。

スコットランドへの一院制導入については、1997-98年会期の貴族院で次のような議論がなされている[184]。レファレンダム（スコットランド及びウェールズ）法案[185]の審議では、ローダーデイル伯爵（Earl of Lauderdale）から、第一次立法権を獲得することとなるスコットランド議会が一院制であることについて、連合王国議会が二院制を採用していることとの関係から、同一レベルの法律案を審議対象とするにもかかわらず、審議の仕方が異なることについて質問がなされた[186]。この問題に関しては、スコットランド省政務官のスウェル卿（Lord Sewel）が、強力な委員会制度の下で立法前審査を増加させることにより、二院制の必要性はなくなるとの見解を示した[187]。また、スティール卿は、北欧諸国の一院制議会に設けられている審査制度への高い関心を表明し、新たに設置される議会における同様の仕組みの採用可能性について言及した[188]。このほかに、スコットランド法案[189]の審議では、ラムゼイ女性男爵（Baroness Ramsay of Cartvale）から、ノルウェー、スウェーデン、フィンランド、デンマーク及びアイスランドの北欧諸国の議会は一院制であり、北欧諸国の

議会の審査、修正、抑制と均衡を参考にすべきとの発言もあった[190]。実際にも、1998年スコットランド法施行後数年が経過した時点で、スコットランド議会は、スカンジナビア型議会政治の性格に近い制度設計となっていると評価されている[191]。

また、スコットランド議会、ウェールズ国民議会では追加型議席制度、北アイルランド議会では単記移譲式投票制が導入された結果、連立政権ないし少数政権が常態化するに至っており、第Ⅴ章―Ⅱで述べる1996年の比例代表制導入後のニュージーランドの一院制議会[192]との共通性も認められる。また、スコットランド議会にあっては、委員会が第二院に代わって法案審議における「修正の院」(revising Chamber)の役割を果たすべきという考え方もあり、専門的能力を培った委員による非党派的な議論に、第二院としての役割が期待されたが[193]、この点も1951年に一院制に移行した後のニュージーランド議会における特別委員会制度の発達と重なるところがある。

(3) 各地域の政治システムとウェストミンスター・モデル

権限委譲を受けた各地域の政治システムとウェストミンスター・モデルとの関係について付言するならば、次のとおりである。

権限委譲のための統治機構を形成し、運用を行うに際して、ウェストミンスター・モデルが大きな影響を及ぼしてきたことについては疑いの余地はない[194]。フリンダーズによれば、1997-2007年の間に、英国は、「準連邦制」と「分権的単一制」の中間程度になったが、変化の程度を誇張しないことが重要であり、連邦制の論理と原理は拒絶されており、多数派型の影響は分権国家(devolved state)となった英国になお残存しているという[195]。ウェストミンスター・モデルは、地域議会における比例代表制の採用、多党化という英国内部におけるサブナショナルなレベルでは動揺も見せている。しかし、多数派型の文化と価値は、英国の政治的伝統に深く組み込まれている[196]。

権限委譲直後のスコットランドでは、連立政権が誕生し、コンセンサス重視の議会運営が期待されたが、単独与党が連立与党に変わっただけで、政府・与党(多数派)対野党(少数派)という審議の基調は変化しなかった[197]。スコットランド議会発足当初は、委員会を中心に党派にとらわれない議会活動が活

発化したが、本会議の場で執政府の反対を押し切るのは極めて困難であり、総体としてスコットランド議会の運営はウェストミンスター・モデルの改良の域にとどまっていると評価された[198]。スコットランド議会発足後当初の8年間は、労働党と自由民主党の連立政権は多数派型の政府として行動し、2007年以降のスコットランド国民党による少数政権になって、ようやく多数派型からの転換がなされたのである[199]。

ウェールズ国民議会は、ウェストミンスター・システムを模したものではなく、むしろ英国の地方自治体において一般的な議会が執行機関でもある制度と同様の制度としたものであった。しかし、ウェールズにおける権限委譲の進展は、ウェールズ国民議会の審議・立法機能の執政府からの分離をもたらし、むしろウェストミンスター・モデルの特徴を増加させている[200]。その上で、連立政権や少数政権の発達により、ウェールズでは多数派型政治ないし敵対的政治は減少してきているとの評価もなされている[201]。

北アイルランド議会は、権限委譲後も、プロテスタント系とカトリック系の対立が激化し、数次にわたり、権限委譲の停止がなされた。なお、その固有のスタイル、手続、文化は、ウェストミンスター・モデルとは一線を画しており、これは執政府についても当てはまる[202]。しかし、主要政党とこれに対応する執政府におけるパートナーは、協調主義の政治というより、拘束的な政治に陥っており、この点からすると、権限委譲を受けた北アイルランドは、ウェストミンスター・モデルによって政治機構が若干ミスリードされた特異なケースとなっている[203]。

このように、英国内部の権限委譲を受けた地域においては、それぞれの一院制議会と執政府を中心としつつ、ウェストミンスター・モデルから離反する統治機構が制度化されているが、一方でウェストミンスター型のデモクラシーの影響も根強く見受けられるところである。

注

[1] 英国の統治構造は、単独多数内閣への執行権の集中、二大政党制、多数代表制などをその特徴とし、英連邦諸国に影響を与え、ロンドンにある英国議会の所在地の地名からウェストミンスター・モデルと呼ばれてきた。なお、ウェストミンスター・モデルの

定義について、小堀眞裕『ウェストミンスター・モデルの変容―日本政治の「英国化」を問い直す―』立命館大学法学叢書14号（法律文化社、2012年）1・7-9頁を参照。
[2] R. A. W. Rhodes, 'Executives in Parliamentary Government', in R. A. W. Rhodes, Sarah A. Binder and Bert A. Rockman eds., *The Oxford Handbook of Political Institutions*, Oxford: Oxford University Press, 2006, p. 324.
[3] コア・エグゼクティヴの「コア」（core）とは、ニュー・パブリック・マネージメント（New Public Management（NPM））の理念に基づいて、国家機能のうち政策の形成・管理と実施が分離され、前者は執政部門の上部である「コア」が担い、実施は「ペリフェリー」（periphery）で担われることになるという考えに由来する（See Nicholas Deakin and Kieron Walsh, 'The Enabling State: The Role of Markets and Contracts', *Public Administration*, vol. 74, no 1, Spring 1996, p. 33.）。なお、比較的広がりのあるネットワークという含意があるコア・エグゼクティヴを、少数の閉鎖的集団という語感のある「中核的執政」あるいは「執政中枢」と翻訳すると、原語の意味とは相当の開きがあるとの見解がある（伊藤光利「コア・エグゼクティヴ論と官僚制―その比較の枠組と日本の官僚制―」村松岐夫研究代表『コア・エグゼキュティブと幹部公務員制度の研究』（国際高等研究所、2007年）12頁）。
[4] R. A. W. Rhodes, John Wanna and Patrick Weller, *Comparing Westminster*, Oxford: Oxford University Press, 2009, p. 7.
[5] Arend Lijphart, *Patterns of Democracy: Government Forms and Performance in Thirty-Six Countries*, New Haven: Yale University Press, 1999.
[6] *Ibid.*, p. 200.
[7] *Ibid.*, p. 7.
[8] 小堀・前掲注（1）8-9頁。
[9] 笠京子「日本官僚制―日本型からウェストミンスター型へ―」村松岐夫＝久米郁男編著『日本政治変動の30年―政治家・官僚・団体調査に見る構造変容―』（東洋経済新報社、2006年）230-231頁。なお、同論文は、冷戦の崩壊や一党優位体制の崩壊、選挙制度改革など、従来の統治機構の基本的枠組みが変化した1980年代後半から1990年代を挟んで、我が国の官僚の意識は変化し、官僚は自らが本人たる議会（国民）の代理人であるという認識を強めつつあるとし、「日本の議院内閣制が、日本型というべき特有の型から議院内閣制の理念型であるウェストミンスター型に移行しつつある」という認識に立ち、「日本の議院内閣制が日本国憲法に明示された制度本来の機能を取り戻しつつあるともいえよう」と指摘する（同上223-224頁）。この点に関し、「逆転国会」を契機に可視化した、「強い参議院」を組み込んだ日本国憲法独特の「議院内閣制」は、「日本型としか表現し得ない」との指摘もある（加藤一彦『議会政治の憲法学』（日本評論社、2009年）iv頁）。
[10] Lijphart, *op. cit.* (5), pp. x, 311-314. なお、同書に先立つ、Arend Lijphart, *Democracies: Patterns of Majoritarian and Consensus Government in Twenty-One Countries*,

New Haven: Yale University Press, 1984. では、21 か国を対象として、1945-1980 年の期間を分析しているが、中央銀行に関する変数は用いていない。

[11] Arend Lijphart, *Patterns of Democracy: Government Forms and Performance in Thirty-Six Countries*, 2nd edn., New Haven: Yale University Press, 2012.

[12] See *Ibid.*, pp. Ⅸ-Ⅺ. なお、レイプハルトは、合意型の優位性の検証に際しての回帰分析の手法にも改善を加えている（*Ibid.*, pp. Ⅹ-Ⅺ.）。

[13] レイプハルトの 10 の変数の中に、コーポラティズムや中央銀行など、政治制度とは異なる要素が入っていることへの批判について、小堀・前掲注（1）232-233 頁を参照。

[14] Lijphart, *op. cit.*（11）, pp. Ⅹ, 228, 234-235.

[15] *Ibid.*, pp. 304-309.

[16] 松井幸夫＝元山健＝倉持孝司「ニュー・レイバーとイギリス「憲法改革」」松井幸夫編著『変化するイギリス憲法―ニュー・レイバーとイギリス「憲法改革」―』（敬文堂、2005 年）3-24 頁、江島晶子「議会制民主主義と「憲法改革」―イギリス・ウェストミンスター・モデル再考―」『ジュリスト』1311 号（2006 年 5 月 1-15 日）92-100 頁、高見勝利「日本の逆を行くイギリスの議会改革―ウエストミンスター・モデルのゆくえ―」『世界』807 号（2010 年 8 月）152-160 頁、高安健将「動揺するウェストミンスター・モデル？―戦後英国における政党政治と議院内閣制―」『レファレンス』61 巻 12 号（通巻 731 号）（2011 年 12 月）33-47 頁、小堀・前掲注（1）、木下和朗「イギリスにおける憲法改革―ウェストミンスター・モデルと政治的憲法をめぐって―」『比較憲法学研究』25 号（2013 年 10 月）57-83 頁など。

[17] Matthew Flinders, *Democratic Drift: Majoritarian Modification and Democratic Anomie in the United Kingdom*, Oxford: Oxford University Press, 2010.

[18] *Ibid.*, p. 123.

[19] Lijphart, *op. cit.*（11）, p. 11.

[20] *Ibid.*, p. 12.

[21] Flinders, *op. cit.*（17）, p. 140.

[22] Lijphart, *op. cit.*（11）, pp. 120-121.

[23] 高安・前掲注（16）43 頁。

[24] Flinders, *op. cit.*（17）, p. 104.

[25] *Ibid.*, p. 105.

[26] Lijphart, *op. cit.*（11）, pp. 74-75.

[27] *Ibid.*, pp. 11-12.

[28] Flinders, *op. cit.*（17）, pp. 154-155.

[29] *Ibid.*, p. 155.

[30] Lijphart, *op. cit.*（11）, pp. 150-151.

[31] *Ibid.*, p. 15.

[32] Flinders, *op. cit.*（17）, p. 173.

33　Lijphart, *op. cit.* (11), pp. 165-166, 170.
34　Lijphart, *op. cit.* (5), p. 189 ; Lijphart, *op. cit.* (11), p. 178.
35　Flinders, *op. cit.* (17), p. 195.
36　Lijphart, *op. cit.* (11), pp. 16-17.
37　*Ibid.*, p. 178.
38　*Ibid.*, pp. 16-17.
39　Flinders, *op. cit.* (17), pp. 79-81.
40　*Ibid.*, pp. 197-198.
41　Lijphart, *op. cit.* (11), p. 199.
42　中村民雄「EU の中のイギリス憲法―「国会主権の原則」をめぐる動きと残る重要課題―」『早稲田法学』87 巻 2 号（2012 年 1 月）350 頁。
43　Flinders, *op. cit.* (17), p. 234.
44　Lijphart, *op. cit.* (11), pp. 205, 208.
45　Flinders, *op. cit.* (17), p. 250.
46　Lijphart, *op. cit.* (11), pp. 215, 218.
47　Bank of England Act 1998（c. 11）.
48　Flinders, *op. cit.* (17), pp. 260, 267.
49　Lijphart, *op. cit.* (11), pp. 20, 234-235.
50　Flinders, *op. cit.* (17), p. 273.
51　Lijphart, *op. cit.* (11), p. 20.
52　Robert Hazell, 'Conclusion: Where Will the Westminster Model End Up?', in Robert Hazell ed., *Constitutional Futures Revisited: Britain's Constitution to 2020*, Basingstoke: Palgrave Macmillan, 2008, p. 286.
53　*Ibid.*.
54　高安・前掲注（16）47 頁。これに関して、木下・前掲注（16）83 頁は、バージョン・アップという用語は「その本質の改善を目指す変化を示すものとしてまことに適切である」とする。
55　小堀・前掲注（1）263-264 頁。
56　同上 264 頁。
57　Hazell, *op. cit.* (52), p. 286.
58　*Ibid.*. pp. 293-298.
59　*Ibid.*. p. 297.
60　英国の内閣機能等の近年における変容動向については、田中嘉彦「英国における内閣の機能と補佐機構」『レファレンス』61 巻 12 号（通巻 731 号）(2011 年 12 月) 121-146 頁を参照。
61　R. A. W. Rhodes, 'From Prime Ministerial Power to Core Executive' in R. A. W. Rhodes and Patric Dunleavy eds., *Prime Minister, Cabinet and Core Executive*,

Basingstoke: Macmillan Press, 1995, pp. 15-26.
62 阪野智一「ブレアは大統領型首相か」梅川正美＝阪野智一＝力久昌幸編著『現代イギリス政治』（成文堂、2006 年）26-27 頁。
63 同上 27 頁。
64 同上。なお、ブレア政権下のコア・エグゼクティヴについて、渡邉樹「ブレア政権における「中核的執政」（コア・エグゼクティブ）」『レファレンス』56 巻 9 号（通巻 668 号）（2006 年 9 月）5-30 頁を参照。
65 Rhodes, *op. cit.* (61), p. 12.
66 Martin J. Smith, *The Core Executive in Britain*, Basingstoke: Macmillan Press, 1999, p. 5.
67 Mark Bevir and R. A. W. Rhodes, *Interpreting British Governance*, London: Routledge, 2003, p. 57.
68 阪野智一「イギリスにおける中核的執政の変容―脱集権化のなかの集権化―」伊藤光利編『政治的エグゼクティブの比較研究』（早稲田大学出版部、2008 年）37 頁。
69 Simon James, 'The Cabinet System Since 1945: Fragmentation and Integration', *Parliamentary Affairs*, vol. 47 no. 4, October 1994, p. 621.
70 阪野・前掲注（68）37 頁。
71 高安健将「イギリス政治学における首相研究の展開―首相の地位をめぐる最近の議論を中心に―」『早稲田政治公法研究』55 号（1997 年 8 月）26 頁。
72 Terry M. Moe, 'The New Economics of Organization', *American Journal of Political Science*, vol. 28 no. 4, November 1984, p. 756. また、高安健将「首相・大臣・政権党―プリンシパル＝エージェント理論から見た石油危機下の田中内閣―」『北大法学論集』56 巻 1 号（2005 年 5 月）4 頁を参照。
73 R. A. W. Rhodes, *Control and Power in Central-Local Government Relations*, 2nd edn., Aldershot: Ashgate, 1999, pp. 78-79；R. A. W. Rhodes, 'Introduction: The ESRC Whitehall Programme: a Guide to Institutional Change', in R. A. W. Rhodes ed., *Transforming British Government*, vol. 2, Basingstoke: Macmillan, 2000, p. 10.
74 Philip Norton, 'Ministers, departments, and civil servants', in Bill Jones and Philip Norton, *Politics UK*, 8th edn., Oxford: Routledge, 2014, pp. 406-407.
75 *Ibid.*, pp. 418-425.
76 プリンシパル＝エージェント理論を用いた英国の首相ないし議院内閣制の研究として、高安健将『首相の権力―日英比較からみる政権党とのダイナミズム―』（創文社、2009 年）、高安・前掲注（16）33-47 頁を参照。
77 Bevir and Rhodes, *op. cit.* (67), p. 56.
78 高安健将「政府内政策決定における英国の首相の権力―石油危機に対する E. ヒースの対応を事例に―」『早稲田政治経済学雑誌』357 号（2004 年 11 月）100 頁。
79 片岡寛光『内閣の機能と補佐機構』（成文堂、1982 年）21 頁。

⁸⁰ Thomas Poguntke and Paul Webb, 'The Presidentialization of Politics in Democratic Societies: A Framework for Analysis', in Thomas Poguntke and Paul Webb eds., *The Presidentialization of Politics: A Comparative Study of Modern Democracies*, Oxford: Oxford University Press, 2005, pp. 13-17. また、建林正彦＝曽我謙吾＝待鳥聡史『比較政治制度論』（有斐閣、2008 年）127 頁を参照。

⁸¹ Rhodes, *op. cit.* (2), p. 328.

⁸² Prof Robert Hazell and Dr Ben Yong, *Inside Story: How Coalition Government Works*, London: Constitution Unit, 3 June 2011, p. 3.

⁸³ *Ibid.*, pp. 3-4.

⁸⁴ Mark Bennister and Richard Heffernan, 'Cameron as Prime Minister: The Intra-Executive Politics of Britain's Coalition Government', *Parliamentary Affairs*, vol. 65 no. 4, October 2012, pp. 795-796.

⁸⁵ 阪野智一「執政府はどのように変化しているのか」梅川正美＝阪野智一＝力久昌幸編著『現代イギリス政治』第 2 版（成文堂、2014 年）37-38 頁。

⁸⁶ 議会期（a parliament）とは、庶民院の総選挙から次期総選挙までの期間をいう（Robert Rogers and Rhodri Walters, *How Parliament Works*, 7th edn., London: Routledge, 2015, p. 396.）。

⁸⁷ Fixed-term Parliaments Act 2011, Explanatory Notes, p. 3.

⁸⁸ なお、当初政府は、早期の解散には庶民院議員の 55％以上の賛成を要件にしようとした。しかし、この特別多数は、保守党と自由民主党の合計議席数に着目し、連立政権（保守党と自由民主党の賛成の場合）のみが早期解散を求めることができるものであったため、政治的なものとして批判を浴び、提出法案では 3 分の 2 以上とされたものである。

⁸⁹ 宮沢俊義『憲法と政治制度』（岩波書店、1968 年）59 頁。

⁹⁰ 芦部信喜（高橋和之補訂）『憲法』第 6 版（岩波書店、2015 年）331 頁。

⁹¹ 樋口陽一「議院内閣制の概念」小嶋和司編『ジュリスト増刊　憲法の争点』新版　法律学の争点シリーズ 2（有斐閣、1985 年）180 頁。

⁹² 高見勝利「議院内閣制の意義」大石眞＝石川健治編『ジュリスト増刊　憲法の争点』新・法律学の争点シリーズ 3（有斐閣、2008 年）218 頁。

⁹³ 小堀・前掲注（1）162-169 頁。

⁹⁴ 境勉「ブレア首相の憲法改革(5)―変わりゆく英国―」『自治研究』76 巻 11 号（2000 年 11 月）111 頁。また、ジェンキンズ委員会については、小松浩『イギリスの選挙制度―歴史・理論・問題状況―』（現代人文社、2003 年）103-151 頁を参照。

⁹⁵ 小熊美幸「英国下院の選挙制度改革」『レファレンス』50 巻 1 号（通巻 588 号）（2000 年 1 月）79 頁を参照。

⁹⁶ 追加型議席制度の議席決定方法では、選挙人は、小選挙区に 1 票、比例区に 1 票を投票する。各政党の得票数を、比例区内の小選挙区での獲得議席数に 1 を加えた数で除

して、最大数を得た党にまず1議席が与えられる。次回以降は、得票数を、比例区で得た議席を含めた獲得議席数に1を加えた数で除し、最大数を得た党に1議席ずつ与えるという手順を繰り返す。なお、追加型議席制度は、日本で提案された小選挙区比例代表連用制と同じ結果となる。

97　ブレア政権下の権限委譲、地方政府改革については、田中嘉彦「英国における権限委譲」『地方再生―分権と自律による個性豊かな社会の創造―』調査資料2005-1（国立国会図書館調査及び立法考査局、2006年）82-93頁を、また、権限委譲の到達点と新動向については、田中嘉彦「英国の地方分権改革―権限委譲の到達点と新動向―」『レファレンス』64巻9号（通巻764号）（2014年9月）47-67頁を参照。

98　キリスト教的人間観をも背景とし、地方自治分野における今日的な意義としては、公的責務は市民に最も身近な単位で担われるべきとするもの。補完性原理は、欧州評議会（Council of Europe）において1985年に採択された欧州地方自治憲章第4条第3項にその趣旨が盛り込まれ、更には1992年の欧州連合条約（マーストリヒト条約）に規定された。補完性原理は、欧州統合における欧州連合関係機関と加盟国との権限配分関係のみならず、地方自治の分野においても重要性を帯びるに至っている。

99　欧州地方自治憲章は、1985年に欧州評議会の閣僚委員会が1985年7月27日に採択し、1988年9月1日に発効した。

100　Dawn Oliver, *Constitutional Reform in the United Kingdom*, Oxford: Oxford University Press, 2003, p. 248. なお、イングランド、ウェールズ、スコットランド及び北アイルランドは、英国においてネーション（nation）と呼ばれる。

101　連合王国の構造について、A.W. Bradley, K.D. Ewing and C. J. S. Knight, *Constitutional and Administrative Law*, 16th edn., Harlow: Pearson, 2015, pp. 30-44. を参照。

102　Oliver, *op. cit.*（100）, p. 242.

103　Home Rule Bill.

104　Northern Ireland (Temporary Provisions) Act 1972 (c. 22).

105　Northern Ireland Constitution Act 1973 (c. 36).

106　Northern Ireland Assembly Act 1973 (c. 17).

107　Northern Ireland Act 1974 (c. 28).

108　Northern Ireland Act 1982 (c.38).

109　The Northern Ireland Assembly (Dissolution) Order 1986 (S.I. 1986/1036).

110　スコットランドは、グレートブリテン島の北部に位置し、エディンバラを中心とした人口5,313千人（英国の全人口63,705千人の8.3%）の地域である（人口は、Office for National Statistics, *Statistical bulletin: Annual Mid-year Population Estimates, 2011 and 2012*, 8 August 2013, pp. 7, 9. の2012年央の推計人口。以下同じ。）。なお、1994年地方政府等（スコットランド）法（Local Government etc. (Scotland) Act 1994 (c. 39)）により、スコットランドの地方制度は二層制から単一自治体による一層制に変更され、32のユニタリー・カウンシル（unitary council）が設置されている。

[111] Scottish Office は、ブレア政権下の 1999 年 7 月 1 日、Scotland Office に改組されている。
[112] Paul Cairney and Neil McGarvey, *Scottish Politics*, 2nd edn., Basingstoke: Palgrave Macmillan, 2013, pp. 26-28.
[113] 山崎幹根『「領域」をめぐる分権と統合―スコットランドから考える―』(岩波書店、2011 年) 27 頁。
[114] Referendums (Scotland and Wales) Act 1997 (c. 61).
[115] Scotland Act 1998 (c. 46).
[116] これは、1998 年スコットランド法の法案審議過程でこのことを表明したスコットランド省政務官スウェル卿 (Lord Sewel) の名をとってスウェル慣行 (Sewel Convention) と呼ばれるもので、当初予想された以上に多く行使されている (Paul Bowers, *The Sewel Convention*, House of Commons Library Standard Note, SN/PC/2084, 25 November 2005, pp. 1, 8-9.)。
[117] 山崎幹根「スコットランド分権改革 10 年―その成果と課題―」『日経グローカル』141 号 (2010 年 2 月 1 日) 53 頁。
[118] ただし、特別総選挙が任期満了による通常総選挙予定日の 6 か月前以降に実施された場合には、通常総選挙は行われない。
[119] バーネット・フォーミュラ (ジョエル・バーネット (Joel Barnett) 元大蔵首席大臣 (Chief Secretary to the Treasury) の名をとってこのように呼ばれる。) では、イングランドの公共支出の増減に対するスコットランド、ウェールズ及び北アイルランドの公共支出の増減比率が定められており、住民一人当たりの公共支出はスコットランド等がより多く算定されることとなる。
[120] ウェールズは、グレートブリテン島の西部に位置し、カーディフを中心とした人口 3,074 千人 (英国の全人口の 4.8%) の地域である。なお、1994 年地方政府 (ウェールズ) 法 (Local Government (Wales) Act 1994 (c. 19)) により、ウェールズの地方制度は二層制から単一自治体による一層制に変更され、22 のユニタリー・カウンシルが設置されている。
[121] Welsh Office は、ブレア政権下の 1999 年 7 月 1 日に Wales Office に改組されている。
[122] Government of Wales Act 1998 (c. 38).
[123] 北アイルランドは、アイルランド島の北東部に位置し、ベルファストを中心とした人口 1,823 千人 (英国の全人口の 2.8%) の地域である。なお、従前設置されていた北アイルランド議会が可決した法律である 1971 年 (北アイルランド) 地方政府区域法 (Local Government Boundaries Act (Northern Ireland) 1971 (c. 9)) 及び 1972 年 (北アイルランド) 地方政府法 (Local Government Act (Northern Ireland) 1972 (c. 9)) により、北アイルランドの地方制度は二層制から単一自治体による一層制に変更され、26 のディストリクト・カウンシル (district council) が設置されている。
[124] アイルランド共和国においても、同日にレファレンダムが実施され、賛成多数を得

254　第Ⅳ章　英国の統治構造の変容と第二院

た。
[125]　Northern Ireland（Elections）Act 1998（c. 12）.
[126]　Northern Ireland Act 1998（c. 47）.
[127]　Northern Ireland Act 2000（c. 1）.
[128]　イングランドはグレートブリテン島の大半を占め、人口 53,493 千人（英国の全人口の 83.9％）で更にロンドン以外では 8 地域に分かれる。なお、1992 年地方政府法（Local Government Act 1992（c. 19））に基づく委任法規命令により、新たにユニタリー・カウンシルが設置され、イングランドでは二層制と単一自治体による一層制とが混在することとなった。
[129]　イングランド内の各地域（リージョン）は、2011 年 3 月をもって政府事務所が廃止されたため、現在は統計目的のための区域となっている。なお、スコットランド、ウェールズ及び北アイルランドは、リージョンではないが、英国全体を対象とする統計上、リージョンと同等に取り扱われる。また、1999 年以降、スコットランド、ウェールズ、北アイルランド及びイングランド内の各地域は、英国における欧州議会選挙の選挙区とされている。
[130]　Regional Development Agencies Act 1998（c. 45）.
[131]　石見豊『英国の分権改革とリージョナリズム』（芦書房、2012 年）122 頁。
[132]　Regional Assemblies（Preparations）Act 2003（c. 10）.
[133]　*Draft Regional Assemblies Bill*, July 2004（Cm 6285）.
[134]　この 2 地域とは、ノース・ウェスト地域及びヨークシャー・アンド・ザ・ハンバー地域であり、ノース・イースト地域とともにいずれもスコットランド寄りのイングランド北部に位置する。
[135]　ロンドンは、サッチャー保守党政権下で広域自治体のグレーター・ロンドン・カウンシル（GLC）が廃止され、ロンドンの行政は、32 の区と 1 のシティ等により担われていた。ブレア政権下で、1998 年グレーター・ロンドン・オーソリティ（レファレンダム）法（Greater London Authority（Referendum）Act 1998（c. 3））に基づき、1998 年 5 月 7 日、グレーター・ロンドン・オーソリティ（GLA）の設置に係るレファレンダムが、賛成多数で可決され、公選市長と公選議会が置かれることとなった。ただし、この改革は、ウェストミンスター議会から一定の権限を委譲するものとは異なる。
[136]　石見・前掲注（131）109・143 頁。なお、イングランド内における地域議会設置の頓挫を受け、ブレア政権は、イングランド内の都市と近郊地域の連携を図る「都市圏域」（City Region）構想を打ち出した。この都市圏域は、2010 年の政権交代を挟んで、法的地位のある「合同行政機構」（Combined Authority（CA））の設置につながる。
[137]　Local Democracy, Economic Development and Construction Act 2009（c. 20）.
[138]　Public Bodies Act 2011（c. 24）.
[139]　Localism Act 2011（c. 20）. なお、この法律の題名には、「2011 年地域主義法」「2011 年地域主権法」などの訳が充てられることもある。

[140] 欧州連合では、域内地域間の経済的社会的不均衡の是正・拡大予防を行うことを目的として、欧州委員会地域政策総局（Directorate-General for Regional and Urban Policy（Regional Policy DG））が構造政策（地域政策）を行っている。欧州連合の構造政策は、①構造基金（Structural Fund）、②結束基金（Cohesion Fund）、③欧州投資銀行（European Investment Bank）による融資を通じて推進されるが、規模的にも実質的にも、地域間格差是正のための加盟国の地域に対する補助金である構造基金が中核的手段となっている。欧州連合の構造基金は7年間を1つの事業単位としており、2000-2006年のプログラムまでは、イングランドにおいては政府事務所が管理主体となっていた。しかし、2007-2013年のプログラムでは、地域開発公社にその役割が移され、その後、2014-2020年のプログラムでは、LEPが構造基金の管理主体となっている。

[141] Matthew Flinders, *Democratic Drift: Majoritarian Modification and Democratic Anomie in the United Kingdom*, Oxford: Oxford University Press, 2010, p. 192.

[142] HM Government and Local Government Association, *The Central-Local Concordat*, 12 December 2007.

[143] *Devolution-Memorandum of Understanding and Supplementary Agreements*, Between the United Kingdom Government, the Scottish Ministers, the Welsh Ministers, and the Northern Ireland Executive Committee, March 2010（Cm 7864）.

[144] Commission on Scottish Devolution, *Serving Scotland Better: Scotland and the United Kingdom in the 21st Century*, Final Report, June 2009.

[145] Scotland Act 2012（c. 11）.

[146] 2016年4月から、所得税の税率が、スコットランドについては英国の他地域より10％低く設定され、スコットランド議会はその所得税率に加える「スコットランドのみの所得税率」を決定し、スコットランドにおける最終的な所得税率は、これらの合計となる。なお、「スコットランドのみの所得税率」は、10％を超えてもこれより低くてもよい。所得税からの税収のうち、「スコットランドのみの税率」から得られた分はスコットランド政府の歳入となり、残りは英国政府の歳入となる（自治体国際化協会『（財）自治体国際化協会ロンドン事務所マンスリートピック』（2012年5月）2頁を参照）。

[147] Scottish Executive, *Choosing Scotland's Future: A National Conversation: Independence and Responsibility in the Modern World*, August 2007.

[148] Scottish Government, *Your Scotland, Your Voice: A National Conversation*, November 2009.

[149] Scottish Government, *Your Scotland, Your Referendum*, January 2012.

[150] Scottish Government, *Scotland's Future: from the Referendum to Independence and a Written Constitution*, February 2013.

[151] The Scotland Act 1998（Modification of Schedule 5）Order 2013（S. I. 2013/242）.

152 Scottish Independence Referendum (Franchise) Act 2013 (asp 13).
153 Scottish Independence Referendum Act 2013 (asp 14).
154 Scottish Government, *Scotland's Future: Your Guide to an Independent Scotland*, November 2013.
155 HM Government, *Scotland in the UK*, April 2014.
156 Electoral Management Board for Scotland, *Scottish independence referendum: Result* <http://scotlandreferendum.info/>.
157 Government of Wales Act 2006 (c. 32).
158 Oliver, *op. cit.* (100), p. 275.
159 *Better Governance for Wales*, June 2005 (Cm 6582).
160 The National Assembly for Wales Referendum (Assembly Act Provisions) (Referendum Question, Date of Referendum Etc.) Order 2010 (S.I. 2010/2837).
161 *Draft Wales Bill*, December 2013 (Cm 8773).
162 Wales Act 2014 (c. 29).
163 Northern Ireland Act 2006 (c. 17).
164 Northern Ireland (St Andrews Agreement) Act 2006 (c. 53).
165 Northern Ireland (St Andrews Agreement) Act 2007 (c. 4).
166 Police (Northern Ireland) Act 2000 (c. 32).
167 Northern Ireland Act 2009 (c. 3).
168 Judicature (Northern Ireland) Act 1978 (c. 23); Justice (Northern Ireland) Act 2002 (c. 26).
169 Department of Justice Act (Northern Ireland) 2010 (c. 3).
170 Northern Ireland (Miscellaneous Provisions) Act 2014 (c. 13).
171 Flinders, *op. cit.* (141), p. 187.
172 Derek Birrell, *Comparing Devolved Governance*, Basingstoke: Palgrave Macmillan, 2012, p. 246.
173 Flinders, *op. cit.* (141), p. 280.
174 Meg Russell, *The Contemporary House of Lords: Westminster Bicameralism Revived*, Oxford: Oxford University Press, 2013, p. 94.
175 Feargal McGuinness, *UK Election Statistics: 1918-2012*, House of Commons Library Research Paper 12/43, 7 August 2012, p. 8.
176 Robert Hazell, *Fixed Term Parliaments*, London: Constitution Unit, August 2010, pp. 12-13.
177 *Ibid.*, p. 13.
178 なお、二院制議会における両院同時選挙とは異なるものであるが、1991年までのアイスランド、2009年までのノルウェーは、選挙時においては一院制議会を形成し、審議に際して二部制に分かれるという変則的な制度を採用していた。

[179] Ian Cruse, *Possible Implications of House of Lords Reform*, House of Lords Library Note, LLN 2010/014, 25 June 2010, pp. 34-35；Meg Russell, 'How to square the electoral reform circle', *The Guardian*, 10 May 2010.

[180] Vernon Bogdanor, *The New British Constitution*, Oxford：Hart Publishing, 2009, p. 168. また、ボグダナーは、日本において上院の選挙が政府の存続に影響を及ぼしていることを例に挙げ、英国で、労働党が勝利した2005年の庶民院総選挙の後、2007年秋に上院の選挙が行われ保守党が勝利したと仮定すると、首相の退陣要求が出たであろうということも指摘している（*Ibid.*, p. 168）。

[181] Rodney Brazier, *Constitutional Reform：Reshaping the British Political System*, 3rd edn., Oxford：Oxford University Press, 2008, p. 67.

[182] Russell Deacon, *Devolution in the United Kingdom*, 2nd edn., Edinburgh：Edinburgh University Press, 2012, p. 248.

[183] 大山礼子『比較議会政治論―ウェストミンスターモデルと欧州大陸型モデル―』（岩波書店、2003年）160頁。

[184] 陶山具史「イギリスの道州制(5)」『自治研究』84巻10号（2008年10月）88-89頁を参照。

[185] Referendum (Scotland and Wales) Bill 1997-98.

[186] *HL Hansard*, 17 Jun 1997, cols. 1183-1185.

[187] *HL Hansard*, 24 Jul 1997, cols. 1537-1538.

[188] *HL Hansard*, 24 Jul 1997, cols. 1543-1544.

[189] Scotland Bill 1997-98.

[190] *HL Hansard*, 18 Jun 1998, cols. 1687-1690.

[191] David Arter, *The Scottish Parliament: a Scandinavian-style assembly?*, London：Frank Cass, 2004, p. 15.

[192] ニュージーランドの一院制議会については、田中嘉彦「ニュージーランドの議会制度―議会改革の史的展開と政治システムの変容―」『レファレンス』62巻9号（通巻740号）（2012年9月）51-79頁を参照。

[193] 大山・前掲注（183）155頁。

[194] Birrell, *op. cit.* (172), p. 241.

[195] Flinders, *op. cit.* (141), p. 181.

[196] *Ibid.*, p. 192.

[197] 大山・前掲注（183）163頁。

[198] 同上165頁。

[199] Paul Cairney, *The Scottish Political System Since Devolution: From New Politics to the New Scottish Government*, Exeter：Imprint Academic, 2011, pp. 39-40, 56.

[200] Alan Trench, 'Wales and the Westminster Model', *Parliamentary Affairs*, vol. 63 no. 1, January 2010, pp. 130-131.

[201] *Ibid.*, p. 131.
[202] Rick Wilford, 'Northern Ireland: The Politics of Constraint', *Parliamentary Affairs*, vol. 63 no. 1, January 2010, p. 152.
[203] *Ibid.*, p. 153.

第Ⅴ章　ウェストミンスター・モデルと第二院

I　レイプハルトの議院構造分析

　序章でも述べたように、日本では1990年代以降、統治機構の制度及び運用にウェストミンスター・モデルの要素が導入されてきている。このことを踏まえ、次に、ウェストミンスター型議院内閣制と二院制の関係に焦点を当て、アレンド・レイプハルトの類型化分析に依拠し、英国議会の議院構造について検討する。

1　レイプハルトの議院構造分析（1945-1996年）

　本書は、英国の貴族院改革を検討対象として、議院内閣制・単一制を採用する国家における第二院の構成と機能がいかにあるべきかに関して考察を試みるものであるが、そのための道具概念として用いるのは、多数派型と合意型というデモクラシーの二類型を踏まえた上で、上下両院の権限、民主的正統性及び構成に着目して行ったレイプハルトによる議院構造分析である[1]。そもそも二院制議会は、各国の政治制度、歴史的文脈、社会的背景の中で、両院の組織構成原理及び権限関係が帰結され、極めて多様な姿を示しているため、極論すれば国それぞれということにもなりかねない。そのため、レイプハルトによる二院制に関する類型化分析は、各国の二院制議会の比較研究を行う際にも有用な分析枠組みとなっている。
　レイプハルトによる1999年の『デモクラシーの諸類型』の分析では、1945年から1996年までの期間における世界36か国の議会を、両院の権限と構成に着目して分類し、それぞれの類型にポイントを付与している。レイプハルトによれば、「強い二院制」か「弱い二院制」かということを規定するのは、①上下各院に与えられた憲法上の権限、②上院の民主的正統性、③下院と異なる上院の選出方法であるとする。
　そして、レイプハルトは、①と②の要素、すなわち上下各院に公式に付与

された権限の格差と上院が直接選挙あるいは間接選挙などで選出されているかによって、対等（又は対称）(symmetrical)、非対等（又は非対称）(asymmetrical)のいずれかに分類する。二院制の形態は様々に異なるわけだが、ここで重要なのは、二院制における正統性と権限の相関関係である[2]。メグ・ラッセルによれば、この正統性という要素は、構成と権限という二要素を結合させる第三の特徴であり、特に英国の第二院を考える場合には、独自の構成、適切な権限、正統性の受容という三つの要素が重要となると指摘されている[3]。また、レイプハルトは、③の要素、すなわち上下各院の構成が異なるか否かによって、類似（又は一致）(congruent)、相異（又は不一致）(incongruent)のいずれかに分類する。

このような大別して二つのメルクマールによって、権限対等・構成相異の「強い二院制」(Strong bicameralism)［4.0ポイント］（オーストラリア、ドイツ、スイス、アメリカ等）、権限対等・構成類似の「中間的強度の二院制」(Medium-strength bicameralism)［3.0ポイント］（イタリア、オランダ、日本等）、権限非対等・構成相異の「中間的強度の二院制」［3.0ポイント］（カナダ、フランス、スペイン等）、「中間的強度の二院制」と「弱い二院制」の中間型 (Between medium-strength and weak bicameralism)［2.5ポイント］（英国等）、権限非対等・構成類似の「弱い二院制」(Weak bicameralism)［2.0ポイント］（オーストリア、アイルランド［1.4ポイント］等）、「1.5院制」(One-and-a-half chambers)［1.5ポイント］（ノルウェー[4]、1991年以前のアイスランド）、「一院制」(Unicameralism)［1.0ポイント］（ギリシャ、ニュージーランド［1.1ポイント］、ポルトガル、1950年以降のニュージーランド等）の各類型が示されている[5]。これらの諸類型による分類は、両院の権限が対等か否かと、両院の構成すなわち組織が異なるか否かをメルクマールとするとともに、第二院の民主的正統性がその権限行使において有効に作用するか否かを考慮したものとして、世界各国で多様な態様を示す二院制を比較するに当たって、有用な類型化分析となっている。

レイプハルトは、議院構造指数、すなわち二院制に係るポイントについて、ウェストミンスター・モデルの母国である英国には、1971-1996年の期間、1945-1996年の期間ともに「中間的強度の二院制と弱い二院制の中間」［2.5ポイント］を付与している[6]。これは、権限非対等・構成相異の「中間的強度

の二院制」［3.0ポイント］となるところ、貴族院が「民主主義の先史時代の遺物」（relic of a predemocratic era）であるという理由で0.5ポイント減としたものである[7]。

また、1996年の比例代表制による代議院総選挙実施以前は典型的なウェストミンスター・モデルの国であったニュージーランドについては、レイプハルトによれば、1950年以前の二院制時代のニュージーランドには2.0ポイントが付与される権限非対等・構成類似の「弱い二院制」に、それ以降のニュージーランドは1.0ポイントが付与される「一院制」とされているが、全体としては1.1ポイントが付与されている。これは、レイプハルトによると、当初の5年間が2.0ポイントで、次の46年間が1.0ポイントであるため、全期間の平均としては1.098となるので、概数として1.1ポイントとしているものである[8]。1971-1996年の期間については、ニュージーランドは一院制に移行した後の期間であるので、1.0ポイントが付与されている[9]。

2 レイプハルト理論の継承・展開による議院構造分析

(1) フリンダーズ及びファッターの分析

さらに、レイプハルト理論を援用し、1997年から2005年までの英国のデモクラシーを分析した学説として、マシュー・フリンダーズの研究[10]がある。このフリンダーズが行った当初の分析によれば、1997年から2005年までの英国の二院制の強さは、2.0ポイントと1.5ポイントの中間の1.75ポイントとされている[11]。また、同じくレイプハルト理論に基づき、1997年から2006年までの、OECDの加盟国のうち25か国のデモクラシーを分析したものとして、アドリアン・ファッター（Adrian Vatter）の研究[12]がある。ファッターによれば、当該分析期間における二院制の強さについて、英連邦諸国については、オーストラリアは4.0ポイント、カナダは3.0ポイント、ニュージーランドは1.0ポイントと、レイプハルトと同じポイントを付与しているが、英国の二院制の強さについてはフリンダーズのポイント付与を踏襲して1.75ポイントとしている[13]。

なお、レイプハルトの類型化分析の展開に関して付言するならば、ファッ

ターらは、レイプハルトの分析に倣い、1990年から2005年までのドイツ連邦共和国の16州のデモクラシーを、選挙制度、政党制、内閣、執政府と立法府の関係、分権、憲法の硬性度、司法審査、直接民主制に着目して分析した研究も行っている[14]。

(2) ラッセルの見解とフリンダーズの学説修正

1997年から2005年までの英国の二院制の強さを1.75ポイントとするフリンダーズの分析は、第一次ブレア政権から第二次ブレア政権までの期間において、労働党政権が、保守党が支配的な世襲貴族の大多数を貴族院から排除したことによって、構成の相異が緩和され、これに伴い権限の非対等性が増加したという評価を前提とするものである。しかし、一方で、メグ・ラッセルは、世襲貴族が排除されたことにより、むしろ貴族院の発言力が強化されたと評価されること、公選議員の付加はこれを更に加速させることとなると見られることについて指摘しており[15]、これらの点には特に留意する必要がある[16]。

そして、英国は「中間的強度の二院制」と「弱い二院制」の中間型から「弱い二院制」ないし「1.5院制」になったというフリンダーズの学説は、1997年から2007年までの間、貴族院の強さは弱まっておらず、むしろ強化されていると示唆するラッセルによって異議を呈された。ラッセルは、貴族院で保守党支配が終結し、貴族院が党派関係においてより代表性のある議院となったことは、貴族院議員に正統性と自信を感じさせているという[17]。後にフリンダーズは、この間における英国の二院制は、「中間的強度の二院制」と「弱い二院制」の中間型が維持されており、2.5ポイントが維持されていると学説を修正している[18]。この修正は、フリンダーズによる当初の評価が、貴族院改革の第一段階で貴族院議員が示した活力とダイナミズムを過小評価し、貴族院任命委員会の創設により執政府の貴族院議員の指名権が移転していることを看過したものであることを示すとともに、ラッセルによる上方傾向の評価を補正しようとするものとされている[19]。

3 レイプハルトの議院構造分析（1945-2010年）

(1) 英国の議院構造の変化

　レイプハルトの2012年の『デモクラシーの諸類型』第2版によれば、ウェストミンスター・モデルのプロトタイプである英国の議院構造、すなわち二院制の強さの変化について、次のような評価がなされている。

　レイプハルトは、1999年貴族院法により、92名を除き世襲貴族が排除され、貴族院では大多数が任命議員となっていることを指摘してはいる[20]。しかし、英国の二院制議会はウェストミンスター・モデルからの逸脱であるが、大きく逸脱するものではなく、英国で日常的に「議会」という場合は、庶民院のことを指し、極めて非対称的な二院制は一院制類似（near-unicameralism）と呼ぶことができるとする[21]。その上で、二院制の強さについては、「中間的強度の二院制と弱い二院制の中間」として2.5ポイントの付与を踏襲している[22]。そして、一院制類似から完全な一院制に移行するのは、貴族院が一年間の引き延ばしを行ったとしても、庶民院の過半数で決することができることから、困難ではないという1999年の記述を維持している[23]。

　議院構造指数、すなわち二院制に係るポイントについては、ウェストミンスター・モデルのプロトタイプである英国の議院構造指数は、1945-2010年の期間と1981-2010年の期間ともに2.5ポイントが付与されている[24]。このポイント付与については、権限非対等・構成相異の「中間的強度の二院制」［3.0ポイント］となるところ、貴族院が「民主主義の先史時代の遺物」であるため0.5ポイント減としたという1999年における分析理由を維持している[25]（図表Ⅴ—1を参照）。

(2) ニュージーランドのデモクラシーの変化

　なお、ウェストミンスター・モデルのもう一つのプロトタイプであるニュージーランドのデモクラシーの変化について、ここで付言するならば次のとおりである。

　ニュージーランドについては、レイプハルトの1999年の分析で、既に、

図表V—1 レイプハルトによる36か国の議院構造指数（1945-2010年）

類型	ポイント	国名
権限対等・構成相異の「強い二院制」 (Strong bicameralism)	[4.0]	アルゼンチン、オーストラリア、ドイツ、スイス、アメリカ
権限対等・構成類似の「中間的強度の二院制」 (Medium-strength bicameralism)	[3.0]	イタリア、日本、オランダ、ウルグアイ、ベルギー [2.8]、(1995年以前のベルギー、1953年以前のデンマーク、1970年以前のスウェーデン）
権限非対等・構成相異の「中間的強度の二院制」 (Medium-strength bicameralism)	[3.0]	カナダ、フランス、インド、スペイン
「中間的強度の二院制」と「弱い二院制」の中間型 (Between medium-strength and weak bicameralism)	[2.5]	ボツワナ、英国
権限非対等・構成類似の「弱い二院制」 (Weak bicameralism)	[2.0]	オーストリア、バハマ、バルバドス、アイルランド、ジャマイカ、トリニダード・トバゴ、スウェーデン [1.7]、(1995年以降のベルギー、1950年以前のニュージーランド）
「1.5院制」 (One-and-a-half chambers)	[1.5]	アイスランド[1.4]、ノルウェー[1.5]、(1991年以前のアイスランド、2009年以前のノルウェー）
「一院制」 (Unicameralism)	[1.0]	コスタリカ、フィンランド、ギリシャ、イスラエル、韓国、ルクセンブルク、マルタ、モーリシャス、ポルトガル、デンマーク [1.2]、ニュージーランド [1.1]、(1953年以降のデンマーク、1991年以降のアイスランド、1950年以降のニュージーランド、2009年以降のノルウェー、1970年以降のスウェーデン）

（出典）Arend Lijphart, *Patterns of Democracy: Government Forms and Performance in Thirty-Six Countries*, 2nd edn., New Heaven: Yale University Press, 2012, pp. 199-200.
（注記）[ ] は、議院構造指数のポイントを示す。

1996年の比例代表制の導入による変化については指摘がなされており、2012年の分析でも基本的にこれが踏襲されている。

　レイプハルトは、比例代表制の導入、更には1996年10月の比例代表制による最初の選挙が、ウェストミンスター・モデルからの急進的な乖離を引き起こしたと指摘している[26]。そして、この最初の選挙によりニュージーランド政治は変容し、比例的な選挙結果、多党化、過半数の議席を獲得する政党の不在、国民党とニュージーランド・ファースト（New Zealand First）との連立政権につながったとする[27]。また、1996年以降の政治的な変容は、有効議会政党数の増加、最小勝利・単独内閣形成率の低下、執政府優越指数の著しい低下、非比例制指数の劇的な低下を招いているとする[28]。これらは「執政府・政党次元」における変化であり、「連邦制・単一制次元」については基本的に大きな変化はなく、中央銀行の独立性はやや高まったが、これも英国に比べ未だ低い水準にとどまっているとの認識を示す[29]。なお、ニュージーランドの議院構造に関して、二院制から一院制への移行の事情については、本章―Ⅱで詳述する。

(3) レイプハルトによる英国の議院構造分析の検討

　レイプハルトの1981-2010年の期間のデモクラシー分析によれば、英国の二院制の構成と機能は、1945-1996年の期間と比べて、大きな変化はないとされている。

　フリンダーズの当初の分析が、1997-2005年の英国の二院制の強さは従前の2.5ポイントから1.75ポイントに移行したと評価したこと（もっとも、前述のようにフリンダーズは2.5ポイントが維持されていると当該分析を修正している。）、あるいはラッセルのように、実質的に任命制に移行した貴族院がそれ以前に比べてその主張を強めていると評価したのに比べると、レイプハルト自身の2012年の分析は、ブレア改革による変化を特段考慮していない。これについては、類型化論による理念型としての妥当性とともに、類型化論に内在する実情との乖離という限界もないではない。その背景には、英国の政治制度が、その経験主義的な漸進性から極めて柔軟性に富み、包括的期間を一律に対象とした定性的分析だけでは捉え難い面があるということもあろう。

ラッセルは、世襲貴族の排除と政党間バランスの変化は、貴族院の自信と主張を強めているという認識に立ち、ウェストミンスター議会における二院制の復活は、英国をより合意型に接近させているとする[30]。そして、ラッセルは、レイプハルトが、非公選の第二院は民主的正統性を欠き、それゆえ政治的影響力も乏しいとの認識に立つことについて、二院制に関する正統性はそれにとどまらないとして、より精緻な解釈が必要であるとする[31]。

1999年貴族院法が制定されて以降の英国における1999-2010年の二院制をよりこの期間の実態に即して観察するとともに、ラッセルによる評価を考慮するならば、同期間の英国の二院制は従前より強いものとなっており、ポイントとしても2.5ポイント以上を付与する必要があろう。けだし、同じ貴族院型の二院制であるといっても、世襲貴族が大半を占め、保守党が優位な党派構成であったブレア改革前の貴族院と、一代貴族が大半となり、保守党、労働党、自由民主党の主要三政党のいずれもが多数を占めることなく、かつ、クロスベンチという中立的議員集団が相当程度を占める党派構成となった貴族院とでは、第二院の構成及びそれに伴い行使される権限の性質において異なる議院であると評価することができるからである。

また、レイプハルトは、英国は一院制への移行が容易であるという認識を示しているが、2012年の貴族院改革法案の廃案という状況を見ても、やや形式論に過ぎると言わざるを得ないであろう。実際に、貴族院改革に対する当事者である貴族院の抵抗もさることながら、第Ⅱ章—Ⅳ—3で指摘したように、議会の構成を変更するため、とりわけ両院制における一方の議院を廃止するために、1911年議会法及び1949年議会法による庶民院の優越を発動して、貴族院の同意を得ないまま議決することがそもそも妥当か否かという問題もあるからである。

Ⅱ ニュージーランドの一院制移行

 以上、ウェストミンスター・モデルのプロトタイプである英国の議院構造について検討してきたが、ここでもう一つのプロトタイプとされるニュージーランドについて、その二院制から一院制への移行の過程を詳述することとする。

1 ニュージーランドにおける二院制議会の成立

 ニュージーランドは、およそ1000年前に東ポリネシアからの移住者が到達し、1642年にオランダのアベル・タスマン（Abel Tasman）が発見する以前に、先住民であるマオリ人が広範囲に居住していた島である。全体像が明らかになったのは、1769年に英国のジェームズ・クック（James Cook）が再発見し、三次にわたる航海と探検が行われたことによる。
 近代国家としてのニュージーランドは、英国の植民地として発足したものである[32]。英国型の政治制度の多くの特徴は旧英国植民地が独立する際に輸出された（exported）が[33]、ニュージーランドについてもこれが妥当し、その政治制度は、本国である英国のそれを踏襲したものとなった。議会制度に関しては、ニュージーランドは、現在では一院制であるが、かつて英国流の二院制であったところ、1951年に上院を廃止して一院制に移行したという歴史を持つ。そして、選挙制度改革により1996年に単純小選挙区制から比例代表制に転換するまでは、英国本国よりも典型的なウェストミンスター・モデルの国であった。ウェストミンスター・モデルの特徴の多くは英連邦諸国に輸出されたが、そのモデル全体を採用したのはニュージーランドのみとされるのである[34]。
 そこで、ニュージーランドにおける議会制度の変遷を通史的にたどるとともに、ニュージーランドの統治構造の変容状況について英国との比較を交え

図表Ⅴ—2　ニュージーランドの政治史（略年表）

年	事項
1840年	ワイタンギ条約、1840年の憲章
1846年	1846年ニュージーランド統治法
1852年	1852年ニュージーランド憲法法 二院制議会の成立
1931年	1931年ウェストミンスター法
1936年	労働党・国民党による二大政党制の成立
1947年	1947年ニュージーランド憲法（改正）法
1950年	1950年立法評議会廃止法
1951年	一院制に移行
1992年	選挙制度に関するレファレンダム（第1回）
1993年	1993年選挙法 選挙制度に関するレファレンダム（第2回）
1996年	混合議席比例制による初の総選挙 連立政権の発足
2011年	選挙制度に関するレファレンダム

（出典）New Zealand Parliament, *History*, <http://www.parliament.nz/en-NZ/AboutParl/HstBldgs/History/>等を参照の上、筆者作成。

て検討を試みる。

(1) 英国植民地の発足

　ニュージーランドは、1839年6月15日の開封勅許状（Letters Patent）[35]に基づき、オーストラリアにあったニューサウスウェールズ植民地の一部とされていたが、1840年1月から英国人の組織的移民が開始され、1840年2月6日、ニュージーランドにおける先住民と植民者との関係を規律するワイタンギ条約が締結された。1840年8月7日、英国議会は、1840年ニューサウスウェールズ継続法[36]を制定し、開封勅許状により、ニュージーランドを独立した植民地とすることができると定めた[37]。なお、英国の植民地であったカナダ、オーストラリア、ニュージーランド等の植民地は、次第に内政上の自治権を拡大し、19世紀後半には、国家としての形態を整えていった。このような自

治権を有する自治領 (Dominion) は、国際法上は大英帝国の一部として扱われていた[38]。

ニュージーランドの最初の憲法は、英国法である 1840 年ニューサウスウェールズ継続法に基づき、1840 年 11 月 16 日の開封勅許状によって発せられた 1840 年の憲章 (Charter of 1840) である。これにより、ニュージーランドは、ニューサウスウェールズから独立した植民地とされた。また、この憲法の下で、行政評議会 (Executive Council) が設置され、植民地において国王に代わって統治に当たった総督 (Governor-General) は、原則として行政評議会の同意と助言に従って権限を行使した。また、1840 年ニューサウスウェールズ継続法は、開封勅許状に基づき、総督及び総督が任命する 6 名以上の議員により構成される立法評議会 (Legislative Council) を設置することを授権し、必要な法令の制定権を与えた。ただし、それは、英国の法律に抵触してはならず、国王の命令にも違背してはならなかった。すべての法令は、国王の裁可に服するものであり、行政評議会と立法評議会は、ほとんど機能することはなかった[39]。

第二の憲法は、英国本国における自由主義運動の高まりとニュージーランドの財政状況の悪化から課税議決権を有する議会の設置という動きの中で制定された 1846 年ニュージーランド統治法[40]である。この法律により、直接・間接選挙による代議制が導入されたが、同法は最も複雑な憲法と言われる。植民地は二つの州 (province) に区分され、各州に知事及び副知事が置かれた。各州では、参事会員 (councillor) を選出し、参事会員が市長 (mayor) 及び長老参事会員 (alderman) を選出するものとされた。さらに、市長、長老参事会員及び参事会員は、州議会の下院議員を選出するとともに、それぞれの中から中央議会の下院議員を選出するというものであった。なお、各州議会及び中央議会の上院議員は、任命制であった。しかし、ジョージ・グレイ (George Grey) 総督は、植民者たちにマオリ人に対する支配権を与えるような自治権が認められてはならないと考え、1848 年 1 月 1 日に憲法を発効させる声明を発したものの、代議制を実施する具体的な措置を採らず、英国本国に憲法の効力を一時停止するよう訴えた。1848 年 3 月、英国議会は、1846 年ニュージーランド統治法のうち、州議会及び中央議会に関する部分の効力を原則として

5年間停止する1848年ニュージーランド統治法[41]を可決し、1840年の憲章に基づく立法評議会を復活させた。当初任命制であった立法評議会は、3分の2を公選とするよう改組されたが、ニューアルスター州で選挙が行われている最中に、ニュージーランドで第三の憲法が制定されることとなる[42]。

(2) 1852年ニュージーランド憲法法

英国の植民地において、本国である英国の議会を統治機構発足の際の立法部のモデルとするのは当然のことではある。しかし、世襲貴族から構成されていた英国貴族院を、直截的に植民地の統治機構において再現することは困難であり、また、貴族政治を急造しようとしても、それは結局植民地の実情に合致するものではなかった[43]。

当時、ニュージーランド植民地にとっても、任命制の議会第二院は、望ましくないとみなされており、ニュージーランドにおける第三の憲法である1852年ニュージーランド憲法法[44]の当初の草案では、当時のアメリカ合衆国上院と同様に、州代表に基づく間接選挙で選出される連邦制型の上院を規定していた[45]。しかし、間接又は直接の公選制を採ることは、公選の上院が共和主義による急進的な破壊を助長するおそれがあるというような理由から激しく反対された[46]。英国植民地の指導者層の見解が公選の第二院に否定的になった結果、1852年の憲法法では、終身かつ任命制の立法評議会を含む二院制が採用されることとなる。

1852年ニュージーランド憲法法は、1852年6月30日に制定され、これを改正するには、法案の英国議会への提出及び国王の裁可が必要とされた。1852年ニュージーランド憲法法は、その後改正がなされながらも[47]、現行の1986年憲法法[48]によって1987年1月1日に廃止されるまで効力を有するものであった。1852年ニュージーランド憲法法第32条は、議会（General Assembly）を設置し、議会は、総督、終身で任命される上院である立法評議会と、5年任期[49]で選出される下院である代議院（House of Representatives）[50]から成るものとされ、二院制を採用した。また、同法により、ニュージーランド植民地は、立法部と行政部を有する六つの州に分割された[51]。

憲法上、立法評議会の権限は確定されていなかったが、公法案及び私法案

の提案権、下院で可決された法律案の修正権・否決権、調査権を有していた。また、英国の慣習により、歳入・歳出に関する金銭法案は下院先議とされ、上院では修正することはできないものとされていた[52]。上院の権限は、金銭法案を別として広範であり、上院は下院と対等の立法権を有し、上院の同意がなければ法律は制定されなかったのである[53]。

　立法評議会は、根本的な問題として明確な社会的基盤と政治的基盤を欠いており、総督経験者でもあるジョージ・グレイは、1877年から1879年までの首相在任期間中、党利党略のために、あるいは政治的支持に対する報償のために、立法評議会議員の任命を用いるようになった[54]。政党による情実任用 (patronage) は、1892年に立法評議会議員の任期が終身から7年に変更され、政党への忠誠に対する報償として便宜的に用いられることで、一層進行する結果となった。政府は、立法評議会議員を交代で任命し、情実任用ポストとして利用した。そして、再任の可能性という誘因は、立法評議会議員に多くの影響を及ぼした。上院の規模が増大し、政党役員、元下院議員、落選した候補者を任命する傾向が強くなると、当初上院議員が得ていた高い威信も消滅し、7年任期制導入により政党の情実任用が拡大したことで、立法評議会議員と立法機関としての立法評議会の両方に政党支配が敷かれた[55]。このように、民主的正統性の欠如という問題に加えて、情実任用という問題も生じ、ニュージーランドにおいて貴族政治を発展させるという当初の目的は、完全に失敗に終わった。

　他方、情実任用や政党支配の結果として、立法評議会が立法に際して障碍となった時期もあった。これは主として1873年から1896年までの間であり、特に1891年に自由党 (New Zealand Liberal Party)[56]が政権を獲得すると、保守的な上院は、自由党による立法の提案に対して、土壇場で短い抵抗を行うようになった[57]。しかし、上院が長期にわたり一貫して下院に対する障碍となることは、上院の存在を危うくするものであり、議事妨害の行使は、任命制の上院にとって自らを傷つけかねない両刃の剣であった[58]。実際、自由党内閣が、同党を支持する12名のリストを作成し、総督に対し立法評議会議員として追加任命するよう要請したところ、総督の拒否に遭ったため、英国本国にこれを直訴して実現させるということもあった。そして、立法評議会が、自

由党政権の選挙公約を実施するための法案の多くを拒否することで、反抗的勢力となっていくと、自由党政権は自らに近い者を立法評議会議員に任命する権限を行使するようになり、立法評議会は下院可決の議案に対しラバー・スタンプ（rubber stamp）としての役割しか果たさないようになり、事実上の一院制とも評価されるようになっていった[59]。

2　ニュージーランドの一院制議会への移行

(1)　立法評議会の改革

　ニュージーランド議会の上院であった立法評議会の改革は、1854年から始まるが、同年以降の改革は、四つの段階に分けることができる[60]。

　第一段階は1854年から1875年までであり、この時期における上院改革の主たる課題は、公選議員の導入という点にあり、1862年以降は議員数の制限も問題となった。議会開設当初、上院議員は総督により10名から15名の範囲で任命されており、1853年には12名であったが、1857年には20名となり、1862年には議員数についての制限がなくなった。このため、1885年までには一時53名まで膨張したこともあったが、1885年に下院の委員会で上院議員を下院議員の半数に制限する提案がなされ、この制限は慣習としてその後長く継続された。この議論の際に、上院の存在意義は、アメリカ合衆国やオーストラリアの上院と同じであるべきとの議論もなされた[61]。なお、ジョージ・グレイは、1870年代初頭に、「少なくとも100名の議員から構成される単一の大規模な院」を提案したが、これに呼応する動きは何ら見られなかった[62]。

　第二段階は1876年から1891年までであり、1891年に首相となったジョン・バランス（John Ballance）の自由党政権によって、立法評議会議員の任期が終身から7年に変更されるに至った。ただし、再任は制限されていなかったため、実質的に終身制であることに変わりはなかった[63]。

　第三段階は1892年から1914年までであり、7年任期の導入が既に行われていたため、改革の動きは一時的に鎮静化したが、首相経験者であるジョージ・グレイ、ロバート・スタウト（Robert Stout）、フレデリック・ホイッテイカー（Frederick Whitaker）らによって、議論が提起された。また、1893年から

1906年まで首相を務めたリチャード・ジョン・セドン（Richard John Seddon）により、自由党は、1893年代議院総選挙の公約の一つとして、上院の廃止及び総督の公選を採択したが、これを実現するための大きな改革はなされなかった[64]。さらに1914年には、上院議員として、比例代表選挙により欧州系議員40名を選出し、任期6年のマオリ議員3名以内を任命することを規定した1914年立法評議会法[65]が制定された。しかし、同法は、第一次世界大戦の時期を経て施行が延期され、立法評議会は36年にわたり、そのまま存続し続けた。

そして、第四段階は、上院改革という問題が復活した1940年代から最終的に立法評議会廃止に至るまでの期間における改革である。

(2) 1950年立法評議会廃止法

1931年12月11日、英国議会は、1931年ウェストミンスター法[66]を制定し、植民地とは異なる自治領の地位を明確にした。同法により、自治領議会の制定法は英国の法令に抵触するものであっても無効とされないこと（第2条）、自治領の要請と同意がない限り英国議会は自治領のための立法を行わないこと（第4条）等が定められた。しかし、これらの規定の適用に際し、ニュージーランド等については、自治領議会が同法を採択することが要件とされた。このため、ニュージーランド議会は、1947年11月25日、1947年ウェストミンスター法採択法[67]を制定するとともに、1947年憲法改正（要請及び同意）法[68]を制定し、英国議会に対してニュージーランド議会に憲法法の改正権限を付与する法律の制定を要請した。英国議会は、これに応じて、1947年12月10日、1947年ニュージーランド憲法（改正）法[69]を制定し、憲法改正の完全な権限を得たニュージーランドは、自ら立法評議会の廃止を行うことが可能となった。

上院議員は、20世紀前半には実質的にその時々の政権に同調的な者が任命されるようになっていたため、政権交代直後に、上院は、旧政権の利益を守るものとなる傾向が顕著となっていた。また、上院は、下院よりも地位は高く、下院とほぼ同等の権限を有していたが、金銭法案の先議権や修正権はなく、単に下院の決定を繰り返す機関になった。そして、その存続期間の終期には、公法案を提出することも稀となった[70]。上院は、無益に近い存在を続け

ていたが、それほど有害でもなかったため存続を許されたというのが実情に近く、いつ廃止されてもおかしくない状況となりつつあった[71]。

　労働党 (New Zealand Labour Party)[72]は、1935 年以降政権に就き、上院廃止の動きに関与はしていたが、抜本的な対応を行わなかった。ただし、1941 年には、女性を上院議員に任命することが可能となり、1946 年に女性が初めて上院に登用された。一方、国民党 (New Zealand National Party)[73]は、保守政党として、二院制と任命制の立法評議会を支持することが伝統的に期待されていたにもかかわらず、1946 年代議院総選挙の公約の一つに上院廃止を掲げた。なお、国民党は、総選挙で労働党に敗北後、1947 年に議員立法により上院廃止法案を提出したが、この法案は成立しなかった。

　この間、労働党政権が 14 年続いていたが、1949 年、シドニー・ジョージ・ホランド (Sidney George Holland) の率いる国民党が、ピーター・フレイザー (Peter Fraser) 首相が率いる労働党を破り、政権に就いた。ホランドは、首相に就任する前から立法評議会の廃止を主張しており、議員立法の提案も行っていた人物である。そして、政権を獲得した後、「特攻隊」(suicide squad) と呼ばれる議員団を立法評議会に送り込み、上院内の勢力を挽回し、1950 年立法評議会廃止法[74]により 1852 年ニュージーランド憲法法の改正を行った。1950 年立法評議会廃止法は、上院を廃止すること、元上院議員に何らの補償も行わないことを内容とするもので、1951 年 1 月 1 日に施行された。なお、下院での投票結果は、国民党の 44 名が賛成、労働党の 34 名が反対であった。上院における法案の投票結果は、26 対 16 の賛成多数であり、11 名は記録されておらず、欠席又は棄権であった。

　なお、特攻隊として任命された上院議員の一部にも動揺はあり、廃止の討論を行った 18 名の特攻隊議員のうち、わずか 6 名だけが明確に一院制議会に賛成の態度を示すにとどまった。また、1941 年初頭に上院問題を提起していたホランド自身も、上院を廃止してしまうことに、若干の躊躇を示しており、立法評議会を有用な機関に置き換える改革を行うか、あるいは一掃するための廃止を行うかについては、若干曖昧な態度を示していた[75]。当時の新聞論調も、立法評議会を評価していなかったにもかかわらず、18 紙が二院制支持、4 紙が一院制支持と、ほとんどが二院制維持との立場を採っていた[76]。

通常の場合であれば、進歩的な勢力が保守的な上院の廃止を主張するところだが、ホランドという推進者の存在により、保守政党が上院廃止を行うという逆説的な結果となった。また、上院廃止に伴う代替措置は講じられず、議会の上院がそのまま失われる結果となった[77]。これにより、ニュージーランド議会は、総督と代議院から構成されることとなったのである。

(3) 上院再設置論の動向

こうして立法評議会が廃止されたが、政府の「抑制されることのない権限」（unbridled power）に対しては、何らかの均衡が必要であるということから、二院制に係る議論は、立法評議会廃止後も続いた[78]。議会においては、次に見るように三次にわたり、上院の再設置について委員会で調査が行われた[79]。

1952年には、憲法改革委員会が調査を行い、ニュージーランド元老院（New Zealand Senate）と称される32名の議員から成る任命制の上院の設置について報告書を提出した。上院議員は、下院における政党の勢力に応じて党首によって指名されるものとされ、下院と同様3年任期とされた。上院は、下院可決法案について2か月間の停止的拒否権を有し、下院との修正協議、法案提出等を行う権限を有するものとされた[80]。しかし、この報告書は、「ニュージーランドの経済的自由及び正義の保護のための憲法協会」[81]が、1960年と1963年に第二院設置と成文憲法典制定を求める請願を提出し、二院制の問題が再提起されるまで、取り上げられることはなかった。同協会が提案した上院は、地域別公選議員20名、マオリ議員1名、下院議席に比例した政党の任命議員16名から成るものであった[82]。これらの請願については、憲法改革委員会が審査をしたものの、採択されることはなく、結局、憲法改革委員会は、上院を復活させることは何らの利益にならないという見解を表明するに至った[83]。

学界ではアラン・ロビンソン（Alan Robinson）が、ニュージーランドのような状況において、第二院を設置することは望ましくないと指摘していた。それは、代議院における単独政党ないし二大政党によって全部又は大部分が任命された構成の第二院は、非公選者による支配を招来するという理由によるものである。また、逆に公選の第二院では、二つの対抗する代表が出現し、

それぞれが人民の権威を主張して、結局は、両院間の対立が多数派工作や活動の停滞をもたらすため、影響を受けるのは政府であるということから、無益であるとするものである[84]。この時、ロビンソンは、第二院設置は無用としつつ、代議院改革のために、①代議院の定数を80名から120名に増加させること、②議会期[85]を最長4年ないし5年とすること、③代議院内に二大政党のための事務局（parliamentary secretariat）を創設すること、④過去においてしばしば生じた拙速な議事進行が行われないようにするとともに、効率的な審議を促進するため議事手続を改正すること、の4点を指摘している[86]。

　なお、立法評議会の廃止以降の議会に対する評価については、議会の委員会システムが、ニュージーランドの立法過程の中核として発展し、上院の活動によって担われるべき立法の審査及び修正機能を果たしたと指摘されている[87]。

3　ニュージーランドにおける比例代表制の導入と上院再設置論

(1) 比例代表制の導入と上院再設置論

　ニュージーランドでは、1853年から1993年までの間、単純小選挙区制（First-Past-the-Post（FPP））を始めとする多数代表制が一貫して採用されてきた[88]。ニュージーランドの選挙制度は、1879年に欧米に先駆け男子普通選挙が導入され、女性参政権も1893年に認められており、議会期すなわち代議院議員の任期も1879年に5年から比較的短期の3年に短縮されるなど、先進的な改革が行われてきた。しかし、基本的にニュージーランドでは、一貫して単純小選挙区制が採用されてきていることから[89]、ひとたび政権政党が構成されると、次の選挙まで選挙独裁というべき状況となることは批判の対象とされた。

　そして、1980年代には、選挙制度の公正さを焦点として、選挙制度改革が議論となった[90]。1981年代議院総選挙は、全92議席中、国民党が38.78％の得票率で獲得議席が47議席、労働党は39.01％の得票率であったものの獲得議席は38議席にとどまった。さらに、社会信用党（Social Credit Party）[91]に至っ

ては 20.6％の得票率を占めたにもかかわらず、わずか 2 議席しか獲得できなかった。1984 年の代議院総選挙では、全 95 議席中、労働党が 42.98％の得票率で 56 議席を獲得し、有権者の過半数を代表しない政府が形成される選挙制度に批判が集まった。ニュージーランド国民は、国民党と労働党の政権交代による極端な政策転換にも、否定的な反応を示すようになった。

1986 年 12 月 11 日には、ジョン・ハミルトン・ウォレス（John Hamilton Wallace）を委員長とする「選挙制度に関する王立委員会」（Royal Commission on the Electoral System）が選挙制度について審議し、第二院の設置に関する内容を含む報告書[92]を提出した[93]。王立委員会は、その主たる任務を選挙制度改革としていたが、統治機構全般を検討したため、第二院の再設置問題についても報告書において触れられた。報告書の中では、第二院の再設置を十分な形で行うことは困難であり、比例代表制の一種である混合議席比例制（Mixed Member Proportional（MMP））[94]によって選出される議員から構成される代議院の拡大といった他の手段を採る方が望ましいとの結論が示された[95]。また、特別委員会（Select Committee）の制度だけでなく、情報公開法、裁判所による行政活動の審査、ワイタンギ審判所[96]、オンブズマン及び人権委員会といった憲法的諸制度の発展が、行政統制を担い、行政権を抑制するという点で、第二院の欠如を補うという認識も示した[97]。

なお、1986 年 12 月 13 日には、1986 年憲法法が制定され、議会（Parliament）はニュージーランド君主と代議院から構成されることが規定され、1987 年 1 月 1 日に施行された。

その後、1990 年の国民党政権誕生の際に首相に就任したジム・ボルジャー（Jim Bolger）は、1988 年の時点で、政党の公式の政策ではなく個人的選好としてではあるが、二院制を支持していた。ボルジャーは、ニュージーランドは、成文憲法典、権利章典、議会上院を持たず、かかる機構を有しない憲法体制においては、市民の権利が政府の行政権濫用に対して無防備となると指摘した。そして、ボルジャーが構想した新たな上院の主たる機能は、停止的拒否権、質疑権及び修正提案権により、行政部に抑制を行うというものであった[98]。

1990 年の代議院総選挙時、かつて立法評議会の廃止を主導した国民党は、

野党の地位にあったが、上院再設置を選挙制度改革レファレンダムにおいて提案することを公約に盛り込んだ。しかし、国民党も、①ニュージーランドは単一国家であるため連邦国家のように上下両院に異なる代表を必要としないこと、②議会の特別委員会に上院の活動の多くが引き継がれていたこと、③旧立法評議会は歴史的正統性もなく政治的任命者のフォーラムであったこと、④第二院が任命議員から構成されれば非民主的なものとなり逆に公選議員から構成されれば国民の信任を二つの議院が有することとなること、については認めざるを得なかった[99]。1990 年実施の世論調査でも、国民の 21％ が第二院設置を支持、43％が設置に反対、36％が意見なし[100]と、国民は第二院の設置に懐疑的であった。

　1992 年 9 月 19 日の選挙制度に関するレファレンダム（第 1 回）は、1991 年選挙レファレンダム法[101]に基づき、諮問的なものとして行われ、二つの事項が付された。一つは、単純小選挙区制を維持するか否かであり、84.7％が比例代表制への移行を支持した。もう一つは、補充議席制（Supplementary Member (SM)）[102]、比例代表制の一種である単記移譲式投票制（Single Transferable Vote (STV)）、混合議席比例制、優先投票制（Preferential Vote (PV)）[103]の四つの選挙制度から一つを選択するというもので、混合議席比例制が 70.5％の支持を得た。

　そして、1993 年に単純小選挙区制から混合議席比例制への移行が決定される過程で、上院の再設置が議論となった。1992 年 12 月、最初の選挙制度改革法の国民党政府の原案が議会に提出され、これには、議員数 30 名（6 選挙区から各 5 名）が単記移譲式投票制で選出される公選の第二院の設置に関する規定が含まれていた。この第二院の権限は、英国の貴族院に類似したもので、金銭法案は 1 か月、それ以外の公法案は 6 か月の停止的拒否権を有するというものであった。しかし、オーストラリアの上院が単記移譲式投票制で選出され強い権限を有する一方で、ニュージーランドで構想された第二院は停止的拒否権しか有さないものとされたため、第二院を再設置するという重要性は乏しいものとみなされた。しかも、ボルジャー首相が混合議席比例制の導入よりも、上院再設置に積極的であったことから、選挙制度改革つぶしではないかとの疑念が持たれたとともに、議員数が増加することから世論ばかり

か与党の支持を得ることも困難であった。また、レファレンダムで混合議席比例制の導入に反対する場合における選択肢の一つに第二院設置を設けたため投票様式が複雑化したことから、法案のうち第二院設置に関する部分は、委員会段階で他の部分と切り離され、結局成案となるに至らなかった[104]。

1992年のレファレンダムの結果を受けた選挙制度に関するレファレンダム（第2回）は、1993年11月6日の代議院総選挙と同時に、1993年選挙レファレンダム法[105]に基づき、拘束力のあるものとして行われ、単純小選挙区制が46.1％、混合議席比例制が53.9％の支持を得た。

このレファレンダムにより1993年選挙法[106]の承認がなされ、混合議席比例制が採用され、1996年10月12日の代議院総選挙から執行された。この総選挙以降、単独政党が過半数の議席を獲得することは困難となったことから、連立政権ないし少数政権が常態化している。

(2) 選挙制度の見直しの新動向

このように、単純小選挙区制から混合議席比例制へと選挙制度が変更されたが、混合議席比例制の見直しはその後も引き続き行われてきた。1981年以降、議会の特別委員会が選挙制度の検討を行っており、1999年までは議会期ごとに設置される選挙法委員会がこれを担ってきた。1999年以降は、選挙に関する事項は、司法選挙委員会が担当してきた[107]。

1993年選挙法第264条は、2002年6月1日までに混合議席比例制を見直すことを議会に要請しており、2000年4月に代議院に設置された混合議席比例制再検討委員会（MMP Review Committee）は、2001年8月、混合議席比例制が女性、マオリ及び民族的少数者の議員数を増大させるとともに、多くの政党の代表を可能にしたと積極的に評価し、結論として現状維持を選択した[108]。他方、1993年から2008年までの各代議院総選挙後の世論調査によれば、混合議席比例制の支持割合は、最多ではあるものの、徐々に低下する傾向にあった[109]。

さらに、1999年以降、選挙制度改革レファレンダムの実施を選挙公約に掲げてきた国民党が、労働党に代わって政権に就き、レファレンダムの方法等を定めた2010年選挙レファレンダム法[110]が制定された[111]。

これは、混合議席比例制が小選挙区比例代表併用制であるため、次のような問題があることを背景とする[112]。すなわち、ニュージーランドの混合議席比例制については、①連立政権が常態化し、その政権形成過程に不透明性があること、また、小政党が政策形成に過大な影響力を持つこと、②比例区の議席配分に当たって、比例区の得票率が5％未満又は小選挙区で1議席も獲得できなかった政党には配分を行わないという阻止条項があるが、基準が低すぎるために小政党の乱立につながっているという批判があること、③議席配分に当たり、比例区の得票に基づく議席配分数が、小選挙区の獲得議席に満たない場合、超過議席（overhang seat）が生じ、総定数が増えること、④比例区は拘束名簿式であるため、候補者選定に有権者の意思が反映されないという批判があること、⑤小選挙区と比例区の重複立候補が認められているため、小選挙区で落選した候補者が比例区で復活当選することがあること、⑥小選挙区の定数は、北島と南島の人口差又はマオリと南島の人口差に従って増加するため、比例区定数が減り、比例性の確保が困難となること、が問題点とされている。

2011年11月26日、代議院の総選挙と併せて、混合議席比例制の維持の是非を問うレファレンダムが諮問的なものとして行われた。レファレンダムは、1枚の投票用紙に、①混合議席比例制の維持又は変更、②変更する場合の選挙制度（単純小選挙区制、優先投票制、単記移譲式投票制、補充議席制）の二つの設問が記載された[113]。

事前の各政党の態度は様々であり、国民党は、混合議席比例制に反対、ACTニュージーランド（ACT New Zealand）[114]は混合議席比例制を支持、労働党は党首が混合議席比例制の支持を表明、マオリ党（Maori Party）[115]は混合議席比例制を支持、統一未来（United Future）[116]は混合議席比例制を支持という状況であった。また、混合議席比例制の維持を主張する市民団体と、変更を主張する市民団体のキャンペーンも行われ、このような動きに対し、世論調査では、徐々に混合議席比例制の維持を求める意見が優位となった[117]。

レファレンダムの結果は、第一の設問については、有効投票数の57.77％が混合議席比例制の維持であり、第二の設問については、有効投票数の46.66％が単純小選挙区制、同じく12.47％が優先投票制、16.73％が単記移

譲式投票制、24.14％が補充議席制であったが、投票総数全体では無効票が33.14％と最多を占める結果となった[118]。

この結果、ニュージーランドにおける選挙制度は、混合議席比例制が維持されることとなった。ただし、この結果を受けて、選挙委員会（Electoral Commission）では、現行制度を変更することが必要か又は望ましいかについて国民から意見を聴取し決定すること及び司法省に対し制度変更に関する勧告を行うことを目的として、阻止条項、超過議席、拘束名簿式、重複立候補、人口の増減と小選挙区の定数に関する事項等について、再検討が行われた[119]。選挙委員会は、公開協議、公聴会を経て、提案を行い、これに対する意見募集の後、2012 年 10 月 31 日までに司法大臣に最終報告書を提出することとされた[120]。そして、2012 年 10 月 29 日、選挙委員会から、最終報告書[121]が提出され、比例区の阻止条項の 5％から 4％への引下げ、選挙区の阻止条項の撤廃と超過議席の廃止、比例議席の増加、拘束名簿式の継続、重複立候補の継続等が勧告された。

4 ニュージーランドの統治構造の変容と第二院の関係

以上見てきたように、上院の廃止、比例代表制の導入を経て、ニュージーランド議会は、英国の議会制度をその出発点としつつも、独特な進化を遂げてきた。ここで、英国議会との比較を交え、また、代議制を補完する諸制度にも言及しつつ、ニュージーランドの統治構造の変容と第二院の関係について検討してみたい。

(1) 上院廃止による変化

ニュージーランドにおける上院廃止は、議会における上院の切断（truncation）[122]あるいは切断された二院制（a truncated bicameral system）[123]という上院を切り落とす形で行われた。非公選の上院の改革に関して、第Ⅲ章─Ⅰ─3でも記したフィリップ・ノートン〔ノートン卿〕の指摘を引くならば、英国の貴族院改革の構成に係る改革の方向性としては、四つの R、すなわち維持（Retain）、改革（Reform）、代替（Replace）、除去（Remove）がある[124]。ニュージー

ランドの旧立法評議会は、任命制の上院であったところ、英国流の二院制が無用のものとされ、結局廃止されたため、ノートンが説く上院改革の方向性のうち、除去（Remove）という究極的な結果となったのである。この結果、ニュージーランドの統治構造は、ウェストミンスター・モデルの純化をもたらすこととなる。

本章―Ⅰで見たように、アレンド・レイプハルトは、デモクラシーの類型を、権力が議会多数派に集中する「多数派型デモクラシー」（ウェストミンスター・モデル）と議会多数派と少数派との合意に重点を置く「合意型デモクラシー」に大別した。1996年の比例代表制導入以前のニュージーランドは、多くの面で多数派型の典型例とされてきた[125]。すなわち、「執政府・政党次元」については、①単独多数内閣への執行権の集中、②執政府と立法府の関係における執政府の優位、③二大政党制、④多数制・非比例制の選挙制度、⑤集団間の自由な競争による多元主義的利益媒介システムという特徴を有していた。また、「連邦制・単一制次元」については、⑥単一制・集権的な政治制度、⑦一院制議会への立法権の集中、⑧相対多数による改正が可能な軟性憲法、⑨立法活動に関し議会が最終権限を有するシステム、⑩政府に依拠した中央銀行という特徴を有し、多数派型の特徴を備えていたのである[126]。

とりわけ、1951年の上院廃止は、ニュージーランド議会を英国議会以上にウェストミンスター的なものとした[127]。レイプハルトによれば、多数派型の純粋型は一院制議会における立法権の集中であり、ニュージーランドはこの原則のほとんど完全な例とされていたのである[128]。他方、これは、大山礼子が指摘するように、ニュージーランド政治が、英国本国以上に完全なウェストミンスター・モデルに到達したと同時に、英国以外の他国の動向にも目を向け始め、英国離れの方向に舵を切るものとなったと評価される[129]。

ニュージーランド議会では、上院廃止後、これに代わる機能を果たすものとして、主題に応じて省別に設置され、法案審査と証人出頭・文書提出要求を行い得る特別委員会の制度が発達してきた。ニュージーランド議会の代議院特別委員会は、実際には常設の委員会であり、1979年の英国議会における庶民院の省別特別委員会制度の改革を受けて、1985年に労働党政権が現在の形としたものである[130]。その後英国でも、2006年に法案審査を行うためアド

ホックに置かれる常任委員会（Standing Committee）が公法案委員会（Public Bill Committee）に改称され、証人出頭、文書提出要求を行い得ることとされている。なお、立法過程に着目すると、英国議会では第二読会の後で委員会段階（通常、下院は公法案委員会、上院は全院委員会）となるが、ニュージーランド議会では第一読会の後に特別委員会の審査が行われ、第二読会の後に全院委員会の審査が行われるという違いが生じている。

さらに、ニュージーランド議会は、1996年に、欧州大陸型議会における議事協議会に相当する機関を設置しようとして議事委員会を新設したほか、オランダで用いられている制度を基に政党単位の表決方法を導入するなど、他国の制度を積極的に採り入れている点も注目される。

(2) 選挙制度改革の影響

英国以上にウェストミンスター型の要素を有する政治制度とされてきたニュージーランドは、英国本国とも異なる政治制度を発展させてきた[131]。その最たるものの一つが、1996年から実施されている混合議席比例制という比例代表制による選挙制度であるが、それによって多数派型から合意型に単純に移行したとも評価することはできない。

確かに、混合議席比例制の導入は、政党間の公平、女性の代表やマオリの代表の増加を促進したことは明らかである[132]。しかし、比例代表制による代議院総選挙後の議会の実態としては、政党数は増加したが、政党システムは旧システムからの連続性を依然として示しているとの指摘を受けた[133]。また、「与党対野党の力関係は比例代表制導入によって大きく変化したとはいえない。既存の制度的規範は存続し、コンセンサスの政治が比例代表制導入のみによってもたらされるわけではないことが明らかになった。二大政党は将来的にも政権のコアになると思われる」[134]と評価された。表面的には選挙の結果は比例代表制の特徴を示す連立政権の発足という結果となったが、これについては、国民党と同党から分離したニュージーランド・ファーストとの連立であったという特殊事情を考慮する必要がある[135]。また、ボルジャーからジェニー・シプリー（Jenny Shipley）への首相交代の手続も、連立政権でありながら、単純小選挙区制の時代のルールに従って行われ、ニュージーランド・

ファーストが関与することはなかった[136]。

審議構造に着目すると、混合議席比例制導入前のニュージーランド議会は、特別委員会などで非党派的な議論が行われる余地は十分にあったものの、多数党と一体化した政府の議会に対する優位、政府対野党の対決型審議で、典型的なウェストミンスター・モデルの審議構造であり、この議会の基本的構造は、混合議席比例制導入後も変化しなかった[137]。要するに、単独政党が支える政府が連立政党の支える政府に代わっただけで、政府対野党の対決という審議の基調には何の変化もなく[138]、2政党の対立が2ブロックの競争関係に置き換わっただけで、定着した政治的競争と敵対的な議会文化は決して消滅することはなかったのである[139]。

このように、ニュージーランドの比例代表制導入後の政治体制は、合意型の例とは言えず、レイプハルトの「執政府・政党次元」において中間的な位置に移行したにとどまり、「連邦制・単一制次元」においては厳格に多数派型を維持している[140]。比例代表制は、多党制と連立政権（ないし少数政権）をもたらすが、ニュージーランドでは、合意型ではなく、英国流の多数派型の維持という結果となったのである[141]。

他方、1996年の選挙制度の転換に伴い、比例代表制の導入により委員会も与党第一党だけで過半数を占められなくなり、また、議員定数の増加により専門知識を持つ議員を各委員会に配置することが可能となったため、委員会の審査機能が高まったという評価もある[142]。さらに、混合議席比例制による新たな政治制度は、ウェストミンスター型の憲法統治構造にはほとんど影響を及ぼさなかったが、比例代表制による選挙制度が定着してきたことの効果として、混合議席比例制が政府による支配を緩和し、今日では立法に際して党派横断的な支援が不可欠となっているとの指摘も見られるようになってきている[143]。

(3) 代議制を補完する諸制度の存在

ニュージーランドは、英国を源流とする代議制を基本としつつ、英国とは異なる政治制度の運用ないし英国に先駆けた政治制度を採り入れてきた国でもある。その主なものが、レファレンダムとオンブズマン制度である。

ニュージーランドは、自治領時代からレファレンダムを活用している。英国においても諮問的なレファレンダムが行われることはあるが、EC残留、スコットランド、ウェールズ、北アイルランド等への議会設置、選挙制度改革などについて個別の議会制定法に基づき、限定的に行われている。ニュージーランドにおいては、歴史的にアルコール飲料の取扱いに関するレファレンダムが多く行われてきた。また、1993年市民発議レファレンダム法[144]により、市民発議のレファレンダムも行われている。さらに前述のとおり、1990年代前半と2011年には、議会制定法に基づき、選挙制度に関するレファレンダムも行われている。そして、ニュージーランドでは諮問的なレファレンダムだけではなく、拘束的なレファレンダムも行われる。アドリアン・ファッターの研究によれば、1997-2006年までの直接民主制の指標は、英国が0ポイントであるのに対し、ニュージーランドには2.5ポイントが付与されており[145]、ニュージーランドにおける民意反映ルートが選挙を通じた代議制（間接民主制）にとどまらず、直接民主制の要素も強いことを示している。

　さらに、ニュージーランドは、議会の機能を補完する制度として、1962年に、北欧諸国で発達したオンブズマン制度[146]を英連邦諸国で初めて採用した国である。ニュージーランドへのオンブズマン制度の導入は、デンマークのオンブズマンであったステファン・フルヴィッツ（Stephan Hurwitz）が1956年から1961年までの間に書いた9編の論文が影響を及ぼしている[147]。1959年になって、「ニュージーランドの経済的自由及び正義の保護のための憲法協会」が、オンブズマン制度導入のための働きかけを二大政党の党首に対して開始したところ、労働党政権は、市民保護のための現行制度に包摂されているとしてこれを拒否したが、国民党党首のJ.R.マーシャル（John Ross Marshall）がオンブズマン制度に関心を示し、次期代議院総選挙の政策として提案することを決めた[148]。1960年の代議院総選挙では、オンブズマンに係る提案は、非政治的なものとして、大きく取り上げられることはなかったが、総選挙での国民党の勝利の後、1961年に法案が提出された。同法案は廃案となったが、翌1962年に法案が再提出され、デンマーク・モデルとの近接性、オンブズマンという名称は論点となったが、野党は強く反対しなかった[149]。オンブズマンは、会計検査院長（Controller and Auditor-General）、議会環境コミッ

ショナー（Parliamentary Commissioner for the Environment）とともに、議会の幹部職員とされ、行政監視の役割を担っている。ニュージーランドにおけるオンブズマン制度の成功は、総督に任命される地位を有し、議会によって指名される議会の役員として、議会に報告をするといったことが要因であると指摘されている[150]。なお、英連邦諸国で初となるニュージーランドでのオンブズマン制度導入を経て、英国においても、1967年議会コミッショナー法[151]により、オンブズマン制度が導入されている。

(4) ニュージーランドの統治構造の変容の意味

以上、ニュージーランドの議会改革の歴史をたどり、現在の議会制度に至る過程を通覧してきたが、そこから看取できることを若干指摘する。

ニュージーランド議会は、上院廃止という改革により、ウェストミンスター・モデルの純粋形態に到達した。しかし、それは英国を母国とする統治構造であるウェストミンスター・システムとの乖離を内包する改革でもあった。

第二次世界大戦後の1947-1957年の時点で、ニュージーランドは独自のウェストミンスター・システムを有しており、「ウェリントン・システム」（Wellington System）ともいうべきそのシステムは、限定された「抑制と均衡」という機構が更に簡素化されたモデルとなっていた旨の評価もある[152]。また、ニュージーランドは、上院の機能に代替し得る特別委員会の制度を発達させたほか、積極的に英連邦以外の諸国の制度を摂取し、オンブズマン制度という北欧型の政治制度をいち早く導入するなど、英国に先駆け、後に英国が参照するような仕組みの導入も行ってきている[153]。

一方、ニュージーランドでは、欧州大陸型の仕組みを採り入れようとして比例代表制を導入し、合意型のデモクラシーを目指したが、「執政府・政党次元」が多数派型と合意型の中間となったというような変化はあるものの、基本的に多数派型の統治構造が維持され、ウェストミンスター・システムとの完全な乖離が即時に図られたというわけでもない。このことは、議会改革や選挙制度改革といった政治改革に際しても、統治構造の連続性と政治文化の不変性が内在することを示している。

もっとも、ニュージーランドは、比較的小規模な国家であるがゆえに機動性に富み、先進的改革を積極的に行い、ウェストミンスター・システムを出自として自国の実情に適合した統治構造を構築しようとしてきているようにも見受けられる。かかる改革の方向性は、我が国においても注目に値するであろう。

III ウェストミンスター・モデルと二院制の関係

　ここで、連邦国家ではあるが、「執政府・政党次元」において、ウェストミンスター型の特徴を有するカナダ、オーストラリアにおける議院内閣制と第二院の衝突事例について瞥見した後、再び英国とニュージーランドについて、レイプハルト理論に立脚しつつ、実情を加味した形で通史的に振り返る。その上で、ウェストミンスター・モデルにおける議院構造が一院制を指向する理由、強い二院制と相容れない理由等について考察を加える。

1　英連邦主要国における議院内閣制と二院制の衝突

　英国やニュージーランドが直面した議院内閣制と二院制との衝突ということについては、英連邦主要国であるカナダ及びオーストラリアの二院制議会においても、同様な問題が生じたことがあった。ここで、連邦国家ではあるが、政治制度の淵源を英国に有する主な英連邦諸国であるこの両国において、上院が強過ぎる存在となることで、下院を基礎とする議院内閣制と二院制が対峙することとなった事例について参照してみたい。

(1)　カナダの事例

　カナダの連邦議会は、アレンド・レイプハルトの類型化分析によれば、3.0ポイントが付与される権限非対等・構成相異の「中間的強度の二院制」である。上院である元老院（Senate）は任命制で、下院である庶民院（House of Commons）は単純小選挙区制で選出され、下院のみが政府に対する不信任決議権を有するとともに解散に服する。そして、上院は、国民から選ばれた下院の決定を否決することは慣例的にあまりないとされている[154]。

　しかし、かつて、1963年以来基本的に自由党（Liberal Party of Canada）が政権の座にあり、上院も自由党優位の状態が続いていたところ、1984年9月4日

の庶民院総選挙でブライアン・マルルーニー（Brian Mulroney）が率いる進歩保守党（Progressive Conservative Party of Canada）が 211 議席を得て大勝し、両院のねじれが生じると、自由党が支配する上院は野党の抵抗の場として活発化し、進歩保守党による下院多数派を基盤とする政府の主要法案を否決するようになった。このような上下両院のねじれの中で、1990 年には法案の上院通過のため、初めて 1867 年憲法法[155]第 26 条に基づいて上院議員を追加任命する事態に至った[156]。

(2) オーストラリアの事例

オーストラリアの連邦議会は、レイプハルトの類型化分析によれば、4.0 ポイントが付与される権限対等・構成相異の「強い二院制」である。各州を代表する上院である元老院（Senate）は単記移譲式投票制による比例代表制、下院である代議院（House of Representatives）は絶対多数式の小選挙区制である選択投票制という両院直接公選制で、下院のみが政府に対する不信任決議権を有する。解散は、通常下院のみであるが、上院と下院とで法案に対する見解が相違した場合には、最終的解決方法として、1900 年制定のオーストラリア連邦憲法法第 57 条に基づく両院同時解散（Double dissolution）が行われ得る[157]。憲法上、一般の法律案と異なり歳出法案などの金銭法案については、下院のみが発議権及び修正権を有しているが、上院は金銭法案を下院に返付して修正を求めることが認められており、これにより上院は金銭法案に対する拒否権を有するものされている。もっとも、かかる上院の修正要求権は、実際には発動しないことが憲法上の慣習となっている。

ところが、1975 年、上院は歳出法案に対する拒否権を行使し、「憲法危機」と呼ばれる事態を招いた[158]。当時は、下院で多数を占める労働党（Australian Labor Party）がゴフ・ホイットラム（Gough Whitlam）首相の下で政権を担当していたが、労働党は上院で多数を占めるには至っていなかった。野党である自由党（Liberal Party of Australia）のマルコム・フレイザー（Malcolm Fraser）党首は政権奪取を図り、解散・総選挙を促すためと明言して上院における歳出法案通過阻止という戦術を採った。しかし、労働党のホイットラム首相が解散を拒んだため、連邦議会における審議は 1 か月近くにわたり膠着状態に陥っ

た。この情勢を見たジョン・カー（John Kerr）総督は、突如ホイットラム首相を解任し、フレイザーを後任の暫定首相に充てるという事態が起こった。総督は、通常は内閣の助言に従って行動することが憲法慣習として定着している。総督が専権をもって首相を罷免することは、1901年に連邦が成立して以来行われたことがなく、憲法危機と呼ばれる極めて異例な事態であった。なお、フレイザーが選挙管理内閣の首相に任命されると、直ちに問題の歳出法案は上院を通過し、下院ではフレイザー首相に対する不信任が決議されたが、結局、前内閣提出の21法案を上院が二度否決して両院同時解散に係る憲法上の要件を満たしていたことを理由として、両院は解散された。その後の両院の総選挙ではフレイザーが圧勝し、上下両院の多数を自由党が確保するという結果となった。

(3) カナダ・オーストラリアからの示唆

カナダとオーストラリアは、同じ連邦制とはいっても、上院の権限と構成の面で大きな違いがある。

カナダの上院は、州を平等に代表するというより地域の利益代表を普遍的な役割とし[159]、今日においてもなお地域的利益を擁護するが、その主たる機能は下院によって可決された立法の審査を行うことにある[160]。また、カナダの上院は、各州・準州を均等に代表しておらず、カナダ首相の助言に基づき総督が議員を任命するという非民主性があり（したがって、連邦政府の利益を優先する性格となる。）、任期も75歳定年制が敷かれているとはいえ流動性に乏しいことから、連邦国家における第二院の役割を有効に果たしていないとされる[161]。そして、立法の中心は下院であるが、アメリカ合衆国の上院をモデルとして、選挙で議員を選び、各州に同じ議席を配分し、効率的な議論の場にすべきというトリプルE（elected, equal, and effective）理念を基本とする上院改革論が議論される[162]。

一方、オーストラリアの上院は、1913年成立のアメリカ合衆国憲法第17修正により州議会選出から直接公選に改められたアメリカ連邦議会の上院と同じように、直接公選制で、強い権限を持ち、これと英国流の議院内閣制を組み合わせた政治制度としている[163]。オーストラリアの強力な公選上院は、

均等な州代表、比例代表制による少数意見の反映、議院内閣制における立法の精査と政府活動の監視という点に存在理由がある[164]。

このような違いがあるが、カナダ、オーストラリア両国ともに、連邦制であり、ウェストミンスター・モデルの「連邦制・単一制次元」においてウェストミンスター・モデルから離反し、連邦国家としての文脈で、二院制議会で立法権の分割がなされているのは共通する。これは、序章—3—(2)で見たように、連邦制ないし分権的な統治構造の国家であれば、二院制を指向することの現れと言えよう。

ここで注目すべきは、カナダ、オーストラリア両国ともに上下両院の構成がねじれ、上院が過度に強過ぎる存在となると、下院を基礎とする議院内閣制と二院制の衝突が先鋭化したという事実である。カナダ、オーストラリア両国とも、ウェストミンスター・モデルの「執政府・政党次元」に着目すれば、①単独過半数内閣への執行権の集中、②執政府と立法府の関係における執政府の優位、③二大政党制、④多数制・非比例制の選挙制度、⑤集団間の自由な競争による多元主義的利益媒介システムについて、英国やかつてのニュージーランドと共通性が見られる。カナダとオーストラリアで議院内閣制と二院制が衝突した時期を包含するとともに、ニュージーランドが比例代表制を導入する以前の時期と重なるレイプハルトの分析による1945-1996年の期間について、この4か国の「執政府・政党次元」の各変数を見ると次のとおりである。

最小勝利・単独内閣形成率(%)は、英国96.7％、ニュージーランド99.5％、カナダ91.0％、オーストラリア81.9％である[165]。執政府優越指数は、英国5.52、ニュージーランド4.17、カナダ4.90、オーストラリア5.06といずれも高い[166]。有効議会政党数は、英国2.11、ニュージーランド1.96、カナダ2.37、オーストラリア2.22である[167]。非比例制指数（%）は、英国10.33％、ニュージーランド11.11％、カナダ11.72％、オーストラリア9.26％である[168]。これらは、二院制の場合には基本的に下院に着目したものである。なお、レイプハルトによれば、オーストラリア上院が比例代表制であることは、執政府・政党次元に関して多数派型であることに合意型の要素をもたらすものの、オーストラリアが合意型デモクラシーとなるには、下院への比例代表

制の導入が必要条件ではないが十分条件であるという[169]。利益媒介システムの多元主義の程度も、英国3.38、ニュージーランド3.00、カナダ3.56、オーストラリア2.66といずれも利益集団多元主義指数が高くなっている[170]。

　これらの共通性からすると、先に見たカナダとオーストラリア両国の事例は、「執政府・政党次元」においてウェストミンスター型の特徴を満たす制度と上院が過度に強い二院制との相性の悪さを示すものと言うこともできるだろう。

　なお、ニュージーランドに比例代表制が導入された1996年以降をも分析対象としているレイプハルトの『デモクラシーの諸類型』第2版によれば、1945-2010年の期間の執政府優越指数について、英国、カナダ、オーストラリアは引き続き高水準を維持している一方で、ニュージーランドは、頻繁な政権交代を招来する3年という短期の議会期のほか、より重要なこととして比例代表制の効果により中程度に変化しているとされる[171]。また、カナダについては、執政府・政党次元のほか、非対等な二院制についてもウェストミンスター型であるが、1997年から2006年までの10年間のカナダを評価すると多数派型から離反してきているとの見解がある[172]。

2　英国及びニュージーランドの議院構造の通史的検討

(1) 議院構造の変遷という視点

　アレンド・レイプハルトの2012年の36か国の議院構造の分析については本章─Iで示したとおりであるが、議院構造指数、すなわち二院制に係るポイントについては、ウェストミンスター・モデルの母国である英国の議院構造指数は、1945-2010年の期間を通じて2.5ポイントが付与されている[173]。

　なお、前述のようにマシュー・フリンダーズの当初の分析によれば、1997年から2005年までの英国の二院制の強さは、2.0ポイントと1.5ポイントの中間の1.75ポイントと格付けをされた[174]。これは、第一次ブレア政権から第二次ブレア政権までの期間において、労働党政権により、保守党が支配的であった世襲貴族の大半が貴族院から排除されたことで、構成の相異の緩和とともに権限の非対等性が増加したという評価を前提とするものである。しか

し、既に述べたように、世襲貴族が排除されたことによりむしろ貴族院の発言力が強化されたという評価があり、公選議員の付加はこれを更に加速させることとなると見られていることには留意する必要がある。そして、フリンダーズ自身、後に、当初の分析を修正し、英国の二院制の強さは2.5ポイントの格付けを維持するのが適当であるとしている。

また、1996年の比例代表制による代議院総選挙実施以前は典型的なウェストミンスター・モデルの国であったニュージーランドについては、レイプハルトによれば、1950年以前の二院制時代は2.0ポイントが付与される権限非対等・構成類似の「弱い二院制」に、それ以降の時期は1.0ポイントが付与される「一院制」に位置付けられている[175]。

なお、日本は、1945-2010年の期間、イタリアなどと同様に、権限対等・構成類似の「中間的強度の二院制」に位置付けられ、3.0ポイントが付与されている[176]。ただし、これは、衆参各議院で党派構成が類似していることが前提となっており、衆参がねじれている場合には、少なくとも0.5ポイント程度は上積みされ、「より強い」二院制に位置付けられることとなろうという見解が高見勝利から提示されている[177]。また、参議院の構成の類似は、必ずしも固定的なものではなく、構成の変化が憲法上付与される権限行使の在り方にも無視し得ない影響を及ぼすとの指摘も只野雅人からなされている[178]。これらのことは、英国やかつてのニュージーランドについても当てはまる場合がある。

英国においては、かつて上下両院の権限がほぼ対等であった時代、権限が非対等となっても貴族院が保守党の牙城であった時代に、上下両院が異なる党派構成となることで、下院に内閣の基礎を置く議院内閣制と二院制の衝突が発生した。ニュージーランドにおいても、かつて上下両院の権限がほぼ対等であった時代に、上下両院が異なる党派構成となることで、下院に内閣の基礎を置く議院内閣制と二院制の衝突が発生した。したがって、英国やかつてのニュージーランドにおいても、上下両院のねじれに相当する状況が生じた場合には、あくまでその限りにおいてではあるが、ポイントの上方修正が必要となると思われる。かかる状況の下で、上下両院の対立が極端に先鋭化すると、第二院が議院内閣制の障碍となるおそれも否定できない。

これに対処するため英国は上院の権限を弱め、構成の相異を緩和することで解決を図ってきた。ニュージーランドの場合は、ねじれのおそれを内包しつつ、基本的に無用な存在となっていたこともあり、上院を廃止することで決着を図ったのである。

(2) 英国の議院構造の通史的検討

以上を前提として、レイプハルトが2012年の『デモクラシーの諸類型』第2版で分析対象とした1945年から2010年までの期間を超えて、その分析枠組みを借りて、より微細に検討するならば、英国の議院構造は、次のように通史的に見ることができる。

20世紀初頭までは、権限対等・構成相異の「強い二院制」[4.0ポイント]であったところ、1911年議会法の制定により、権限非対等・構成相異の「中間的強度の二院制」[3.0ポイント]となり、第二次世界大戦後のレイプハルトの分析期間(1945-1996年)は「中間的強度の二院制」と「弱い二院制」の中間型[2.5ポイント]となった。ただし、この間、保守党以外の政党が下院多数派となった場合には議会にねじれに相当する状況が生じ、上下両院が対立することがあったため、高見勝利が日本の二院制について指摘するように、ポイントの上方修正が必要となる場合がある点には注意を要する。そして、20世紀後半から、世襲貴族以外の一代貴族の任命を可能とするとともに、1997年以降の労働党政権下で、極端な構成の相異が生ずることを解消するため、世襲貴族を排除し、貴族院において単独政党が多数を占めないような党派的バランスを模索してきた。

ブレア政権以後の時期は、マシュー・フリンダーズによる1997-2005年の期間の当初の分析を援用するならば、「より弱い二院制」で1.75ポイントに変化したということとなるのだが、一方で、貴族院は、前述のように世襲貴族が排除されたことでかえって発言力を増しており、「権限非対等・構成中立の第二院」となったことでむしろ存在感を増している。実際、ブレア政権下でも、法案審議に際して政府は1911年議会法及び1949年議会法に基づく庶民院の優越の発動に3回にわたり迫られるとともに、貴族院は、法案修正においても、政府活動等の特定事項の審査の領域でも一定の実績を残している。

1997年以降の期間については、フリンダーズも後に2.5ポイントに修正した。レイプハルトは2012年の『デモクラシーの諸類型』第2版においては、英国の議院構造に変化はないとして2.5ポイントを付与している。しかし、1999年以降の英国貴族院が世襲貴族の排除により一代貴族中心の任命制の第二院となったことに伴い、残存した貴族院議員は自らの正統性の増加を認識するとともに、従前よりも主張を強めてきたこと[179]が捨象されていることには留意する必要がある。これらを前提とするならば、少なくとも1999年以降は、従前の2.5ポイント以上となっていることを考慮する必要があろう。

そして、貴族院公選化の議論の過程で、上下両院の権限の非対等性・第二院の構成の中立性が維持できるかどうかが問題となり、2011年に提出された上院議員の大部分又は全部を公選議員としようとする貴族院改革法案草案、更には2012年に提出された上院議員の大部分を公選議員とする貴族院改革法案という具体的構想を前にして、直接公選が大部分の第二院となった場合の両院間の権限関係の問題が焦点となった。仮に貴族院改革法案が成立した

図表Ⅴ—3　英国の議院構造の変遷

年代	上院の組織	下院の組織	両院の構成	両院の権限関係	ポイント
1911年以前	貴族制（保守党中心）	直接公選制（多数代表制）	相異	両院対等	4.0
1911-1948年	貴族制（保守党中心）	直接公選制（多数代表制）	相異	下院優越［1911年議会法］	3.0
1949-1957年	貴族制（保守党中心）	直接公選制（多数代表制）	相異	下院優越［1949年議会法］	2.5
1958-1999年	大部分貴族制＋任命制［1958年一代貴族法］（保守党優位）	直接公選制（多数代表制）	相異	下院優越	2.5
1999年以降	大部分任命制＋貴族制［1999年貴族院法］（中立的党派構成）	直接公選制（多数代表制）	相異（中立的な上院）	下院優越→上院の発言力強化	2.5→2.5＋
貴族院改革法案	80％直接公選制（比例代表制）＋20％任命制	直接公選制（多数代表制）	相異（比例的な上院）	下院優越→上院の権限強化	3.0→3.0＋

(出典) 筆者作成。

場合には、両院間のねじれの問題が出現する懸念があり、貴族院改革法案は、上院の直接公選制導入に伴う権限強化を顕在化させるものであった。しかし、同法案の廃案により、ウェストミンスター・モデルにおける連邦制・単一制次元の変容という問題に関して、レイプハルトが説く「一院制議会への立法権の集中」という特徴は基本的には維持された。

これらを踏まえた、英国の議院構造の通史的変遷は、図表Ⅴ―3のようにまとめることができる。

(3) ニュージーランドの議院構造の通史的検討

また、ニュージーランドの議院構造については、次のように通史的に見ることができる。すなわち、19世紀末までは、権限対等・構成相異の「強い二院制」［4.0ポイント］であったところ、1892年に立法評議会が7年任期制とされ、上下両院に政党支配が敷かれると、権限非対等・構成相異の「中間的強度の二院制」［3.0ポイント］から権限非対等・構成類似の「弱い二院制」［2.0ポイント］になっていった。ただし、政権交代直後には「ねじれ」が生じるおそれは内在しており、自由党政権時代に上院がしばしば立法の障碍となった。そして、ニュージーランドの1950年の改革では、その当時無益な存在となっていた上院を議会から切り落とすことで一院制に移行した。そして、

図表Ⅴ―4　ニュージーランドの議院構造の変遷

年代	上院の組織	下院の組織	両院の構成	両院の権限関係	ポイント
1891年以前	任命制	直接公選制（多数代表制）	相異	対等	4.0
1892-1950年	任命制（7年任期制の導入）	直接公選制（多数代表制）	相異→類似	下院優越	3.0→2.0
1951年以降	上院廃止（1950年立法評議会廃止法）	直接公選制（多数代表制）	―	―	1.0
1996年以降	一院制	直接公選制（比例代表制）	―	―	1.0

（出典）筆者作成。

一院制移行後のレイプハルトの分析期間、アドリアン・ファッターの分析期間ともに、「一院制」[1.0ポイント]が継続しているところである。

これらを踏まえた、ニュージーランドの議院構造の通史的変遷は、図表Ⅴ—4のようにまとめることができる。

(4) 英国とニュージーランドの議院構造の通史的変遷の意味

英国とニュージーランドの議院構造の通史的変遷から確認できるのは、下院に基礎を置くウェストミンスター型議院内閣制の場合、権限対等・構成相異の「強い二院制」とは相性が極めて悪く、レイプハルトが説くように、一院制を指向するということである。ただし、英国の場合は、上院の権限を弱めるとともに、両院の構成に極端な相異が生ずることのないようにして、むしろ存続を図ってきた。ニュージーランドの例でも同様のことが言えるが、あまりに「弱い二院制」となると、やはり上院は無用のものとして、結果的に一院制に向かうということもうかがえる。ウェストミンスター・モデルで二院制を採用する場合において、過度に強い上院、逆に過度に弱い上院は、改革ないし廃止の対象となり得ることを示しているとも言えよう。

ただし、単一国家である英国やニュージーランドのような国の場合であっても、既に見たように、英国の場合には、修正の院、抑制と均衡の院として、上院の存続を図ってきたし、ニュージーランドの場合にも、内閣と緊密に結合する一院制議会への抑制と均衡の観点から、一院制移行には躊躇もあり、上院廃止後に上院再設置論が再三にわたり提起されるなど、ストレートに一院制に向かうとも言い切れない部分もある。これらのことからして、ウェストミンスター型議院内閣制と二院制との関係性においては、相性の悪さとともに決別の難しさというアンビバレントな関係性が潜んでいるようにも思われる。換言すれば、ウェストミンスター型議院内閣制の場合には、権限対等・構成相異の二院制との「相反性」とともに、抑制と均衡の役割を果たす第二院の「有用性」が並存していることが看取されるのである。

3　有権者委任の連鎖

　ウェストミンスター・モデルにおける議院構造が一院制を指向する理由、強い二院制と相容れない理由は、有権者委任の連鎖というモデル（プリンシパル＝エージェント理論）によって説明することができる。
　プリンシパル＝エージェント理論におけるプリンシパル＝エージェント・モデルとは、「一方の当事者であるプリンシパル（本人）がもう一方の当事者であるエージェント（代理人）との契約合意を行うことを、エージェントがその後プリンシパルの望む結果を作り出す活動を選ぶであろうという期待の上に、考慮する代理人関係の分析的表現」[180]と定義付けられる。
　英国型の議院内閣制では、有権者から議会、議会から首相・内閣、首相・内閣から大臣、大臣から行政官僚制へと、委任関係は一元的であり、エージェントによるプリンシパルの方針からの逸脱が生じにくい[181]。換言すれば、議院内閣制における政府組織の形成については、英国の場合、「国民（有権者）➡庶民院議員➡議会（庶民院）➡首相➡内閣➡大臣➡公務員」という基本的に単線の委任関係で貫徹される。ここでのポイントは、国民（有権者）からの委任が貴族院を経由することなく、しばしば議会と同義とされる庶民院のみを経由するということである。なお、大臣は、命令権者、政策の提唱者、管理者という複数の役割を担うが、プリンシパル＝エージェント・モデルによって大臣の権力を分析する場合において、大臣は本質的にエージェント（代理人）であると位置付けられる[182]。
　英国の場合、首相候補を掲げた政党間の競争による庶民院総選挙で過半数の議席を得た政党の党首が国王から首相に任命されることとされているため、庶民院総選挙が首相選出の場であるが、首相・内閣の存立が庶民院の信任に依拠しているため、上に述べたような委任関係が成立していると考えられるだろう。一方、これまでは首相には実質的に庶民院の解散権があり、両者の間に抑制と均衡の関係も観念的には存在していた。ここでも貴族院の介在する余地はなく、庶民院や内閣に対する貴族院の抑制と均衡は、国民（有権者）からの委任関係の外にあると理解されよう（図表Ⅴ—5を参照）。

Ⅲ ウェストミンスター・モデルと二院制の関係　301

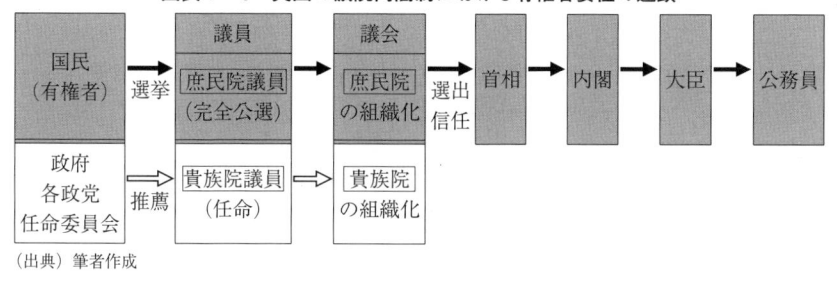

図表Ⅴ―5　英国の議院内閣制における有権者委任の連鎖

```
国民            議員                議会
(有権者) →選挙→ 庶民院議員    →  庶民院   →選出→ 首相 → 内閣 → 大臣 → 公務員
                (完全公選)       の組織化  信任

政府
各政党   →推薦→ 貴族院議員   →  貴族院
任命委員会       (任命)           の組織化
```

(出典) 筆者作成

　モーリス・デュベルジェは、国政に民意をいかに反映させるか（民主制論）の観点から政治制度の分類を行った[183]。これによれば、代表民主制の諸国において、ある国は、国民が選挙を通じて、いわば事実上直接的に政治プログラムとその担い手（首相又は大統領）を選択しているが、他の国では、政治プログラムとその担い手の選択を代表者に委ね、国民はその代表者を選ぶことで満足しているという。そして、後者のような国を、国民による政策選択が代表者により媒介されるため「媒介民主政」（démocratie médiatisée）と呼び、前者のような国を、国民が代表者に媒介されることなく事実上直接的に政策選択を行うため「直接民主政（非媒介民主政）」（démocratie directe）と呼び、現代民主制の課題は、この「直接民主政」を実現することであると論じた。「直接民主制」は、一般に、国民が法律の制定や政策決定に直接関与する民主制を意味するが、デュヴェルジェのいう「直接民主政」は、この意味とは異なる。ここでの「直接民主政」は、政府の首長を人民が選挙により指名する制度をいい、「媒介民主政」は、市民が代表者である議員を選び、その代表者が政府の首長を自由に指名する制度をいう。英国においては、この意味で、デュベルジェが説いた、「媒介民主政」の対概念である「直接民主政」が、国民（有権者）と直接公選の庶民院、そして首相との間で担保されている。この限りで、非公選の貴族院が関与する余地はない。

　公法案の制定過程についてもプリンシパル＝エージェント関係が有権者と庶民院議員との間に成立しており、「国民（有権者）➡庶民院議員➡（庶民院が優越する）議会➡法律案の議決」という一直線の委任関係が担保されている。こ

図表Ⅴ—6　英国貴族院の大部分公選化による有権者委任の連鎖の変化

```
国民           →     議員          →    議会       →   首相  → 内閣 → 大臣 → 公務員
(有権者)     選挙   庶民院議員         庶民院      選出
                   (完全公選)         の組織化    信任

国民           →     貴族院議員       
(有権者)     選挙   (80%公選)         貴族院       関与
                                     の組織化
任命委員会   推薦    貴族院議員
                   (20%任命)
```

(出典) 筆者作成

れに関し、高見勝利は「イギリスの場合、内閣の組織運営、法案等の政府案件に関して、非公選議院からなり立法遅延機能しか有しない貴族院の存在を無視し、国民↔下院↔首相・内閣相互の関係を「信託」「責任」の概念を用い直線的に描きうる」と指摘する[184]。また、1911年議会法及び1949年議会法により、貴族院の公法案における議決権は停止的拒否権にとどめられており、法案修正を行うことはあり得るにせよ、庶民院先議の公法案について議会期終了前に両議会法の要件を満たす期間が確保されている限り、貴族院の絶対的拒否権が行使される余地はない。法律の制定に際しては国王裁可という手続もあるが、これも憲法観念上国王大権として存在しているものの、国王による拒否権は1708年にスコットランド民兵法[185]について行使されたのが最後であり、これが実質的に介在する余地はない。

　貴族院への公選議員の導入というのは、この明快なプリンシパル＝エージェント関係における委任の連鎖に異質な媒介的要素の出現をもたらし得るものである。すなわち、有権者の委任を受けた貴族院議員、貴族院は、その民主的正統性を梃子にして、庶民院のみが独占してきた首相・内閣への信任・不信任という領域にも、例えば政府の重要法案の否決や抜本的修正を行うことにより、関与しようとするおそれがある。これは、上下両院で選挙制度の差異はあり得るにせよ、とりわけ上院議員も国民代表とされた場合には、これまで単線的であった有権者委任のルートが、プリンシパルである有権者は同一であるにもかかわらず、複線化することとなるものである。

この時、委任の内容が同一であれば、問題が生じるおそれは低いが、委任の内容が異なる結果、上下両院間に党派構成のねじれが生じた場合に、国政上のデッドロックが生じるおそれを招来するのである（図表Ⅴ—6を参照）。

注

1　Arend Lijphart, *Patterns of Democracy: Government Forms and Performance in Thirty-Six Countries*, New Haven: Yale University Press, 1999, pp. 200-215.

2　只野雅人「単一国家の二院制―参議院の存在意義をめぐって―」『ジュリスト』1311号（2006年5月1-15日）28-29頁。また、杉原泰雄＝只野雅人『憲法と議会制度』現代憲法大系9（法律文化社、2007年）360頁を参照。

3　Meg Russell, *Reforming the House of Lords: Lessons from Overseas*, Oxford: Oxford University Press, 2000, pp. 250, 253-254.

4　なお、ノルウェーは、2009年10月に完全な一院制に移行している。

5　Lijphart, *op. cit.* (1), pp. 211-213.

6　*Ibid.*, p. 314.

7　*Ibid.*, p. 213.

8　アレンド・レイプハルトに確認し得られた回答（2009年11月10日）による。なお、Lijphart, *op. cit.* (1), p. 213. のフットノートに、スウェーデンの議院構造指数に係るポイント付与について同様の計算を行った旨の記述がある。

9　*Ibid.*, p. 314.

10　Matthew Flinders, 'Majoritarian Democracy in Britain: New Labour and the Constitution', *West European Politics*, vol. 28 no. 1, January 2005, pp. 61-93.

11　*Ibid.*, pp. 79-81.

12　Adrian Vatter, 'Lijphart expanded: three dimensions of democracy in advanced OECD countries?', *European Political Science Review*, vol. 1 no. 1, March 2009, pp. 125-154.

13　*Ibid.*, pp. 137, 152.

14　Markus Freitaga and Adrian Vatter, 'Patterns of democracy: A sub-national analysis of the German Länder', *Acta Politica*, vol. 44 no. 4, December 2009, pp. 410-438.

15　Meg Russell, 'House of Lords Reform: Are We Nearly There Yet?', *The Political Quarterly*, vol. 80 no. 1, January-March 2009, p. 123.

16　貴族院の発言力の強化について、大山礼子「変革期の英国議会」『駒澤法学』9巻3号（2010年6月）94-99頁、大山礼子『日本の国会―審議する立法府へ―』（岩波書店、2011年）177-179頁を参照。

17　Meg Russell, 'A Stronger Second Chamber? Assessing the Impact of House of Lords Reform in 1999 and the Lessons for Bicameralism', *Political Studies*, vol. 58 no. 5,

December 2010, p. 869.
[18] Matthew Flinders, *Democratic Drift: Majoritarian Modification and Democratic Anomie in the United Kingdom*, Oxford: Oxford University Press, 2010, pp. 197-198.
[19] *Ibid.*, p. 198.
[20] Arend Lijphart, *Patterns of Democracy: Government Forms and Performance in Thirty-Six Countries*, 2nd edn., New Haven: Yale University Press, 2012, pp. 17-18.
[21] *Ibid.*, p. 18.
[22] *Ibid.*, p. 199.
[23] *Ibid.*, p. 18.
[24] *Ibid.*, p. 309.
[25] *Ibid.*, pp. 200-201.
[26] *Ibid.*, p. 24.
[27] *Ibid.*, p. 26.
[28] *Ibid.*, pp. 73, 100, 122-123, 153.
[29] *Ibid.*, p. 24.
[30] Meg Russell, *The Contemporary House of Lords: Westminster Bicameralism Revived*, Oxford: Oxford University Press, 2013, pp. 254, 293.
[31] *Ibid.*, p. 296.
[32] ニュージーランドの憲法史については、Philip A. Joseph, *Constitutional and Administrative Law in New Zealand*, 4th edn., Wellington: Brookers, 2014, pp. 41-49, 109-125. に詳しい。また、矢部明宏「ニュージーランドの憲法事情」『諸外国の憲法事情 3』調査資料 2003-2（国立国会図書館調査及び立法考査局、2003 年）135-141 頁も参照。なお、ニュージーランドの議会制度については、田中嘉彦「ニュージーランドの議会制度—議会改革の史的展開と政治システムの変容—」『レファレンス』62 巻 9 号（通巻 740 号）（2012 年 9 月）51-79 頁を参照。
[33] 英国型政治制度が「輸出された」ことに関し、齋藤憲司「英国型政治制度はなぜ普及したか」『レファレンス』61 巻 12 号（通巻 731 号）（2011 年 12 月）11-32 頁を参照。
[34] Lijphart, *op. cit.* (20), p. 20.
[35] 開封勅許状とは、特権の付与又は権限の授与のため、国王又は政府から個人又は法人に与えられる文書であり、他人が確認しやすいように開封（patent）されているものである（田中英夫編集代表『英米法辞典』（東京大学出版会、1991 年）513 頁）。
[36] New South Wales Continuance Act 1840 Vict 3 & 4 c 62（UK）.
[37] Joseph, *op. cit.* (32), p. 46.
[38] 西谷元「ニュー・ジーランドの「独立」—議会の立法権限の展開過程の分析を通じて—」『広島法学』15 巻 2 号（1991 年 10 月）23 頁。
[39] Joseph, *op. cit.* (32), pp. 110-111.
[40] Government of New Zealand Act 1846 9 & 10 Vict c 103（UK）.

41　Government of New Zealand Act 1848 11 & 12 Vict c 5 (UK).
42　Joseph, *op. cit.* (32), pp. 111-112.
43　Keith Jackson, 'The Abolition of the New Zealand Upper House of Parliament', in Lawrence D. Longley and David M. Olson eds., *Two into One: The Politics and Processes of National Legislative Cameral Change*, Oxford: Westview Press, 1991, p. 46. なお、ニュージーランドの一院制改革の歴史について紹介したものとして、藤本一美「世界の一院制議会(1)―予備的考察―」『専修法学論集』107号（2009年12月）123-161頁、藤本一美「世界の一院制議会(2)―ニュージーランド議会における上院廃止―」『社会科学年報』44号（2010年）163-196頁がある。また、藤本一美『上院廃止―研究ノート―二院制議会から一院制議会への転換―』（志學社、2012年）も併せて参照。
44　New Zealand Constitution Act 1852 15 & 16 Vict c 72 (UK).
45　Jackson, *op. cit.* (43), p. 46.
46　*Ibid.*, pp. 46-47.
47　1857年ニュージーランド憲法改正法（New Zealand Constitution Amendment Act 1857 20 & 21 Vict c 53 (UK)）などによる改正例がある。
48　Constitution Act 1986 No 114.
49　下院の任期は、1879年に5年から3年に短縮されている。
50　ニュージーランド議会など諸外国の議会における House of Representatives には、「衆議院」との訳を当てることも考えられるが、日本の衆議院との混同を避けるため、本書では「代議院」と訳することとする。
51　州は、1875年州廃止法（Abolition of the Provinces Act 1875 No 21）によって1852年ニュージーランド憲法法第2条が削除されたことにより、廃止された。
52　Jackson, *op. cit.* (43), p. 47.
53　Harry J. Benda, 'The End of Bicameralism in New Zealand', *Parliamentary Affairs*, vol. IV no. 1, Winter 1950, p. 60.
54　Jackson, *op. cit.* (43), p. 48.
55　*Ibid.*, p. 50.
56　自由党は、ニュージーランド初の近代政党として19世紀末に成立し、小規模農家、農場労働者、都市部の労働者階層が支持した（Keith Jackson and Alan McRobie, *Historical Dictionary of New Zealand*, 2nd edn., Lanham, Maryland: Scarecrow Press, 2005, pp. 153-154, 224-225.）。
57　Jackson, *op. cit.* (43), p. 50.
58　*Ibid*, p. 50.
59　Benda, *op. cit.* (53), pp. 62-63.
60　W. K. Jackson, *The New Zealand Legislative Council: A Study of the Establishment, Failure and Abolition of an Upper House*, Dunedin: University of Otago Press, 1972, p. 154.

61 地引嘉博「ニュージーランドにおける上院の廃止」『議会政治研究』33号（1995年3月）70頁。
62 Jackson, *op. cit.*（43）, p. 53.
63 James Christie,'The Legislative Council of New Zealand', *Journal of Comparative Legislation and International Law*, 3rd series, vol. 6 no. 1, 1924, p. 20.
64 Jackson, *op. cit.*（43）, p. 53.
65 Legislative Council Act 1914 No 59.
66 Statute of Westminster Act 1931 21 & 22 Geo V c 4 (UK).
67 Statute of Westminster Adoption Act 1947 No 28.
68 New Zealand Constitution Amendment (Request and Consent) Act 1947 No 38.
69 New Zealand Constitution (Amendment) Act 1947 11 & 12 Geo VI c 4 (UK).
70 Jackson, *op. cit.*（60）, p. 238.
71 地引・前掲注（61）68-69頁。
72 労働党は、統一労働党、社会民主党が1916年に合同した政党である（Jackson and McRobie, *op. cit.*（56）, p. 200.）。
73 国民党は、自由党を前身とする統一党と改革党が1936年に合同した政党である（*Ibid.*, pp. 203, 320.）。
74 Legislative Council Abolition Act 1950 No 3.
75 Jackson, *op. cit.*（43）, pp. 58-59.
76 Jackson, *op. cit.*（60）, p. 194.
77 ちなみに、1950年12月1日、上院議員たちは、議会から最後に離れる前に、腕を組み国歌を歌ったと伝えられている（New Zealand Parliament, *Evolution of Parliament—Legislative Council*, <http://www.parliament.nz/en-NZ/AboutParl/HstBldgs/History/Evolution/LC/b/b/e/bbedac128a134afc8eb0fa77be80722f.htm>.）。
78 Louis Massicotte,'Legislative Unicameralism: A Global Survey and a Few Case Studies', in Nicholas D. J. Baldwin and Donald Shell eds., *Second Chambers*, London: Frank Cass, 2001, p. 158.
79 Joseph, *op. cit.*（32）, pp. 356-357.
80 Jackson, *op. cit.*（43）, p. 62.
81 The Constitutional Society for the Preservation of Economic Freedom and Justice in New Zealand. 1957年2月に、会社経営者11名、弁護士4名、公認会計士2名、製造業者2名、農業従事者2名、小売業者1名、医師1名を構成員として設立された団体で、経済的自由とともに、統治機構における常設の安全装置（safeguard）の必要性も主張した（Jackson, *op. cit.*（60）, p. 202.）。
82 Lord Cooke of Thorndon,'Unicameralism in New Zealand: Some Lessons', *Canterbury Law Review*, vol. 7 no. 2, 1999, pp. 239-240.
83 See Joseph, *op. cit.*（32）, pp. 356-357. また、これについて、衆議院議事部資料課訳

『ニュージーランドの議会と議事堂』（衆議院議事部資料課、1981年）9頁に簡潔な紹介がある。

[84] John Marshall ed., *The Reform of Parliament: Contributions by Dr. Alan Robinson and papers presented in his memory concerning the New Zealand Parliament*, Wellington: New Zealand Institute of Public Administration, 1978, p. 121.

[85] 議会期（term of Parliament）とは、代議院総選挙後の議会の開会から解散又は任期満了により議会が閉会するまでの期間をいう（New Zealand Parliament, *Glossary*, term of Parliament, ＜http://www.parliament.nz/en-NZ/Glossary/5/9/9/00CLOOC-Glossary1-Glossary.htm＞.）。

[86] Marshall ed., *op. cit.* (84), pp. 123-124.

[87] Jackson, *op. cit.* (43), p. 65; G. A. Wood, 'New Zealand's Single Chamber Parliament: An Argument for Impotent Upper House?', *Parliamentary Affairs*, vol. 36 no. 3, Summer 1983, p. 344. なお、マオリの代表のために上院の設置が主張されることは現在でもある（Rt Hon Sir Douglas Graham, 'Reflection on the Constitution', *New Zealand Law Review* no. 4, 1999, p. 568.）。

[88] 1881年までと1889-1903年は単純小選挙区制及び2議席ないし3議席の大選挙区完全連記制の混合制、1908-1913年は小選挙区二回投票制であった（Electoral Commission (NZ), *Elections New Zealand, From FPP to MMP*, ＜http://www.elections.org.nz/voting/mmp/history-mmp.html＞.）。

[89] 古田穣「ニュージーランドの選挙制度(1)―国民議会議員（国会議員）の選挙―」『選挙時報』23巻6号（1974年6月）33頁。

[90] これ以前の選挙制度に関する改革の動きとして、1967年9月23日に、3年の議会期（議員任期）を維持するか、4年に延長するかについてのレファレンダムが行われたが、結果は3年の維持が68.1％と多数であった。同様のレファレンダムは、1990年10月27日にも行われ、結果は3年の維持が69.3％と多数であった。

[91] 社会信用党は、英国のC. H. ダグラス（Major Clifford Hugh Douglas）の社会信用論を推進する政党で、後に民主党となる（Jackson and McRobie, *op. cit.* (56), pp. 226, 264.）。

[92] Royal Commission on the Electoral System, *Report of The Royal Commission on the Electoral System: Towards a Better Democracy*, Wellington: Government Printer, 1986.

[93] 三輪和宏＝河島太朗＝小林公夫「国民の選択する選挙制度―選挙制度改革に関するニュージーランドの国民投票―」『レファレンス』43巻2号（通巻505号）（1993年2月）5-45頁を参照。

[94] 混合議席比例制は、ドイツ連邦議会議員の選挙で採用されている小選挙区比例代表併用制と同様の選挙制度である。

[95] Royal Commission on the Electoral System, *op. cit.* (92), p. 282.

[96] ワイタンギ審判所は、ワイタンギ条約の実際の適用に関し、マオリ人が提起する請求について勧告し、一定の事項が条約と合致するか否かを決定する機関である（矢部・

前掲注（32）146頁）。
97　Royal Commission on the Electoral System, *op. cit.* （92）, p. 282.
98　Jackson, *op. cit.* （43）, pp. 68-69.
99　Joseph, *op. cit.* （32）, p. 357.
100　Massicotte, *op. cit.* （78）, pp. 158-159.
101　Electoral Referendum Act 1991 No 152.
102　補充議席制は、我が国における小選挙区比例代表並立制と同様の選挙制度である。
103　優先投票制は、選択投票制ともいい、投票用紙に選好順位を付して投票し、過半数を得票する候補者が現れるまで、最少得票候補者の票を次順位が付された候補者に移譲する手続を繰り返す定数1の多数代表制である。
104　河島太朗「国民の選択した選挙制度―選挙制度改革に関するニュージーランドの第二回国民投票について―」『レファレンス』44巻3号（通巻518号）（1994年3月）97頁。
105　Electoral Referendum Act 1993 No 86.
106　Electoral Act 1993 No 87.
107　David McGee, *Parliamentary Practice in New Zealand*, 3rd edn., Wellington：Dunmore Publishing, 2005, p. 9.
108　矢部・前掲注（32）158頁。
109　安田隆子「ニュージーランドの選挙制度に関する2011年国民投票」『レファレンス』62巻5号（通巻736号）（2012年5月）47頁。
110　Electoral Referendum Act 2010 No 139.
111　詳しくは、河島太朗「立法情報　ニュージーランド　2010年選挙国民投票法と選挙制度の改正に関する2011年国民投票」『外国の立法』（月刊版）250-1号（2012年1月）22-23頁、安田・前掲注（109）43-51頁を参照。
112　同上44-46頁。
113　同上47-49頁。
114　ACTニュージーランドは、消費者・納税者連盟（Association of Consumers and Taxpayers）の政治組織として、1993年11月の初の全国大会を経て設立された政党である（Jackson and McRobie, *op. cit.* （56）, p. 2.）。
115　マオリ党は、2004年に労働党から離党した議員らにより設立されたマオリ政党である（*Ibid.*, p. 178.）。
116　統一未来は、2001年にニュージーランド統一党とニュージーランド未来党（従前のキリスト教民主党）が合同した政党である（*Ibid.*, p. 317.）。
117　安田・前掲注（109）49-50頁。
118　同上50-51頁。
119　同上51頁。
120　Electoral Commission （NZ）, *MMP Review, Why the Review, Timetable for the*

Review, <http://www.mmpreview.org.nz/why-review>.
[121] Electoral Commission (NZ), *Report of the Electoral Commission on the Review of the MMP Voting System*, 29 October 2012.
[122] Wood, *op. cit.* (87), p. 335.
[123] Jackson, *op. cit.* (60), p. 198.
[124] Professor the Lord Norton of Louth, *House of Lords Reform*, Leader's Seminar, 11 December 2007, pp. 4-5 ; Philip Norton, 'The House of Lords', in Bill Jones and Philip Norton, *Politics UK*, 8th edn., Oxford: Routledge, 2014, pp. 360-363.
[125] Lijphart, *op. cit.* (20), p. 10.
[126] *Ibid.*, pp. 20-26.
[127] 大山礼子『比較議会政治論―ウェストミンスターモデルと欧州大陸型モデル―』(岩波書店、2003 年) 107 頁。
[128] Arend Lijphart, *Democracies: Patterns of Majoritarian and Concensus Government in Twenty-One Countries*, New Haven: Yale University Press, 1984, p. 90.
[129] 大山・前掲注 (127) 108 頁。
[130] Austin Mitchell, 'The New Zealand Way of Committee Power', *Parliamentary Affairs*, vol. 46 no. 1, January 1993, p. 92. 英国庶民院の特別委員会制度について、詳しくは、奥村牧人「英国下院の省別特別委員会」『レファレンス』60 巻 11 号 (通巻 718 号) (2010 年 11 月) 191-209 頁を参照。
[131] ニュージーランドの英国離れを示すものとして、成文憲法に完全に代替するものではないが、議会の権限を制約する効果を持った 1986 年憲法法及び 1990 年ニュージーランド権利章典法の制定を挙げることができる (大山・前掲注 (127) 108 頁)。
[132] Jack Vowles, 'Introducing Proportional Representation: the New Zealand Experience', *Parliamentary Affairs*, vol. 53 no. 4, October 2000, p. 692.
[133] 眞柄秀子「比較政治と選挙研究―イタリア政治学会の議論を中心に―」『選挙研究』14 号 (1999 年) 48 頁〔1998 年 6 月のイタリア政治学会での事例研究である Elizabeth McLeay and Fiona Barker 'How Much Change? The Impact of Proportional Representation on the New Zealand Party System' の要約部分〕(See Fiona Barker and Elizabeth McLeay, 'How Much Change? An Analysis of the Initial Impact of Proportional Representation on the New Zealand Parliamentary Party System', *Party Politics*, vol. 6 no. 2, April 2000, p. 148.)。
[134] 同上 (See *Ibid.*)。
[135] Vowles, *op. cit.* (132), pp. 685-686.
[136] Stephen Levine, 'Parliamentary Democracy in New Zealand', *Parliamentary Affairs*, vol. 57 no. 3, July 2004, pp. 656-657.
[137] 大山・前掲注 (127) 121-122 頁 (See *Ibid.*, p. 658.)。
[138] 同上 123 頁。混合議席比例制導入後の国民党とニュージーランド・ファーストとの

連立政権下において、議会での自由な審議を束縛し、合意型の政治の実現を妨げた最大の原因は、両党間で締結された厳格な連立合意の遵守規定であった（同上）。

139　Levine, *op. cit.*（136）, p. 658.
140　Jack H. Nagel, 'Expanding the Spectrum of Democracies: Reflections on Proportional Representation in New Zealand', in Markus M. L. Crepaz, Thomas A. Koelble and David Wilsford eds., *Democracy and Institutions: The Life Work of Arend Lijphart*, Michigan: University of Michigan Press, 2000, p. 116.
141　*Ibid.*, pp. 121-122, 124.
142　和田明子『ニュージーランドの市民と政治』（明石書店、2000 年）112 頁。
143　Philip A. Joseph, 'MMP and the Constitution', *New Zealand Journal of Public and International Law*, vol. 7 no. 1, June 2009, pp. 112, 134.
144　Citizens Initiated Referenda 1993 No 101.
145　Vatter, *op. cit.*（12）, pp. 140-141.
146　オンブズマン制度は、Parliamentary Commissioner（Ombudsman）Act 1962 No 10 に基づき設けられた。なお、現行法は、Ombudsmen Act 1975 No 9 である。
147　Larry B. Hill, *The Model Ombudsman: Institutionalizing New Zealand's Democratic Experiment*, Princeton: Princeton University Press, 1976, pp. 67-68.
148　*Ibid.*, pp. 69-70.
149　*Ibid.*, pp. 70-73. なお、Ombudsman という文言は、既に広く使われていたことから、この法律が可決される最終段階で挿入されたものである（Walter Gellhorn, 'The Ombudsman in New Zealand', *California Law Review*, vol. 53 no. 5, December 1965, p. 1166.）。
150　Wood, *op. cit.*（87）, p. 346.
151　Parliamentary Commissioner Act 1967（c. 13）. 英国のオンブズマン制度については、田中嘉彦「英国のオンブズマン制度―権限委譲による制度的進展と改革論―」『レファレンス』63 巻 8 号（通巻 751 号）（2013 年 8 月）35-65 頁を参照。
152　Harshan Kumarasingham, *Onward with Executive Power: Lessons from New Zealand 1947-57*, Wellington: Institute of Policy Studies, School of Government, Victoria University of Wellington, 2010, p. 4.
153　このほか、内閣執務提要（Cabinet Manual）の整備も英国に先駆けて行われたものの一つである（田中嘉彦「英国における内閣の機能と補佐機構」『レファレンス』61 巻 12 号（通巻 731 号）（2011 年 12 月）136-141 頁、田中嘉彦「海外法律情報［英国］内閣執務提要―キャビネット・マニュアルの策定―」『ジュリスト』1435 号（2011 年 12 月 15 日）89 頁を参照）。
154　ジョン・セイウェル（吉田善明監修・吉田健正訳）『カナダの政治と憲法』改訂版（三省堂、1994 年）40 頁。
155　The Constitution Act, 1867 30 & 31 Vict c. 3.（UK）.

[156] C. E. S. Franks, 'Not Dead Yet, But Should It Be Resurrected? The Canadian Senate', in Samuel C. Patterson and Anthony Mughan, *Senates: Bicameralism in the Contemporary World*, Columbus: Ohio State University Press, 1999, p. 135.

[157] 過去に両院同時解散が行われたのは、1914年、1951年、1974年、1975年、1983年及び1987年の6回である（House of Representatives（AUS）, *Double Dissolution*, Infosheet, no. 18, October 2010, p. 2.）。

[158] 1975年の憲法危機について、久保信保＝宮崎正壽『オーストラリアの政治と行政』再版（ぎょうせい、1991年）14・59-61頁、山田邦夫「オーストラリアの憲法事情」『諸外国の憲法事情 3』調査資料2003-2（国立国会図書館、2003年）102-104頁、Stanley Bach, *Platypus and Parliament: The Australian Senate in Theory and Practice*, Canberra, A.C.T: The Department of the Senate, 2003, pp. 83-119. を参照。

[159] David C. Docherty, 'The Canadian Senate: Chamber of Sober Reflection or Loony Cousin Best Not Talked About', *The Journal of Legislative Studies*, vol. 8 no. 3, Autumn 2002, pp. 28, 46.

[160] John Bejermi, *How Parliament Works*, Ottawa: Borealis Press Limited, 2000, p. 25.

[161] 岩崎美紀子『カナダ現代政治』（東京大学出版会、1991年）63-66頁。

[162] 同上80頁。また、加藤普章『カナダ現代政治』（東京大学出版会、2005年）31頁を参照。2006年のカナダ下院総選挙においても、スティーブン・ハーパー（Stephen Harper）が率いる野党保守党が「3Es」を掲げ、政策綱領にも採用した。ただし、カナダ上院の議席配分は、各州間の歴史的妥協によるものであり、新たに少数政権を構成した保守党は、その提案を実行しなかった（R. A. W. Rhodes, John Wanna and Patrick Weller, *Comparing Westminster*, Oxford: Oxford University Press, 2009, p. 204.）。2006年に政権に就いたハーパー首相は、上院議員任期を8年で再任不可とする法案（Bill C-19: An Act to amend the Constitution Act 1967（Senate Tenure））と、上院に欠員が生じた場合に各州民が選出した候補者群の中から首相の助言により総督が上院議員を任命する法案（Bill C-20: Senate Appointment Consultation Act）を提出したが、廃案となった（See Jennifer Smith ed., *The Democratic Dilemma: Reforming the Canadian Senate*, Montreal & Kingston: McGill-Queen's University Press, 2009.）。

[163] なお、オーストラリアの政治制度は、英国とアメリカ合衆国の制度を折衷しているという意味で、ハイブリッド（hybrid）、ワシミンスター（Washminster）と呼ばれることが多い。この点について、大曲薫「対称的二院制の現在―オーストラリアの場合―」『オーストラリア・ラッド政権の1年』調査資料2008-5（国立国会図書館、2009年）45頁を参照。

[164] John Uhr, 'Explicating the Australian Senate', *The Journal of Legislative Studies*, vol. 8 no. 3, Autumn 2002, p. 28, pp. 4-5.

[165] Lijphart, *op. cit.* (1), pp. 109-111. なお、ほとんどの単独内閣は、最小勝利内閣であり、最小勝利内閣と単独内閣は強い相関関係を有する。

[166] *Ibid.*, p. 132.

[167] *Ibid.*, pp. 76-77.

[168] *Ibid.*, p. 162.

[169] Arend Lijphart, 'Australian Democracy: Modifying Majoritarianism?' in Marian Sawer and Sarah Miskin eds., *Representation and Institutional Change 50 Years of Proportional Representation in the Senate*, Papers on Parliament no. 34, Canberra, A. C. T.: Department of the Senate, December 1999, p. 63.

[170] Lijphart, *op. cit.* (1), p. 177.

[171] Lijphart, *op. cit.* (20), pp. 120-123.

[172] Donley T. Studlar and Kyle Christensen, 'Is Canada a Westminster or Consensus Democracy? A Brief Analysis', *PS: Political Science and Politics*, vol. 39 no. 4, October 2006, p. 840.

[173] Lijphart, *op. cit.* (20), p. 309.

[174] Flinders, *op. cit.* (10), pp. 79-81.

[175] Lijphart, *op. cit.* (20), p. 199.

[176] *Ibid.*, pp. 199, 308.

[177] 高見勝利『現代日本の議会政と憲法』（岩波書店、2008 年）155 頁。

[178] 杉原＝只野・前掲注（2）363 頁。

[179] Philip Cowley, 'Parliament' in Anthony Seldon ed., *Blair's Britain*, Cambridge: Cambridge University Press, 2007, pp. 30-31.

[180] Terry M. Moe, 'The New Economics of Organization', *American Journal of Political Science*, vol. 28 no. 4, November 1984. p, 756. また、高安健将「首相・大臣・政権党―プリンシパル＝エージェント理論から見た石油危機下の田中内閣―」『北大法学論集』56 巻 1 号（2005 年 5 月）4 頁を参照。

[181] 高安健将「動揺するウェストミンスター・モデル？―戦後英国における政党政治と議院内閣制―」『レファレンス』61 巻 12 号（通巻 731 号）（2011 年 12 月）38 頁。

[182] See Philip Norton, 'Ministers, departments, and civil servants', in Bill Jones and Philip Norton, *Politics UK*, 8th edn., Oxford: Routledge, 2014, p. 402.

[183] Maurice Duverger, *La VI e République et le Régime presidential*, Paris: Librairie Arthème Fayard, 1961. デュヴェルジェの理論については、高橋和之「現代デモクラシーの課題」『岩波講座　現代の法 3　政治過程と法』（岩波書店、1997 年）24-26 頁、高見勝利「デモクラシーの諸形態」『岩波講座　現代の法 3　政治過程と法』（岩波書店、1997 年）41-44 頁を参照。

[184] 高見勝利「日本の逆を行くイギリスの議会改革―ウエストミンスター・モデルのゆくえ―」『世界』807 号（2010 年 8 月）152 頁。

[185] Scotch Militia Bill.

終　章

1　英国における二院制の存在意義

　以上、イングランドから発祥した二院制の展開を振り返った上で、英国の貴族院改革という100年を超える憲法改革を通史的に検討するとともに、英国における議院内閣制と単一制の変容状況と第二院の関係について分析し、ウェストミンスター・モデルにおける第二院の意味について考察してきた。本書の議論を閉じるに当たり、英国における二院制の存在意義について改めて総括したい。

　二院制は、英国における等族会議の変形という特殊事情により成立し、各国に広がってきたが、これは歴史的慣行、すなわち偶然の所産と見ることもでき、その理論的根拠の多くは後に考案されたものである[1]。近代以降、この二院制の存在理由（raison d'être）をめぐっては、様々な論議が展開されてきた。

(1)　一院制の論拠

　フランス革命期の理論的指導者エマニュエル・ジョゼフ・シェイエス（Emmanuel Joseph Sieyès）のものとして伝えられている「第二院は何の役に立つのか、もしそれが第一院に一致するならば、無用であり、もしそれに反対するならば、有害である」という言説は、二院制と一院制を語る場合に必ず取り上げられる。これは、我が国では、美濃部達吉が1930年の著作『議会制度論』で「シイエースの有名な言[2]」として紹介したものであるが、必ずしもその出典については明らかではない。なお、このシェイエスの言説に関しては、ジェームズ・ブライスが、1921年に、カリフ・オマールがアレキサンドリアの図書館の破壊を許可する際に「これらの書物がコーランと一致すれば無用であり、一致しなければ破壊すべきである」と言ったのと同じジレンマだと述べている[3]。また、シェイエスの当該言説については、フランス革命初期の演説や小冊子を検討し、シェイエスの構想が議院の任期・選出方法といった組織原理に関しては一院制の特性を有するが、複数の部に分かれて審議することを推奨していた点で、単純な一院制論に必ずしも還元し得ない側面を含むこと等の指摘もある[4]。

もっとも、シェイエスの言説は、これを文字通りに読むならば、第一院の議決が完全に正しいものであるという前提の下では、妥当すると言わざるを得ない。その理由としては、①第二院の審議によって時間を空費するおそれがあること、②必要な立法が阻害されるおそれがあること、③同様の権限を有する二つの会議体が対立する場合には円滑な議会政治運営が阻害されるおそれがあることなどが挙げられる。すなわち、第一院が真に適切に国民の意思を代表し、その議決が常に正しいものであるとすれば、第二院の存在理由は乏しいということになる。

(2) 二院制の論拠

このようなシェイエスの言説とは逆に、第一院の議決が必ずしも常に完全に正しいものでないことを前提とするならば、二院制の存在理由が承認されることになる。英国において論じられてきた二院制の論拠は、次のとおりである。

例えば、ジョン・スチュアート・ミル（John Stuart Mill）は、1861年に『代議制統治論』の中で、二院制の背後にある精神は、「個人であれ、合議体であれ、権力の保持者の精神に、自分達自身だけに相談すべきであるとの意識が与える悪影響である。重要なのは、人々のどんな集団も、ほかの誰の同意も求めずに、一時的であっても彼らが意思のままに支配することができてはならないということである」[5]という見解を著している。

ウォルター・バジョットは、二院制について、「理想的な庶民院が存在する場合には、貴族院は不必要であり、また、それゆえに有害でもある。しかし、現実の庶民院を見ると、修正機能を持ち、また、政治に専念する第二院を並置しておくことは、必要不可欠とはいえないにしても、極めて有益である」[6]と述べた。

また、議会制度は多数決原理を根本原則としていることから、ジェームズ・ブライスのように、多数決は必ずしも常に国民の最善の意思を表わすものではなく、多数決制度の欠点を補う意味で第二院の存在理由が語られることもある[7]。ブライスは、一院による決定に対して他院が修正ないし否決を行う二院制は、「議案に対し再度の討論を行い、おそらくは改善をも与えるものであ

るから、単なる拒否（veto）より好ましいものである」[8]とする。すなわち、第二院は、一院制から生じる軽率と専横との弊害を抑制し、第一院の議決を、更に他の観点から批判し審査し得る機会を保持することにより、できるだけ適切な結果を得ることを可能ならしめようとすることに、まさにその存在理由があるとされるのである。このことを敷衍するならば、第一院が政党政治の府となるに伴って、抑制機関としての第二院の必要性が増大することもあり得ると言えよう。

さらに、アイバー・ジェニングス（Ivor Jennings）は、第二院の必要性として、終審裁判所であることのほか、貴族院における一般的政治問題の討議、貴族院への法案提出、庶民院送付法案の討議を挙げた[9]。また、貴族院は、論争的でない問題の審議を行うことができる点で庶民院を補完することができ、不完全な政府提出法案の浄書、特定法案・委任法規命令等に関係する委員会業務の相当部分を引き受けているとした。なお、ヘイルシャム卿が「選挙独裁」という言説を用いたように、英国は、単純小選挙区制の下で庶民院総選挙に勝利した政党がすべての意思決定を負託されるというシステムを採用していることにも留意する必要があろう。かかる議院内閣制の下では、庶民院によって政府に対する「抑制と均衡」を担保することには、自ずと限界があり、貴族院にその役割が期待され得る。

(3) 熟議のための第二院の有用性

本書では、二院制の歴史的発展過程を踏まえ、二院制の制度比較を行う中で、連邦制ないし分権的な統治構造の国家の場合はもちろん、単一国家であっても、大規模人口国の場合には、二院制を指向することをまず指摘した。次いで、レイプハルト理論を踏まえつつ、かかる国がウェストミンスター型議院内閣制の場合には、ウェストミンスター・モデルの理念型である一院制を指向しつつ、逆説的に、非対等な権限関係のうちにも、修正機能、抑制と均衡の機能を適切に果たす第二院が有用となる可能性を示した。

ところで、井上達夫は、「批判的民主主義」（Critical Democracy）と「反映民主主義」（Reflectional Democracy）の二つのモデルを定立する[10]。井上によれば、このモデルは、レイプハルトの多数派型デモクラシーと合意型デモクラシー

に対応する部分もあるが、レイプハルトが外生変数としての民意の反映に還元されない熟議の重要性や内的拒否権と外的拒否権の区別を無視し、ウェストミンスター・モデルを単純な「多数の専制」に還元しているのに対し、批判的民主主義はこのモデルの権力交代促進機能を熟議の貫徹と外的拒否権による少数者保護とに統合させている点で、レイプハルトと井上のモデルには決定的な相違があるという[11]。そして標準的統治制度としては、批判的民主主義では「小選挙区制・単独政権」「政治的中央集権」「熟議保障のための二院制」が、反映民主主義では「比例代表制・連立政権」「集団的拒否権付与のための分権化と二院制」があるという[12]。

井上は、「レイプハルトのモデルの根本的欠陥の一つは英国議会制の粋でもあった熟議の民主政治を完全に捨象している点にある」とし、これがレイプハルトの分析に与えている歪みの一例として、「英国の二院制を貴族の既得権保護のための逸脱形態としかみていない」ことがあると批判する[13]。レイプハルトは、貴族院をウェストミンスター・モデルからの逸脱として理解したわけであるが、井上はここに「熟議」を見いだし、批判的民主主義の中に位置付けるのである[14]。

現在の貴族院は、非公選であるがゆえに、有権者のために立法に同意を与え又はこれを拒否する役割を担うものではない。このことから、英国においても、ドーン・オリバー（Dawn Oliver）は、貴族院は、代表者から成る議院ではないが、討論の重要な観点に貢献する議院であるという意味で、発言（voices）のための組織体、すなわち市民フォーラム（civic forum）であるという見解を提示する[15]。また、メグ・ラッセルによれば、現在の貴族院における討論には、厳密型、準学術（専門家）型、利益団体型、憲法整合型、再考型、敵対型の六つのモードがあり、これらは排他的なものではないとされる[16]。

これらの視点は、公式には公法案審議については停止的拒否権のみを有するとされながら、現在の貴族院が熟議の場となっていることの現れであり、ウェストミンスター・モデルにおいては、一院制を指向しつつ、逆説的に第二院が有用となることを示すものと言えるのではないだろうか。

(4) 第一院に対する「抑制と均衡」「補完」の機能

このほか、前述のような二院制の存在理由をめぐって近代以降展開されてきた論議も考慮するならば、ウェストミンスター型議院内閣制における第二院の有用性の背景には、第一院に対する「抑制と均衡」「補完」という伝統的に承認されてきた視点がある。

英国憲法は、伝統的に、権力分立が明確ではなく、「権力の融合」という特徴を持つ。ウォルター・バジョットが「緊密な結合、すなわち行政権と立法権のほとんど完全な融合」と表現したように、英国議会の下院と内閣の区別が極めて曖昧であることを考慮すると、ウェストミンスター・モデルにおいて、抑制と均衡の機能を担う第二院の存在意義は一層明らかとなろう。

既述のとおり、英国における第二院の存在意義としては、修正、一院制議会による専制の防止、政党政治の場としての第一院への抑制、熟議の場、特定事項の審査機能などが指摘されてきた。現代憲法の下では、特に第一院の軽率な行為・過誤を回避することが重要である。芦部信喜の指摘によれば、第二院の存在理由として主張されてきたものとして、①議会の専制の防止、②下院と政府との衝突の緩和、③下院の軽率な行為・過誤の回避、④民意の忠実な反映が挙げられる。歴史的には、上院の存在理由は、①・②から③・④に移ってきており、現代憲法の下ではその重点は③に置かれるべきということになる[17]。これらの議論からすると、英国議会の第二院が第一院に対する抑制と均衡・補完を適切に果たし得るならば、現代の英国における二院制の存在意義もまた承認されることとなるであろう。

貴族院は、20世紀初頭以来、権限を喪失する歴史の中で、世襲貴族中心の構成を変容させつつ存続を図ってきた。ブレア政権下の貴族院改革についても、その歴史の延長にあるようにも見える。しかし、これまで述べてきたことからも明らかなように、高度の専門性を有し、特定政党が支配的でない中立性を備えた第二院は、法案修正、政府活動の審査、憲法問題などの各領域でその存在意義を顕在化させている。英国における第二院は、庶民院を補完し、議会が内閣に対する抑制と均衡の役割を担う上で、重要な役割を果たす[18]。また、第二院への公選制の導入も、庶民院の代表制度では反映することができない民意を適切な形で反映できるのであれば、また、それにより、庶

民院の補完を担い得るのであれば、積極的な意義をも見いだすことができる。

このように考えるならば、かかる役割を持ち、下院を補完する上院の有益性は、「現実の庶民院を見ると、修正機能を持ち、また、政治に専念する第二院を並置しておくことは、必要不可欠とはいえないにしても、極めて有益である」とのバジョットの指摘以来なお英国憲法の中で命脈を保っていると言うことができよう。

2　英国の貴族院改革からの示唆

本書では、英国の貴族院改革を素材として、その歴史的経緯、憲法上の議論、ウェストミンスター・モデルと第二院の関係を検討してきたが、そこには、序章で述べた本書の問題関心に対応するものとして、英国の貴族院改革から導き出される日本の二院制への示唆も含まれている。

(1) 貴族院改革法案の制度設計

英国の貴族院改革において、単一制・議院内閣制・二院制を採る国にとって直截的に参考となるのは、貴族院改革法案という政府によって正式に提案された具体的制度設計である。これは、最終的に廃案となったものではあるが、その制度設計上の工夫を敢えて抽出してみたい。そこで施された改革後の第二院に関する特徴は、「下院の優越」「長期の任期」「部分改選」「再選禁止」「上院への比例代表制の導入」「任命制の一定程度の確保」「両院同時選挙」という諸点である。

「下院の優越」は、上院が公法案については停止的拒否権しか有しない非対等型の二院制の文脈にあるものであり、特に公選上院となることによる民主的正統性の強化と権限の拡張への懸念から、憲法的法律に位置付けられることとなる貴族院改革法において、1911年議会法及び1949年議会法の継続適用を確認的に明文化しようとしたものである。そもそも両議会法は憲法的法律にほかならないが、かかる明文化は、2011年議会期固定法による首相の解散権の制限、2010年憲法改革及び統治法における公務員制度及び条約批准制度の法制化、更には内閣執務提要の策定に見るように、近年英国憲法の成文

化という現象が見られるものに連なるものと理解することもできる。

　「長期の任期」と「部分改選」については、下院議員の5年任期に対する15年という上院議員の任期は、比較法的に見ても相当に長期のものである。下院任期の3倍、3分の1ずつの部分改選制という点に着目するならばアメリカ連邦議会において採用されている制度設計に類すると言えなくもないが、アメリカの場合には下院任期が2年・上院任期が6年であり、上院任期が6年に縮減される前には9年であったフランスと比べても、貴族院改革法案の上院任期の極端な長さは際立っている。これらのことがもたらす効果としては、総選挙制を採る庶民院に対して第二院の継続性の確保を維持するとともに、選挙の機会が少なくなることで政党からの個々の公選上院議員の独立性の確保がなされ得るということがある。また、上院任期の長期化は民主的第二次院としての性格を弱めることとなるが、民主的正統性の減少に伴う権限の縮小と整合的にはなる。もっとも、この選挙周期の長短は、議院の民主的正統性の強弱に影響を及ぼすため、下院の場合、任期の長期化は政権の安定性に資するものの、政権に対する民主的統制の機会を減少させる。上院にあっても、あまりに長期の任期は上院に対して民主的統制が及びにくくなるというジレンマがある。

　「再選禁止」については、長期の任期とともに、政党政治の束縛から上院議員を解放し、政党の影響力を緩和し、個々の上院議員と上院全体の独立性を強化し得る。その一方で、個々の議員の任期中の政治的責任を国民が問うことのできる場である次期選挙という機会を奪うという側面がある。

　「上院への比例代表制の導入」については、下院は単純小選挙区制、上院は準非拘束名簿式比例代表制及び単記移譲式投票制の比例代表制とし、異なる選挙制度の組合せとしており、下院で政権を形成し、上院では絶対的な多数を作らない想定であった。すなわち、下院においては多数派型、上院においては合意型とするものである。このため、選挙区については、下院では小選挙区、上院では大選挙区という組合せを採用している。かかる制度設計に際して、現在の貴族院が比例的党派構成であるのと同様とみなし、かつ、下院の優越が完全に維持できるのであれば、非連邦制の国家において下院に基礎を置く議院内閣制と議会全体としては合意型にシフトした二院制の接合が図

られる可能性もあった。しかし、上院の直接公選化後の両院の対立のおそれへの懸念は払拭できなかった。

「任命制の一定程度の確保」には、選挙では注入され難い専門的知識の上院への注入という効果が期待される。現在の貴族院も、爵位が議員資格と連結しているという意味では、大部分が世襲貴族から構成されていた時代との連続性はあるものの、実質的には非公選の任命型の議院として、一代貴族の中には各界の専門家が含まれており、専門的知識の上院への注入がなされている。さらに、任命制を一定程度確保することで、実際上単独政党が過半数を占めることを回避し得る可能性がある。英国の主要政党の得票率は、2010年庶民院総選挙においても、保守党35.2％、労働党32.4％、自由民主党22.1％というように、5割を超える得票率を占めた政党はない。公選上院に比例代表制の選挙制度を採用するとともに、任命議員について下院総選挙の得票率に応じた形で任命を行うか、あるいは党派的に中立な議員を相当程度任命するのであれば、上院において過半数の議席数を単独で獲得する政党の出現を事実上阻止し得るであろう。

「両院同時選挙」は、議院内閣制を採用する国に一般的に採用し得る重要な考え方を含んでいる。貴族院改革法案では、改革後の第二院は全部改選ではなく部分改選が構想されたものの、上下両院の選挙を同時に行うことを選択した。この点では、両院の構成の局面における選挙サイクルの同期が予定されていた。これに対しては、第二院の選挙時期を第一院のそれと異ならせることが二院制の意義を高めるという考え方もあり得るところであるほか、両院同時選挙であっても、選挙制度の相違はもとより、上下両院の交差投票という投票行動もあり得るし、以前の部分改選の結果も残るため、全体として両院の党派構成の相異の程度がどのようになるかは保証の限りではない。ただし、少なくとも当該上下両院選挙において、各政党の得票率に両院間で著しい差異が生じる蓋然性は低くなり得る。

(2) 有権者委任の問題

貴族院改革法案中の制度設計では、民主的第二次院という文脈で第二院を公選制とする場合であっても、多数派型の第一院に対して、比較的弱い権限

の第二院を設け、「非対等型」の二院制を維持しようとしている。ただし、第二院が間接選挙であればともかくとして、第二院に直接公選制の要素を加えるのであれば、「直近の民意」[19]を梃子に第二院も第一院に匹敵する強い民主的正統性とこれに随伴する強力な権限を主張するようになり得る。

これについて英国では、貴族院が任命制を含み、部分改選制を採用する場合には「全体としての最新の有権者委任」(a wholly fresh mandate) は有し得ないという考え方も提示されてきた[20]。そして、貴族院改革において、長期の任期と部分改選が提案されたのは、庶民院が常により最新の有権者委任（the fresher mandate）を有するということが理由であった[21]。

このことから、貴族院改革法案には、上院の任期を相当に長期なものとするとともに部分改選とし、また、両院同時選挙とすることにより、常に下院に最新の有権者委任を担保し、下院に強い民主的正統性を付与しようとする工夫が加えられていると見ることができる。

(3) 両院間の調整システムの問題

貴族院改革法案における両院間の調整に係る規定は、1911年議会法及び1949年議会法による下院の優越が引き続き適用されるとするにとどまる。

なお、英国の場合、両院協議会が19世紀半ばに廃れ、法案審議において、アメリカ連邦議会のようには両院協議会が伝統的に活用されず、また、オーストラリアに見る両院合同会議のような仕組みもないため、両院間の意思調整は、下院の優越を前提とした両院間の往復が基本となる。そして、貴族院改革法案においても、両院協議会のような両院間の調整機関についての制度設計はなされなかった。この点は、英国の貴族院改革法案に内在する限界である。

もっとも、貴族院改革の歴史の過程で、ブライス・リポートにある自由協議会についての提案のように、改革案としては、両院協議会に相当する両院間の調整機関が構想されたこともあるほか、英国議会でも貴族院改革を始めとして種々の上下両院合同委員会の方式が活用されていることを想起するならば、やはり両院協議会は、両院間の調整システムとして重要なツールとなろう[22]。

なお、貴族院改革法案では、オーストラリアやイタリアに見るような、両院のデッドロックの解決手段ともなり得る両院同時解散かつ両院同時選挙の制度運用も有しない設計となっている。

3　統治構造の変容と第二院の関係の課題

本書では、英国における議院内閣制・単一制という統治構造の変容ないし動揺と第二院の関係についても取り上げたが、その特徴を最後にまとめると、次のとおりである。

(1)　英国の議院内閣制の変容

英国の議院内閣制については、首相の裁量的解散権の喪失、庶民院選挙制度の動揺ということはあったが、下院における多数派が形成する内閣への執行権の集中という構図は基本的に変わるところはない。かかる特徴を有する統治機構と第二院との関係については、多数派型デモクラシーで執政府が強力な場合、第一院とこれに緊密に結合した内閣への第二院の対抗の在り方が問題となる。

そこでの第二院は、下院と同じく直接選挙によって選出するのではなく、任命制や間接選挙によって選出することにより、下院に比べて相対的に弱い民主的正統性を有し、これに比例した弱い権限を有することが実は適当であろう。そして、上院において特定政党が過半数を占めることなく、議院全体としては「中立的」な党派構成を備え、かつ、個々の上院議員が選挙や政党の束縛から解放されて「独立的」に高い専門性を発揮することにより、第一院と内閣に対して適切な「抑制と均衡」をもたらすことが適切となる。これは、ブレア政権下で世襲貴族の大半が排除され、実質的に任命制となった貴族院において実現されたことである。

しかし、英国における貴族院改革法案での制度設計のように、大部分が直接公選の第二院が出現するとなると、第二院が有権者委任の関係性において異質な媒介的要素となり得るため、ウェストミンスター・モデルにおける下院を経由する有権者委任の連鎖の機能不全をもたらすおそれがある。それで

もなお下院を基礎とする議院内閣制を維持するのであれば、上院が強力な民主的正統性を主張し得ない制度設計とし、下院が優越する「非対等型」の二院制を維持することが不可欠となる。

そのための工夫が、貴族院改革法案においては、下院の優越を明記するとともに、第二院を「長期の任期」「部分改選」とし、また、「両院同時選挙」とすることで、庶民院に最新の有権者委任を担保することであった。しかし、これが実際上いかに奏功するのかは、同法案の廃案により、実証することはできなかった。

(2) 英国の単一制の変容

単一制の変容については、英国では、ブレア政権下で、スコットランド、ウェールズ及び北アイルランドに対する権限委譲が行われ、ウェストミンスター議会の立法権の一部が各地域に委譲されたことは、英国が「連合国家」であることを顕在化させ、地域代表機能を有する議院という新たな第二院の役割への期待が高まったことが特筆できる。

二院制の発展史を見ても分かるように、第二院の公選化を図る場合には、単一国家であっても地域を代表する第二院とすることが、第二院の存在意義を明確化する上でも有益であり、二院制の正常進化と軌を一にする。ウェイカム・リポートで提言されたとおり、スコットランド、ウェールズ及び北アイルランドだけでなく、イングランド内の8地域にも地域議会が設置され、分権が行われることが想定されていた段階では、改革後の第二院に、地域代表機能を担わせることが予定されていた。しかし、イングランドにおいて分権改革が未完となったことで、改革後の第二院に地域代表議員を付加する構想は消滅し、大部分を公選化するとともに、公選議員は英国全体を代表するものへと変容し、第一院との衝突の懸念が顕在化した点は一つの教訓であろう。結果として、権限委譲が進展しているスコットランド、ウェールズ及び北アイルランドの3地域とイングランドの間には人口較差を始めとして著しい不均衡が残り、各地域の国家統合を議会第二院においていかに図るかという課題について、有効な構想は打ち出されていない。

なお、第二院において代表される地域とは、有権者にとってアイデンティ

ティを有するものであり自治の単位として確立されたものであることが必要である。イングランドの各地域への公選議会の設置が頓挫し、自治の単位としての地域が不成立となった後、2012年の貴族院改革法案において、欧州議会選挙の選挙区と同様の選挙区として、地域自治の単位となったスコットランド、ウェールズ及び北アイルランドのほか、イングランド内についても従前の8地域とロンドンが改革後の貴族院の選挙区とされた。しかし、改革後の貴族院における公選議員は、地域代表議員とは位置付けられなかった。英国の貴族院改革からは、地域を代表する第二院構想は地方分権の進捗状況とセットで考えるべきことも含意されている。

4 第二院の正統性をめぐる課題

最後になるが、第二院の在り方を規定する要素として、第二院の「構成」「権限」と並び、また、最重要の要素でもある第二院の「正統性」をめぐる課題について展望することとする。

(1) 非直接公選制の有用性という逆説

ジョージ・ツェベリスとジャネット・マネー（Jannette Money）は、「仮に弱くあるいは無意味と考えられても、すべての第二院は影響力を有する」との指摘を行い、極めて弱い第二院と考えられていたブレア改革以前の英国貴族院の影響力の存在についても肯定していた[23]。

そして、ブレア政権以降の英国の貴族院改革において焦点となった課題の一つは、修正機能、抑制と均衡の機能を的確に担う第二院の構成をいかに制度設計するかということであった。一つの考え方が、ブレア政権以降、英国が目指してきた政権交代に左右されない中立的かつ独立的な第二院である。第二院といえども「政治」と無縁ではいられないが、第一院のように政党政治が支配的になるのは不幸なことである[24]。ここでの中立性・独立性には、単独政党が過半数を占めることがないこと、党派間バランスが全体として保たれていること、政府から独立していること、更には個々の議員が厳格な党議拘束に服することなく独立して行動し得ることなどが含まれる。

かかる中立的かつ独立的な第二院を構成するには、ブレア改革後の英国貴族院のように実質的に任命制とするなり、ブレア政権下のウェイカム委員会が提案していたように任命議員が大多数という選出制度であれば、いずれの政党にも属しない中立議員を相当程度任命することも可能となるし、第二院の議員が選挙や政党政治の束縛から離れて独立的に行動することも可能となる。また、各分野の専門家を、その専門性に着目して議会第二院に登用することが比較的容易となる。すなわち、任命制についても、適切な運用を行うならば、民主性とは異なる文脈で一定の有用性を持ち、それに随伴して正統性が認められる可能性がある。

第二院議員を間接選挙とすることを提唱したブライス・リポートでも、第二院は、議員が、重要な公的業務に従事するために特別に選出されたという事実にとどまらず、傑出した個性、国家に奉仕するための広く認められた能力、道徳的権威を有するべきであるとする[25]。任命制にせよ、間接選挙にせよ、国民による上院への民主的統制という点では、直接公選制には劣るものの、上院が下院の対抗勢力となるのではなく、下院の補完を果たし得るという点では優る面もある。

このように、任命制や間接選挙といった直接選挙に比して民主性が弱いとされる選出方法であっても、単に民主的であるからという理由で直接選挙による選出方法を第二院に適用するより、有用となる場合があるという逆説が存在するのである。

(2) ブレア改革後の貴族院の「正統性」

そして、現在の英国貴族院は、非公選制であるがゆえに、庶民院に比して、専門性が高く、非政治的な議院であるという積極的評価を有する[26]。その由来に関して、メグ・ラッセルは、「正統性」(legitimacy)をキーワードに、民主的正統性とは異なる文脈の第二院の正統性を説明する[27]。

ラッセルによれば、ブレア改革後の英国の貴族院は、明らかに民主的正統性を欠いているが、それにもかかわらず、「入力上の正統性」(input legitimacy)、「手続上の正統性」(procedural legitimacy)、「出力上の正統性」(output legitimacy)を有しているとされる[28]。ここでいう「入力上の正統性」は組織で職務に就く

構成員の選出方法及び選出された構成員の特徴に、「手続上の正統性」は組織が決定に到達する手段に、「出力上の正統性」は組織の政策決定のための支援に関するものである[29]。この観点からして、貴族院は、専門的で非党派的な審議を行い、政府提出法案への修正を行うなど、「手続上の正統性」と「出力上の正統性」を備える。そして、1999年以降、実質的に任命制の第二院となり、比例的な構成となったことにより、専門性と独立性の高い議員が選出され、「入力上の正統性」をも増している。

認識的正統性論に立つラッセルは、これらのことが、貴族院議員や一般公衆に対する貴族院の正統性に関する意識調査、マスメディアに掲載される記事においても、しばしば表出されると指摘する[30]。そして、二院制の伝統的な趣旨として、第一院の議員に対して再考を求める機能があるが、1999年以降の英国では、貴族院の主張の強化は庶民院をも活性化させ、二院制を強力なものとしているという[31]。正統性を民主的な入力上の正統性と同一視することは、第二院による第一院に対する「補完」という特別の役割を説明するには十分ではなく[32]、第二院の正統性については、その構成だけでなく、修正の院という第二院の中核的役割についても議論となるのである[33]。

そこでの第二院は、民主的正統性のみにとどまらない文脈で、憲法上の制度と運用において正統性を具備し、その正統性が国民に受容されることによって、確固たるものとして評価されることとなろう。このような考え方に立つならば、まさに、有権者の政権形成の委任を受けた第一院を補完するとともに修正機能を果たし、第一院と緊密に結合する内閣に対しても抑制と均衡の役割を果たす第二院に、その性質において正統性を見いだすことができるのではないだろうか。

(3) 第二院の民主的正統性をめぐる課題

しかし、英国の貴族院改革の過程も示すように、今日的な民主政治の文脈の中では、第二院の公選度を高めようという方向性が打ち出されるのは避けがたい。また、既に公選上院を有する議会にあっては、公選の度合いを低下させる改革は、民主政治を後退させるものとして受け容れられ難いのも事実である。

ここで特に問題となるのが、両院直接公選制の場合に、上院が有する強力な民主的正統性のゆえに「非対等型」の二院制を維持することが実際上困難となり得ることである。ヴァーノン・ボグダナーの見解、A. W. ブラッドリー及びK. D. ユーイングによる標準的な憲法学の教科書、フィリップ・ノートン〔ノートン卿〕の指摘の中にも、上下両院が直接公選となることによる両院の衝突のおそれには懸念が示されている[34]。以上の議論からは、憲法レベルの規範をもって、法案審議における下院優越の維持を規定したとしても、上院を直接公選とする限り、上院の民主的正統性に随伴した権限強化の問題が不可避となり、二院制全体としての制度設計の不完全さを露呈する結果となってしまうことへの懸念が払拭できないことが看取される。

一方で、英国の貴族院改革においては、長期の任期を有し部分改選制を採る上院は、相対的に短期の任期で総選挙制を採る下院に対して、強い有権者委任を主張し得ないという考え方もまたその底流にあるように思われる。第二院の民主的正統性の問題を考えるに当たって、このように「有権者委任」を捉えるならば、下院に基礎を置く議院内閣制と両院公選制の接合に際して、「民主的正統性」への理解の一つの在り方を示すものとなる可能性はある。

本書では、英国の貴族院改革を主たる対象として、議院内閣制を採用する単一国家における二院制をめぐる諸問題について考察してきた。そこからも明らかなように、英国においても、単一国家における二院制、議院内閣制と公選上院の接合については、試行錯誤を迫られている。これは、単一国家で公選上院を擁する議院内閣制採用国全般に通じる難問かつ根源的な教訓であるが、第二院の「構成」「権限」の在り方とともに、その「正統性」をいかに捉えるかが、この課題の解決を図るための切り札となると思われる。

注

[1] 水木惣太郎『議会制度論』憲法学研究Ⅱ（有信堂、1963年）288-289頁。
[2] 美濃部達吉『議会制度論』現代政治学全集第7巻（日本評論社、1930年）120-121頁。
[3] James Bryce, *Modern Democracies*, vol. 2, London: Macmillan, 1921, p. 438. また、これに関して、高見勝利『芦部憲法学を読む―統治機構論―』（有斐閣、2004年）118頁を参照。
[4] 阪本尚文「シエイエスは一院制論者か？―フランス革命初期の立法府分割論の軌

跡―」『法律時報』84 巻 12 号（2012 年 11 月）72-77 頁を参照。
5　J. S. ミル（水田洋訳）『代議制統治論』（岩波書店、1997 年）311 頁。
6　Walter Bagehot, *The English Constitution*, The World's Classics, London: Oxford University Press, 1928, p. 95.
7　See Bryce, *op. cit.* (3), pp. 428-457.
8　*Ibid.*, p. 434.
9　I. ジェニングス（榎原猛＝千葉勇夫訳）『新訂　イギリス憲法論』（有信堂高文社、1981 年）110-119 頁。
10　井上達夫『現代の貧困―リベラリズムの日本社会論―』岩波現代文庫（岩波書店、2011 年）213-228 頁。
11　同上 223 頁。
12　同上 217 頁。
13　同上 242 頁。
14　なお、井上が「熟議」の例として、英国の貴族院に期待をかける点に対し、小堀眞裕は、1999 年以降の貴族院は任命制でありながら明らかに比例代表的になりつつあるとして、井上が貴族院に批判的民主主義としての価値を見いだしたのであれば、比例的となってしまった貴族院には価値がないのか、それとも依然として価値を見いだすのかという問いを立てる。そして、後者であれば、井上の議論にとって、「比例的であってはならない」ことは、さほど重要度を持つものではないということになりはしないか、との疑問を呈する（小堀眞裕『ウェストミンスター・モデルの変容―日本政治の「英国化」を問い直す―』立命館大学法学叢書 14 号（法律文化社、2012 年）233-234 頁）。
15　Dawn Oliver, 'The Modernization of the United Kingdom Parliament' in Jeffrey Jowell and Dawn Oliver eds., *The Changing Constitution*, 5th edn., Oxford: Oxford University Press, 2004, p. 259.
16　Meg Russell, *The Contemporary House of Lords: Westminster Bicameralism Revived*, Oxford: Oxford University Press, 2013, p. 181.
17　高見勝利『芦部憲法学を読む―統治機構論―』（有斐閣、2004 年）119-120 頁。なお、芦部は、その場合でも、単に下院の過ちを正すというようなネガティブな理由付けでは、上院の権限は比較的弱いものとならざるを得ないだろうと指摘している。
18　See Donald Shell, *The House of Lords*, Manchester: Manchester University Press, 2007, pp. 169-170.
19　日本の二院制における「直近の民意」の考え方について、只野雅人「両院制と選挙制度」『論究ジュリスト』5 号（2013 年春号）72-73 頁を参照。
20　Meg Russell, *Lords Reform: Principles and Prospects*, Lecture at the invitation of the Leader of the House of Lords, 13 November 2007, p. 6.
21　Russell, *op. cit.* (16), p. 269.
22　日本国憲法の議院内閣制と二院制の下で「相違」から「合意」を導く道筋について、

憲法が予定する機関である両院協議会の構成と運営の問題を指摘する論稿として、只野雅人「相違と決定―代表における集団と規律に関する試論―」浦田一郎＝只野雅人編『議会の役割と憲法原理』総合叢書3（信山社、2008年）91-93頁を参照。

[23] George Tsebelis and Jannette Money, *Bicameralism*, Cambridge: Cambridge University Press, 1997, p. 211. このツェベリスとマネーらの指摘を受けて、アレンド・レイプハルトは二院制の類型化分析に際して、1984年における「強い（strong）二院制」「弱い（weak）二院制」「無意味な（insignificant）二院制」という分類を廃し、「強い（strong）二院制」「中間的強度の（medium-strength）二院制」「弱い（weak）二院制」という分類に修正している（Arend Lijphart, *Patterns of Democracy: Government Forms and Performance in Thirty-Six Countries*, New Haven: Yale University Press, 1999, pp. 211.）。

[24] Shell, *op. cit.* (18), p. 165.

[25] Conference on the Reform of the Second Chamber, *Letter from Viscount Bryce to the Prime Minister*, 1918 (Cd. 9038), p. 5.

[26] Russell, *op. cit.* (16), p. 90.

[27] ラッセルの第二院の正統性論については、Meg Russell, 'Rethinking Bicameral Strength: A Three-Dimensional Approach', *The Journal of Legislative Studies*, vol. 19 no. 3, September 2013, pp. 370-391. にも詳しい。また、ラッセルの近時の主張について、木下和朗「イギリス貴族院の現況―Meg Russell 両院制論に関する解説とコメント―」岡田信弘編『二院制の比較研究―英・仏・独・伊と日本の二院制―』（日本評論社、2014年）141-162頁を参照。

[28] Russell, *op. cit.* (16), pp. 228, 238.

[29] *Ibid.*, pp. 234-238.

[30] See *Ibid.*, pp. 238-253.

[31] *Ibid.*, p. 164.

[32] *Ibid.*, p. 236.

[33] *Ibid.*, p. 255.

[34] Ian Cruse, *Possible Implications of House of Lords Reform*, House of Lords Library Note, LLN 2010/014, 25 June 2010, pp. 4-5 ; Vernon Bogdanor, 'Shifting Sovereignties: Should the United Kingdom have an elected upper house and elected head of state?', *Political Insight*, vol. 1 no. 1, April 2010, p. 12 ; A. W. Bradley and K. D. Ewing, *Constitutional and Administrative Law*, 14th edn., Harlow: Pearson Longman, 2007, p. 186 ; Lord Norton, 'No to PR and an elected second chamber', *The Norton View: personal blog from Lord Norton of Louth*, 22 May 2010, <http://nortonview.wordpress.com/2010/05/22/no-to-pr-and-an-elected-second-chamber/> ; Lord Norton, 'Missing the Point', *The Norton View: personal blog from Lord Norton of Louth*, 25 May 2010, <http://nortonview.wordpress.com/2010/05/25/missing-the-point/>.

参考文献

A Esmein, *Éléments de droit constitutionnel*, Paris: L. Larose, 1896.
A Voice for Wales, July 1997 (Cm 3718).
A. W. Bradley and K. D. Ewing, *Constitutional and Administrative Law*, 13th edn., Harlow: Longman, 2003.
A. W. Bradley and K. D. Ewing, *Constitutional and Administrative Law*, 14th edn., Harlow: Pearson Longman, 2007.
A. W. Bradley and K. D. Ewing, *Constitutional and Administrative Law*, 15th edn., Harlow: Longman, 2011.
A. W. Bradley, K. D. Ewing and C. J. S. Knight, *Constitutional and Administrative Law*, 16th edn., Harlow: Pearson, 2015.
Adrian Vatter, 'Lijphart expanded: three dimensions of democracy in advanced OECD countries?', *European Political Science Review*, vol. 1 no. 1, March 2009.
Adrian Vatter and Isabelle Stadelmann-Steffen, 'Subnational Patterns of Democracy in Austria, Germany and Switzerland', *West European Politics*, vol. 36 no. 1, January 2013.
Akash Paun, 'Lords reform-is a referendum the way to finally settle the issue?', *Institute for Government website*, 24 April 2012, <http://www.instituteforgovernment.org.uk/blog/4376/lords-reform-%e2%80%93-is-a-referendum-the-way-to-finally-settle-the-issue/>.
Alan Trench, 'Wales and the Westminster Model', *Parliamentary Affairs*, vol. 63 no. 1, January, 2010.
Alex Brocklehurst, *Peerage creations, 1958-2008*, House of Lords Library Note, LLN 2008/019, 24 July 2008.
Alex Stevenson, 'Deep divisions reveal rocky road ahead for Lords reform', *politics. co. uk website*, 23 April 2012, <http://www. politics. co. uk/news/2012/04/23/rocky-road-ahead-for-lords-reform>.
Alexander Hamilton, John Jay and James Madison, *The Federalist: a commentary on the Constitution of the United States: being a collection of essays written in support of the Constitution agreed upon September 17, 1787 by the Federal Convention*, New York: The Modern Library, 1937.
Alexander Horne, *The role of the Lord Chancellor*, House of Commons Library Standard Note, SN/PC/2105, 26 March 2015.

Alternative Report, House of Lords Reform: An Alternative Way Forward, April 2012.
An Elected Second Chamber: Further Reform of the House of Lords, July 2008 (Cm 7438).
Anthony King, *The British Constitution*, Oxford: Oxford University Press, 2007.
Arend Lijphart, 'Australian Democracy: Modifying Majoritarianism?' in Marian Sawer and Sarah Miskin eds., *Representation and Institutional Change 50 Years of Proportional Representation in the Senate*, Papers on Parliament no. 34, Canberra, A. C. T.: Department of the Senate, December 1999.
Arend Lijphart, *Democracies: Patterns of Majoritarian and Consensus Government in Twenty-One Countries*, New Haven: Yale University Press, 1984.
Arend Lijphart, *Patterns of Democracy: Government Forms and Performance in Thirty-Six Countries*, New Haven: Yale University Press, 1999.
Arend Lijphart, *Patterns of Democracy: Government Forms and Performance in Thirty-Six Countries*, 2nd edn., New Haven: Yale University Press, 2012.
Austin Mitchell, 'The New Zealand Way of Committee Power', *Parliamentary Affairs*, vol. 46 no. 1, January 1993.
BBC, 'Blair puts Lords reform on hold', *BBC News*, 19 March 2004, <http://news.bbc.co.uk/2/hi/uk_news/politics/3524834.stm>.
Better Governance for Wales, June 2005 (Cm 6582).
Bill Jones and Philip Norton, *Politics UK*, 7th edn., Harlow: Longman, 2010.
Bill Jones and Philip Norton, *Politics UK*, 8th edn., Oxford: Routledge, 2014.
Building Britain's Future, June 2009 (Cm 7654).
C. E. S. Franks, 'Not Dead Yet, But Should It Be Resurrected? The Canadian Senate', in Samuel C. Patterson and Anthony Mughan, *Senates: Bicameralism in the Contemporary World*, Columbus: Ohio State University Press, 1999.
Chris Ballinger, 'Hedging and Ditching: The Parliament Act 1911' in Philip Norton ed., *A Century of Constitutional Reform*, Chichester: Wiley-Blackwell for the Parliamentary History Yearbook Trust, 2011.
Chris Ballinger, *The House of Lords 1911-2011: A Century of Non-Reform*, Oxford: Hart Publishing, 2012.
Chris Clarke, *House of Lords Reform Since 1999: A Chronology*, House of Lords Library Note, LLN 2008/018, 4 July 2008.
Chris Clarke and Matthew Purvis, *House of Lords Reform 1997-2010: A Chronology*, House of Lords Library Note, LLN 2010/015, 28 June 2010.
Clerk of the Parliaments, *Companion to the Standing Orders and guide to the Proceedings of the House of Lords*, 2013.
Clerk of the Parliaments' Office, *The role of the Speaker of the House of Lords*, 10 May 2006.

Commission on Scottish Devolution, *Serving Scotland Better: Scotland and the United Kingdom in the 21st Century*, Final Report, June 2009.
Communities in control: real people, real power, 9 July 2008 (Cm 7427).
Conference on the Reform of the Second Chamber, *Letter from Viscount Bryce to the Prime Minister*, 1918 (Cd. 9038).
Conservatives and Liberal Democrat, *Conservative Liberal Democrat coalition negotiations, Agreements reached 11 May 2010*.
Conservative Party, *An Invitation to Join the Government of Britain*, 2010.
Conservative Party, *Manifesto: It's time for action*, 2005.
Constitution Unit, *Checks and Balances in Single Chamber Parliaments* (Stage 1), February 1998.
Constitution Unit, *Commentary on the Wakeham Report on the Reform of the House of Lords*, 2002.
Constitution Unit, 'Lords Reform: Dead, or Just Resting?', *Monitor*, 52, October 2012.
Constitution Unit, 'Lords should block government bills, say public and MP's', *Constitution Unit press release*, 12 December 2005.
Constitution Unit, *Single Chamber Parliaments: A Comparative Study* (Stage 2), September 1998.
Corin Turpin and Adam Tomkins, *British Government and the Constitution, Text and Materials*, 7th edn., Cambridge: Cambridge University Press, 2012.
David Arter, 'From a 'peasant parliament' to a 'professional parliament'? Change in the Icelandic Althingi', *The Journal of Legislative Studies*, vol. 6 no. 2, Summer 2000.
David Arter, *The Scottish Parliament: a Scandinavian-style assembly?*, London: Frank Cass, 2004.
David Butler, 'The Changing Constitution in Context', in Matt Qvortrup ed., *The British Constitution: Continuity and Change*, Oxford: Hart Publishing, 2013.
David C. Docherty, 'The Canadian Senate: Chamber of Sober Reflection or Loony Cousin Best Not Talked About', *The Journal of Legislative Studies*, vol. 8 no. 3, Autumn 2002.
David McGee, *Parliamentary Practice in New Zealand*, 3rd edn., Wellington: Dunmore Publishing Limited, 2005.
Dawn Oliver, *Constitutional Reform in the United Kingdom*, Oxford: Oxford University Press, 2003.
Dawn Oliver, 'The Modernization of the United Kingdom Parliament' in Jeffrey Jowell and Dawn Oliver eds., *The Changing Constitution*, 5th edn., Oxford: Oxford University Press, 2004.
Dennis Kavanagh and David Butler, *The British General Election of 2005*, Basingstoke:

Palgrave Macmillan, 2005.

Department for Constitutional Affairs, *Constitutional reform: next steps for the House of Lords*, September 2003 (CP 14/03).

Department of Information Services, *Government defeats in the House of Lords: Parliamentary Information List*, House of Commons Library Standard Note, SN/PC/03252, 27 October 2010.

Derek Birrell, *Comparing Devolved Governance*, Basingstoke: Palgrave Macmillan, 2012.

Devolution Memorandum of Understanding and Supplementary Agreements, Between the United Kingdom Government, the Scottish Ministers, the Welsh Ministers, and the Northern Ireland Executive Committee, March 2010 (Cm 7864).

Donald Shell, 'The History of Bicameralism', in Nicholas D. J. Baldwin and Donald Shell eds., *Second Chambers*, London: Frank Cass, 2001.

Donald Shell, *The House of Lords*, Manchester: Manchester University Press, 2007.

Donald Shell, 'To Revise and Deliberate: The British House of Lords' in Samuel C. Patterson and Anthony Mughan eds., *Senates: Bicameralism in the Contemporary World*, Columbus: Ohio State University Press, 1999.

Donley T. Studlar and Kyle Christensen, 'Is Canada a Westminster or Consensus Democracy? A Brief Analysis', *PS: Political Science and Politics*, vol. 39 no. 4, October 2006.

Edward Scott, *House of Lords Reform 2010-15*, House of Lords Library Note, LLN 2015 009/25, 25 March 2015.

Edward Scott, *Joint Committee Report on the Draft House of Lords Reform Bill: Reaction*, House of Lords Library Note, LLN 2012/015, 27 April 2012.

Electoral Commission (NZ), *Elections New Zealand, From FPP to MMP*, <http://www.elections.org.nz/voting/mmp/history-mmp.html>.

Electoral Commission (NZ), *MMP Review, Why the Review, Timetable for the Review*, <http://www.mmpreview.org.nz/why-review>.

Electoral Commission (NZ), *Report of the Electoral Commission on the Review of the MMP Voting System*, 29 October 2012.

Electoral Commission (UK), *Who can vote?*, Factsheet, September 2006.

Electoral Commission (UK), *Standing at a UK Parliamentary general election in Great Britain*, Factsheet, August 2009.

Electoral Management Board for Scotland, *Scottish independence referendum: Result* <http://scotlandreferendum.info/>.

Emma Crewe, *Lords of Parliament: Manners, Rituals and Politics*, Manchester: Manchester University Press, 2005.

Eric Barendt, *An Introduction to Constitutional Law*, Oxford: Oxford University Press, 1998.

Erskine May: Parliamentary Practice (Sir Malcolm Jack et al. eds., *Erskine May's Treatise on the Law, Privileges, Proceedings, and Usage of Parliament*, 24th edn., London: LexisNexis, 2011).

Feargal McGuinness, *House of Lords Statistics*, House of Commons Library Standard Note SN/SG/3900, 4 July 2012.

Feargal McGuinness, *UK Election Statistics: 1918-2012*, House of Commons Library Research Paper 12/43, 7 August 2012.

Fiona Barker and Elizabeth McLeay, 'How Much Change? An Analysis of the Initial Impact of Proportional Representation on the New Zealand Parliamentary Party System', *Party Politics*, vol. 6 no. 2, April 2000.

G. A. Wood, 'New Zealand's Single Chamber Parliament: An Argument for Impotent Upper House?', *Parliamentary Affairs*, vol. 36 no. 3, Summer 1983.

George Tsebelis, *Veto Players: How Political Institutions Work*, Princeton: Princeton University Press, 2002.

George Tsebelis and Jeannette Money, *Bicameralism*, Cambridge: Cambridge University Press, 1997.

Glenn Dymond and Hugo Deadman, *The Salisbury Doctrine*, House of Lords Library Note, LLN 2006/006, 30 June 2006.

Government Response to the Report of the Joint Committee on the Draft House of Lords Reform Bill, June 2012 (Cm 8391).

Graham Zellick, 'Is the Parliament Act ultra vires?', *New Law Journal*, vol. 119 no. 5401, 31 July 1969.

H. W. R. Wade, 'The Basis of Legal Sovereignty', *Cambridge Law Journal*, April 1955.

Harry Evans ed., *Odgers' Australian Senate Practice*, 12th edn., Canberra, A. C. T.: Department of the Senate, 2008.

Harry J. Benda, 'The End of Bicameralism in New Zealand', *Parliamentary Affairs*, vol. IV no. 1, Winter 1950.

Harshan Kumarasingham, *Onward with Executive Power: Lessons from New Zealand 1947-57*, Wellington: Institute of Policy Studies, School of Government, Victoria University of Wellington, 2010.

Hazel Armstrong and Paul Bowers, *Scotland: Devolution proposals 2014-2015*, House of Commons Library Standard Note, SN/PC/06987, 22 January 2015.

HC Hansard.

HC Standing Orders.

Heather Evennett, *Second Chambers*, House of Lords library Note, LLN 2014/010, 10 March 2014.
HL Hansard.
HL Standing Orders.
HM Government, *House of Lords Reform Draft Bill*, May 2011 (Cm 8077).
HM Government, *Scotland in the UK*, April 2014.
HM Government, *The Coalition: our programme for government*, May 2010.
HM Government and Local Government Association, *The Central-Local Concordat*, 2 December 2007.
Hon. Dan Hays, 'Reviving Conference Committees', *Canadian Parliamentary Review*, vol. 31 no. 3, Autumn 2008.
House of Commons, *Sessional Information Digest 2009-10*.
House of Commons House of Commons Reform Committee, *Rebuilding the House*, First Report of Session 2008-09, 12 November 2009 (HC 1117).
House of Commons Library, *Modernisation of the House of Commons 1997-2005*, House of Commons Library Research Paper 05/06, 14 June 2005.
House of Commons Public Administration Select Committee, *Response to White Paper: "An Elected Second Chamber"*, Fifth Report of Session 2008-09, 21 January 2009 (HC 137).
House of Lords, *Annual Report 2006/07*, 20 July 2007 (HL Paper 162).
House of Lords, *Annual Report 2012/13 of the Administration*, 16 July 2013 (HL Paper 45)
House of Lords, *Annual Report 2013/14 of the Administration*, 30 July 2014 (HL Paper 43).
House of Lords, *Bills and how they become law: The stages of legislation and types of Bills*, Briefing paper, 2008.
House of Lords, *Briefing: Reform and Proposals for Reform since 1900*, <http://www.publications.parliament.uk/pa/ld199798/ldbrief/ldreform.htm>.
House of Lords, *Judicial Work*, House of Lords Briefing, 2008.
House of Lords Appointments Commission, *Annual Report 2001*.
House of Lords Appointments Commission, *HOLAC Appointments*, <http://lordsappointments.independent.gov.uk/appointments-so-far.aspx>.
House of Lords House of Commons Joint Committee on Conventions, *Conventions of the UK Parliament*, First Report of session 2005-06, Volume 1, 3 November 2006 (HL Paper 265-I, HC 1212-I).
House of Lords House of Commons Joint Committee on House of Lords Reform, *House of Lords Reform: First Report*, Session 2002-03 1st Report, 9-10 December 2002 (HL Paper 17, HC 171).
House of Lords House of Commons Joint Committee on House of Lords Reform, *House of*

Lords Reform: Second Report, Session 2002-03 2nd Report, 29 April 2003 (HL Paper 97, HC 667).

House of Lords House of Commons Joint Committee on the Draft House of Lords Reform Bill, *Draft House of Lords Reform Bill*, Report Session 2010-12, Volume Ⅰ-Ⅲ, 26 March 2012.

House of Lords Library, *The Parliament Act 1949*, House of Lords Library Note, LLN 2005/007, 16 November 2005.

House of Lords Select Committee on the Constitution, *Parliament and the Legislative Process*, 14th Report of Session 2003-04, 29 October 2004 (HL Paper 173-Ⅰ-Ⅱ).

House of Representatives (AUS), *Double Dissolution*, Infosheet, no. 18, October 2010.

Hugo Deadman, *Proposals for reform of the House of Lords, 1968-98*, House of Lords Library Note, LLN 98/004, 14 July 1998.

Ian Cruse, *House of Lords Reform Draft Bill*, House of Lords Library Note, LLN 2011/021, 16 June 2011.

Ian Cruse, *Possible Implications of House of Lords Reform*, House of Lords Library Note, LLN 2010/014, 25 June 2010.

Institute for Government, *One Year On: The first year of coalition government*, May 2011.

Inter-Parliamentary Union, *Women in National Parliaments, World Classification*, <http://www.ipu.org/wmn-e/arc/classif310307.htm>.

Inter-Parliamentary Union, *World Directory of Parliaments*, 1985, 1990, 1995, 2000, 2005, 2010 and 2011.

Jack H. Nagel, 'Expanding the Spectrum of Democracies: Reflections on Proportional Representation in New Zealand', in Markus M. L. Crepaz, Thomas A. Koelble and David Wilsford eds., *Democracy and Institutions: The Life Work of Arend Lijphart*, Michigan: University of Michigan Press, 2000.

Jack Straw, *The Future for Parliament: Draft*, Speech by Rt Hon Jack Straw MP, Leader of the House of Commons, to the Hansard Society, 11 July 2006.

Jack Vowles, 'Introducing Proportional Representation: the New Zealand Experience', *Parliamentary Affairs*, vol. 53 no. 4, October 2000.

James Bryce, *Modern Democracies*, vol. 2, London: Macmillan, 1921.

James Bryce, *The American Commonwealth*, vol. 1, new edn., New York: The Macmillan Company, 1914.

James Christie, 'The Legislative Council of New Zealand', *Journal of Comparative Legislation and International Law*, 3rd series, vol. 6 no. 1, 1924.

James Lee ed., *From House of Lords to Supreme Court: Judges, Jurists and the Process of Judging*, Oxford: Hart Publishing, 2011.

Jeffrey Jowell and Dawn Oliver eds., *The Changing Constitution*, 7th edn., Oxford: Oxford University Press, 2011.

Jennifer Smith ed., *The Democratic Dilemma: Reforming the Canadian Senate*, Montreal & Kingston: McGill-Queen's University Press, 2009.

John Bejermi, *How Parliament Works*, Ottawa: Borealis Press Limited, 2000.

John Marshall ed., *The Reform of Parliament: Contributions by Dr. Alan Robinson and papers presented in his memory concerning the New Zealand Parliament*, Wellington: New Zealand Institute of Public Administration, 1978.

John Uhr, 'Explicating the Australian Senate', *The Journal of Legislative Studies*, vol. 8 no. 3, Autumn 2002.

Keith Jackson, 'The Abolition of the New Zealand Upper House of Parliament', in Lawrence D. Longley and David M. Olson eds., *Two into One: The Politics and Processes of National Legislative Cameral Change*, Oxford: Westview Press, 1991.

Keith Jackson, *The Dilemma of Parliament*, Wellington: Allen & Unwin, 1987.

Keith Jackson and Alan McRobie, *Historical Dictionary of New Zealand*, 2nd edn., Lanham, Maryland: Scarecrow Press, 2005.

Labour Party, *Manifesto: Ambitions for Britain*, 2001.

Labour Party, *Manifesto: Britain forward not back*, 2005.

Labour Party, *Manifesto: New Labour: Because Britain Deserves Better*, 1997.

Labour Party, *The Labour Party Manifesto 2010: A Future Fair for All*, 2010.

Labour Policy Commission, *A New Agenda for Democracy: Labour's Proposals for Constitutional Reform*, 1993.

Larry B. Hill, *The Model Ombudsman: Institutionalizing New Zealand's Democratic Experiment*, Princeton: Princeton University Press, 1976.

Leader's Group on Members Leaving the House, *Members Leaving the House*, Report of Session 2010-11, 13 January 2011 (HL Paper 83).

Liberal Democrats, *Liberal Democrat Manifesto 2010*, 2010.

Liberal Democrats, *Manifesto: The real alternative*, 2005.

Lord Cooke of Thorndon, 'Unicameralism in New Zealand: Some Lessons', *Canterbury Law Review*, vol. 7 no. 2, 1999.

Lord Norton, 'Missing the Point', *The Norton View: personal blog from Lord Norton of Louth*, 25 May 2010, <http://nortonview.wordpress.com/2010/05/25/missing-the-point/>.

Lord Norton, 'No to PR and an elected second chamber', *The Norton View: personal blog from Lord Norton of Louth*, 22 May 2010, <http://nortonview.wordpress.com/2010/05/22/no-to-pr-and-an-elected-second-chamber/>.

Louis Blom-Cooper, Brice Dickson, and Gavin Drewry eds., *The Judicial House of Lords 1876-2009*, Oxford: Oxford University Press, 2009.

Louis Massicotte, 'Legislative Unicameralism: A Global Survey and a Few Case Studies', in Nicholas D. J. Baldwin and Donald Shell eds., *Second Chambers*, London: Frank Cass, 2001.

Lucinda Maer, *Conventions on the relationship between the House of Commons and House of Lords*, House of Commons Library Standard Note, SN/PC/5996, 8 June 2011.

Lucinda Maer, *Reform of the House of Lords: the Coalition Agreement and further developments*, House of Commons Library Standard Note, SN/PC/05623, 2 June 2011.

Mark Bennister and Richard Heffernan, 'Cameron as Prime Minister: The Intra-Executive Politics of Britain's Coalition Government', *Parliamentary Affairs*, vol. 65 no. 4, October 2012.

Mark Bevir and R. A. W. Rhodes, *Interpreting British Governance*, London: Routledge, 2003.

Markus Freitaga and Adrian Vatter, 'Patterns of democracy: A sub-national analysis of the German Länder', *Acta Politica*, vol. 44 no. 4, December 2009.

Martin J. Smith, *The Core Executive in Britain*, Basingstoke: Macmillan Press, 1999.

Matthew Flinders, *Democratic Drift: Majoritarian Modification and Democratic Anomie in the United Kingdom*, Oxford: Oxford University Press, 2010.

Matthew Flinders, 'Majoritarian Democracy in Britain: New Labour and the Constitution', *West European Politics*, vol. 28 no. 1, January 2005.

Matthew Purvis, *House of Lords: Reform Chronology 1900-2010*, House of Lords Library Note, LLN 2011/025, 21 July 2011.

Maurice Duverger, *La VI e République et le Régime presidential*, Paris: Librairie Arthème Fayard, 1961.

Meg Russell, 'A Stronger Second Chamber? Assessing the Impact of House of Lords Reform in 1999 and the Lessons for Bicameralism', *Political Studies*, vol. 58 no. 5, December 2010.

Meg Russell, 'Elected Second Chambers and Their Powers: An International Survey', *The Political Quarterly*, vol. 83 no. 1, January-March 2012.

Meg Russell, *House Full: Time to get a grip on Lords Appointments*, London: Constitution Unit, April 2011.

Meg Russell, 'House of Lords Reform: Are We Nearly There Yet?', *The Political Quarterly*, vol. 80 no. 1, January-March 2009.

Meg Russell, 'How to square the electoral reform circle', *The Guardian*, 10 May 2010.

Meg Russell, *Lords Reform: Principles and Prospects*, Lecture at the invitation of the Leader of the House of Lords, 13 November 2007.

Meg Russell, *Reforming the House of Lords: Lessons from Overseas*, Oxford: Oxford

University Press, 2000.
Meg Russell, *Resolving Disputes between the Chambers*, Paper to Royal Commission, London: Constitution Unit, May 1999.
Meg Russell, 'Rethinking Bicameral Strength: A Three-Dimensional Approach', *The Journal of Legislative Studies*, vol. 19 no. 3, September 2013.
Meg Russell, 'The Byles bill on Lords reform is important: but needs amending if it is not to damage the Lords', *Constitution Unit Blog*, 13 February 2014 <http:constitution-unit.com/2014/02/13/the-byles-bill-on-lords-reform-is-important-but-needs-amending-if-its-not-to-damage-the-lords/>.
Meg Russell, 'The Byles/Steel bill-unless amended-holds grave dangers for the Lords', *Constitution Unit Blog*, 5 March 2014 <http:constitution-unit.com/2014/03/05/the-bylessteel-bill-unless-amended-holds-grave-dangers-for-the-lords/>.
Meg Russell, *The Contemporary House of Lords: Westminster Bicameralism Revived*, Oxford: Oxford University Press, 2013.
Meg Russell and Maria Sciara, 'Why Does the Government get Defeated in the House of Lords? The Lords, the Party System and British Politics', *British Politics*, vol. 2 no. 3, November 2007.
Michael Rush, *Parliament today*, Manchester: Manchester University Press, 2005.
Ministry of Justice, *Governance of Britain: One Year On*, July 2008.
Modernising Parliament: Reforming the House of Lords, January 1999 (Cm 4183).
Neil Johnston, *The History of the Parliamentary Franchise*, House of Commons Library Research Paper 13/14, 1 March 2013.
New Zealand Parliament, *Evolution of Parliament—Legislative Council*, <http://www.parliament.nz/en-NZ/AboutParl/HstBldgs/History/Evolution/LC/b/b/e/bbedac128a134afc8eb0fa77be80722f.htm>.
New Zealand Parliament, *Glossary, term of Parliament*, <http://www.parliament.nz/en-NZ/Glossary/5/9/9/00CLOOCGlossary1-Glossary.htm>.
New Zealand Parliament, *History*, <http://www.parliament.nz/en-NZ/AboutParl/HstBldgs/History/>.
Nicola Newson, *Hereditary Peers in the House of Lords Since 1999*, House of Lords Library Note, LLN 2014/014, 26 March 2014.
Nicola Newson, *House of Lords: Reform of Working Practices, 2000-2010*, House of Lords Library Note, LLN 2010/017, 8 July 2010.
Nicholas Baldwin, 'The Membership and Work of the House of Lords', in Brice Dickson and Paul Carmichael eds., *The House of Lords: Its Parliamentary and Judicial Roles*, Oxford: Hart Publishing, 1999.

Nicholas Deakin and Kieron Walsh, 'The Enabling State: The Role of Markets and Contracts', *Public Administration*, vol. 74 no. 1, Spring 1996.
O. Hood Phillips and Paul Jackson, *O. Hood Philips' Constitutional and Administrative Law*, 7th edn., London: Sweet & Maxwell, 1987.
O. Hood Phillips and Paul Jackson and Patricia Leopold, *O. Hood Philips and Jackson, Constitutional and Administrative Law*, 8th edn., London: Sweet & Maxwell, 2001.
Office for National Statistics, *Statistical bulletin: Annual Mid-year Population Estimates, 2011 and 2012*, 8 August 2013.
Office of the Federal Register National Archives and Records Administration, *The United States Government Manual 2014*, Washington, D.C.: U.S. Government Printing Office, 2014.
Oonagh Gay, *The McKay Commission Report of the Commission on the consequences of devolution for the House of Commons*, House of Commons Library Standard Note, SN/PC/06821, 14 February 2014.
Pat Strickland and Oonagh Gay, *House of Lords Reform: the 2001 White Paper*, House of Commons Library Research Paper, 02/002, 8 January 2002.
Patrick Dunleavy, 'The Joint Committee report on reform of the House of Lords is mostly headed for the dustbin of history-because this mess of arcane proposals cannot be sold to voters', *LSE website*, 23 April 2012, <http://blogs.lse.ac.uk/politicsandpolicy/2012/04/24/joint-committee-house-of-lords-reform-dunleavy/>.
Paul Bowers, *House of Lords Reform Bill 2012-13: decision not to proceed*, House of Commons Library Standard Note, SN/PC/06405, 25 September 2012.
Paul Bowers, *The Sewel Convention*, House of Commons Library Standard Note, SN/PC/2084, 25 November 2005.
Paul Bowers, *The West Lothian Question*, House of Commons Library Standard Note, SN/PC/2586, 18 January 2012.
Paul Cairney, *The Scottish Political System Since Devolution: From New Politics to the New Scottish Government*, Exeter: Imprint Academic, 2011
Paul Cairney and Neil McGarvey, *Scottish Politics*, 2nd edn., Basingstoke: Palgrave Macmillan, 2013.
Paul Tyler, Kenneth Clarke, Robin Cook, Tony Wright and George Young, *Reforming the House of Lords: Breaking the Deadlock*, London: Constitution Unit, 2005.
Peter Dorey and Alexandra Kelso, *House of Lords reform since 1911: Must the Lords go?*, Basingstoke: Palgrave Macmillan, 2011.
Peter Raina, *House of Lords Reform: A History*, vols. 1-3, Oxford: Peter Lang, 2011-2013.
Philip A. Joseph, *Constitutional and Administrative Law in New Zealand*, 3rd edn.,

Wellington: Brookers, 2007.

Philip A. Joseph, *Constitutional and Administrative Law in New Zealand*, 4th edn., Wellington: Brookers, 2014.

Philip A. Joseph, 'MMP and the Constitution', *New Zealand Journal of Public and International Law*, vol. 7 no. 1, June 2009.

Philip Cowley, 'Parliament' in Anthony Seldon ed., *Blair's Britain*, Cambridge: Cambridge University Press, 2007.

Philip Norton, 'Ministers, departments, and civil servants', in Bill Jones and Philip Norton, *Politics UK*, 8th edn., Oxford: Routledge, 2014.

Philip Norton, *Parliament in British Politics*, Basingstoke: Palgrave Macmillan, 2005.

Philip Norton, *Parliament in British Politics*, 2nd edn., Basingstoke: Palgrave Macmillan, 2013.

Philp Norton, *The British Polity*, 5th edn., Harlow: Longman, 2011.

Philip Norton, 'The House of Lords', in Bill Jones and Philip Norton, *Politics UK*, 8th edn., Oxford: Routledge, 2014.

Philip Norton ed., *A Century of Constitutional Reform*, Chichester: Wiley-Blackwell for the Parliamentary History Yearbook Trust, 2011.

Preparing Britain for the Future: the Government's draft legislative programme 2008-09, 14 May 2008 (Cm 7372).

Prof Robert Hazell and Dr Ben Yong, *Inside Story: How Coalition Government Works*, London: Constitution Unit, 3 June 2011.

Professor Robert Hazell, *Fixed Term Parliaments*, London: Constitution Unit, August 2010.

Professor the Lord Norton of Louth, *House of Lords Reform*, Leader's Seminar, 11 December 2007.

R. A. W. Rhodes, *Control and Power in Central-Local Government Relation*s, 2nd edn., Aldershot: Ashgate, 1999.

R. A. W. Rhodes, 'Executives in Parliamentary Government', in R. A. W. Rhodes, Sarah A. Binder and Bert A. Rockman eds., *The Oxford Handbook of Political Institutions*, Oxford: Oxford University Press, 2006.

R. A. W. Rhodes, 'From Prime Ministerial Power to Core Executive' in R. A. W. Rhodes and Patrick Dunleavy eds., *Prime Minister, Cabinet and Core Executive*, Basingstoke: Macmillan Press, 1995.

R. A. W. Rhodes, 'Introduction: The ESRC Whitehall Programme: a Guide to Institutional Change', in R. A. W. Rhodes ed., *Transforming British Government*, vol. 2, Basingstoke: Macmillan, 2000.

R. A. W. Rhodes, John Wanna and Patrick Weller, *Comparing Westminster*, Oxford: Oxford

University Press, 2009.
Report of the Joint (Labour Party-Liberal Democrats) Consultative Committee on Constitutional Reform, 1997.
Review of Sub-National Economic Development and Regeneration, July 2007.
Richard Cracknell, *Lords Reform Background statistics*, House of Commons Library Research Paper, 98/104, 15 December 1998.
Richard Cracknell, *Lords Reform: The interim House – background statistics*, House of Commons Library Research Paper, 00/61, 15 June 2000.
Richard Kelly, *House of Lords (Expulsion and Suspension) Bill [HL] 2014-15*, House of Commons Library Standard Note, SN/PC/7093, 12 March 2015.
Richard Kelly, *House of Lords Reform (No 2) Bill 2013-14*, House of Commons Library Standard Note, SN/PC/6832, 9 May 2014.
Richard Kelly, *The Parliament Acts*, House of Commons Library Standard Note, SN/PC/00675, 24 February 2014.
Richard Kelly and Alex Brocklehurst, *Peerage creations since 1997*, House of Commons Library Standard Note, SN/PC/5867, 18 December 2013.
Richard Mulgan, *Democracy and Power in New Zealand*, 2nd edn., Oxford: Oxford University, 1989.
Rick Wilford, 'Northern Ireland: The Politics of Constraint', *Parliamentary Affairs*, vol. 63 no. 1, January 2010.
Robert Blackburn and Andrew Kennon, *Griffith & Ryle on Parliament: Function, Practice and Procedures*, London: Sweet & Maxwell, 2003.
Robert Hazell, 'Conclusion: Where Will the Westminster Model End Up?', in Robert Hazell ed., *Constitutional Futures Revisited: Britain's Constitution to 2020*, Basingstoke: Palgrave Macmillan, 2008.
Robert Hazell, *Fixed Term Parliaments*, London: Constitution Unit, August 2010.
Robert Rogers and Rhodri Walters, *How Parliament Works*, 5th edn., Harlow: Pearson Longman, 2004.
Robert Rogers and Rhodri Walters, *How Parliament Works*, 6th edn., Harlow: Pearson Longman, 2006.
Robert Rogers and Rhodri Walters, *How Parliament Works*, 7th edn., London: Routledge, 2015.
Rodney Brazier, *Constitutional Practice: The Foundations of British Government*, 3rd edn., Oxford: Oxford University Press, 1999.
Rodney Brazier, *Constitutional Reform: Reshaping the British Political System*, 3rd edn., Oxford: Oxford University Press, 2008.

Royal Commission on the Electoral System (NZ), *Report of the Royal Commission on the Electoral System: Towards a Better Democracy*, Wellington: Government Printer, 1986.

Royal Commission on the Reform of the House of Lords (UK), *A House for the Future*, January 2000 (Cm 4534).

Rt Hon Sir Douglas Graham, 'Reflection on the Constitution', *New Zealand Law Review* no. 4, 1999.

Rusell Deacon, *Devolution in the United Kingdom*, 2nd edn., Edinburgh: Edinburgh University Press, 2012.

Sarah Rushbrook, *Lord Steel of Aikwood's Private Member's Bills on House of Lords Reform*, House of Lords Library Note, LLN 2012/017, 11 May 2012.

Sarah Tudor, *House of Lords Reform (No 2) Bill (HL Bill 92 of 2013-14)*, House of Lords Library Note, LLN 2014/009, 7 March 2014.

Scotland's Parliament, July 1997 (Cm 3658).

Scottish Constitutional Convention, *Scotland's Parliament, Scotland's Right*, 1995.

Scottish Executive, *Choosing Scotland's Future: A National Conversation: Independence and Responsibility in the Modern World*, August 2007.

Scottish Government, *Scotland's Future: from the Referendum to Independence and a Written Constitution*, February 2013.

Scottish Government, *Scotland's Future: Your Guide to an Independent Scotland*, November 2013.

Scottish Government, *Your Scotland, Your Referendum*, January 2012.

Scottish Government, *Your Scotland, Your Voice: A National Conversation*, November 2009.

Scottish Parliament, *Guidance on Public Bills*, Directorate of Clerking and Reporting, 3rd edn., June 2007.

Simon James, *British Cabinet Government*, 2nd edn., London: Routedge, 1999.

Simon James, 'The Cabinet System Since 1945: Fragmentation and Integration', *Parliamentary Affairs*, vol. 47 no. 4, October 1994.

Sir William Wade and Christopher Forsyth, *Administrative Law*, 8th edn., Oxford: Oxford University Press, 2000.

Stanley Bach, *Platypus and Parliament: The Australian Senate in Theory and Practice*, Canberra, A.C.T: The Department of the Senate, 2003.

Stanley de Smith and Rodney Brazier, *Constitutional and Administrative Law*, 8th edn., London: Penguin, 1998.

Stephen Levine, 'Parliamentary Democracy in New Zealand', *Parliamentary Affairs*, vol. 57 no. 3, July 2004.

Tam Dalyell, *Devolution: the end of Britain?*, London: Cape, 1977.

Terry M. Moe, 'The New Economics of Organization', *American Journal of Political Science*, vol. 28 no. 4, November 1984.

The Cabinet Manual: A guide to laws, conventions and rules on the operation of government, 1st edn., October 2011.

The Governance of Britain, July 2007 (Cm 7170).

The Governance of Britain–Constitutional Renewal, March 2008 (Cm 7342-1).

The House of Lords: Completing the Reform, 7 November 2001 (Cm 5291).

The House of Lords: Reform, February 2007 (Cm 7027).

The Labour Peers Working Group, *Reform of the Powers, Procedures and Conventions of the House of Lords*, 20 July 2004.

The National Archives, Cabinet Office, *Guide to Parliamentary Work*, <http://webarchive.nationalarchives.gov.uk/+/http://www.cabinetoffice.gov.uk/parliamentary-clerk-guide/chapter4.aspx>.

The National Archives, *Number 10. gov. UK, Speech on transforming politics*, Tuesday 2 February 2010, <http://webarchive. nationalarchives. gov. uk/+/number10. gov. uk/news/speeches-and-transcripts/2010/02/speech-on-transforming-politics-22337>.

The Scottish Parliament, *The Scottish Parliament's relations with Westminster*, 16 June 1999.

The Standing Orders of the House of Lords relating to Public Business, 2013 (HL Paper 105).

Thomas Brown and Heather Evennett, *Principal Office Holders in the House of Lords*, House of Lords Library Note, LLN 2015/007, 19 March 2015.

Thomas Poguntke and Paul Webb, 'The Presidentialization of Politics in Democratic Societies: A Framework for Analysis', in Thomas Poguntke and Paul Webb eds., *The Presidentialization of Politics: A Comparative Study of Modern Democracies*, Oxford: Oxford University Press, 2005.

Tony Blair, *A Journey*, London: Arrow Books, 2011.

UK Parliament, *FAQs on Lords statistics: Members*, <http://www.parliament.uk/faq/faq2.cfm>,

UK Parliament, *Glossary, Salisbury Doctrine*, <http://www.parliament.uk/site-information/glossary/salisbury-doctrine/>.

UK Parliament, *Glossary, Wash-up*, <http://www.parliament.uk/site-information/glossary/wash-up/>.

UK Parliament, *Government defeats in the House of Lords*, <http://www.parliament.uk/about/faqs/house-of-lords-faqs/lords-govtdefeats/>.

UK Pariament, *House of Lords—Financial Assistance to Opposition Parties 1 April 2006-31 March 2007*, <http://www. parliament. uk/documents/lords-finance-office/holopposi-

tionfinance0607.pdf>.
UK Pariament, *House of Lords: Members' Reimbursement Allowance Scheme Explanatory Notes 2006/07*, <http://www.parliament.uk/mps-lords-and-offices/members-allowances/house-of-lords/holallowances/explanatory-notes/2006-07/>.
UK Parliament, *Location of Parliaments in the later middle ages*, <http://www.parliament.uk/about/living-heritage/building/palace/estatehistory/the-middle-ages/later-locations-parliament/>.
UK Parliament, *Lords by party and gender, Membership: 1 November 2012*, <http://www.parliament.uk/mps-lords-and-offices/lords/lords-by-type-and-party/>.
UK Parliament, *Parliamentary sovereignty*, <http://www.parliament.uk/about/how/sovereignty/>.
UK Parliament, *Rise of the Commons*, <http:www.parliament.uk/about/living-heritage/evolutionofparliament/originsofparliament/birthofparliament/overview/riseofcommons/>.
UK Supreme Court, *New Supreme Court of the United Kingdom comes into existence*, Press release 01/09.
UK Supreme Court, *Sir John Dyson appointed as 12th Justice of the UK Supreme Court*, Press release 02/10, 23 Mar 2010.
United States Senate, *Direct Election of Senators*, <http://www.senate.gov/artandhistory/history/common/briefing/Direct_Election_Senators.htm>.
United States Senate, *The Senate and the United States Constitution, Two Senators Per State*, <http://www.senate.gov/artandhistory/history/common/briefing/Constitution_Senate.htm>.
Vacher's Quarterly, London: Vacher Dods, March 2007.
Vernon Bogdanor, *Devolution in the United Kingdom*, Updated and reissued 2001, Oxford: Oxford University Press, 2001.
Vernon Bogdanor, 'Shifting Sovereignties: Should the United Kingdom have an elected upper house and elected head of state?', *Political Insight*, vol. 1 no. 1, April 2010.
Vernon Bogdanor, *The Coalition and the Constitution*, Oxford: Hart Publishing, 2011.
Vernon Bogdanor, *The New British Constitution*, Oxford: Hart Publishing, 2009.
W. K. Jackson, *The New Zealand Legislative Council: A Study of the Establishment, Failure and Abolition of an Upper House*, Dunedin: University of Otago Press, 1972.
Walter Bagehot, *The English Constitution*, The World's Classics, London: Oxford University Press, 1928.
Walter Gellhorn, 'The Ombudsman in New Zealand', *California Law Review*, vol. 53 no. 5, December. 1965.

Your Region, Your Choice: Revitalising the English Regions, May 2002（Cm5511）.
A. ハミルトン＝J. ジェイ＝J. マディソン（斎藤眞＝中野勝郎訳）『ザ・フェデラリスト』（岩波書店、1999年）。
アンソニー・セルドン編（土倉莞爾＝廣川嘉裕監訳）『ブレアのイギリス　1997-2007』（関西大学出版部、2012年）。
アレンド・レイプハルト（河野勝＝真渕勝監修・粕谷祐子訳）『民主主義対民主主義—多数決型とコンセンサス型の36ヶ国比較研究—』ポリティカル・サイエンス・クラシック２（勁草書房、2005年）。
アレンド・レイプハルト（河野勝＝真渕勝監修・粕谷祐子＝菊池啓一訳）『民主主義対民主主義—多数決型とコンセンサス型の36ヵ国比較研究—』[原著第2版]ポリティカル・サイエンス・クラシック２（勁草書房、2014年）。
バジョット（小松春雄訳）『イギリス憲政論』（中央公論新社、2014年）。
ブライス（松山武訳）『近代民主政治　4巻』（岩波書店、1930年）。
エリック・バーレント（佐伯宜親訳）『英国憲法入門』（成文堂、2004年）。
F. W. メイトランド（小山貞夫訳）『イギリスの初期議会』（創文社、1969年）。
ジョージ・ツェベリス（眞柄秀子＝井戸正伸監訳）『拒否権プレイヤー』（早稲田大学出版部、2009年）。
ハロルド・J. ラスキ（前田英昭訳）『イギリスの議会政治』（日本評論社、1990年）。
I. ジェニングス（榎原猛＝千葉勇夫訳）『新訂　イギリス憲法論』（有信堂高文社、1981年）。
J. S. ミル（水田洋訳）『代議制統治論』（岩波書店、1997年）。
ジョン・セイウェル（吉田善明監修・吉田健正訳）『カナダの政治と憲法』改訂版（三省堂、1994年）。
K. D. ユーイング（元山健＝柳井健一訳）「＜翻訳＞連立政権下のウェストミンスター・システム」『法と政治』63巻4号（2013年1月）。
M. デュヴェルジェ（時本義昭訳）『フランス憲法史』（みすず書房、1995年）。
メグ・ラッセル（木下和朗訳）「イギリスの貴族院」岡田信弘編『二院制の比較研究—英・仏・独・伊と日本の二院制—』（日本評論社、2014年）。
T. ポグントケ＝P. ウェブ（岩崎正洋監訳）『民主政治はなぜ「大統領制化」するのか—現代民主主義国家の比較研究—』（ミネルヴァ書房、2014年）。
トニー・ブレア（石塚雅彦訳）『ブレア回顧録　上・下』（日本経済新聞出版社、2011年）。
浅野一郎＝河野久編著『新・国会事典』第3版（有斐閣、2014年）。
芦田淳「海外法律情報［イタリア］上院改革—「相違がなく対等な二院制」の見直し—」『ジュリスト』1283号（2005年2月1日）。
芦田淳「イタリアの視点から見た二院制」『北大法学論集』61巻1号（2010年5月）。
芦田淳「北大立法過程研究会報告　イタリアの対等な二院制下での立法過程をめぐる考察」『北大法学論集』62巻6号（2012年3月）。

芦部信喜（高橋和之補訂）『憲法』第6版（岩波書店、2015年）。
阿部竹松『アメリカ合衆国憲法―統治機構―』（有信堂高文社、2002年）。
有賀貞『アメリカ革命』（東京大学出版会、1988年）。
池本大輔「イギリス―中央集権型統治システムの動揺―」佐々木毅編『21世紀デモクラシーの課題―意思決定構造の比較分析―』（吉田書店、2015年）。
磯崎育男「カナダ上院の機能と改革の方向(上)」『法学新報』97巻5号（1991年2月）。
伊藤博文『帝国憲法義解』（国家学会、1889年）。
伊藤正己『憲法』第3版（弘文堂、1995年）。
伊藤光利「コア・エグゼクティヴ論と官僚制―その比較の枠組と日本の官僚制―」村松岐夫研究代表『コア・エグゼキュティブと幹部公務員制度の研究』（国際高等研究所、2007年）。
稲田正次『明治憲法成立史 下巻』（有斐閣、1962年）。
井上達夫『現代の貧困』（岩波書店、2001年）。
井上達夫『現代の貧困―リベラリズムの日本社会論―』岩波現代文庫（岩波書店、2011年）。
岩崎美紀子『カナダ現代政治』（東京大学出版会、1991年）。
岩崎美紀子「二院制議会(1)―統治構造と議会―」『地方自治』732号（2008年11月）。
岩崎美紀子「二院制議会(2)・(3)・(4)―カナダの上院(上)・(中)・(下)―」『地方自治』733号（2008年12月）・734号（2009年1月）・735号（2009年2月）。
岩崎美紀子「二院制議会(5)・(6)・(7)―オーストラリア(上)・(中)・(下)―」『地方自治』738号（2009年5月）・739号（2009年6月）・740号（2009年7月）。
岩崎美紀子『二院制議会の比較政治学』（岩波書店、2013年）。
石見豊『英国の分権改革とリージョナリズム』（芦書房、2012年）。
石見豊「スコットランドにおける分権改革の再検討」『国士舘大学政経論叢』161号（2012年9月）。
石見豊「スコットランドの独立を問う住民投票をめぐる動きに関する一考察―市民社会の関わりの視点から―」『国士舘大学政経論叢』165号（2013年9月）。
上田健介「イギリスにおける選挙制度と政党」『比較憲法学研究』22号（2010年10月）。
上田健介『首相権限と憲法』（成文堂、2013年）。
右崎正博「選挙制度/「統合」型か「共存」型か―ウェストミンスター型「神話」への疑問―」『法律時報』68巻6号（1996年5月）。
内田満『日本政治学の一源流』内田満政治学論集1（早稲田大学出版部、2000年）。
梅川正美＝阪野智一＝力久昌幸編著『イギリス現代政治史』（ミネルヴァ書房、2010年）。
梅川正美＝阪野智一＝力久昌幸編著『現代イギリス政治』（成文堂、2006年）。
梅川正美＝阪野智一＝力久昌幸編著『現代イギリス政治』第2版（成文堂、2014年）。
梅津實「イギリスにおける未完の上院改革について」『同志社法学』56巻2号（2004年7月）。
江島晶子「議会制民主主義と「憲法改革」―イギリス・ウェストミンスター・モデル再考―」『ジュリスト』1311号（2006年5月1-15日）。

江島晶子「テロリズムと人権―多層的人権保障メカニズムの必要性と可能性―」『社会科学研究』59巻1号（2007年12月）。
大石眞『議会法』（有斐閣、2001年）。
大石眞「衆議院解散権の根拠と習律上の制約」『ジュリスト』1311号（2006年5月1-15日）。
大石眞「北大立法過程研究会報告　両院制運用への展望」『北大法学論集』63巻3号（2012年9月）。
大曲薫「イギリスの二院制と上院改革の現状」『レファレンス』59巻9号（通巻704号）（2009年9月）。
大曲薫「対称的二院制の現在―オーストラリアの場合―」『オーストラリア・ラッド政権の1年』調査資料2008-5（国立国会図書館調査及び立法考査局、2009年）。
大曲薫「ブレア政権とイギリス型議会制民主主義の変容」『レファレンス』52巻10号（通巻621号）（2002年10月）。
大山礼子『国会学入門』第2版（三省堂、2003年）。
大山礼子「政治改革モデルとしての「イギリス型議院内閣制」への疑問」『北大法学論集』52巻6号（2002年2月）。
大山礼子『日本の国会―審議する立法府へ―』（岩波書店、2011年）。
大山礼子『比較議会政治論―ウェストミンスターモデルと欧州大陸型モデル―』（岩波書店、2003年）。
大山礼子「変革期の英国議会」『駒澤法学』9巻3号（2010年6月）。
岡田信弘「ジュリスト書評　高橋和之著『国民内閣制の理念と運用』」『ジュリスト』1077号（1995年10月15日）。
岡田信弘編『二院制の比較研究―英・仏・独・伊と日本の二院制―』（日本評論社、2014年）。
岡久慶「英国2006年テロリズム法―「邪悪な思想」との闘い―」『外国の立法』228号（2006年5月）。
岡久慶「憲法改革法案―司法権独立の強化―」『外国の立法』222号（2004年11月）。
岡久慶「2005年テロリズム防止法」『外国の立法』226号（2005年11月）。
小熊美幸「英国下院の選挙制度改革」『レファレンス』50巻1号（通巻588号）（2000年1月）。
奥村牧人「英国下院の議事日程改革―バックベンチ議事委員会の設置を中心に―」『レファレンス』61巻12号（通巻731号）（2011年12月）。
奥村牧人「英国下院の省別特別委員会」『レファレンス』60巻11号（通巻718号）（2010年11月）。
戒能通厚編『現代イギリス法事典』新法学ライブラリ別巻1（新世社、2003年）。
片岡寛光『行政の構造』行政の理論2（早稲田大学出版部、1992年）。
片岡寛光『内閣の機能と補佐機構』（成文堂、1982年）。
加藤一彦『議会政治の憲法学』（日本評論社、2009年）。
加藤一彦「ドイツ基本法における連邦参議院の地位と権能―二院制の例外形態としての連

邦参議院—」浦田一郎＝加藤一彦＝阪口正二郎＝只野雅人＝松田浩編『立憲平和主義と憲法理論』山内敏弘先生古稀記念論文集（法律文化社、2010年）。

加藤普章『カナダ現代政治』（東京大学出版会、2005年）。

加藤紘捷『概説イギリス憲法—由来・展開そしてEU法との相克—』第2版（勁草書房、2015年）。

河島太朗「イギリスの2010年憲法改革及び統治法(1)—公務員—」『外国の立法』250号（2011年12月）。

河島太朗「イギリスの2011年議会任期固定法」『外国の立法』254号（2012年12月）。

河島太朗「国民の選択した選挙制度—選挙制度改革に関するニュージーランドの第二回国民投票について—」『レファレンス』44巻3号（通巻518号）（1994年3月）。

河島太朗「立法情報［イギリス］2010年憲法改革及び統治法の制定」『外国の立法』（月刊版）245-1号（2010年10月）。

河島太朗「立法情報 ニュージーランド 2010年選挙国民投票法と選挙制度の改正に関する2011年国民投票」『外国の立法』（月刊版）250-1号（2012年1月）。

川人貞史『議院内閣制』シリーズ日本の政治Ⅰ（東京大学出版会、2015年）。

木下和朗「イギリス貴族院の現況—Meg Russell両院制論に関する解説とコメント—」岡田信弘編『二院制の比較研究—英・仏・独・伊と日本の二院制—』（日本評論社、2014年）。

木下和朗「イギリス憲法における両院制」『比較憲法学研究』18・19号（2007年10月）。

木下和朗「イギリス1911年議会法の憲法史的背景」山崎広道編著『法と政策をめぐる現代的変容—熊本大学法学部創立30周年記念—』（成文堂、2010年）。

木下和朗「イギリスにおける憲法改革—ウェストミンスター・モデルと政治的憲法をめぐって—」『比較憲法学研究』25号（2013年10月）。

木下和朗「第二院の憲法保障機能—比較法概観とイギリス貴族院における制度運用—」憲法理論研究会編『憲法学の未来』憲法理論叢書18（敬文堂、2010年）。

木下和朗「日本国憲法成立過程における両院制の構想」曽我部真裕＝赤坂幸一編『憲法改革の理念と展開 上巻—大石眞先生還暦記念—』（信山社、2012年）。

木村和男編『カナダ史』新版世界各国史23（山川出版社、1999年）。

久保信保＝宮﨑正壽『オーストラリアの政治と行政』再版（ぎょうせい、1991年）。

憲法調査研究会「WATCH英国議会13 連立政権の今—ウェストミンスター・モデルは変わるのか？—」『時の法令』1881号（2011年5月15日）。

憲法問題調査委員会調査会議事録。

古賀豪「イギリス上院の行為規範」『外国の立法』224号（2005年5月）。

古賀豪「英国の上院改革—ウェイカム委員会報告書—」『調査と情報—ISSUE BRIEF—』346号（2000年11月22日）。

古賀豪＝奥村牧人＝那須俊貴『主要国の議会制度』調査資料2009-1-b（基本情報シリーズ5）（国立国会図書館、2010年）。

国立国会図書館調査及び立法考査局訳『明日の議院―英国上院改革のための王立委員会報告書―』調査資料 2002-1（国立国会図書館、2002 年）。

国立国会図書館調査及び立法考査局『英国の内閣執務提要』調査資料 2012-4（国立国会図書館、2013 年）。

国立国会図書館調査及び立法考査局『21 世紀の地方分権―道州制論議に向けて―』調査資料 2013-3（国立国会図書館、2014 年）。

小嶋和司＝大石眞『憲法概観』第 7 版　有斐閣双書（有斐閣、2011 年）。

児玉誠『イギリス憲法の研究』（御茶の水書房、1988 年）。

小堀眞裕「イギリスにおける選挙制度改革国民投票とその後」『論究ジュリスト』5 号（2013 年春号）。

小堀眞裕『ウェストミンスター・モデルの変容―日本政治の「英国化」を問い直す―』立命館大学法学叢書 14 号（法律文化社、2012 年）。

小堀眞裕「「修正の院」としての英国貴族院―「一院制」的英国議会理解を問い直す」『政策科学』22 巻 3 号（2015 年 3 月）。

小松浩『イギリスの選挙制度―歴史・理論・問題状況―』（現代人文社、2003 年）。

小松浩「イギリス連立政権と解散権制限立法の成立」『立命館法学』2012 年 1 号（341 号）（2012 年 6 月）。

小松浩「ウェストミンスター・モデルの動揺―イギリス小選挙区制改革の動向―」憲法理論研究会編『憲法基礎理論の再検討』憲法理論叢書 8（敬文堂、2000 年）。

小山廣和『税財政と憲法―イギリス近・現代の点描―』明治大学社会科学研究叢書（有信堂、2003 年）。

近藤申一『イギリス議会政治史　上』（敬文堂、1970 年）。

齋藤憲司「英国」『諸外国の憲法事情』調査資料 2001-1（国立国会図書館調査及び立法考査局、2001 年）。

齋藤憲司「英国型政治制度はなぜ普及したか」『レファレンス』61 巻 12 号（通巻 731 号）（2011 年 12 月）。

齋藤憲司「英国における政権交代」『レファレンス』59 巻 12 号（通巻 707 号）（2009 年 12 月）。

齋藤憲司「英国における政治倫理―下院議員経費スキャンダルと制度の変容―」『レファレンス』60 巻 3 号（通巻 710 号）（2010 年 3 月）。

齋藤憲司「英国の憲法改革の新段階―憲法問題省創設と大法官職廃止・議会の憲法委員会・憲法改革法案―」『レファレンス』54 巻 11 号（通巻 646 号）（2004 年 11 月）。

齋藤憲司「英国の統治機構改革―緑書「英国の統治」及び白書「英国の統治：憲法再生」における憲法改革の進捗状況―」『レファレンス』59 巻 3 号（通巻 698 号）（2009 年 3 月）。

齋藤憲司「英国の 2010 年総選挙と連立新政権の政治改革」『レファレンス』60 巻 9 号（通巻 716 号）（2010 年 9 月）。

齋藤憲司『各国憲法集(4)　カナダ憲法』調査資料 2011-1-d（基本情報シリーズ 10）（国立国

会図書館調査及び立法考査局、2012年)。
齋藤憲司「カナダ」『諸外国の憲法事情』調査資料2001-1（国立国会図書館調査及び立法考査局、2001年)。
齋藤憲司「1983年南アフリカ共和国憲法（和訳)」『レファレンス』34巻11号（通巻406号）(1984年11月)。
齋藤憲司「南アフリカ―イギリス型議会から人種別三院制議会へ―」『レファレンス』37巻9号（通巻440号）(1987年9月)。
境勉「ブレア首相の憲法改革(1)・(2)・(3)・(4)・(5)・(6)・(7・完)―変わりゆく英国―」『自治研究』75巻8号（1999年8月)・75巻11号（1999年11月)・76巻1号（2000年1月)・76巻6号（2000年6月)・76巻11号（2000年11月)・77巻4号（2001年4月)・77巻5号（2001年5月)。
阪野智一「イギリスにおける中核的執政の変容―脱集権化のなかの集権化―」伊藤光利編『政治的エグゼクティブの比較研究』（早稲田大学出版部、2008年)。
阪野智一「執政府はどのように変化しているのか」梅川正美＝阪野智一＝力久昌幸編著『現代イギリス政治』第2版（成文堂、2014年)。
阪野智一「ブレアは大統領型首相か」梅川正美＝阪野智一＝力久昌幸編著『現代イギリス政治』（成文堂、2006年)。
阪本尚文「シエイエスは一院制論者か？―フランス革命初期の立法府分割論の軌跡―」『法律時報』84巻12号（2012年11月)。
佐藤幸治『憲法』第3版（青林書院、1995年)。
佐藤達夫（佐藤功補訂）『日本国憲法成立史』（有斐閣、1994年)。
佐藤令＝大月晶代＝落美都里＝澤村典子『主要国の各種法定年齢―選挙権年齢・成人年齢引下げの経緯を中心に―』調査資料2008-3-b（基本情報シリーズ2）(国立国会図書館調査及び立法考査局、2008年)。
参議院の将来像を考える有識者懇談会『参議院の将来像に関する意見書』(2000年4月26日)。
自治体国際化協会『英国の地方自治（概要版)』2014年改訂版（2014年8月)。
自治体国際化協会『(財)自治体国際化協会ロンドン事務所マンスリートピック』(2012年5月)。
自治大学校編『戦後自治史 Ⅲ 参議院議員選挙法の制定』（自治大学校、1960年)。
島袋純『リージョナリズムの国際比較―西欧と日本の事例研究―』自治総研叢書（敬文堂、1999年)。
下條美智彦『イギリスの行政』（早稲田大学出版部、1995年)。
下條美智彦編著『イギリスの行政とガバナンス』（成文堂、2007年)。
衆議院議事部資料課訳『ニュージーランドの議会と議事堂』（衆議院議事部資料課、1981年)。
杉原泰雄＝只野雅人『憲法と議会制度』現代憲法大系9（法律文化社、2007年)。
陶山具史「イギリスの道州制(5)」『自治研究』84巻10号（2008年10月)。
高橋和之「現代デモクラシーの課題」『岩波講座 現代の法3 政治過程と法』（岩波書店、

1997 年).

高橋和之『現代立憲主義の制度構想』(有斐閣、2006 年).

高橋和之「「国民内閣制」再論(上)・(下)」『ジュリスト』1136 号 (1998 年 6 月 15 日)・1137 号 (1998 年 7 月 1 日).

高橋和之『国民内閣制の理念と運用』(有斐閣、1994 年).

高見勝利『芦部憲法学を読む—統治機構論—』(有斐閣、2004 年).

高見勝利「議院内閣制の意義」大石眞=石川健治編『ジュリスト増刊 憲法の争点』新・法律学の争点シリーズ 3 (有斐閣、2008 年).

高見勝利「岐路に立つデモクラシー—五五年体制後の政党システムと議会政の方途—」『ジュリスト』1089 号 (1996 年 5 月 1-15 日).

高見勝利『現代日本の議会政と憲法』(岩波書店、2008 年).

高見勝利「国民内閣制についての覚え書き」『ジュリスト』1145 号 (1998 年 11 月 15 日).

高見勝利「「この国のかたち」の変革と「議院内閣制」のゆくえ」『公法研究』62 号 (2000 年).

高見勝利「参議院全国区制改革の沿革—諸案の由来と問題点を中心に—」『ジュリスト』776 号 (1982 年 10 月 15 日).

高見勝利『政治の混迷と憲法—政権交代を読む—』(岩波書店、2012 年).

高見勝利「デモクラシーの諸形態」『岩波講座 現代の法 3 政治過程と法』(岩波書店、1997 年).

高見勝利「日本の逆を行くイギリスの議会改革—ウエストミンスター・モデルのゆくえ—」『世界』807 号 (2010 年 8 月).

高安健将「イギリス政治学における首相研究の展開—首相の地位をめぐる最近の議論を中心に—」『早稲田政治公法研究』55 号 (1997 年 8 月).

高安健将「首相・大臣・政権党—プリンシパル=エージェント理論から見た石油危機下の田中内閣—」『北大法学論集』56 巻 1 号 (2005 年 5 月).

高安健将『首相の権力—日英比較からみる政権党とのダイナミズム—』(創文社、2009 年).

高安健将「政府内政策決定における英国の首相の権力—石油危機に対する E. ヒースの対応を事例に—」『早稲田政治経済学雑誌』357 号 (2004 年 11 月).

高安健将「動揺するウェストミンスター・モデル?—戦後英国における政党政治と議院内閣制—」『レファレンス』61 巻 12 号 (通巻 731 号) (2011 年 12 月).

田口富久治=中谷義和編『比較政治制度論』第 3 版 (法律文化社、2006 年).

竹中治堅「参議院多党化と定数是正が「ねじれ」を克服する」『中央公論』1514 号 (2010 年 6 月).

竹中治堅『参議院とは何か—1947〜2010—』(中央公論社、2010 年).

只野雅人「議院内閣制と行政—議院内閣制の基本構造—」土井真一編『岩波講座 憲法 4 変容する統治システム』(岩波書店、2007 年).

只野雅人「参議院の機能と両院制のあり方」『ジュリスト』1395 号 (2010 年 3 月 1 日).

只野雅人「参議院の独自性と選挙制度―多元的民意の反映と「政党本位」―」『ジュリスト』1213号（2001年12月1日）。

只野雅人「相違と決定―代表における集団と規律に関する試論―」浦田一郎＝只野雅人編『議会の役割と憲法原理』総合叢書3（信山社、2008年）。

只野雅人「代表と社会学」高橋滋＝只野雅人編『東アジアにおける公法の過去、現在、そして未来』（国際書院、2012年）。

只野雅人「単一国家の二院制―参議院の存在意義をめぐって―」『ジュリスト』1311号（2006年5月1-15日）。

只野雅人「二院制における参議院の役割」『法律時報』72巻2号（2000年2月）。

只野雅人『日本国憲法の基本原理から考える』（日本評論社、2006年）。

只野雅人「両院制と選挙制度」『論究ジュリスト』5号（2013年春号）。

建林正彦＝曽我謙吾＝待鳥聡史『比較政治制度論』（有斐閣、2008年）。

田中英夫『アメリカ法の歴史　上』（東京大学出版会、1968年）。

田中英夫『英米法総論　上』（東京大学出版会、1980年）。

田中英夫編集代表『英米法辞典』（東京大学出版会、1991年）。

田中祥貴『委任立法と議会』（日本評論社、2012年）。

田中嘉彦「イギリスの政治行政システムとブレア改革」下條美智彦編著『イギリスの行政とガバナンス』（成文堂、2007年）。

田中嘉彦「英国における権限委譲」『地方再生―分権と自律による個性豊かな社会の創造―』調査資料2005-1（国立国会図書館調査及び立法考査局、2006年）。

田中嘉彦「英国における情報公開―2000年情報自由法の制定とその意義―」『外国の立法』216号（2003年5月）。

田中嘉彦「英国における内閣の機能と補佐機構」『レファレンス』61巻12号（通巻731号）（2011年12月）。

田中嘉彦「英国のオンブズマン制度―権限委譲による制度的進展と改革論―」『レファレンス』63巻8号（通巻751号）（2013年8月）。

田中嘉彦「英国の貴族院改革―二院制の史的展開と上院改革の新動向―」『レファレンス』61巻12号（通巻731号）（2011年12月）。

田中嘉彦「英国の地方分権改革―権限委譲の到達点と新動向―」『レファレンス』64巻9号（通巻764号）（2014年9月）。

田中嘉彦「英国ブレア政権下の貴族院改革―第二院の構成と機能―」『一橋法学』8巻1号（2009年3月）。

田中嘉彦「海外法律情報［英国］英国の憲法改革―貴族院改革の蹉跌と権限委譲の進展―」『論究ジュリスト』3号（2012年秋号）。

田中嘉彦「海外法律情報［英国］キャメロン連立政権下の政治改革―選挙制度・議会期関係立法と貴族院改革法草案―」『ジュリスト』1429号（2011年9月15日）。

田中嘉彦「海外法律情報［英国］キャメロン連立政権の発足と立法計画」『ジュリスト』1404 号（2010 年 7 月 15 日）．
田中嘉彦「海外法律情報［英国］最高裁判所の発足と貴族院改革」『ジュリスト』1391 号（2009 年 12 月 15 日）．
田中嘉彦「海外法律情報［英国］対テロリズム法案―テロ対策法の整備状況―」『ジュリスト』1360 号（2008 年 7 月 15 日）．
田中嘉彦「海外法律情報［英国］内閣執務提要―キャビネット・マニュアルの策定―」『ジュリスト』1435 号（2011 年 12 月 15 日）．
田中嘉彦「海外法律情報［英国］2006 年ウェールズ統治法―権限委譲に係る憲法改革の新動向―」『ジュリスト』1322 号（2006 年 11 月 1 日）．
田中嘉彦「海外法律情報［英国］2009 年議会行為規準法―議員経費問題への対応―」『ジュリスト』1385 号（2009 年 9 月 15 日）．
田中嘉彦「海外法律情報［英国］2009 年北アイルランド法―警察及び司法に関する権限委譲―」『ジュリスト』1379 号（2009 年 6 月 1 日）．
田中嘉彦「海外法律情報［英国］2010 年憲法改革及び統治法―ブラウン政権下の未完の憲法改革―」『ジュリスト』1410 号（2010 年 11 月 1 日）．
田中嘉彦「海外法律情報［英国］ブラウン首相の憲法改革構想」『ジュリスト』1341 号（2007 年 9 月 15 日）．
田中嘉彦「海外法律情報［英国］ブラウン政権の憲法改革―憲法刷新法草案と改革動向―」『ジュリスト』1372 号（2009 年 2 月 15 日）．
田中嘉彦「海外法律情報［英国］ブラウン政権初の立法計画」『ジュリスト』1347 号（2007 年 12 月 15 日）．
田中嘉彦「海外法律情報［英国］分権改革の進捗状況―イングランドの地域議会設置動向―」1302 号（2005 年 12 月 1 日）．
田中嘉彦「帝国議会の貴族院―大日本帝国憲法下の二院制の構造と機能―」『レファレンス』60 巻 11 号（通巻 718 号）（2010 年 11 月）．
田中嘉彦『二院制』シリーズ憲法の論点 6（国立国会図書館調査及び立法考査局，2005 年）．
田中嘉彦「二院制に関する比較制度論的考察(1)・(2・完)―ウェストミンスターモデルと第二院―」『一橋法学』9 巻 3 号（2010 年 11 月）・10 巻 1 号（2011 年 3 月）．
田中嘉彦「日本国憲法制定過程における二院制諸案」『レファレンス』54 巻 12 号（通巻 647 号）（2004 年 12 月）．
田中嘉彦「ニュージーランドの議会制度―議会改革の史的展開と政治システムの変容―」『レファレンス』62 巻 9 号（通巻 740 号）（2012 年 9 月）．
田中嘉彦「北大立法過程研究会報告　二院制の比較制度論的検討」『北大法学論集』61 巻 1 号（2010 年 5 月）．
地引嘉博「ニュージーランドにおける上院の廃止」『議会政治研究』33 号（1995 年 3 月）．

帝国議会貴族院議事速記録。
帝国議会貴族院帝国憲法改正案特別委員会議事速記録。
手島孝『行政概念の省察』(学陽書房、1982 年)。
富井幸雄「カナダの上院(1)・(2・完)―憲法と第二院―」『法学会雑誌』47 巻 2 号 (2007 年 1 月)・48 巻 1 号 (2007 年 7 月)。
内藤一成『貴族院』同成社近現代史叢書 12 (同成社、2008 年)。
内藤一成『貴族院と立憲政治』(思文閣出版、2005 年)
中村民雄「EU の中のイギリス憲法―「国会主権の原則」をめぐる動きと残る重要課題―」『早稲田法学』87 巻 2 号 (2012 年 1 月)。
中村民雄「イギリス憲法」中村民雄=山元一編『ヨーロッパ「憲法」の形成と各国憲法の変化』(信山社、2012 年)。
中村民雄「貴族院から最高裁判所へ―ヨーロッパ法との関わり―」『比較法研究』74 号 (2012 年)。
中村英勝『イギリス議会史』新版 (有斐閣、1977 年)。
成田憲彦「序説　日本国憲法と国会」内田健三=金原左門=古谷哲夫編『日本議会史録 4』(第一法規出版、1990 年)。
成廣孝「イギリスにおける選挙制度改革」『岡山大学法学会雑誌』57 巻 1 号 (2007 年 9 月)。
西尾勝「議院内閣制と官僚制」『公法研究』57 号 (1995 年)。
西谷元「ニュー・ジーランドの「独立」―議会の立法権限の展開過程の分析を通じて―」『広島法学』15 巻 2 号 (1991 年 10 月)。
西平重喜『各国の選挙―変遷と実状―』(木鐸社、2003 年)。
野中俊彦=中村睦男=高橋和之=高見勝利『憲法　Ⅱ』第 5 版 (有斐閣、2012 年)。
幡新大実『イギリス憲法Ⅰ―憲政―』(東信堂、2013 年)。
幡新大実『イギリスの司法制度』(東信堂、2009 年)。
幡新大実「KEY WORD　連合王国最高裁判所 (The Supreme Court of the United Kingdom)」『法学教室』352 号 (2010 年 1 月)。
幡新大実「連合王国最高裁判所の設立経緯、任用、運営について」『比較法研究』74 号 (2012 年)。
羽田重房「英国議会初期における二、三の起源の問題」京都大学憲法研究会編『世界各国の憲法制度』(有信堂、1966 年)。
濱野雄太「英国キャメロン連立内閣の政権運営」『レファレンス』61 巻 12 号 (通巻 731 号) (2011 年 12 月)。
原田一明『議会制度―議会法学入門―』(信山社出版、1997 年)。
樋口陽一「議院内閣制の概念」小嶋和司編『ジュリスト増刊　憲法の争点』新版　法律学の争点シリーズ 2 (有斐閣、1985 年)。
樋口陽一『憲法　Ⅰ』(青林書院、1998 年)。

樋口陽一＝佐藤幸治＝中村睦男＝浦部法穂『注釈日本国憲法　下巻』(青林書院、1988年)。
廣瀬淳子「ブラウン新政権の首相権限改革─イギリス憲法改革提案緑書の概要と大臣規範の改定─」『レファレンス』58巻1号（通巻684号）（2008年1月）。
藤本一美『上院廃止─研究ノート─二院制議会から一院制議会への転換』(志學社、2012年)。
藤本一美「世界の一院制議会(1)─予備的考察─」『専修法学論集』107号（2009年12月）。
藤本一美「世界の一院制議会(2)─ニュージーランド議会における上院廃止─」『社会科学年報』44号（2010年）。
藤本一美『ネブラスカ州における一院制議会』(東信堂、2007年)。
古田穣「ニュージーランドの選挙制度(1)─国民議会議員（国会議員）の選挙─」『選挙時報』23巻6号（1974年6月）。
前田英昭『イギリス議会政治の研究』(渓林出版社、1990年)。
前田英昭『イギリスの上院改革』(木鐸社、1976年)。
前田英昭『世界の議会　1　イギリス』(ぎょうせい、1983年)。
眞柄秀子「比較政治と選挙研究─イタリア政治学会の議論を中心に─」『選挙研究』14号（1999年）。
増山幹高「日本における二院制の意義と機能」慶應義塾大学法学部編『慶應の政治学　日本政治』(慶應義塾大学法学部、2008年)。
待鳥聡史『首相政治の制度分析─現代日本政治の権力基盤形成─』叢書　21世紀の国際環境と日本003（千倉書房、2012年）。
松井茂記『カナダの憲法─多文化主義の国のかたち─』(岩波書店、2012年)。
松井幸夫編著『変化するイギリス憲法─ニュー・レイバーとイギリス「憲法改革」─』(敬文堂、2005年)。
松井幸夫＝元山健＝倉持孝司「ニュー・レイバーとイギリス「憲法改革」」松井幸夫編著『変化するイギリス憲法─ニュー・レイバーとイギリス「憲法改革」─』(敬文堂、2005年)。
松園伸『イギリス議会政治の形成─「最初の政党時代」を中心に─』(早稲田大学出版部、1994年)。
水木惣太郎『議会制度論』憲法学研究II（有信堂、1963年）。
水谷一博「イギリスにおける上院改革と日本の参議院改革」『北大法学論集』52巻6号（2002年2月）。
水谷一博「英国における上院改革(1)・(2)・(3)─現状と展望─」『議会政治研究』54号（2000年6月）・55号（2000年9月）・56号（2000年12月）。
三橋善一郎「英国議会・上院改革の動向─保守の覇権に挑む労働党政権─」『議会政治研究』70号（2004年6月）。
美濃部達吉『議会制度論』現代政治学全集第7巻（日本評論社、1930年）。
宮沢俊義『憲法と政治制度』(岩波書店、1968年)。
宮沢俊義（芦部信喜補訂）『全訂日本国憲法』(日本評論社、1978年)。

宮畑建志「英国保守党の組織と党内ガバナンス―キャメロン党首下の保守党を中心に―」『レファレンス』61 巻 12 号（通巻 731 号）（2011 年 12 月）。
三輪和宏＝河島太朗＝小林公夫「国民の選択する選挙制度―選挙制度改革に関するニュージーランドの国民投票―」『レファレンス』43 巻 2 号（通巻 505 号）（1993 年 2 月）。
三輪和宏「諸外国の下院の選挙制度」『レファレンス』56 巻 12 号（通巻 671 号）（2006 年 12 月）。
三輪和宏『諸外国の上院の選挙制度・任命制度』調査資料 2009-1-a（基本情報シリーズ 4）（国立国会図書館調査及び立法考査局、2009 年）。
三輪和宏「諸外国の上院の議員定数配分―憲法の規定を中心として―」『レファレンス』58 巻 8 号（通巻 691 号）（2008 年 8 月）。
向大野新治『衆議院―そのシステムとメカニズム―』（東信堂、2002 年）。
本秀紀「「首相公選論」・「国民内閣制」・「内閣機能の強化」―「行政権までの民主主義」論の再検討―」『法律時報』73 巻 10 号（2001 年 9 月）。
元山健「両院制」『ジュリスト』1289 号（2005 年 5 月 1-15 日）。
弥久保宏「スコットランド議会の権限と構造」『議会政治研究』53 号（2000 年 2 月）。
安田隆子「ニュージーランドの選挙制度に関する 2011 年国民投票」『レファレンス』62 巻 5 号（通巻 736 号）（2012 年 5 月）。
矢部明宏「ニュージーランドの憲法事情」『諸外国の憲法事情 3』調査資料 2003-2（国立国会図書館調査及び立法考査局、2003 年）。
山岡規雄「イタリア」『諸外国の憲法事情』調査資料 2001-1（国立国会図書館調査及び立法考査局、2001 年）。
山口和人「英国の議会改革⑴・⑵・⑶」『レファレンス』47 巻 9 号（通巻 560 号）（1997 年 9 月）・47 巻 10 号（通巻 561 号）（1997 年 10 月）・48 巻 10 号（通巻 573 号）（1998 年 10 月）。
山口二郎『ブレア時代のイギリス』（岩波書店、2005 年）。
山崎幹根「スコットランド分権改革 10 年―その成果と課題―」『日経グローカル』141 号（2010 年 2 月 1 日）。
山崎幹根『「領域」をめぐる分権と統合―スコットランドから考える―』（岩波書店、2011 年）。
山田邦夫「英国貴族院改革の行方―頓挫した上院公選化法案―」『レファレンス』63 巻 4 号（通巻 747 号）（2013 年 4 月）。
山田邦夫「オーストラリアの憲法事情」『諸外国の憲法事情 3』調査資料 2003-2（国立国会図書館調査及び立法考査局、2003 年）。
山田邦夫「カナダの議会制度」『レファレンス』64 巻 1 号（通巻 756 号）（2014 年 1 月）。
吉田早樹人「英上院・選挙公約の政府法案は否決しない」『議会政治研究』76 号（2005 年 12 月）。
読売新聞調査研究本部編『西欧の議会―民主主義の源流を探る―』（読売新聞社、1989 年）。
寄本勝美「政府間関係の構造」西尾勝＝大森彌編著『自治行政要論』（第一法規、1986 年）。
笠京子「日本官僚制―日本型からウェストミンスター型へ―」村松岐夫＝久米郁男編著『日

本政治変動の30年―政治家・官僚・団体調査に見る構造変容―』(東洋経済新報社、2006年)。
和田明子『ニュージーランドの市民と政治』(明石書店、2000年)。
渡邉樹「ブレア政権における「中核的執政」(コア・エグゼクティブ)」『レファレンス』56
　巻9号（通巻668号）(2006年9月)。
渡辺容一郎『イギリス政治の変容と現在』(晃洋書房、2014年)。

事項索引

あ
アイスランド……………11
アメリカ…………………31
アリーナ型議会…………112

い
違憲審査……………206
イタリア……………47
一院制……………10, 244, 262
一院制型両院制……………46
一代貴族………104, 149, 170
一代貴族法（1958 年）……42
1.5 院制……………262
一般討論機能……………94
委任権限及び規制改革委員
　会……………116
委任法規命令……………92, 93
　──審査委員会
　……………116
イングランド議会…………95
イングランド国教会………96
イングリッシュ・クエスチョ
　ン……………95, 228

う
ウェイカム委員会…………62
　──報告書‥63, 75, 78, 81
ウェイカム・リポート
　……………177, 178
ウェールズ議会政府………234
ウェールズ国民議会
　……………226, 246
ウェールズ政府…………236
ウェールズ統治法
　──（1998 年）………226
　──（2006 年）………234
ウェールズにおける権限委
　譲に関する委員会………236

ウェールズ法（2014 年）
　……………236
ウェストミンスター型議院
　内閣制……………5
ウェストミンスター・システ
　ム……………5
ウェストミンスター法（1931
　年）……………275
ウェストミンスター・モデル
　……………5, 195, 196
ウェスト・ロジアン・クエ
　スチョン……………95, 228
ウェリントン・システム
　……………288

え
英国の議院構造
　……………265, 267, 296
エディンバラ合意…………232

お
王会……………27
欧州司法裁判所…………206
欧州人権裁判所…………206
欧州連合委員会…………115
大いなる妥協……………31
オーストラリア
　……………33, 291, 292
穏健な多党制…………8, 201
オンブズマン制度………287

か
カーゾン委員会……………39
解散権……………217, 241
解散制度……………171
改選制度……………171
下院と異なる権限………175
下院の再議決………………82
下院の優越……………320

科学技術委員会…………116
閣僚統治……………211
合衆国憲法第 17 修正……31
カナダ……………32, 290, 292
要政党……………181, 240
カルマン委員会…………231
慣行に関する合同委員会
　……………71, 91
官僚調整モデル…………212

き
議員経費問題……………140
議院構造指数……………266
議院構造の変遷
　……………294, 297, 298
議院構造分析…261, 263, 265
議員数……………168
議院内閣制…4, 211, 240, 324
議員の属性……………99
議会期固定……………241
議会期固定法（2011 年）
　……………148, 216
議会行為規準法（2009 年）
　……………141
議会主権……………143
議会（第二号）法案………43
議会調査コミッショナー
　……………141
議会投票制度及び選挙区法
　（2011 年）……………148, 220
議会における国王……30, 76
議会法……………83, 84, 175
　──（1911 年）…36, 106
　──（1949 年）…41, 106
議事一掃期間……………143
貴族院改革（第二号）法案
　……………164
貴族院改革に関する委員会
　……………148

貴族院改革に関する王立委
　員会‥‥‥‥‥‥‥‥‥‥‥62
貴族院改革に関する合同委
　員会‥‥‥‥‥‥‥‥‥‥‥67
貴族院改革法（2014 年）
　‥‥‥‥‥‥‥‥‥‥‥‥ 165
貴族院改革法案
　‥‥‥‥‥‥ 162, 181, 320
貴族院改革法案草案
　‥‥‥‥‥‥‥‥ 150, 155
　——に関する上下両院合
　　同委員会‥‥‥‥‥‥ 154
貴族院型‥‥‥‥‥‥‥‥‥11
貴族院議長‥‥‥‥‥‥ 72, 150
貴族院書記官長‥‥‥‥‥ 165
貴族院上訴委員会‥‥‥‥ 142
貴族院（除名及び登院停止）法
　（2015 年）‥‥‥‥‥ 166
貴族院任命委員会‥‥‥‥‥64
貴族院法（1999 年）‥‥‥61
貴族法（1963 年）‥‥‥‥43
北アイルランド議会
　‥‥‥‥‥‥‥‥ 227, 246
北アイルランド警察機構
　‥‥‥‥‥‥‥‥‥‥‥ 237
北アイルランド執政府‥‥ 227
北アイルランド（諸規定）法
　（2014 年）‥‥‥‥‥ 238
北アイルランド法
　——（1998 年）‥‥‥ 227
　——（2009 年）‥‥‥ 237
キャメロン連立政権‥‥‥ 146
協議文書‥‥‥‥‥‥‥‥‥68
挙国一致委員会‥‥‥‥‥‥40
均衡本質説‥‥‥‥‥‥‥ 218
金銭法案‥‥‥‥‥‥ 38, 83

く
クロスベンチ‥‥‥‥‥‥‥60

け
経済問題委員会‥‥‥‥‥ 117
ケイブ委員会‥‥‥‥‥‥‥40
権限委譲‥‥‥‥‥ 94, 204, 221

憲法委員会‥‥‥‥‥ 93, 117
憲法改革及び統治法（2010
　年）‥‥‥‥‥‥‥‥‥ 143
憲法改革プログラム‥‥‥‥59
憲法改革法（2005 年）‥‥67
憲法危機‥‥‥‥‥‥‥‥ 291
憲法上の混乱‥‥‥‥‥‥ 207
憲法（1986 年）‥‥‥‥ 272
憲法問題省‥‥‥‥‥‥‥‥68
憲法ユニット
　‥‥‥‥‥ 77, 81, 82, 87, 94
権力の融合‥‥‥‥ 179, 319
元老院‥‥‥‥‥‥‥‥‥‥27

こ
コア・エグゼクティヴ‥‥ 212
合意型‥‥‥‥‥‥‥‥‥ 196
　——デモクラシー‥‥‥‥8
高級給与審議会‥‥‥‥‥ 105
構成と権限の相関関係‥‥‥45
公選比率‥‥‥‥‥‥‥‥‥80
公法案‥‥‥‥‥‥‥ 38, 83
国政調査機能‥‥‥‥‥‥‥92
国民代表法（1832 年）‥‥30
国民投票‥‥‥‥‥‥‥‥‥82
国民内閣制‥‥‥‥‥‥‥‥7
国民の貴族議員‥‥‥‥‥‥65
混合議席比例制‥‥‥‥‥ 279
　——再検討委員会‥‥‥ 281

さ
最高裁判所
　‥‥‥‥‥ 96, 118, 142, 175
最高法院法（1873 年）‥‥30
最終議決権‥‥‥‥‥‥‥ 175
財政上の特権‥‥‥‥‥‥ 175
財政法案‥‥‥‥‥‥‥‥ 175
再選禁止‥‥‥‥‥‥‥‥ 321
最大限の権限委譲‥‥‥‥ 232
ザ・フェデラリスト
　‥‥‥‥‥‥‥‥ 31, 47, 77
三院制‥‥‥‥‥‥‥ 10, 11
参議院‥‥‥‥‥‥‥‥ 4, 6
三部会‥‥‥‥‥‥‥‥‥‥27

し
ジェンキンズ委員会‥‥‥ 219
自治領‥‥‥‥‥‥‥‥‥ 271
執政府・政党次元‥‥‥‥ 200
執政府の優位‥‥‥‥‥‥ 200
司法機能‥‥‥‥‥‥ 96, 118
司法省‥‥‥‥‥‥‥‥‥ 137
爵位‥‥‥‥‥‥‥‥‥‥‥97
衆議院‥‥‥‥‥‥‥‥‥‥5
自由協議会‥‥‥‥‥‥‥ 177
宗教代表機能‥‥‥‥‥‥‥96
自由投票‥‥‥‥‥‥ 67, 74
首相統治‥‥‥‥‥‥‥‥ 211
首相・内閣の創出‥‥‥‥ 172
首相の職‥‥‥‥‥‥‥‥ 172
首相の大統領化‥‥‥‥‥ 214
首相派閥統治‥‥‥‥‥‥ 211
出席率‥‥‥‥‥‥‥‥‥ 106
狩猟法（2004 年）‥‥‥ 107
上院再設置論‥‥‥‥‥‥ 278
上院への比例代表制の導入
　‥‥‥‥‥‥‥‥‥‥‥ 321
上下両院の権限‥‥‥‥‥ 172
上下両院の構成‥‥‥‥‥ 168
上下両院の選挙制度‥‥‥ 242
上訴管轄法（1876 年）‥‥30
常任上訴貴族‥‥‥‥ 30, 142
庶民院の優越‥‥‥‥‥‥ 106
シルク委員会‥‥‥‥‥‥ 236
人権合同委員会‥‥‥‥‥ 174
人権法（1998 年）‥‥‥‥62
信任・不信任‥‥‥‥‥‥ 173

す
枢密院司法委員会‥‥‥‥ 142
スコットランド議会
　‥‥‥‥‥‥‥‥ 225, 245
スコットランド執政府‥‥ 225
スコットランド政府‥‥‥ 231
スコットランド独立レファ
　レンダム‥‥‥‥‥‥‥ 231
スコットランドの権限委譲
　に関する委員会‥‥‥‥ 231

事項索引　365

スコットランド法
　——（1998 年）……… 224
　——（2012 年）……… 231
スミス委員会…………… 234

せ

聖金曜日合意…………… 227
政治改革関連四法………… 5
聖職貴族………… 29, 96, 170
聖職貴族（女性）法（2015 年）
　……………………… 167
正統性………… 48, 326, 327
政府事務所……………… 228
政府提出法案慣行…… 72, 91
政府の敗北……………… 112
政府白書…… 61, 65, 73, 139
責任本質説……………… 218
世襲貴族……………… 49, 170
世俗貴族………………… 170
選挙委員会………… 232, 283
選挙権年齢……………… 169
選挙制度改革…………… 219
選挙制度改革レファレンダム
　………………… 220, 280, 281
選挙制度に関する王立委員
　会……………………… 279
選挙独裁………… 76, 195, 317
選出制度………………… 170
選択投票制……………… 72
セント・アンドルーズ合意
　……………………… 236

そ

総督……………………… 271
ソールズベリー＝アディソ
　ン慣行………………… 89
ソールズベリー慣行
　………… 41, 88, 109, 175
ソールズベリー・ドクトリン
　………………………… 40, 88
ソファ政治……………… 216

た

代替報告書……………… 155

大法官………… 69, 96, 118
高橋＝高見論争…………… 9
多元主義的利益媒介システ
　ム…………………… 203
多数制・非比例制……… 202
多数派型………………… 196
　——の変容…………… 207
単一制…… 203, 221, 243, 325
単記移譲式投票制………… 39
単純小選挙区制………… 219
単独過半数内閣………… 200

ち

地域会議………………… 228
地域開発公社…………… 228
地域議会………………… 228
地域代表議員………… 79, 178
地域代表機能………… 94, 243
地域担当大臣…………… 229
遅延権…………………… 84
地方企業パートナーシップ
　……………………… 229
地方政府協会…………… 230
中央銀行………………… 207
中間的強度の二院制…… 262
超過議席………………… 282
長期の任期……………… 321
直近の民意……………… 323
直接民主政…………… 7, 301

つ

追加型議席制度………… 219
強い二院制……………… 262

て

停止的拒否権………… 16, 82
デモクラシーの漂流…… 207
テロ対策関係法案……… 111

と

ドイツ…………………… 47
党派構成………………… 103
特定事項の審査機能… 92, 115
特別委員会………… 279, 284

特別顧問………………… 216
独立議会行為規準機関… 141
特攻隊…………………… 276
トリプル E……………… 292

な

内閣委員会………………… 39
内閣機能………………… 211
内閣統治…………… 211, 215
軟性憲法………………… 205

に

二院制…………………… 10
　——の成立…………… 27
　——の存在理由……… 315
　——の伝播…………… 31
二重の憲法構造………… 207
二重の立憲主義………… 239
二大政党制……………… 201
ニュージーランド…… 35, 269
　——の議院構造……… 298
ニュージーランド憲法法
　（1852 年）…………… 272
ニュージーランド元老院
　……………………… 277
任期……………………… 169
任命制…………………… 322

ね

ねじれ………………… 3, 50

の

ノルウェー……………… 11

は

バーネット・フォーミュラ
　……………………… 225
媒介民主政…………… 7, 301
抜本的修正…………… 41, 92
バロニアル・モデル…… 214
パワー＝ディペンデンシー・
　モデル……………… 214
反映民主主義…………… 317
ハング・パーラメント… 146

は

反多数決主義............... 209

ひ

被選挙権年齢............... 169
非対称な分権...... 203, 239
非媒介民主政............ 7, 301
批判的民主主義............ 317

ふ

複数の議会制像の交錯......... 3
部分改選..................... 321
ブライス・リポート
　............... 39, 176, 178
ブラウン政権............... 137
フランス........................47
プリンシパル＝エージェント・モデル...... 214, 300
ブレア政権
　——（第一次）............59
　——（第二次）............65
　——（第三次）............70
分権国家..................... 245
分節決定モデル............ 212

へ

ベルファスト合意......... 227
変則的一院制..................11
変則的二院制..................11

ほ

法案先議権................... 174
法曹貴族........................30
法律委員会....................82
補完................... 51, 319

補完性原理................... 221
補充議席制................... 280

ま

マッカーサー草案............. 4
マッケイ委員会............ 239
マディソン主義的デモクラシー..................... 208
マニフェスト
　.............. 59, 65, 70, 146

み

南アフリカ......................10
身分構成........................97
民主主義の赤字............ 224
民主的正統性........ 50, 328
民主的第二次院型..........12

め

名簿式比例代表制......... 139
メタモルフォシス...... 48, 49

も

模範議会........................28

ゆ

優越的な有権者委任...... 242
有権者委任...... 300, 322, 329
優先投票制................... 280
歪んだ多数派............... 242

よ

抑制と均衡............ 50, 319
弱い二院制................... 262

り

リージョナリズム...... 13, 229
リージョン................... 228
リーダー委員会............ 229
立法計画草案............... 138
立法権の集中............... 205
立法評議会...... 271, 272, 274
立法評議会廃止法（1950年）
　................................ 275
両院間の意思の調整...... 174
両院間の調整システム... 323
両院協議会...... 82, 174, 323
両院合同会議..................82
両院同時解散... 82, 291, 324
両院同時選挙...... 322, 324
緑書........................... 137
緑風会............................6

れ

レファレンダム............ 287
連合王国..................... 221
連合国最高司令官総司令部
　.................................... 3
連邦制型........................12
連邦制・単一制次元...... 203
連立合意..................... 147
連立政権..................... 240

ろ

労働党貴族院議員ワーキング・グループ..............90
ローズベリー委員会........37

人名索引

あ
アーヴィン卿……………62
芦部信喜………………319
アスキス,H.H.……37, 223
アディソン子爵…………88
アトリー,C.R.……………88
アン女王…………………30

い
イーデン,A.……………173
井上達夫………………317

う
ヴィクトリア女王……34, 173
ウィリアムⅠ世…………222
ウィリアムⅢ世…………222
ウィリアムズ卿…………108
ウィルソン卿……………110
ウェイカム卿……………62
ウェイド,H.W.R.…………84
ウェザリル卿……………62
ウェブ,P.………………215
ウォーレス卿……………181
ウォルポール,R.…………172
ウォレス,J.H.……………279

え
エドワードⅠ世………28, 222
エリザベスⅡ世……173, 233

お
大石眞……………………46
大山礼子………………284
オズボーン,G.…………233
オリバー,D.……………318

か
カー,J.…………………292
カーゾン,G.………………39
カニンガム,J.………67, 72
カルマン,K.……………231

き
キャメロン,D.
　…………147, 232, 233
キャリントン卿…………41
清宮四郎………………218
キング,A.………………121

く
クック,R.……………67, 70
クラーク,K.…………69, 70
グラッドストン,W.
　………………173, 223
クランボーン子爵
　………………40, 62, 88
グレイ,E.…………………38
グレイ,G.……271, 273, 274
グレイリング,C.…………69
クレッグ,N.……147, 148, 181
グレンフェル卿…………72
グロコット卿…………144
クロムウェル,O.………27, 29
クロムウェル,R.…………30

け
ケイブ,G.…………………40

こ
小堀眞裕………………208

さ
サッチャー,M.………18, 44
サモンド,A.……………232
サルトーリ,G.…………201

し
シェイエス,E.J.…………315
ジェイ女性男爵…………64
ジェームズⅠ世…………222
ジェームズⅣ世…………222
ジェニングス,I.…………317
ジェンキンズ卿………219
シブリー,J.……………285
シャーマン,R.……………31
ジョージⅠ世……………172
シルク,P.………………236

す
スウェル卿……………244
スタウト,R.……………274
スティーブンソン卿……65
スティール卿…145, 164, 244
ストラスクライド卿……164
ストロー,J.
　………69, 71, 73, 137, 139
スミス,J.………………141
スミス,M.J.……………213
スミス卿………………234

せ
セドン,R.J.……………275
ゼリック,G.………………84

そ
ソールズベリー侯爵
　——(第三代)………88, 172
　——(第四代)……………40
　——(第五代)……109, 173

た
デイシー,A.V.…………206
ダイソン,J.……………142
タイラー,P.………………70

高橋和之……………………7
高見勝利……8, 218, 295, 302
高安健将……………208, 213
ダグラス＝ヒューム, A.
　　………………………43, 173
タズウェル＝ラングミード,
　T. P. ……………………29
只野雅人…………11, 46, 295
ダリエル, T. ………………95
ダンリービー, P. ………161

ち

チャーチル, W. …………173
チョウプ, C. ……………166

つ

ツェベリス, G. ………11, 326

て

ディズレーリ, B. ………172
デュベルジェ, M. ……7, 301

と

ドスーザ女性男爵………150
ド・スミス, S. ……………85
ドナルドソン卿……………87

の

ノートン, P.
　36, 117, 145, 161, 283, 329

は

バーチ, A. …………………8
ハーマン, H. ………………71
バイルス, D. ……………165
パウン, A. ………………161
バジョット, W. ……179, 316
パターソン, W. ……………31
バトラー, E. ……………180
バリンジャー, C. ………182
ハント卿…………………164

ひ

樋口陽一…………………218

ピット, W. ………………172
ヒューズ卿………………110

ふ

ファッター, A. …………263
ファルコナー卿…68, 69, 108
フィリップス, H. …………84
フィリップス卿…………142
フェレズ卿………………110
ブライス, J. ……39, 315, 316
ブライトマン卿…………108
ブラウン, G. ………137, 144
ブラッドリー, A. W. ‥85, 329
ブリアーズ, H. …………141
ブリストウ, J. ……………32
フリンダーズ, M.
　　……………18, 199, 263, 264
フルヴィッツ, S. …………287
ブレア, T.
　　……………14, 67, 70, 71, 214
フレイザー, M. …………291
フレイザー, P. …………276
ブレイジャー, R.
　　……………85, 172, 180, 242
プレスコット, J. ………228

へ

ヘイマン女性男爵……72, 166
ヘイルシャム卿
　　………………76, 195, 317
ヘイン, P. ………………123
ヘーゼル, R. ……208, 209, 215
ベン, T. ……………………43
ヘンリーII世……………222
ヘンリーVIII世…………222

ほ

ホイッテイカー, F. ……274
ホイットラム, G. ………291
ボールドウィン, S. ………40
ボグダナー, V.
　　………………156, 180, 242, 329
ボグントケ, T. …………215
ホランド, S. G. …………276

ホルサム, G. ……………236
ボルジャー, J. …………279
ボルスビー, N. W. ………112

ま

マーシャル, J. R. ………287
マーティン, M. …………141
前田英昭……………………16
マクギネス, M. …………237
マクドナルド, R. …………40
マクミラン, H. ………42, 173
マッケイ, W. R. ……86, 239
マディソン, J. ……………31
マネー, J. ………………326
マルルーニー, B. ………291

み

美濃部達吉…………………45
宮沢俊義…………………218
ミル, J. S. ………………316

め

メイ, E. ……………………16
メイジャー, J. ……………18

も

モンフォール, S. …………28

や

ヤング, G. ………………166

ゆ

ユーイング, K. D. ……85, 329

ら

ライト, T. ………………145
ラッセル, M.
　87, 149, 158, 161, 166,
　168, 242, 264, 318, 327
ラムゼイ女性男爵………244

り

リチャード卿………154, 234
リドル, P. ………………157

れ

レイプハルト, A.
　13, 17, 196, 198, 261, 265, 284
レスリー, C. ……………… 107
レンウィック, A. ………… 160
レントン卿 …………………… 87

ろ

ロイド・ジョージ, D. ……… 37
ロエスレル, H. ……………… 15
ローズ, R. A. W. …………… 212
ローズベリー伯爵 ………… 173
ローダーデイル伯爵 ……… 244
ロビンソン, A. …………… 277
ロビンソン, P. …………… 237

著者紹介

田中　嘉彦（たなか　よしひこ）

1988年　早稲田大学政治経済学部政治学科卒業
1991年　早稲田大学大学院政治学研究科修士課程修了
同　年　国立国会図書館に採用。総務部総務課課長補佐、調査及び立法考査局政治議会調査室主任調査員、政治議会課長等を経て
現　在　国立国会図書館調査及び立法考査局行政法務課長。博士（法学）〔一橋大学〕

[著書]

『イギリスの行政とガバナンス』〔共著〕（成文堂、2007年）
『二院制の比較研究―英・仏・独・伊と日本の二院制―』〔共著〕（日本評論社、2014年）
『憲法の基底と憲法論―思想・制度・運用―』〔共著〕（信山社、2015年）

英国の貴族院改革
―― ウェストミンスター・モデルと第二院 ――

2015年9月20日　初版第1刷発行

著　者　田　中　嘉　彦
発行者　阿　部　成　一

〒162-0041　東京都新宿区早稲田鶴巻町514番地

発行所　株式会社　成　文　堂

電話 03(3203)9201(代)　FAX 03(3203)9206
http://www.seibundoh.co.jp

製版・印刷　三報社印刷　　　製本　弘伸製本
☆落丁本・乱丁本はお取り替えいたします☆
© 2015 Y. Tanaka　　Printed in Japan
ISBN978-4-7923-3336-2　C3031　検印省略

定価(本体8000円＋税)